群星闪耀时

这个时代的足坛传奇

亨利

THIERRY HENRY

LONELY AT THE TOP

孤独在上

[法] 菲利普·奥克莱尔 著

张玉强 严俊 郭磊 译

新世界出版社

NEW WORLD PRESS

THIERRY HENRY LONELY AT THE TOP: A BIOGRAPHY
First published 2012 by Macmillan
First published in paperback 2013 by Pan Books
an imprint of Pan Macmillan,a division of Macmillan Publishers Limited

图书在版编目（CIP）数据

亨利：孤独在上 /（法）奥克莱尔著；张玉强，严俊，郭磊译. — 北京：新世界出版社，2015.10
ISBN 978-7-5104-5431-8

Ⅰ. ①亨… Ⅱ. ①奥… ②张… ③严… ④郭… Ⅲ. ①亨利，T.—传记 Ⅳ. ① K835.655.47

中国版本图书馆CIP数据核字（2015）第 238807 号

亨利：孤独在上

作　　者：［法］菲利普·奥克莱尔
译　　者：张玉强　严　俊　郭　磊
选题策划：蒋　祥　邓东文　陈中捷
责任编辑：丁　鼎　周　帆
责任印制：李一鸣　高　金
出版发行：新世界出版社
社　址：北京西城区百万庄大街 24 号（100037）
发行部：（010）6899 5968　（010）6899 8705（传真）
总编室：（010）6899 5424　（010）6832 6679（传真）
http://www.nwp.cn
http://www.nwp.com.cn
版权部：+8610 6899 6306
版权部电子信箱：nwpcd@sina.com
印　刷：北京旭丰源印刷技术有限公司
经　销：新华书店
开　本：710mm × 1000mm　1/16
字　数：358 千字　印张：26
版　次：2015 年 11 月第 1 版　2015 年 11 月第 1 次印刷
书　号：ISBN 978-7-5104-5431-8
定　价：59.80 元

经历过1998年世界杯的洗礼，身披12号战袍的亨利已经成为法国队的锋线悍将。

效力于尤文图斯俱乐部时的亨利。

2000年欧洲杯小组赛，法国队在与丹麦队的比赛中3：0胜出，亨利与齐达内庆祝进球。

2002年4月30日，英超第37轮，阿森纳队2：0击败博尔顿队。图为亚当斯与亨利庆祝胜利。

2002年5月11日，阿森纳队夺得英格兰超级联赛冠军，而亨利也成为本届联赛最佳射手。

亨利的第一个英超年度最佳球员奖。

2003年4月17日，英超联赛，阿森纳队主场2：2战平曼联队。图为亨利进球后怒吼、振臂庆祝。

2003年联合会杯决赛，亨利在加时赛中打入金球，法国队1：0击败喀麦隆队，成为联合会杯历史上第一支卫冕成功的冠军之师。

2003年11月2日，英超联赛，阿森纳队客场4：1击败利兹联队。亨利以亲吻阿森纳队队徽的方式来庆祝进球，这也是他对“兵工厂”最直白的爱。

2003年，亨利在国际足联举办的世界足球先生评选中不敌同胞齐达内，获得第二名，但是蒂蒂依然感谢那些支持他的人。

2004年2月11日，阿森纳队主场2：0击败南安普敦队，亨利包揽两球，其中第一球是亨利个人第100粒英超入球。但这远不是终点。

2004年3月11日，欧洲冠军联赛阿森纳队主场2：0击败塞尔塔队，以总比分5：2淘汰对手晋级八强，亨利梅开二度。比赛中他回眸一望酷态十足。

2004年4月1日，亨利在法国队和荷兰队的友谊赛中远射的瞬间。

2004年4月26日，英超第34轮，阿森纳队做客白鹿巷2：2战平托特纳姆热刺队，提前4轮夺得英超冠军。赛后亨利脱衣庆祝。

2004年，亨利再次捧起PFA（英格兰职业足球运动员协会）最佳球员奖杯。

2004年5月15日，阿森纳队在海布里球场正式加冕英超冠军。亨利本赛季共为阿森纳队射入30粒联赛进球，成为当之无愧的“海布里国王”。

2004年5月17日，海布里球场，在为即将退役的阿森纳队老臣子基翁举行的告别赛上，亨利展示他的英超金靴和英超最佳球员奖杯。

2004年5月21日，在法兰西大球场举行的国际足联百年庆典纪念赛中，法国队主场0：0战平巴西队。亨利为自己没能为球队进球而感到遗憾。

2004年6月14日，欧洲杯，亨利帮助法国队2：1战胜英格兰队。

2004年12月26日，英超第19轮，阿森纳队主场2：0击败富勒姆队。亨利与克利希（中）、皮雷（右）一起庆祝进球。

2005年1月15日，英超第23轮，阿森纳队客场爆冷，0：1负于博尔顿队。沮丧的亨利一言不发。

2005年3月9日，欧洲冠军联赛1/8决赛，阿森纳队主场1：0击败拜仁慕尼黑队，亨利攻入制胜球，赢得了全场的欢呼。但是阿森纳队仍然以两回合总比分2：3被淘汰出局。

2005年7月31日，阿姆斯特丹杯足球邀请赛，阿森纳队2：1逆转波尔图队夺冠。图为亨利与永贝里捧杯的瞬间。

2005年8月14日，英超首轮，阿森纳队主场2：0击败纽卡斯尔队。阿森纳队队长亨利第81分钟打入一粒点球后，跑向球门后的看台。亨利用手指搭成了字母“T”的形状，“T”代表的是他刚出生的女儿泰雅（Tea）。

2005年8月25日，英超第3轮，阿森纳队主场4：1击败富勒姆队，西甘和亨利各下两城。图为西甘和亨利在庆祝进球。

2005年10月22日，亨利从阿森纳队传奇射手伊恩·赖特手中接过了象征着俱乐部历史第一射手荣誉的银炮奖。

2005年12月29日，英超第19轮，阿森纳队主场4：0大胜朴茨茅斯队。亨利帮助阿森纳队打入第4粒进球，锁定胜局。

2007年6月25日，亨利离开阿森纳队，正式加盟西甲豪门巴塞罗那足球俱乐部，成为巴萨的14号球员。

亨利与女友在纽约街头散心。

2011年7月26日，两位英超传奇射手欧文和亨利在纽约帝国大厦再次相聚，为曼联队与美国大联盟全明星队挑战赛造势。

2011年8月1日，酋长杯，阿森纳队对阵纽约红牛队的比赛前，温格和亨利这对昔日的师徒重逢后谈笑风生。

2012年1月10日，足总杯，阿森纳队主场1：0力克利兹联队。亨利替补出场，在第77分钟攻入全场唯一进球，帮助阿森纳队1：0淘汰对手。图为赛前小球迷手持“欢迎亨利回家”的标语加油助威。

没有哪一位阿森纳球迷会忘记亨利最经典的那一刻——跪地滑行庆祝。2011年12月10日，亨利的雕像在酋长球场外正式揭幕。

如今的亨利已经不再如当年那般懵懂，而是多了一份成熟稳重，但他对足球的热爱却丝毫不减。

2014年12月16日，亨利正式宣布退役。在20年职业生涯里，他为我们留下了一幕幕难忘的瞬间，他将是球迷心目中永远的“枪王之王”。

蒂埃里·亨利

本书作者菲利普·奥克莱尔担任《法国足球》杂志和法国蒙特卡洛广播电台英国分部通讯员已逾十载，在英法两国都是成就斐然的自由职业记者。2009年，他的《坎通纳：叛者成王》（*Cantona: The Rebel Who Would Be King*）一书广受好评并摘得多项大奖。在祖国法国，他是一位畅销书作家，同时，他还经常为英国《暴雪》杂志以及欧洲冠军联赛官方杂志《冠军》撰稿。奥克莱尔现居住于伦敦。

菲利普·奥克莱尔

蒂埃里·亨利

孤独在上（LONELY AT THE TOP）[1]

---

① 关于本书的题目，我们想了3个，最通俗的是“高处不胜寒”，好处是一看就懂，坏处是一腔俗血。最文青的是“高·冷”，非常直观，简洁，但有些装。思来想去，可能还是“孤独在上”比较贴切，雅俗共赏。——译者注。全文脚注若无特殊说明，均为译者注。

本书献给斯图尔特、尼克和埃米

看看亨利的纪录，你会发现他是历史上最伟大的前锋，是足球界的迈克尔·乔丹。只要他想，他可以在中圈拿球，过掉所有对手，然后把球送入大门。他也许是足球历史上最伟大的天才。你梦想中球员应该具备的东西，他一样不缺。他非常聪明，能够极快地分析比赛，有极佳的速度、极佳的力量、极佳的弹跳。事实上，他只用了自己50%的弹跳能力，他本可以成为空霸，但他不太喜欢这样的角色。尽管如此，他依然成为了阿森纳历史最佳射手。在现代足球中，他所实现的成就简直……不可思议。

——阿森纳主教练阿尔塞纳·温格，2007

译者序

2014年12月16日，刚离开纽约红牛的法国前锋蒂埃里·亨利，以一份脸书声明正式结束了他长达20年的职业生涯，他称之为“一段难以置信的奇妙旅程”，这段旅程留下了近千场比赛逾400粒进球的成绩单，阿森纳队史射手王、法国队史射手王的纪录，以及酋长球场之外的铜像。

那么，亨利是谁?

这是个简单问题，你可能会想到淡然庆祝进球的纪录收割者，可能会想到1998年世界杯夺冠的“青葱”少年，可能会想到吻别海布里球场草皮的“枪王”，你可能知道他举止优雅，与人为善，形象近乎完美，你可能也知道，他是一个纯粹的足球爱好者。这就是亨利。

但这只是“球星”亨利。在商业化洪流滚滚、媒介环境恶劣、经纪人横行其道的当今足坛，“球星”早已不是纯粹的球员，而是和多方组成了利益共同体。经过赞助商包装、媒体捧场、经纪人教导等“造星运动”的球员，由此周身笼罩了一道光环，球迷在围城之外看不太清。大卫·贝克汉姆就是商业足球时代“球星”的里程碑，你眼看他英姿勃发、衣着光鲜、行事妥帖，总是一副大众情人的形象，但却并不知道，他真实的内心世界是什么样子。每个人都有很多面，他展现出的永远是精美的那一面，而有些方面，你可能永远都看不到。

那么，作为一个人的亨利是怎样的呢?

这可能是除了他本人之外谁都无法给出正确答案的问题，但至少外人可以尝试走进他的内心世界。法国记者菲利普·奥克莱尔（Philippe Auclair）所著本书，就可被视为对亨利真实内心的一场探索。55岁的奥克莱尔，在英法两国都是成就斐然的自由职业记者，他担任《法国足球》（*France Football*）杂志和法国蒙特卡洛广播电台（RMC）英国分部通讯员已逾十载，担任英国体育大家谈[①]电台、爱尔兰塞坦塔（Setanta）电视台的法国及欧洲足球顾问、嘉宾也有多年，还曾为英国广播公司（BBC）工作。2009年，他撰写的传记《坎通纳：叛者成王》广受好评，并获得英国体育图书奖。他还经常为英国《暴雪》杂志及欧冠官方杂志《冠军》撰稿。

奥克莱尔的母语虽是法语，但他那超凡的语言能力与广阔的视域（奥克莱尔毕业于巴黎高等师范学院，曾当过哲学教师，在比利时唱片公司工作过；后以路易·菲利普为艺名进行了近30年的音乐创作；还参与写作过法文畅销书《摇滚乐辞典》，甚至出过一本有关托尼·布莱尔的政论书籍），在本书中得到了充分体现，也使得本书呈现出辞藻华丽、内涵丰富的风格。奥克莱尔从1986年起就长期生活在英国，跟踪报道各类足球赛事，与亨利有过诸多对话，而且他从1979年起就是阿森纳俱乐部的球迷，对亨利更有着特殊的感情。

本书并未着力于，或者说并不满足于传记惯常的记事，更侧重的是对亨利的剖析。对亨利职业生涯每一个重要阶段的叙述，奥克莱尔都在记事的基础上，找出当时媒体的新闻报道与采访（包括他自己多年来对亨利的采访），并请出关键当事人——比如亨利同母异父的哥哥维利，克莱枫丹学院与国青队时期的教练霍利尔，摩纳哥和阿森纳时代的主帅温格，不同时代的队友维埃拉、皮雷、迪梅科、格里曼迪等——还原事

---

① talk SPORT，全球最大的体育电台。

件细节。奥克莱尔更着力披露了一些少为人知的内幕：亨利与父亲之间为何会变得几乎恩断义绝，亨利当年为何没能加盟皇家马德里而后又转会尤文图斯，他与齐达内、特雷泽盖等人的关系究竟如何，2010年世界杯预选赛对爱尔兰的手球事件后又遭遇了怎样的煎熬……

新闻工作者的操守令奥克莱尔虽然长年跟踪报道亨利，却并未与亨利产生利益关联（而不少同行可并非如此），甚至可以说与他保持距离，因此本书也能做到中立客观，力图接近真相。法国作家博马舍曾有名句“若批评无自由，则赞美无意义”，对于亨利，本书便是批评与赞美并重。所以本书呈现出来的亨利，是一个有别于常人视野的亨利。

通过本书你可以知道，亨利将自己掩翳在与人为善、礼数周全的外表之下，他从来没有敌人，但也没有能够亲近的朋友，他是足坛王者，但他也孤独在上。亨利从未对外人敞开心扉，但奥克莱尔在亨利的心扉上凿开了一道口子，让我们得以窥见可能更接近于真实状态的蒂埃里。这或许是个不那么完美的亨利，却也是更为丰满、更加令人尊敬的亨利。

亨利是如此热爱足球，退役之后，他当然不可能离开足球。目前他的决定是进入天空电视台担任嘉宾评论员，但他的计划是同时考取教练证书，终极目标自然是成为阿森纳主教练。恩师温格也明确表示，只要亨利愿意，他能够成为一位优秀的教练。所以我们完全可以憧憬亨利有一天以助理教练甚至主教练的身份重回酋长球场。在告别球员亨利的这个时间点随本书回顾他的跌宕浮沉，重新审视他的高峰与低谷，是我们的幸运。

如同亨利的未来一样，本书对于读者您也会是一场通往未知的旅程。

祝您旅途愉快！

序

2005年夏末。我在乔治·贝斯特[①]经纪人菲尔·休斯（Phil Hughes）的办公室里，有些焦急地等待着这位1968年欧洲足球先生得主。办公室位于伦敦北区路（North End Road）边上，离此不远是一片酒吧区，过去20年中，贝斯特大部分时间就是在这里斟饮一杯杯上等伏特加和灰比诺葡萄酒的。我所供职的《法国足球》杂志即将举办金球奖50周年庆典，贝斯特将是荣誉嘉宾之一。他自己的金球奖奖杯早已卖给了一名收藏家，换来的钱被他挥霍于酒精、女人和失败的经商活动。我此行的任务不是让他再讲出什么奇闻轶事，他的人生悲喜剧已经对无数人讲过，在他人生的某些时候，他甚至就是靠兜售这些故事来维持生计的。

当年，贝斯特的照片就贴在我学校宿舍的床头。而2005年12月2日这一天，我将受命陪同他前往巴黎，他将在那里与大多数昔日金球奖得主一起，获颁奖杯复制品。很荣幸，我此次前来与他敲定行程细节。

贝斯特终于从一辆计程车里走了下来（当然，他迟到了），他看上去有些虚弱，但依然散发着令无数男人和女人为之倾倒的魅力。他非常健谈，十分诙谐，对于已经习惯了当代球星冷漠态度的我来说，这是一

---

① George Best，北爱尔兰传奇边锋，20世纪六七十年代跟随红魔曼联在英格兰足坛叱咤风云，被公认为英国足球史上最伟大的球员之一，也是足坛历史上最具有天赋的球员，因为长相帅气、发型新潮，得到了“第五披头士”的绰号，声色犬马，退役后生活更加放纵，过度酗酒，2005年11月25日因病不治去世，终年59岁。

份美妙的惊喜。没有人会料到，他这次同意接受我的采访——一次免费采访——会是他人生最后一次与媒体对话。也许，你曾经看到过我们那天拍摄的一些照片：一个不修边幅的贝斯特，胡子拉碴，蓬乱的灰发，身着黑色夹克，靠在一堵赭色的墙面上。这个场景很难被人遗忘。

几周后，贝斯特透支的身体垮掉了。他的守灵仪式在克伦威尔医院外进行。乔治终究没去成巴黎。金球奖的复制品被颁给了曼联俱乐部，成为俱乐部博物馆的展品。我本该递交给他的那份邀请函孤独地躺在信封里，收件人将永远没有机会将它打开。与贝斯特共度的那个下午，成为我记者生涯最辛酸的回忆，这封找不到收件人的信函则成为了回忆的注脚。

蒂埃里·亨利（Thierry Henry）的人生，走的是与乔治·贝斯特完全不同的道路。你也许会诧异，我为何要用西伦敦那个下午的故事，作为这本亨利传记的开头。这是因为，那天我准备与贝斯特道别时，他对我说（引语是根据我的记忆，因为当时我已经关掉了录音设备）：“在今天这些球员的身上，我看不到自己的影子。只有一个球员令我感到兴奋，那就是蒂埃里·亨利。他不仅是一个伟大的球员，还是一个表演者，一个娱悦大众的人。”

过去几年中，我一次次想起贝斯特的这句话。我1979年便成为阿森纳球迷，而亨利效力阿森纳期间，我经常与他见面和交谈，这是一个为“枪手”以及我祖国的国家队做出卓越贡献的球员。写他，对我来说本该是易如反掌之事。但是我发现，我对亨利的了解愈多，与那些比我更了解他的人聊得愈多，亨利对我的吸引力就愈加不如乔治·贝斯特或利亚姆·布拉迪[①]。

---

① Liam Brady，1956年出生的爱尔兰中场球员，以精湛的左脚技术著称，1979年代表阿森纳赢得足总杯冠军，同年当选英格兰职业球员协会足球先生，80年代初随尤文图斯两夺意甲冠军。

我对亨利伟大成就的敬仰丝毫没有打折，但我很快意识到，我正在失去对这位神奇前锋的爱恋，尽管2006年他在伯纳乌对皇家马德里攻入的那粒进球，曾令我将媒体席礼节完全抛到脑后，从座位上一跃而起，疯狂叫喊。这样的情形，与我为撰写埃里克·坎通纳（Éric Cantona）传记而进行采访和资料收集后的感受截然相反。那个会施行暴力、口无遮拦的坎通纳，曾一次次令我很反感，但最终，我被他的魔力所征服。毫无疑问，尽管坎通纳用点点滴滴的行为造就了恶名昭彰的形象，但说到底，人们真诚地爱着他，他的奇异、矛盾甚至不合情理的方式，值得这份炽烈的热爱。

事情明摆着：写这本书，将比叙述坎通纳的人生和职业生涯艰难得多。撰写坎通纳传记时，我是本着这样一个原则：一名传记作者，应该扮演探险者的角色，其职责就是质疑那些已经画好的“地图”——传记人物的个人档案、采访、文章、早先的传记，都是“地图”的组成部分，对坎通纳而言，我看到了一幅狼藉甚至混沌的图景，裂谷和陡崖随处可见。毫无疑问，这是一次有趣的旅行。

那么亨利呢？可以说，之前有关坎通纳的资料，就像一块各种食材佐料混合却又十分可口的千层糕，虽然充满了相互矛盾的观点；然而，亨利这块千层糕，让我无处下嘴，哪怕关于他的采访不计其数。迄今为止，只有一本亨利的传记面世，那是2005年由奥利弗·德比希尔（Oliver Derbyshire）所著，书名口气不小：《蒂埃里·亨利：地球上最伟大的足球运动员的奇妙人生》（*Thierry Henry: The Amazing Life of the Greatest Footballer on Earth*）。

这年头，时不时就有未满21岁的球员给一本他人捉刀的传记署上自己的名字，亨利的传记却如此稀缺，着实令我惊讶，但同时，这也为他在足坛谜一般的形象和地位做了注脚。如果他真是“地球上最伟大的足球运动员”，为什么这么长时间以来，没人愿意将亨利展示给我们的光鲜形象著书立传？那些被描述为亨利的“朋友”的人，为什么在与我交谈时，那么吝惜对他的颂扬之词？在他们对亨利的褒奖中，为什么总是有一分保留？

我对亨利有过美好的记忆，但是，我对他的过去挖掘愈深，这些美好记忆就愈加无足轻重。不要误解，我并不是挖掘出了他在攀向事业巅峰的路上有什么不为人知的丑闻。事实上，在臭名昭著的“上帝之手”事件之前，亨利的职业生涯基本没有过什么争议性事件。当然，长远来说，“上帝之手”事件使比亨利苦苦追求所得到的那些奖杯和荣誉更具有代表性，会更好地勾勒出他的形象。

2010年世界杯预选赛，法国队在巴黎迎战爱尔兰队的次回合附加赛，将决定谁能够得到前往南非的机票。那场比赛之前，我写下了下面这段文字：

对球员来说，他们经常会因职业生涯某个标志化的瞬间而为后世所铭记，而这个瞬间究竟是否能够或在多大程度上体现他们的个人才华并不重要。人们对马尔科·塔尔代利（Marco Tardelli）最深的印象，是1982年世界杯决赛他斩获意大利队第2球后的庆祝动作，而非那个进球本身。埃里克·坎通纳永远都是那个在塞尔赫斯特公园飞踹球迷的恶棍。费伦茨·普斯卡什（Ferenc Puskas）永远都是那个在温布利球场的中圈里颠球的家伙。而1986年世界杯那场极具戏剧性的比赛中，迭戈·马拉多纳（Diego Maradona）用手将球送进彼得·希尔顿（Peter Shilton）大门的瞬间，则让他突破英格兰队防线的壮举只是一段小插曲般的存在。查理·乔治（Charlie George）在1971年足总杯决赛攻入致胜球后躺在海布里草皮上的庆祝成为永恒经典。而贝利，1970年世界杯决赛上，他把球交给卡洛斯·阿尔贝托（Carlos Alberto）后踱步向前，轻松写意地注视着右边的阿尔贝托完成那粒经典进球——在那个瞬间，贝利缓慢的步伐，比他职业生涯1281粒进球更好地诠释了他登峰造极的足球艺术。

然而，蒂埃里·亨利没有这样的瞬间。他的导师阿尔塞纳·温格将他称为“世界上最伟大的前锋”，他打破了各式各样的重要纪录，在俱乐部和国家队舞台得到了所有重要的冠军头衔，凭借富有爆发力又兼具艺术性的风格征服了万千球迷。但事实上，这位阿森纳“偶像”和法国队“传奇”从没有制造过那样的瞬间——那种因为某种难以描述却又极具说服力的原因，让一个伟大球员超脱其竞技实力本身的瞬间。

和很多阿森纳信徒一样，我对俱乐部球迷将亨利选为队史最伟大球员感到惊讶。如果是我，我会选择丹尼斯·博格坎普（Dennis Bergkamp），他在球场上有着独一无二的让时间放慢脚步的能力。博格坎普在圣詹姆斯公园的那粒进球，拥有一种奇异的美感，不论你怎样反复观赏，它都不会褪色一分——就像菲利普·拉金[①]的诗集《降灵节婚礼》（*Whitsun Weddings*）的最后一节，不论你是第一次还是第一百次阅读，总能体会到其点睛之笔的奥妙。2000年与曼联的比赛中，亨利背身接球将球挑起，随即转身凌空抽射破门非常精彩，但还是有少部分球员带领我们见识过更高的高度。

然后，亨利的左手派上了用场，两次。属于他的这个瞬间终于到来了[②]。

这是一个不公正的时刻。这是对爱尔兰队的不公，这支球队组织有

---

① Philip Larkin，1922—1985，英国诗人。

② 原文注：在法国，唯一一本写亨利的书，书名就叫《蒂埃里·亨利的黑色之手》（*La Main noire de Thierry H.*），这显然不是巧合。该书出版于2011年初，作者是名不见经传的法国小说家埃韦尔·科林（Hervé Colin）。

方，斗志顽强，出线是他们配得上的奖赏。但与此同时，这也是对亨利的不公。这名美妙的球员多年来在球场上几乎无可指摘，而这次事件令他成为千夫所指，几乎变成了全世界的公敌，包括在他的祖国。其实，亨利犯下过错后几乎立刻就勇敢地承认了自己的“罪行”。本书中，我将用整整一个章节来阐述这个亨利职业生涯中“决定性的一刻”，此处不赘。我只是要说，那个夜晚，我应邀在一档知名电台节目讨论这宗“丑闻”时，我那难以抑制的愤怒让我自己也感到惊讶。我在节目中说，这是法国足球历史上最耻辱的一夜。这不是在针对你，蒂埃里，不是的。第二天早上，著名记者亨利·温特（Henry Winter）在《每日电讯报》（*Daily Telegraph*）专栏上，开篇几乎使用了同样的措辞。我多么希望事情不是这样，但历史已经不可改变。

后来我意识到，这些事件与我之前所写的文章一点儿都不矛盾。我不愿意将亨利抬高到博格坎普的高度便已经说明了问题所在：不论你对亨利多么喜爱甚至崇敬，他不是那种容易让人真正产生感情的球员。亨利不是同胞埃里克·坎通纳那样的艺术家。他在球场上展示过天才般的技术，但他似乎没有坎通纳那样丰富而矛盾的内心情感——不论这是好事还是坏事——而这正是定义了坎通纳的要素。亨利的强大，很大程度上在于他超高的效率（efficient）。他是一个纪录狂人，他对自己的足球技艺有着狂热的激情，他对将自己载入史册有着令人钦佩的雄心。他更像罗杰·费德勒①，而不是伊利耶·纳斯塔塞②。他更多的是唐纳德·布莱德曼③式的人物，而不是阿奇·杰克逊④。只是，亨利从未

① Roger Federer，1981年出生，瑞士男子网球名将，曾连续237周ATP世界排名第一。

② Ilie Nastase，1946年出生，罗马尼亚男子网球名将，曾连续40周ATP世界排名第一。

③ Donald Bradman，1908—2001，澳大利亚板球名将，被公认为史上最伟大击球手。

④ Archie Jackson，1909—1933，澳大利亚板球名将，15岁便声名鹊起，23岁因肺结核去世。

达到过费德勒或布莱德曼的高度。当然，对我们旁观者来说，亨利没有真正实现的成就，却已经写在了他的荣誉簿之中——亨利从不曾在世界杯、欧洲杯、欧冠或哪怕是足总杯决赛中取得过进球，但他赢得了这些赛事的奖杯，从某种意义上说，他并没有真正“拥有”这些奖杯。

亨利的行为举止也是一个不得不提的因素。他形容自己有些“傲慢”（arrogance），如果你听过NBA球星的采访，或者跟法国郊外的孩子聊过天，都不会对这个词感到陌生。这样一份会被斯文人解释为粗鲁的傲慢，根本上是一种自我保护手段，是一种恐惧的表现。但另一方面，我又必须谈到亨利的阿森纳队友罗贝尔·皮雷（Robert Pires）形容他的那个词：可爱（adorable）。我不止一次见过这个版本的亨利。但其他人，则会在亨利身上使用别的词汇，我所听过的词汇包括：自私（selfish）、不择手段（machiavellian）、精于算计（calculating）、擅于操纵别人（manipulative）——等一等，你们怎么可以用如此充满敌意的语言描述亨利？

对于这个“自私”的亨利，一件令我难忘的事情是，那天在比赛结束很久之后，亨利从球员通道里走了出来，当时只剩两三个被雨水浇透的记者在海布里球场的边线旁小声咒骂：“那帮混蛋全都走了。”这时，超级巨星亨利走到我们面前，为迟到表示歉意：“对不住啊，伙计们。你们肯定冻坏了，这他妈的鬼天气。”（错了——没有“他妈的”——我从不曾听见亨利说脏字，一次都没有。）然后，蒂埃里打开了话匣子，他说得很细，滔滔不绝，条理清晰，在我们谈论足球时，他一向如此——没有哪个球员比他更加深爱足球，至少我打过交道的球员里没有。最终，我们得到了亨利的采访。那时，我们都爱着蒂埃里。

然而，我不是亨利的朋友，永远不可能是。他不愿意敞开心扉，对外人给予哪怕一点点信任，这一直令我吃惊。我相信，你是有机会得到亨利信任的，但前提在于，作为记者，你必须接受，他的言论就是最终结论，你要回报给他奴隶般的忠诚，这是我做不到的。坎通纳经常与那些敢于反对他的人成为朋友，但亨利的内心不接受这样的事情。他比我遇到过的任何球员都更加渴望认同和赞扬。有几个善于溜须拍马的记者投其所好赢得了亨利的信任，但到头来，他们都发现自己跟不上亨利的脚步——对亨利最苛刻的批评者恰恰就是亨利本人。他并不傻。

这本传记，我在写了12万字之后终于意识到，我已不可能用我原本设想的方式完成写作。撰写坎通纳传记时，编年体的体例附带一些短文资料的形式效果很好，但对于这本亨利传记，我很快发现，这种形式让我淹没在了无关紧要的细节之中，让我偏离了写作的初衷，偏离了亨利这个人物。魔鬼在细节中（The devil is in the detail），此话不假，但前提在于，那必须是能够表现整体的细节。否则，你只会像奥逊·威尔斯[①]所饰演的角色在《上海小姐》[②]尾声中那样：他在布满镜子的场景中寻找丽塔·海沃丝[③]，只有当子弹击碎玻璃的时候，结局才呈现出来。

事情就好比是这样：一名传记作者举着镜子面对他要刻画的人物，反复尝试之后，他需要对光线进行调整，他知道，最终能呈现出来的形象只是接近于真实，而非绝对真实。但是，我们还能指望什么呢？撰写坎通纳传记时，这面镜子被一次次打成碎片，试图把握这样一个有着超强个性的人物有时候就像是竹篮打水。我必须将镜子的碎片拾起，尽最大努力将它们重新粘合起来。但是，在我看来，人物的形象越分裂，这个人物也就越完整，越丰满。

---

① Orson Welles，1915—1985，美国演员、导演、编剧、制片人。

② 1947年上映的美国悬疑片。

③ Rita Hayworth，1918—1987，美国影星，20世纪40年代红极一时的性感偶像。

蒂埃里·亨利给我提供了不一样的挑战。描写亨利人生的全过程，我感觉是在面对一个摆出一系列姿势的人物：亨利的公众形象与我摆在他面前的镜子一样光亮，不论我往平静的湖面扔多少颗石子，泛起的涟漪都会迅速消失。这倒是足以证明，他与坎通纳属于不同的时代，在这个时代，球员的性格棱角都会被那些患有受迫害妄想症的媒体顾问、新闻官和形象设计师磨平。坎通纳非常善于以其不羁的言行满足公众的兴趣和想象，他从来都是一个有血有肉的人，哪怕是他利用这一点为自己谋利的时候。在当代球员中，亨利原本是最理想的交谈者，他善于言辞，见多识广，但他很少像坎通纳那样打开心扉。

这本传记中，我没有什么“故事”可以讲给诸位——那种主人公对自己的过失报以自嘲、让你很快喜欢上这个人物的故事。亨利自称，少年时代，“愤怒”（anger）是他前进的推动力，但从很小的年纪开始，他职业生涯的轨迹就是非常线性的，他就像是一个非常聪明的学生，各门课程的成绩都名列前茅，一路步入剑桥学堂，继续着异常顺利的人生发展。亨利经常被称作“克莱枫丹毕业生”（a graduate from the Clairefontaine academy），也只有在亨利身上，把“毕业生”这个词汇用于球员才显得如此贴切。才华、个人努力和优等的教育都对他的发展起到了重要作用。运气成分？零。除非你要把亨利的成长恰逢法国足球青训蓬勃开展的历史背景称为运气。少年时代之后，亨利职业生涯的乐章开启：摩纳哥，乐章的前奏；尤文图斯，一次不合时宜的彩排；阿森纳，荡气回肠的交响乐；巴塞罗那，一段肥皂剧演出；最终，纽约红牛，一段寻找被遗忘旋律的尾声。本书中，我将努力还原这段旋律，而第一个音符，将由亨利的父亲谱写。

目 录
CONTENTS

1

即便可以选择，我也不会选择在任何其他地方度过童年。

——1996年重返于利斯

因父之名

IN THE NAME OF THE FATHER

我因为何事亏欠何人？我不喜欢用“亏欠”这个词。但是，我亏欠父亲一些东西，是他让我来到这个世界。

——蒂埃里·亨利，2006年4月

罗贝尔·卡默洛[1]这个名字今天几乎已无人知晓，这是20世纪现代主义建筑学的一个注脚。和他那一代的很多年轻人一样，他希望在二战留下的废墟上建设一个更美好的世界。他的祖国必须走出残酷战争的阴影，用混凝土去覆盖战场的泥土。在最崇高的动机驱使下，又在致力于跟上工业化步伐的政府的支持下，卡默洛（讽刺真是无处不在，哪怕是一个姓氏）开始了他宏伟的计划，要将法国大城市周边缺乏规划的广阔地区改造为人口密集的城区，兴建大量高层建筑。在今天，也正是这些房屋，让生活在大城市喧嚣之外的千百万法国人住有所居——除非老化的房屋大限已到，这种情况并不少见——这些地方，便是我们所说的“郊区”（the banlieues）。

于利斯（Les Ulis）是亨利出生和成长的地方。这片郊区是卡默洛晚期的古怪创造之一。20世纪60年代初，谢弗勒斯谷（Vale of Chevreuse）第一批高层住宅矗立起来的时候，法国正处在前所未有的经济繁荣时期。此前，于利斯几乎是个被遗忘的角落，以至于这里连座火车站都没有（今天依然没有）。但在这个时期，政府希望于利斯能够成为信息产业及核能工业中心，二者都是法国最成功也最具标志性的领域。惠普等知名公司搬到了为此特别兴建的“科技中心”，法国原子能委员会则比这些公

① Robert Camelot，1903—1992，法国建筑师，其姓氏Camelot与英国传说中亚瑟王的宫殿所在之地“卡米洛特”同字。

司更早10年便搬迁至此，将总部设立于临近的小镇萨克雷（Saclay）。

然而，1968年5月，当第一批于利斯居民搬进新家时，法国正在经历一次社会动荡，民众的不满恰是针对卡默洛的后台老板们——很多刚建成的公寓依然没有自来水，而于利斯则甚至没有自己的市议会，直到亨利出生的那年，也就是1977年，于利斯市议会才告成立，亨利6岁时注册加盟的于利斯俱乐部（CO Les Ulis），也于同年挂牌。建设规划者们试图吸引的那些中产阶级白领很快意识到，他们被兜售的只是一个白日梦，随即纷纷逃离到了更发达的地区，一座座高层住宅人走楼空。那些不那么幸运的人则前来填补了这个真空。几年时间里，于利斯从理想国变成了一个“敏感地区”，这个婉转的说法并不会让实际情况变得好看一些——2010年，于利斯40%的人口没有缴纳个人所得税，在亨利人生开启的时候，他们同样如此贫穷。

于利斯的人口构成非常年轻。亨利的父母——托尼（Tony）和玛丽斯（Maryse）来此定居时不过20岁出头，和很多邻居一样，他们不是在大城市（la métropole）出生的。他们当然有法国公民的身份，但由于肤色的原因，他们的生活处境与千百万来自北非和西非原殖民地的“客居工人”（guest workers）无甚区别。这些客居工人在工厂和建筑工地工作，其中不少人定居在了于利斯。

托尼出生于拉代西拉德岛（La Désirade），那是瓜德罗普①东岸的一座小岛，那里的居民以民风彪悍和思想独立而著称。玛丽斯在与托尼走到一起之前，已经有了一个儿子，名叫维利②。维利出生于马提

---

① Guadeloupe，位于加勒比海小安的列斯群岛中部，为法国的海外省。

② 原文注：Willy，蒂埃里和维利一直称呼对方为兄弟，而不会强调他们的同母异父关系。实际上，蒂埃里的很多熟人也不知道，兄弟俩还有个弟弟，名叫迪米特里（Dimitry）。迪米特里比两位哥哥小很多，巨大的年龄差距也就不难解释蒂埃里的故事中为何很少会提到他。

尼克[1]，这是一个相对平静的地方，奴隶和奴隶主的后代共同居住在这里，尽管他们并未完全和解，但关系还是缓和了很多。托尼后来解释说，参加2010年南非世界杯对儿子非常重要，这个瓜德罗普人一直将他的儿子称为“非洲人”。

亨利本人几次公开谈到过他在西印度群岛的根，不过他的措辞与父亲有着微妙的区别：“人，总是要找到自己的根。虽然我出生在于利斯，但我没有忘记，我的父母是来自马提尼克和瓜德罗普。我了解那里的音乐、文化和饮食。我父母跟我说话时会用克里奥尔语[2]。人总是想找到自己的根，我回到父母的家乡时，内心总有一种恬静的感觉。在那里，我觉得自己是再普通不过的人，没有人会盯着我看。跟随法国队夺取世界杯冠军后，我去了瓜德罗普，那里的人也进行了庆祝，但他们的表情是不一样的，要平静得多。我到的那一天，我们举行了宴会，玩了邦戈鼓，大家都到我住的地方来道贺，但第二天，一切就都结束了。我可以穿着短裤，光着脚，骑着小摩托兜风，那里简直是天堂。”

不过，随着时间流逝，亨利与这座“天堂”的距离愈发遥远。2005年之后，他便再未回到过父亲的那座小岛，尽管他还有不少亲戚住在那里[3]。而上文那段话，则是亨利在2008年说的。对于自己的做法，亨利表达过遗憾，据一位托尼和我共同的朋友透露，这种情况主要是因为亨利父子的关系有所疏远，尽管托尼多年来一直都是亨利坚定的支持者以及最苛刻的批评者。亨利没有忘记他对父亲的亏欠，也依然在赡养父

---

① 拉丁美洲向风群岛中部岛屿，法国的海外大区。

② Creole，指一种混合多种不同语言词汇，有时也掺杂一些其他语言文法的语言。这个词是用以泛指所有的“混合语”。

③ 原文注：2001年11月25日，阿森纳3：1击败曼联的比赛中，亨利进球后展示了背心上“献给西印度群岛”的字样，那就是在向这些亲属致敬。

亲：托尼住在皮尔特角[①]儿子购置的一套舒适公寓中，免交房租。

而且，之前那些年，托尼还经常收到儿子的邀请，让他来观看自己在法国队、阿森纳和巴塞罗那的比赛，但最近这段时间，亨利似乎已不再发出这样的邀请。亨利的职业生涯，终究走到了摆脱父亲影响力的节点——那位一心为了他好，却又过于专横的父亲。后面的章节中，我会详细叙述1999年亨利从摩纳哥转投尤文图斯时的情况。此处需要说明的只是，那次转会决定无疑给亨利带来了巨大痛苦，也加剧了他从童年就开始的孤独感。尤其是亨利11岁时，同母异父的哥哥维利入伍服役，让他备感孤独，只剩下母亲玛丽斯与他作伴。

不过，1977年，这个年轻的家庭搬进两居室公寓时，托尼和玛丽斯还没有分开。几个月后，亨利在8月17日这一天呱呱坠地。透过家中的窗户，可以眺望到城市西头的圣东日大道（Avenue de Saintonge），那里与让-马克·萨利尼耶球场（Jean-Marc Salinier Stadium）的两块场地只是咫尺之遥。托尼和玛丽斯于1985年分道扬镳，在此之前，一家人都是在这里生活。

城市规划者给亨利居住的街区取的名字很有误导性：博斯凯（Les Bosquets）的字面意思是“小树林”，但这个地方不论当初还是现在都找不到几棵树，我上次去时，那里也不过是可怜的几棵树点缀了一下。在建筑师们当初的设想中，这里应该是一个只有上班或去家乐福购物才需要开车的小城，为了实现这个构想，小城各处密布着天桥和地下通道，将住宅区连接了起来。然而，这些设施几乎立刻变成了滑板狂人、涂鸦爱好者和不入流毒贩的天堂，以及普通居民的禁区。

当然，于利斯也不像后来有些人所描写的那样，是什么“城市地

---

① Pointe-à-Pitre，瓜德罗普最大的城市。

狱”。2007年，亨利回忆起童年时曾说：“小时候在那里，并不觉得穷，我以为生活就该是这样的。”而另外一次谈起家乡时，亨利的描述是：“那里很复杂，但算不上贫民窟。”同时，他曾多次说过，如果可以选，他还会选择在于利斯度过童年。值得注意的是，他的家乡曾一次次免遭巴黎郊区的暴力事件，过去30年中，巴黎市郊时而满布燃烧的汽车，但于利斯要平静得多。而且，肤色在于利斯是无关紧要的。亨利解释道：“在于利斯，来自什么地方的人都有，法国、西班牙、非洲等等。所以，我在这里从没见过种族主义问题。”

亨利表示，是在离开这片社区后，他才注意到“一些人会带着怪异的表情盯着我，意思就像是在问：‘你来这儿干嘛？’”不过，这些只是孤立事件，大多数是发生在他随法国青年队在一些很少有黑人出现的小城比赛的时候。根据亨利的说法，他只是2001年4月在瓦伦西亚的梅斯塔利亚球场，才听见观众对他以及几位阿森纳黑人队友发出那刺耳的猴子叫声（2年后，他再次经历了这样的事情，还是在那座球场）。那个时候，亨利才真正意识到，种族主义在足球世界流毒甚广，而他“必须做一点儿什么”。他的确做了，以非常亨利的方式。

2004年12月，亨利得到了他的赞助商耐克的支持，发起了“站起来，说出来”（Stand Up，Speak Up）运动，收获了巨大成功，至少，黑白相间的腕带取得了极佳的销售成绩。600万条腕带很快一售而空，而600万英镑的营利，则全部捐给了比利时国王博杜安慈善基金，这笔资金在接下来的3年中被用于238个慈善项目之上。两个月后，国际足联主席任期似乎永远也不会结束的布拉特，第一次也是最后一次戴上了这种腕带，他宣布，亨利被任命为“国际足联反种族主义公平竞赛大使”（FIFA fair-play ambassador for the fight against racism）。

2007年，亨利又与服装设计师汤米·希尔费格（Tommy Hilfiger）

联手“设计”了一系列学院风服装，为多个足球相关的公益项目募集资金。这类做法，很容易，有时也的确应该引起人们的质疑，至少亨利的足球同行、曼联右后卫加里·内维尔就对耐克参与到“站起来，说出来”运动表示担忧，认为这让公益活动变了味，因为在他看来，耐克公司不过是将之当成了一种宣传手段。

但是，毋庸置疑，亨利本人确实认为这样做能够改变一些东西。人们不必过于轻易地将这视为又一桩名人自不量力的案例——就像U2主唱波诺（Bono）要拯救世界，或者美国影星格温妮丝·帕特洛（Gwyneth Paltrow）要让所有女人都采取自然分娩、全世界都皈依素食主义。请不要忘记，一个法国黑人听到足球观众发出种族主义辱骂时会是多么糟糕的感觉，特别是这种行为在他的祖国几乎闻所未闻。

亨利后来回忆起了当初在小学的经历：他的老师将一本英语书带进教室，书的封面是那张著名的照片：英格兰黑人边锋约翰·巴恩斯（John Barnes）将观众扔向他的香蕉踢出场外。亨利看到这张照片时十分震惊：“我没想到体育还能容忍这种事情，没想到巴恩斯这样的球员竟会得到这样的待遇。从那一刻起，我意识到了这个问题的存在。”或许，这也是亨利会把于利斯灰暗的住宅区称为“天堂”的原因之一，至少，那里没有受到种族主义这个恶魔的侵扰。

亨利经常提醒记者，在于利斯那个地方，他“接受了不错的教育，有爱他的父母，还有一些不错的场地，可以踢足球和打篮球”。足球是亨利和他的小伙伴们尤其喜爱的。亨利很多朋友都是先认识了他的同母异父哥哥维利，他们比亨利的年龄要大，这群孩子并不是在市议会的球场玩耍，随便一个场地都会被他们当成球场。甚至，卧室也可以。那是亨利表哥热拉尔·格朗达当（Gérard Grandadam，玛丽斯姐姐的孩子）的卧室。热拉尔比亨利大8岁，他和自己的弟弟丹尼尔会组成一队，

2对2比赛的另一方则是亨利和维利哥俩。比赛的目标是将一个网球踢向窗户与卧室门之间非常狭窄的空间，这样的玩法不会制造什么声响，也就不会被热拉尔的母亲（也是亨利的教母）听到。其他一些时候，他们还会前往于利斯的室外手球场踢球，尽管那样的场地很容易擦伤膝盖。热拉尔回忆说：“那个时候，蒂埃里已经在踢前锋了。我们的对手对他下脚非常狠。”尽管如此，对手依然总是输，而亨利则是他们的最大克星。

还有一些比赛，是在离亨利家很近的空地上进行，4棵分散的冷杉树就是场地界限。放学后，孩子们就会聚集在这里，每支球队最多能有15人，比赛的名目叫作“披萨派对”，因为输的一方要请对方在意大利餐厅享受一顿廉价大餐。而总是出现在儿子身边的托尼，则会在场边观赛或上窜下跳，大吼大叫，抑或打着手势。据我俩共同的西印度群岛朋友所说，托尼认识小城里的每个人，他知道哪些人会带坏他的孩子，他不会让维利特别是蒂埃里与这些人打交道。

很多年后，在伦敦地标酒店（Landmark Hotel，亨利在伦敦最常去的地方之一）的套房里，亨利对我和一些《法国足球》同事表示，他后来听说，自己出生时，父亲就抱着他宣布：“有一天，蒂埃里会为法国国家队效力。”我至今仍记得亨利说这番话时那种难以置信的眼神。在亨利从街头踢野球的孩子成长为克莱枫丹学徒的全过程中，托尼一直在反复宣讲这个预言，令旁人不胜其烦。有一次，托尼超速驾驶被警察拦了下来，他朝警察吼道：“你不知道我是谁吗？我是蒂埃里·亨利的父亲！”那个时候，蒂埃里才13岁。

这样的故事还有很多。亨利少年时代的一位教练告诉我：“在亨利还非常小的时候，有一次在王子公园球场（Parc des Princes），托尼便对一个人说：‘看到我边上这个小孩了吗，记住他的名字吧，有一天他会成为职业球员，会为法国国家队踢球。’在王子公园球场的看台上说出这番话，你真得有点儿胆量才行！”然而，托尼对儿子将成为国脚的宿命坚信不疑，我采访的每一个人都证实了这一点，不论他们对托尼的执念赞同与否。

除非你认为托尼有预知未来的超能力，否则你不难看出，托尼非常热衷于按照自己的计划设计儿子的人生。托尼让蒂埃里泡在了足球当中，要么踢球，要么看球。亨利最早的记忆之一就是，1982年7月8日法国队在塞维利亚与德国队那场跌宕起伏的世界杯半决赛中，马里乌斯·特雷索尔（Marius Trésor）攻入第二球时，父亲狂喜庆祝，那时蒂埃里还不到5岁。

特雷索尔是托尼的偶像，同样是出生在瓜德罗普。所以，亨利对特雷索尔的球队波尔多有着最深的感情也就并不令人意外了。不过，托尼和玛丽斯离婚后，这对父子便经常去巴黎圣日耳曼的主场王子公园球场或者白鸽城球场（Colombes）看球。白鸽城球场曾经相当于法国的国家体育场，只不过没有官方名分，在亨利的少年时代，它则成为重获新生的巴黎竞技俱乐部（Racing Paris Matra）的主场。该队正在试图改写法国足球的势力版图，引进了德国边锋利特巴尔斯基（Pierre Littbarski）和乌拉圭魔术师恩佐·弗朗西斯科利（Enzo Francescoli）等球星，值得一提的是，弗朗西斯科利正是齐内迪纳·齐达内（Zinedine Zidane）儿时的偶像。而亨利最崇拜的球员则是AC米兰中锋马尔科·范巴斯滕（Marco van Basten），10岁的亨利一直在努力模仿范巴斯滕的风格，而且小有所成。亨利进入国家队后，选择的12号球衣也正是范巴斯滕用过的号码。托尼回忆道：“他射门的方式正是基于范巴斯滕的风格。他今天的射门方式还与小时候一模一样。”谈到球衣号码，需要强调的是，亨利在阿森纳选择14号，可不是向另一个荷兰人约翰·克鲁伊夫（Johan Cruyff）致敬。真实情况要无聊得多，“他们来到更衣室，把这个号码的球衣给了我。我后来发现穿这个号码运气不错，就一直保留下来了。”

将“蒂蒂[①]”培养成我们今天所熟知的蒂埃里·亨利，是托尼一早便给自己设定的使命，与玛丽斯的离异也未曾动摇他的决心。任何人，如果怀疑他或给他设置障碍（不论是真的如此，还是被他想象成如此），他都会让他们吃不了兜着走。必须指出，这场托尼一个人的战争最终取得了胜利。托尼也许没有能力预知未来，但他毫无疑问在竭尽所能接近自己的目标。

托尼本人踢球水平尚可，他在于利斯和马尔库西（Marcoussis）成年队踢过，司职后卫。他曾梦想成为一名职业球员，但这个未竟理想很快便被他寄托在了儿子身上。据说，亨利的一个叔叔曾经是400米栏的法国冠军，不过我从未找到过可考的证据。然而，亨利小时候并没有表现出如此水准的田径素质。他天生速度很快，但他的健康情况不大理想。1998年，托尼曾回忆说："他的身体非常弱。他天生平足，还经常患上重感冒，所以他踢球时要避免过多出汗。”亨利确实很容易得病，而且病得挺厉害，所以经常要去圣文森特-保罗医院（Saint-Vincent-de-Paul）接受检查，这让父亲忧虑而烦躁，以至于后来不再与亨利同往，而是由维利负责。那些年，维利扮演着亨利的守护天使的角色，父母告诉他要盯紧亨利。“我总是随身带着毛巾，”维利回忆说，“好把他的汗水擦干，这样我们的父母就不会知道他踢球了。”

亨利一家在度假时，一般会在瓜德罗普的拉代西拉德岛或马提尼克的法兰西堡（Fort-de-France）之间二选一。按照托尼的说法，他这个体弱多病的儿子，是在某次前往西印度群岛时彻底治愈了疾病。那里有一种割开后会流出奶水状汁液的药草，亨利的祖母用这种药草制成特殊

---

① 原文注：Titi，亨利蹒跚学步时，父亲给他起的小名。

的茶水，亨利服用后效果立见。“从那之后，亨利就再也不感冒了。”

当然，这或许也是因为亨利本身学会更好地照顾自己了。让-克洛德·乔尔达内拉（Jean-Claude Giordanella）是亨利的启蒙教练之一，如今则是于利斯俱乐部的副主席。他回忆说，在于利斯俱乐部训练时，瘦削的亨利总是不断地咳嗽，但他对此给出了另一种解释：“亨利的田径素质非常棒，他的速度很快，但身体实在太过瘦弱，不够强壮。肩膀撞他一下，他就会应声倒地。他的确总是感冒，但这一定程度上是因为他自己不注意，他比赛后总是不冲澡，不换衣服，浑身是汗，有时再赶上刮风下雨，不生病才怪了！”

幸运的是，哥哥维利会照顾亨利。“每场比赛后，维利都把蒂蒂从头到脚裹严实，给他穿上鞋，系上鞋带，然后带他回家。”乔尔达内拉回忆道。

可怜的维利既是守护天使又是替罪羔羊。“我们必须小心，”维利说道，“有一次，我正在路边和女朋友聊天，蒂埃里则跑去踢球了。结果父亲找到我，问弟弟去哪儿了。但蒂蒂已经不在那里了，于是我当然被狠狠地骂了一顿。不过，我还是不费吹灰之力就找到了蒂蒂，他正在另一块球场上踢球呢。”

托尼十分担忧的一点在于，这块住宅区经常有一些不良少年出没，这些人经常会去警局报到，再之后便会被投入监狱。托尼要努力保护好他的孩子，要确保维利和蒂埃里不像很多于利斯的孩子那样，被带到自我毁灭的道路上去。需要强调的是，尽管体育圈有不少人的父母都有体罚孩子的倾向①，但托尼不是这样的。不过个别时候，托尼也会动手，

① 原文注：法国一位著名球员的父亲，曾因为儿子没能进球，而强迫他从体育场跑回家，自己则开着车以蜗牛的速度跟在后面，猛按喇叭，狂闪车灯，脑袋还从窗户伸出来破口大骂。

而挨打的几乎总是维利。“对，挨打的是我。”维利回忆起这些并没有表现出怨恨的样子。

当然，对亨利来说，挨骂总是免不了的。有一次，亨利一场比赛进了6个球，自我感觉极佳，父亲却在大骂他错过了一些传中，浪费了不少机会。长大以后回忆起来，亨利说：“多亏我的父亲，我才会是今天的我。童年时代，我身边的环境不是太好，所幸我的父母都非常严格。那时的我无法理解为什么我的朋友晚上都能出去玩，我却只能透过家中的窗户看着他们。这让我非常沮丧，我问母亲为什么不让我出去。我当时十分难过。然而，现在，我那些朋友几乎都在监狱里。在那样的环境中，想避免同流合污并不简单。生活在那样的郊区，作为父亲，你必须严厉起来。”

维利则说：“爸爸对蒂埃里逼得很紧，蒂埃里没有其他选择，他必须成功。他曾苦恼地对我说：‘我受够了，即便我表现很好的时候，爸爸也会把我一顿臭骂。’”年轻的亨利真的很想让父亲满意，虽然足球在那个时候并非亨利头脑中最重要的东西。他说：“我能走上足球这条路，要感谢爸爸。每个孩子都希望为父亲做些什么，而我踢球，是为了让他开心。他会把我带到球场，我能够看到，我上场踢球时，他比我自己更开心。”

亨利的球技非常出色，对他这位同母异父的哥哥来说，他实在过于强大。“蒂埃里从来不愿意跟我在一支队里踢（维利是门将），因为我总会骂他——他一拿球就不会让皮球离开自己的脚。”

不难发现，维利的性格非常随和。就这样的角色来说，对弟弟产生嫉妒和敌意也并不奇怪，但维利完全接受配角的地位，他的职责就是帮助亨利成长。兄弟俩之间有着不可动摇的信任。1997年，亨利对《11人》（*Onze*）杂志表示：“我可以跟他聊体育之外的话题。我喜欢跟他在一起，因为我们很少谈论足球。我回到家后，我们大概会就比赛情况聊10分钟，然后就结束了。我们会聊一些小时候做过的非常傻的事情。但和爸爸在一起时，他可忍不住不聊足球，别的事情聊上几句就会跑回足球。”

亨利成为一名出色球员后，一直依靠维利充当自己与外部世界的桥梁。亨利对与自己有关的事情总是有着很强的控制欲，但与此同时，他却与外面的世界渐行渐远。亨利以疯狂的频率更换着手机号码，如果你想找到亨利，只有打电话给性格活泼、善于沟通的维利，他会把你的信息转达给亨利。不论是要球票、要球衣还是申请采访，亨利的朋友、前队友和记者们都会给这位老大哥打电话。这种情况到今天也没有改变。

不过，与尼古拉斯·阿内尔卡（Nicolas Anelka）臭名昭著的哥哥克洛德（Claude）和迪迪埃（Didier）相比，维利并不是一个“顾问”的角色。对于维利的帮助，亨利自然给予了报酬，确保哥哥生活无忧，但是，尽管亨利本人十分慷慨，维利却从不会寻求个人回报。维利至今依然是一名巴黎地铁的司机，“我的工作与足球无关，除了有时候会把乘客送往法兰西大球场。”维利并不需要张口，这对兄弟向来有福同享有难同当。

托尼和玛丽斯分道扬镳时，他们的儿子只有8岁，但却可以从容应对这场家庭地震。事实上，亨利后来回忆起父母的离婚时便说，这并没有像外人以为的那样，在感情上对他造成多大伤害。亨利的话值得采信，他没有理由故意这样说，以掩盖什么更深的伤口。了解这对夫妻的人，都不会对他们的分手感到惊讶。他们的一位朋友曾对我描述说，托尼和玛丽斯就像“粉笔和奶酪”，完全不是一路人，真正应该意外的，是他们原先居然会走到一起，他俩的性格实在差距过大。至于抚养权的问题，他们轻松地达成了对所有人都合适的协议。托尼独自出户，但会在亨利有足球比赛时随时出现，没人知道其他时间他都在干些什么。

玛丽斯后来搬到了邻近的小城奥尔赛（Orsay）。玛丽斯在奥尔赛一所大学当接待员，学校为她在校园里提供了公寓，在这里她可以每天好好照顾儿子，向他灌输纪律观念以及对良好行为举止的追求，这些都在未来对亨利产生了很大影响。认识玛丽斯的人总是将她描述为“小心谨慎”“轻声细语”甚至“腼腆害羞”，但是，能够独自把两个儿子抚养成人，她必然是一个非常坚强的女人，她既有着严厉的家教，又为孩子提供了舒适的成长环境。玛丽斯的家规很严：亨利不能在床头贴上他最喜欢球员的海报，因为那会损坏玛丽斯的壁纸；而维利在18岁的时候，也依然要严格执行宵禁，午夜前必须回家，哪怕是周六晚上。如果说亨利足球人生的前十年，是托尼在推动着他，那么玛丽斯则是他永远可以依靠的后盾。更大程度上，也正是玛丽斯让亨利形成了对待外部世界的态度：疏远，有时甚至是隔绝，但在面对陌生人时又非常礼貌，懂得尊重。足球？那是托尼管的事情，完全是托尼的地盘。

马拉多纳小时候，曾留下了在博卡青年球场的中圈颠球的镜头，但对于亨利，你找不到少年时代的他征服王子公园球迷的画面，我们只能在少量业余摄影机记录的影像中，看到亨利在稀稀拉拉的观众面前庆祝进球。虽然他的队友和对手都比他强壮和年长，但亨利实在比他们强出太多，这一点任何人都看得出来。1989年，即将迎来12岁生日的亨利已在于利斯效力了6个年头。在那里，他的启蒙教练克洛德·谢泽勒（Claude Chezelle）虽然对亨利超群的实力赞叹不已，但他并不完全确信亨利具备实现托尼雄心壮志的全部素质。2006年，谢泽勒回忆说：“很多那个年龄的孩子都有着超群球技，但很多人都会半途而废。就蒂埃里而言，他父亲一直在指导着他，俱乐部的每场比赛，他父亲都会来。托尼做事情很认真，他从不允许儿子有一丝懈怠。”

托尼后来感到，这家郊区小球会阻碍了亨利的进一步成长，如果亨利想充分挖掘自己的才能，必须去一支更大的球队。维利也相信，弟弟“有潜力成为职业球员”。乔尔达内拉亦在一定程度上赞同他们的观点。

乔尔达内拉对我说："蒂埃里非常有天赋，但没人能猜到以后的事情。蒂埃里同时又非常自私，好像比赛都是为了他而踢，他从不给任何人传球。谢天谢地我们这里不用发放进球奖金，否则他肯定会让我们破产。这也正是一些队友不太喜欢他的原因所在，一切都在围着他转。他接过皮球，便会独自带球向前。而当他得不到球时，虽然不至于哭出来，但确实很不开心。”当然，这是在托尼不在场边的情况下，因为托尼可不会容忍自怨自艾和不够男人的做法。乔尔达内拉感叹："到最后，全队就完全是为了他在比赛，蒂埃里凌驾于所有人之上。”

那个时候是20世纪80年代末，法国职业球会还没有建立起今天已经成为理所当然的球探网络。他们只能依赖于江湖传说、个人推荐以及非正式的私交，但这并不意味着他们就一定缺乏发掘新秀的敏锐嗅觉。最终，有天赋的球员还是会前往该去的地方，就像摩纳哥之于亨利。但在摩纳哥发现亨利之前，亨利已经在这个国家足球金字塔最底端的数家俱乐部做过学徒。

托尼虽然相信儿子具备成为顶尖球员的潜力，但他并没有去巴黎圣日耳曼请求试训机会，而亨利的下一家俱乐部帕莱索（US Palaiseau），也不是托尼主动选择的。加盟帕莱索，对亨利来说更多是一种偶然。该队负责13至15岁年龄组的教练让-马里·庞扎（Jean-Marie Panza）从他的好朋友克里斯蒂安·福科（Christian Fuoco）那里听说，于利斯“有个小家伙很棒”。庞扎虽然不是球探，但一直在努力寻找能够增强某个位置实力的球员，且在周边地区人脉很广，这主要是每个周末跟着他的儿子马蒂厄（Mathieu）行走四方而建立起的人脉。

当时，福科（已于几年前去世）把庞扎介绍给了托尼·亨利。很走运，两人立刻成了朋友，庞扎则没用太长时间，便被那个11岁男孩的球技所折服。1988年的某一天，于利斯在一项7人制小型锦标赛中碰到了帕莱索。帕莱索最终6：5取胜，而于利斯的5粒进球全部是由亨利完成。庞扎对我说："亨利的实力非常突出，速度、选位、射门都很棒。一年后，他便加盟了我们的球队，但并非我去挖了于利斯墙脚，而是福科和托尼主动提出来的。很多人都会这么做，因为大家都知道我们青年队的水平很高。我并不是贬低于利斯的水平，但蒂埃里加盟帕莱索，确实是前进了一大步。很快，其他球队便注意到了他的才华。"

与此同时，帕莱索的地理位置也有助于亨利的发展。亨利与玛丽斯和维利居住的奥尔赛，与他的新俱乐部只有不到5英里的距离。不过，亨利还是要往返于学校、训练场和家，接送他的任务由托尼和庞扎完成，几乎一天不落。他们如此不辞辛劳，就是为了最终挖掘出这个孩子的潜力。

按庞扎所说："从作为球员的自身实力来说，蒂埃里并不亏欠他父亲。但就其他方面来说，他有如此成功的职业生涯，确实欠他父亲很多。我不想细说，但他父亲真的为儿子做出了巨大的牺牲。"托尼做出的牺牲之一，就是辞去了一份稳定的工作，以全程陪伴儿子的成长。有时候，托尼手头会非常紧张，甚至没有钱给汽车加油，他必须想办法凑钱，才能继续接送亨利训练。如此艰苦的生活，是托尼自己选择的，目的就是完成他的使命：将亨利培养成伟大的球员。

庞扎告诉我："托尼会送他前往训练场，会去学校接他，为了让亨利成为职业球员，托尼做了他所能做到的一切，在自己有限的能力范围内，他尽最大可能给儿子创造了最好的条件，以帮助他实现他的抱负。"庞扎所说的"他的抱负"，是指亨利的抱负，但其实倒不如说这是托尼的抱负。当然，我的意思并不是说亨利不愿意遵从父亲的意愿。

庞扎回忆道："尽管蒂蒂那时还很小，但他确实把心思都放到了足球上。加盟帕莱索对他非常有益，因为我们会把心思都放在对年轻人的培养上。我们会组织训练营、锦标赛，会有机会与南特（Nantes）和昂热（Angers）这样的球队交锋。蒂埃里这个孩子100%生活在足球之中，但这并没有耽误他的学习。显而易见，他的父母给他灌输了很强的纪律观念和尊重意识。他很幸运，因为他身边都是对足球充满激情的人。”

如今，庞扎负责法甲蒙彼利埃俱乐部年轻门将的训练工作。当年，他不是唯一发现亨利超群才华的人。亨利不仅速度飞快，还已经具备了不俗的战术意识。他在球场上的跑动与他在门前的冷静一样令人印象深刻。在效力帕莱索的唯一一个赛季中，亨利攻入55球，帮助俱乐部轻松赢得了地区联赛和杯赛的冠军。而亨利的一个幸运之处在于，他身边有了几名跟得上他水平的队友，其中一位名叫若纳唐·泽比纳（Jonathan Zébina）。泽比纳职业生涯的发展十分不错，在意甲卡利亚里、罗马、尤文图斯和布雷西亚都留下过足迹。泽比纳唯一一次代表法国队出场，是2005年2月与瑞典队的比赛中，当时亨利也在场上，这真是再适合不过了。

帕莱索青年队的实力确实了得，亨利这个年龄组注册的16名球员中，有13人被选拔进埃松省（Essonne）代表队，参加了1989年的大区际锦标赛。当地球会中的巨无霸自然是巴黎圣日耳曼，他们对整个巴黎郊区有着垄断性的优势，庞扎的儿子马蒂厄引起了圣日耳曼的兴趣，但他们引进马蒂厄的努力以失败告终。庞扎认为：“没必要这样做。孩子们在这里每周训练3次，周末还有比赛，他们相互间十分了解，而且关系很好，没必要把他们送到大球会的青年学院。”

不过，帕莱索这座小庙很快还是留不住亨利了，或者更准确地说，已经无法满足他的父亲了。庞扎委婉地谈到了托尼对儿子成长的“巨大投入”以及营造出的“不同寻常的环境”。有一次，托尼一个人冲入场内抗议裁判的判罚，这令亨利颇为尴尬。这起事件已经足够糟糕，但除此之外，俱乐部的一些董事会成员以及一些球员的家长，也无法赞同亨利亲友团的一些行为，认为他们对球队事务的干涉已经给俱乐部造成了破坏。他们会质问俱乐部："为什么没让蒂埃里上场？""为什么没有把球传给他？"

听着庞扎的描述，我不由得想起了荷兰前锋罗宾·范佩西（Robin van Persie）的一段话。范佩西2004年夏天加盟阿森纳后，便立即向亨利求教，并得到了他的建议。荷兰人回忆说："蒂埃里的要求非常高。他永远也无法理解一名队友为什么会给他一脚糟糕的传球，那种情况下，他便会用那种表情看着你。你知道我说的是什么表情。"亨利的那种表情，是从哪里，或者说从谁的身上学来的，我想并不难猜。

很明显可以看出，对托尼而言，帕莱索不过是他天才儿子的一个跳板，这是俱乐部所无法接受的。很遗憾，亨利一家以及庞扎父子，都不可避免地被帕莱索轰出了大门。这里没有什么可责怪亨利的地方，他只是在不断地享受着进球的乐趣，而他的父亲则在场边骄傲地为儿子欢呼。另一家俱乐部维里-沙蒂永（Viry-Châtillon）满心欢喜地欢迎了亨利以及追随他脚步的人。庞扎回忆道："我对帕莱索俱乐部说：'即便亨利的家人有些特殊，但如果你们不愿意留住这样一个孩子，我就不可能在这里干下去。'于是，我和蒂埃里以及我的儿子马蒂厄一起加盟了维里-沙蒂永。随你怎么想吧，但我可以向你保证，这里没有钱的因素。"

2

“（报纸）给我打了多少分？”在克莱枫丹基地休息，1997年。

天选之子

ONE OF THE CHOSEN FEW

又一次，这一步走得合乎常理。托尼·亨利和帕莱索俱乐部之间关系恶化，不过是促成这一步的催化剂而已。

维里-沙蒂永俱乐部的U15、U16梯队主教练蒂埃里·普莱（Thierry Plet）是庞扎的好友，在庞扎的介绍下，普莱已经对蒂蒂有了充分的了解，他几乎是张开双臂对亨利表示了欢迎，甚至整个维里-沙蒂永俱乐部也是如此。

更关键的是，虽然帕莱索和维里-沙蒂永在亨利所处的年龄组都踢同一级别的大区级联赛，但只有后者还参加了全国性的锦标赛。因此年轻球员们（当然也包括来自于利斯的孩子们）经常会从一家俱乐部转去另一家，以初次尝试正规比赛的滋味，这其中，维里-沙蒂永无疑是一个合理的目的地。庞扎从来没有从他的工作中获得经济上的回报，他也从来没有想过要这么做，他想要的，只是让他的“孩子们”过得最好。普莱就说过：“如果他手下的某个球员有潜力参加全国联赛，他不会像很多别的教练那样，试图把这孩子留下。那些教练想的只是让自己的球队成为本地区最佳。”

实际上，在亨利父子与帕莱索俱乐部产生裂痕、两者最终不可避免地分手之前，庞扎就已经提醒过普莱关注亨利，而普莱自己也亲眼见识过这个“又苗条又敏捷的小人儿”在球场上能有怎样的表现。那是帕莱索和维里-沙蒂永这对邻居之间的一场友谊赛，在维里-沙蒂永主场旁边的一块小场地上进行。他记得场上有个少年，“他从身形上看，并没有比别人更强壮，不过更高。但我当时并没有太关注他的表现，因为我当时没有在寻找新人。还要再等两年时间，蒂埃里才会到我帐下效力。他那天下午进了几个球，但我对他的表现没有太多想法。因为你不知道一个13岁的孩子两年后会变成什么样，你不知道身体的发育会对他的灵活性和协调性产生怎样的影响。而且让-马里（庞扎）还告诉我，他父母离婚了，这就让事情变得更加复杂了。他母亲玛丽斯没办法把他带到维里-沙蒂永来训练。所以让-马里就对我说：‘好吧，我把我儿子马蒂厄也加上，一块儿送到你这儿来——他知道我对他儿子的评价有多高——我会负责把他们送到俱乐部去。’”

一切就这样平稳地发展了大概一年时间。蒂埃里的父亲当时在别的地方忙活，虽然没人记得他到底在忙些什么。他的母亲玛丽斯则因为害怕看到儿子受伤，从来不去现场看比赛，甚至之后很多年也是这样。听上去有些令人难以置信，但确实是这样，蒂蒂后来去了英格兰，之后又转会到西班牙，即便她经常去探望儿子，却从来没有现场看过儿子身披摩纳哥、阿森纳、巴塞罗那或者法国国家队的战袍踢球。在亨利的家庭里，足球从来都只是专属于男人们之间的对话，这就是为什么当托尼暂时分心别处、没有再关心亨利的发展的时候，是庞扎而不是玛丽斯填补了托尼留下的空缺。庞扎这么做，或许是被某种恐惧驱使，他害怕亨利会在维里-沙蒂永遭遇失败，然后流浪到一家小俱乐部，然后消失。在与他同时代的年轻球员中，这“伤仲永”的一幕实在是发生了太多次。

1998年，在《法国足球》杂志的鼓动下，新加冕世界冠军的亨利重回他不到十年前离开的出生地，进行了一次探访。他没花多长时间，就碰到了当初一起玩“披萨派对”的几个朋友，都是些叫安德森、伊德里萨、穆拉德、阿里的黑人或阿拉伯裔年轻人，他们仍然生活在亨利曾经生活过的世界。亨利已经不再属于这个世界，但别的人却属于。他们的话题转向了一些差点儿成为球星的人，如艾哈迈德·阿瓦德（Ahmed El Awad），曾经在比利时谋得一份职业合同；西里尔·埃布基（Cyril Ebouki），曾经在戛纳俱乐部试训过。这些都已经是幸运儿了。更多人只能回到“居民村”，成为籍籍无名的存在。有一些甚至走上犯罪之路，最终被关进监狱。亨利可能已经彻底告别于利斯了——当时亨利赞助商的慈善基金会在于利斯捐建了一块以亨利命名的人工草皮，还有待正式剪彩，但亨利找不到时间亲自出席——但他从来没有忘记，他当年是多么容易就会被卷进那种“螺旋状下降”之中。看上去，在这里，运气比天赋更重要。

运气和天赋，亨利都有。不久之后，就有更加强大的俱乐部听说了亨利的名字。这位速度奇快的中锋，当时在维里-沙蒂永的U15梯队视进球如砍瓜切菜，他还比身边的所有球员都小一岁，不过教练不太愿意让他在与更强壮的对手的对抗中过早伤害身体。

不过普莱对亨利的小心使用，并不对每个人的胃口，尤其无法让托尼满意。当亨利的父亲终于忙完了自己的事，重新出现在边线外时，他就用一如既往有力而喋喋不休的声音表明了自己的态度。普莱感觉左右为难，一方面他渴望看到蒂埃里以尽可能快的速度成才，另一方面又想要保护他，而且他要想排出一套有竞争力的阵容的话，有些时候派上没那么有才华，但身材更强壮的中锋，可能会比亨利这个西印度群岛血统的年轻人更有作用。托尼则完全没有纠结，在他看来，蒂埃里就是最优秀的，蒂埃里就是应该上场。对那些问他为什么如此确定他儿子就是最强者的人，托尼现在会回答：他当然最优秀，他刚被克莱枫丹国家足球学院（Institut National du Football of Clairefontaine）“录取”了。他没有补充的是——当然，这事暂时也还没确定——法国最顶尖的豪门之一摩纳哥正在密切地关注蒂埃里，而且托尼也已经知道了这事。几周之内，事情就变得无法掌控了。在这种情况下，是环境而不是性格决定了接下来将出现一场关于少年亨利的未来的“拔河”之争。必须有人出来做最后的决定，而且必须尽快决定。不过第一点很容易就得到了各方的认同：蒂埃里必须充分把握自己在克莱枫丹的机会。

未来，世界其他地方的人们会将克莱枫丹学院视为法国足球重新崛起，并最终在国际大赛上加冕的基础之一。但当时，克莱枫丹还没有获得这种备受敬重的名声，它还只是一场“全尺寸试验”而已，而非此后将变成的调试精确的造星流水线。后人提及克莱枫丹的时候，经常会说亨利以及尼古拉斯·阿内尔卡（Nicolas Anelka）、路易斯·萨哈（Louis Saha）等等，是法国足球协会（FFF）的“足球高等师范学校①”出产的“产品”，学校前两年吸纳的学生超乎寻常的质量更为人称道——这些学生还包括未来成为了法国国脚的热罗姆·罗滕（Jérôme Rothen）和威廉·加拉（William Gallas）——这也是这项计划得以腾飞的主要原因之一。是的，在一定程度上，克莱枫丹成就了亨利，但反过来也可以说，在一定程度上，亨利成就了克莱枫丹。就像亨利应该将自己的成就归功于温格，而反过来温格也应该感谢亨利。

当亨利1991年春天通过“入学考试”时，克莱枫丹学院正式运作才不过三年时间。蒂蒂很幸运：在那之前，12至15岁的学员不在招生之列。克莱枫丹同样很幸运：这一政策的改变，将彻底改变法国足球的结构。原本的结构在法国足球组织的“骨架”中很得体，只是其“骨架”上没附着什么“血肉”。

---

① 此处使用了École normale supérieure，即“高等师范学校”的概念。在法语国家，高等师范学校是培养教师与研究人员的高等教育机构，法国目前有三所高等师范学校，其中巴黎高等师范学校举世闻名。

大量研究都论证过，12至15岁是对教练教导的接受能力最高、运动能力发展到了最关键阶段的年龄。这些正值最佳年龄的年轻人的到来，给学院的项目带来了新的焦点。法国国家足球技术委员会（DTN，National Technical Directorate）很久以来就已经意识到，法国足球在青少年足球阶段就深受“技术真空”困扰，而俱乐部方面并不见得愿意去填补这一真空，毕竟对俱乐部而言，优先考虑的不是教授足球，而是训练球员。当然，这两种观念并不互相排斥，只是俱乐部的方针是为一整支球队争取好的比赛结果，因此它们对球员个体的关注程度，不会像克莱枫丹那么高。而全新的克莱枫丹学院，从来不会有俱乐部那种雇主身份，它的目标是对俱乐部的工作进行补充，而不是成为俱乐部的替代者。

克莱枫丹学院正式投入运行的方式有着典型的法国风格，它坚持精英主义的原则，这一原则自拿破仑一世统治的年代起就一直影响着法国的教育体制，当时大部分高等学院就已经创立，或者已经获得了它们维持至今日的杰出名声。就像政府以前和现在都从法国国家行政学院①挑选未来的公务员一样，未来的法国球员如今也可以在自己的精英学校里加速成长。

本书写作时在摩纳哥担任克劳迪奥·拉涅利（Claudio Ranieri）助理教练的克里斯蒂安·达米亚诺（Christian Damiano），曾在利物浦担任热拉尔·霍利尔（Gérard Houllier）的助手，在富勒姆辅佐过让·蒂加纳（Jean Tigana），而克莱枫丹学院发轫时，他就是技术团队的关键成员。从他的话中你可以了解到，很明显这是一项上层驱动的倡议，建构于法国足球管理者深爱的金字塔体系之上。“最顶层是国家技术总监

---

① École Nationale d'Administration，创立于1945年，是一所培训高级公务员的著名学院，素有法国“高官摇篮”之称。

（National Technical Director）。”他如此解释道，“辅佐他的有七八个国家级教练（national coaches），我当时就是其中之一；下面是大区[①]技术顾问（regional technical advisers），他们监督着各省教练们（coaches based in the départements）的工作；下级的教练则对球员们进行推荐，这些推荐会在体制中一级一级地往上传递。他们推荐的，是他们在自己的小俱乐部中见到的最优秀的年轻球员，然后这些年轻球员将被邀请参加‘入学考试’——以前没有，后来也没有任何人，曾经自荐过。”不管有多么偶然，亨利的出现都适逢其时。

劳时劳力的遴选过程包括一系列的身体和技术测试，之后是一场考察赛。从1月起，这一遴选过程在金字塔体系中的每一个层级反复进行，最终每个省挑选出一个包含30到40人的名单，由此涵盖大巴黎地区（从数量上看，整个大巴黎地区是天才球员的主要产地，不过到目前为止却有点儿荒废了，因为这一地区的顶级球队太少了）和邻近的诺曼底的人才。这些年轻人之后被邀请到克莱枫丹，在那里，从4月到6月，他们要接受进一步的测试，这些测试标准更加严格。到那时，法国足协的督察员和考官已经将超过5万名有潜力的候选人名单缩减到一个只有22人的终极团队了。在这样的情况下，那些成功留下的人感觉他们是“天选之子”（chosen few）的一部分，这值得奇怪吗？对于像亨利这样13岁的少年来说，这时能感觉到的就是陶醉，他的每一个新队友也是同样的感受。从他的成功之中，他得到了巨大的自豪，他也有权利有这种感受。回到维里-沙蒂永的时候，在那些没这么有天赋或者没这么有运气的老队

① 法国行政区划的第一级单位为région，即“大区”，全国有27个大区，22个位于本土，5个位于海外。第二级单位为département，即“省”，全国有101个省，其中5个位于海外。

友面前，他甚至可能将这种自豪展现得太迫切了。亨利很快发现，他那引人瞩目、神速而顺利的成长，在那些曾经每天与他一同训练、一同比赛的球员之中，引发了钦佩、艳羡甚至妒忌。

但当时没人知道这批“天选之子”能够走多远。他们的遴选越严格，球队内部的竞争就越激烈，环境就越残酷。2009年欧洲超级杯之前，亨利出人意料地造访老东家摩纳哥，在与摩纳哥的年轻学徒们交流时，亨利回忆道：“那是足球里面最艰难的事情。”他告诉那些追星的孩子们——他们可能都期待着这位当时效力巴塞罗那的球星能够给他们带来一点儿不同寻常的教导：“你们这些伙计里面只有一个人能成为职业球员。当你来到青训学院的时候，你以为你成功了。但其实你根本没有取得任何成功。一点儿都没有。”

亨利是对的。人们经常忘记，那些被视为前途无量的球员中，最终“取得成功”的，只能占到多么小的比例。看看任何一届U17甚至U20年龄段国际大赛的首发阵容吧，你会发现，在大多数情况下，即便是那些“成功者”，那些明显才华天纵的球员之中，也有超过一半的人会在几个赛季之内落得默默无闻，或者放弃足球。在这个培养未来之星的温室里要想幸存，需要强大的力量与心智，要能够在人群中独行，但也要比任何人都走得快。达米亚诺指出：“我们会保证这些孩子离家的车程不超过90分钟。”但这90分钟的车程，也可能意味着以光年计的距离。

这些年轻人离开了他们舒适的家庭环境与熟悉的省级俱乐部，因此他们不得不从一开始就建立起自我防御机制，这也就能部分解释为什么从这个精英学院毕业的球员——亨利当然包括在内——经常会发现，一旦他们成为了职业球员，几乎就不可能再放松警惕。他们只会相信那些陪伴自己一起成长，或者自己见证着成长起来的人。这种警惕心，是亨利以及很多其他球员必须付出的代价。毕竟，他们得到了特别的待遇，在还是个孩子时就被视为杰出天才挑选出来，移植到任何孩子都没有办法想象的超强竞争环境中。虽然表面上看起来很轻松自在，总是乐于开玩笑[①]——用他自己的话来说，就是有点儿放荡不羁——但蒂蒂早就学会了如何保护自己在克莱枫丹体制下的隐私，不管这隐私是多么有限——毕竟，克莱枫丹基地与军队营房的相似之处，并非一星半点儿。

平日里，学生们住在法式城堡里。但克莱枫丹可不是那种有着覆盖了常春藤的角楼和神秘走廊的童话迷宫。像其他成百上千的被共和国充分利用的昔日贵族和大资产阶级庄园一样——至少在我看来——克莱枫丹只是一堆普普通通的砖块而已，它被划分成了办公区、宿舍区和公共区域，总而言之，就像是一所寄宿制学校，而且还不是那种特别高级的学校。你可以想象，在这种城堡的高墙里的生活会是多么严酷。早上7点，这些寄宿生们就得起床，然后整理妥当去教室，1个小时后，他们将开始一天的学习，上课、午饭、再上课，直到下午3点半。之后他们只有1个小时的休息时间，然后有三位专用教练会在90分钟的时间内磨炼他们的足球技术。从傍晚6点开始，他们才能真正像孩子一样玩球……这一切，都要在几乎与世隔绝的地方进行，他们与自己告别的那个世界，似乎已经完全隔离了。这对蒂埃里来说无疑是艰难的局面，但对他父亲来说更加艰难，托尼想尽一切办法，不顾一切地想要把儿子当前的发展状况掌握在自己手里。

克莱枫丹基地坐落于朗布耶森林（Rambouillet forest）内一个56公顷的葡萄园里，要想进入，必须通过许多道安全检查。即便在20世纪90年代早期安检没这么严格，要想在不被发现的情况下接触到蒂蒂，也得

① 原文注：在法语中，“开玩笑”这个词是chambrer，有意思的是，这个词与另一个词chambrée有很大关系，而后者的意思正是“集体宿舍”。

像躲猫猫似的滑稽地躲避安检的视线。达米亚诺还记得托尼是如何“躲在树的后面”只为看一眼蒂埃里，还记得他每一天都给学院职员打电话，让他们把自己的意见告诉儿子。当然，不是所有的事情都很好笑。达米亚诺很快对托尼如影随形般尾随蒂埃里的做法感到愤怒，蒂埃里自己也是如此，蒂蒂很快与教练建立起了联系，对他父亲的角色开始有了新的看法，而且这一新看法不一定好。从很多角度来看，克莱枫丹的制度对年轻的亨利而言非常匹配。每周至少五天，蒂埃里可以从托尼持续的压力下解脱出来，可以得到更加有益的教育方式的指引。就训练方式而言，达米亚诺和助手们对蒂埃里的要求绝不会不如托尼那么费心，但他们所追求的，是让亨利磨炼出超凡的技术，而不是取得竞技层面的“成功”。

蒂埃里和达米亚诺之所以这么早就能建立起联系，一大原因在于作为教练的达米亚诺从来没有对他手下的任何一个孩子表现出偏爱，对蒂埃里也是如此。这其实没有听上去那么自相矛盾。少年亨利当时已经猛长到了5英尺7英寸（约合1.70米）高，真的是比队友们高出了一头。用达米亚诺的话来说，蒂蒂当时是个“穿着红色儿童背带裤的高个子9号”，这个孩子不断地进球，以至于达米亚诺得刻意要求自己小心，不要以名字称呼任何一个球员（以避免对任何一人表示出偏爱），因为他越来越喜欢蒂埃里了。他形容蒂埃里“非常成熟，但也非常敏感，在平静的外表之下，非常愿意学习，非常渴望成功，他会听从任何能够帮助他的人的话”，“蒂埃里·亨利能够变得这么高这么快这么强，要感谢克莱枫丹。正是在那里，他得到了能让他在顶级水平的赛事中如鱼得水的技能。他把握住了机会。表面上他可能给人以若无其事的印象，但实际上他非常聪明，而且非常努力”。

在学业上，亨利也非常努力，他的学业成绩甚至好到能够参加法国高中毕业会考（baccaleuréat），不过由于在足球上的进步实在是太超常了，他最终没有足够的时间来准备会考。当然，这些年轻的球员们也需要在学业上达标。“我曾经是教室里的小混混，”亨利在21岁时曾经如此形容当年的自己，“我甚至不问问自己家庭作业有没有做完。但是（在克莱枫丹）我必须在学业上认真了，这样我才能留在那里。”达米亚诺还让蒂蒂学到了特别的一课。“蒂蒂把我视为导师，对我有完全的信任，”达米亚诺说，而托尼可没有类似的地位，“他父亲的一些行为方式，在他那个年龄段来说是不可原谅的……他父亲的做法不仅不够谦逊，而且对别人缺乏尊重。他经常夸夸其谈，有时候简直是胡话连篇。”达米亚诺最终决定更进一步：“蒂埃里备受他父亲做法的困扰。所以我请托尼离开：我想要安安静静地工作。”

在克莱枫丹确实可以得到安宁。但周末不行，因为亨利得回到维里-沙蒂永俱乐部，回到托尼身边。他在俱乐部的第二个赛季简直是个灾难，不过这不是说他的表现很差，实际上他又一次成为了球队的最佳射手，但当时对他的足球教育最重要的三个人之间的关系破裂到了难以修复的地步。他的父亲感觉到，蒂埃里在克莱枫丹每度过一天，自己对于他的影响力就减少一点儿，因此当父子团聚的时候，托尼想要找回自己的这种影响力，当普莱把蒂蒂剔除出首发阵容的时候，托尼表现得尤其夸张。普莱确实有几次把蒂埃里排除出了首发阵容，达米亚诺很难理解为什么自己的明星球员会得到这样的待遇，他毫不迟疑地就把自己的想法说了出来，最终甚至鼓励蒂埃里以最快的速度离开维里-沙蒂永。普莱自己则没有感到为难，因为即便他非常爱蒂埃里——无论是从球员还是做人的角度来说——他的责任也并非专注于某一个球员的成长，而是球队的成功，而正巧这支球队还没有优秀到可以容纳一个视一切防守工作为他人职责的前锋。“第一年，”普莱回忆道，“当他与我们的

U15梯队一起训练时，他的表现非常出色：他身边有很多非常非常优秀的球员，他们可以为他提供很好的‘服务’，所以他进了很多球。但他不喜欢身体接触，他几乎不顶头球。他那时候还不是我们现在所知道的那位运动员，实际上，与其他人相比，他的身材有点儿瘦弱。”普莱认为他有些场次不让亨利首发的做法，是在保护一个特殊的天才。而别的人却认定，他是在阻碍亨利的成长。至于蒂埃里自己，一会儿被拉到这一边，一会儿被扯到那一边，完全没有办法理解当时的情况。是啊，他怎么能理解呢，毕竟他当时只有14岁。“当第二年托尼重新出现的时候，”普莱说，“蒂蒂的行为方式有了180度的大转弯。他变得闷闷不乐，与队友渐渐疏远。我开始变得警惕，因为已经有人告诉过我托尼是什么样的人。但托尼也非常爱交际，在球队大巴上，他会坐在你旁边，给你讲一些很有意思的故事。在去比赛的路上他非常令人愉快，但在回来的路上却变得非常可怕，因为我们输球了，或者蒂埃里没能首发……绝对没有别的办法。而当你执教一支球队的时候，你会遇到一个临界点，那就是不管某个孩子的素质如何，你都不能只派一个人而不是11个人上场。”

很多年以后，这个“孩子”和他昔日的教练在昂蒂布（Antibes）偶然碰面，他们碰巧在同一个餐厅吃午饭。那时候已经成为阿森纳明星攻击手的亨利，主动走向普莱，拍了拍他的肩膀，对他说：“我们当时在维里–沙蒂永的球队不够强。当你只有14岁的时候，你肯定很难理解你爸爸做的事情对你其实是种伤害。”

我请普莱复述亨利的话，他是一个字一个字地这么说的。

“他已经从老师的宠儿变成了一个不是每场比赛都踢的球员了，”普莱继续说，“而我也没有办法每一天都在他身边向他解释应该如何做。蒂埃里平常不参与我们的训练，这就意味着我们没办法好好地教导他。当我们和他说话的时候，他变得更加疏远，更加好斗。我们已经发现他很难再听进去我们的话了，他是如此以自我为中心，以至于他发现很难接受我们对他的看法。我想托尼肯定在背后做了很多事，可能告诉了他‘你比别人都出色，你应该上场，（不让你首发）这不正常’之类的话。我们最终关系的破裂发生在一场在讷韦尔（Nevers）进行的比赛之后。我永远都不会忘记这场比赛。他之前受伤缺阵了一个月，刚刚复出。我让他首发了：我知道我们能赢下这场比赛，蒂埃里能够改变场上局面，虽然他比其他球员要年轻一岁。不过我们要看他能坚持多久。这种比赛上下半场各40分钟，整场比赛打到一个小时的时候，我发现亨利在场上有些筋疲力尽了，所以就把他换了下来。结果托尼暴怒地穿过球场，要求我做出解释。在他心中，蒂埃里是最棒的——就是这样。所以他心中的一切都是蒂埃里。足球是一项集体运动的想法对他来说没有任何意义。那一天，有些事情发生了彻底的改变，托尼和其他球员的家长之间彻底闹翻。我最终不得不面临着这样左右为难的困境：要么失去亨利，要么失去其他大批球员。”

普莱最终选择了留下“其他球员”。1992年夏天，蒂埃里转投凡尔赛队（FC Versailles），那里对克莱枫丹的学生们来说是个好去处。与罗滕和加拉一道，亨利杀进了U15全国锦标赛的半决赛，一路上打进了50多个进球。罗滕一直记得其中的一场比赛，那是对巴黎圣日耳曼的1/4决赛，巴黎半场的时候2：0领先，下半场的时候，他记得：“我送出了3次助攻，但是是亨利打入了帮助我们最终晋级的两粒进球。他当时已经领先其他人太多了。”亨利确实领先了太多，以至于在克莱枫丹的两年间，亨利为不同球队在各项赛事的26场比赛中打入了令人难以置信的77球。凡尔赛最终没能杀进决赛：因为，亨利受伤了。当这批非同寻常的球员少有地以克莱枫丹学院队这个集体的名义与对手比赛时，他们的表现同样成功。他们很少组队打比赛，因为克莱枫丹的教练们本质上很讨厌比赛。克莱枫丹学院队每年最多与其他球队打6场比赛，但每当比赛的时候，他们总是能横扫对手。1991年10月，时任欧塞尔队主帅的居伊·鲁[①]率队对阵克莱枫丹，居伊·鲁培养年轻球员的名声在法国无人能及，结果他的球队0：6败下阵来，赛后他向达米亚诺抱怨："我再也不跟你踢了！你的孩子太强了！"事实确实如此：那一年年底，克莱枫丹学院队参加了一项短期的国际锦标赛，结果3场比赛全胜，比分分别是8：1、9：1和5：0，其中一个对手是AC米兰青年队。这些球员们这么强，所以当他们周末回到自己的小俱乐部的时候，你怎么告诉他们坐冷板凳？

回忆往事的时候，仍然可以从普莱的声音中感觉到他的遗憾："我还记得蒂埃里在左边路风驰电掣，然后斜射球门右路，这已经成为了蒂蒂的标志性进球了。但是，他从在我们队内效力的时候就已经这么做了，他不是在阿森纳才学会这一招的！我保留了一场对布尔日（Bourges）的比赛录像，保留了很长时间——因为那场比赛中，他两次这么做了，而且他还比队内任何球员都要小一岁。你可以感觉到，他比其他人有更多的天赋。"感受到这一点的，绝不止普莱一人。对亨利的足球生涯产生重要影响的第四个人，或者说第五个人——因为让-马里·庞扎这时候还在坚持不懈地每周末送蒂蒂去比赛，他可以算是第四个人——出现了：阿诺尔德·卡塔拉诺（Arnold Catalano），摩纳哥俱乐部的首席球探。

当我采访他的时候，卡塔拉诺已经为摩纳哥俱乐部效力到了第36个年头。他似乎认识法国足坛的每一个人，包括让-马里·庞扎，后者在

---

① Guy Roux，法国足坛名帅，1961—2005年间4次执教欧塞尔，总长逾40年，培养出了坎通纳、博利、西塞、梅克斯等名将。

亨利才12岁、还效力于帕莱索俱乐部时就已经告知他亨利的才华。帕莱索和摩纳哥这两家俱乐部之间有着密切的联系，庞扎因此每年都有机会在摩纳哥俱乐部的邀请下，去大公国[①]过上一周。卡塔拉诺听从了庞扎的建议，让摩纳哥的球探皮埃尔·图尼耶（Pierre Tournier）等人定期去考察亨利，而卡塔拉诺等了两年时间才第一次亲自去考察亨利，当时在奥尔良（Orléans）有一场克莱枫丹的友谊赛。蒂埃里自然不费吹灰之力就进了几个球，“连汗都没有流”。一周之后，卡塔拉诺下定了决心，虽然那一天他本来不是专程去考察亨利的，而是考察中场贾迈勒·贝勒迈迪（Djamel Belmadi），后者后来成为了阿尔及利亚国脚，效力过曼城、南安普敦等队。而在“巴黎锦标赛”上，代表维里-沙蒂永出战布里地区叙西队（Sucy-en-Brie）时，亨利在一场6：0的胜利中包办了6粒进球，这次又是“连汗都没有流”。根本用不着试训，“在那之后我们很快就签下了他，”卡塔拉诺告诉我，“这（签下他）是个很容易就能完成的协议，因为他爸爸、妈妈还有蒂蒂自己，都很喜欢他为摩纳哥踢球这主意。”

不过实际上，签约并没有那么简单。因为蒂埃里要先完成在克莱枫丹的两年周期，才能正式加盟摩纳哥，所以在维里-沙蒂永的球队大巴上坐在普莱身边的托尼对此事一直保密，直到与摩纳哥定下了诚信契约书。“我知道有几家俱乐部在（亨利身边）打探。”普莱回忆道，“托尼问我：‘你怎么想？’‘这只是一份基础合同，’我告诉他，‘你也别太着急了。’在我看来，摩纳哥是一家年轻球员能够得到很好培养

---

① 摩纳哥公园（法语：Principauté de Monaco，准确译名应为摩纳哥亲王国）是位于欧洲的一个城邦国家。摩纳哥地处法国南部，除了靠地中海的南部海岸线之外，全境北、西、东三面皆由法国包围，主要是由摩纳哥旧城和随后建立起来的周边地区组成。作为世界上人口稠密的国家之一，摩纳哥也是一个典型的微型国家和城邦。

的俱乐部，但在那里，要想从青年队跻身职业队阵容，非常困难。如果蒂埃里加盟一支没那么多钱可花的球队，也许能更早地打上比赛——我大概就是这样的想法。但托尼告诉我：‘别担心，合同已经签好了。’‘什么？那你问我意见干什么？’‘因为我喜欢你，因为我想让你知道。’他确实不好对付，不过他不是个坏人，他只是无数盼望着孩子能够出人头地的父母中的一个而已。就他让自己对蒂埃里的信念成为现实的角度来说，我们可以说托尼不是个‘蕾丝编织工’，他做事没那么精细。”

此次交易没有涉及金钱。摩纳哥方面保证，蒂埃里的父母可以来大公国探望他，俱乐部会负责报销，不过也就仅此而已了。不管怎样，蒂埃里还太年轻，没办法签下职业合同：他距离16岁生日还有3个月。虽然摩纳哥是法国最富裕的俱乐部之一，也没办法让情况变得不一样；亨利仍然只能从俱乐部得到实习生的薪水，实际上比零花钱没多多少。这样的局面直到亨利让新东家相信自己配得上效力一队的机会，才得到了改变。

说实话，很少有人认为亨利在摩纳哥会遭遇失败。当亨利在地中海边开始新生活的时候，他已经初次尝到了国际赛事的滋味：代表法国U15国少队出战的前4场比赛中，他打入3球；1993—1994年间代表U16国少队时，他又在8场比赛中打入4球。由于亨利是克莱枫丹的明星学员，每周5天在基地训练，法国足协的观察员们很难忽略鼻子底下的这位明星，所以他入选国字号是顺理成章的事。但令人惊讶的是亨利的进步是如此顺利，每升入一个新的年龄段，蒂蒂都不会遇到困难，总是能够适应每一种新的要求，实际上他甚至非常喜欢这种新要求。不能光用天资来解释这一切，毕竟亨利在比赛中的表现还有些毛糙，在这个年龄段，他更多地是依靠自己的速度和跑动，而不是精湛的技术；而很快在克莱枫丹成为他的后辈的阿内尔卡，在大家看来则是更加聪明的球员，在同样的年龄段，阿内尔卡有着更加出众的技术。亨利在阿森纳鼎盛期时盛赞他是“技艺非凡”的人，经常认为他的精湛技术是天赐才赋；但就我个人来看，亨利是靠着大量的努力、持续的训练（做到这一点并不容易，毕竟亨利承认自己性格中存在一定的懒惰性），才跻身最高水准球员的行列，如果忽略这一点，无疑是在贬低他的成就。曾在克莱枫丹担任教练、执教过亨利的前巴西职业球员弗朗西斯科·菲略（Francisco Filho）说过：“他的天性就是喜欢努力工作，不断努力工作，总是想要提高自己。”但可能更加不同寻常的一点在于，亨利首先要努力改变的，就是他的“天性”。菲略自己并没有意识到，这个每天参加例行训练的14岁孩子，是如此的非同寻常。

蒂埃里当然拥有以令人难以置信的速度带球的能力，这是一种与生俱来的天赋，但他没有像博格坎普那样天然的平衡能力和惊人的控球技巧，荷兰“冰王子”正是靠这两点在阿森纳鹤立鸡群。后来即便当英超后卫害怕亨利的程度远超其他任何前锋时，你有时候也能从阿森纳14号球衣上发现，亨利也只是个凡人，而不是真的“无敌”。有时候皮球碰到他的护腿板会产生难堪的反弹，有时候他的传球让队友竭尽全力也没办法接到，他的任意球经常高出横梁好几码。这种时候你会明白，他的球技确实存在不那么纯熟的缺点。

一方面，你不能用我一位同事称赞兰帕德（Frank Lampard）的方式来称赞亨利——他说“英格兰人所了解到的足球，都是能被教授、能够学习的技能”——毕竟，亨利应该是用天赋来衡量的球员。但另一方面，亨利能够达到这样的高度，靠的不仅仅是非凡的天赋。一直有这样一个讨论，说在他职业生涯的某一段时期，即2002—2004年间，亨利完全可以被视为世界足坛最出色的球员。很多人认为，他可能才是更应该得到2006年欧洲金球奖的球员，他如此渴望这一荣誉，这也是他最终错过的唯一的重大荣誉，意大利国家队队长法比奥·卡纳瓦罗（Fabio Cannavaro）最终得到了它。在亨利最辉煌的岁月里，世界上没有一家俱乐部会不愿意为了得到他而花上一大笔钱——他们也确实尝试过：2006年皇家马德里和巴塞罗那都为亨利开出了5000万英镑的报价，但被时任阿森纳俱乐部副主席大卫·戴恩①拒绝；没有一支球队是他不能轻易加入的。但即便如此，在他最巅峰的时候，亨利真的是同时代最伟大的球员吗?

我很怀疑这一点，毕竟，伯纳乌球场有齐达内纵横睥睨，甚至海布里球场也有博格坎普笑傲欧陆。在评判亨利的时候，“最优秀”与“最伟大”（足球世界永远不会把这两个形容词等同起来）这两个词之间存在明显的差别。我会说这种比对一直让他心神不安，因此——除去他对于数据的热爱——这种比对一直在鞭策他不懈地追求纪录，他在越多的榜单上占据头名，他就越接近于足球的万神殿。但如果你态度更苛刻的话，你会说，不管他取得怎样的成就，他都无法拥有那种乔治·贝斯特和列夫·雅辛②所具有的超凡脱俗的魅力，毕竟，这种魅力是不可量化的。

不过在蒂埃里生命的这个阶段，也就是在摩纳哥开始职业生涯的时候，最重要的一点在于，没人比他自己更清楚自己的局限所在。但他也非常清楚自己最锋利的武器是什么：速度。“我以前很喜欢自己有这样的速度，”2004年春天亨利曾经这么对《卫报》（*Guardian*）记者埃米·劳伦斯（Amy Lawrence）说道，“当你是学校里面跑得最快的人的时候，你就会一直备受尊敬。你会感觉良好，甚至觉得自己是‘班级之

---

① David Dein，1983—2007年间担任阿森纳俱乐部副主席，以慧眼独具著称。

② Lev Yashin，苏联著名足球运动员。是20世纪五六十年代最佳守门员，也是世界足球史上最伟大的守门员之一。

王'！人们一直想要跟我分在一个队里。从我很小的时候，我就意识到了这一点。"

蒂埃里对于自身价值的清楚了解，可能让他有点儿过于"自豪"，甚至对于那些最爱他的人，也是如此。庞扎这么对我说过（他记得自己回忆的还只是一个刚开始变声的孩子）："蒂埃里开始流露出对于自己的肯定态度。他从来都不是一个会被外界因素击倒的人。他逐渐塑造出了自己的性格。他学会了如何挑选自己的朋友，如何掌控局面。"但这种自豪一直都与谦逊混杂在一起，蒂埃里这种矛盾的状态对他身边的人表现得非常显著，而且这两种态度互相不能压制，没有一种占据上风，所以从很早以前开始，亨利的性格中就有一个可预见的特征：那就是你不可预见他究竟会有怎样的态度。

我还记得一次特别的经历，那应该是在2003年春天，当时我正准备离开阿森纳俱乐部的伦敦科尔尼训练基地（London Colney training ground），结果我发现自己正在和亨利并肩走着。那一天的天气阴晴不定：太阳在云层后面玩着捉迷藏；风似乎也没有打定主意该怎么刮，往往是前一分钟平静和顺，下一分钟就寒气刺骨；蓝天之中也会落下几滴雨。那时候，每当有亨利的陪伴，我都一直会很奇怪地感觉不自在；我无法"看懂"他，即便（或者因为？）他对我一直非常客气，与此同时，他也会确保自己与我这位双周刊记者保持安全距离。确实，比起我的大部分法国同事而言，我很晚才进入足球新闻这个行业，他们很多从20岁出头的时候就开始进入这一行业，甚至可能更早，在那时候，他们就开始与那些未来之星发展出了"特殊关系"。在法国同行中最有声望的《队报》（*L'Équipe*）和《法国足球》——虽然随着时代的变化，其他报刊已经更加具有影响力了，比如《巴黎人报》（*Le Parisie*）和周日报纸《星期日报》（*Le Journal du dimanche*）——就会遴选出一些看上去前途无量的记者，派给他们跟队报道国青队或特别有前途的青训学员的任务。报社的想法是，以后一旦奶油从咖啡里浮上来，他们就能把嘴唇凑到杯子的边缘，把它舔掉。毕竟，一个百万富翁球员更有可能信任与自己年龄差不多、曾经一路报道过U17年龄段这种小赛事的记者，并且真正与他们交流，而不太可能与像我这样更年长的记者交流。所以我只能自己冒险打开话匣，我用了一个英语词组“一天有四季”（four seasons in a day），他心不在焉地重复了一遍，我永远不会忘记这一场面。我当时感觉到，我敢肯定，亨利的日历上肯定有无限个季节，你永远无法预测什么时候哪一种季节会到来。他的情绪可以迅速地从这一刻的这种，变成下一刻的那种，变换得甚至比我们头顶的疯狂天气更快，我想起了G.K.切斯特顿①的散文《灰之美》（*The Glory of Grey*）：“在某种意义上，除英格兰之外的任何地方，它们的天气都不能称为天气。”在别的地方，当然也会有不同的天气，就像大多数人也会有自己的“天气”；但亨利却绝对是个“气象员”。如果你说他为什么从前这么热爱，现在依然这么热爱英格兰的一个重要原因是天气，恐怕也不会是空穴来风。“雨是球员的朋友。”他曾经有一次这么对我说。忘掉那些手套、长袜以及卷到了鼻梁上的围巾吧，我从来没有听他抱怨过天气，即便是在曼彻斯特以北的2月寒夜之中。如果皮球能从草皮上呼啸而过的话，那就更好了，他会因此感到非常高兴。但是你不能忘了他仍然是个有着很多面的人，很容易就会被别人激怒。有些事情，似乎永远都不会改变。

不过总体来说，你必须毫无保留地对亨利的特性表示称赞：让他出

---

① G.K.Chesterton，1874—1936，英国作家，极其高产，涉足散文、诗歌、戏剧、推理小说等诸多领域。

类拔萃的并非他的体格，而是他审视并分析自己表现的能力；他就像是被对这项运动的非凡热情喂养大的，从他还非常年轻的时候，直到他职业生涯的暮年，他都保持着这种热情。少年亨利就有了寻求建议的智慧，他深知这一点的重要性。那些为他提供建议的人都知道，他们的建议会得到聆听，他们也一定会得到亨利的感谢。以让－马里·庞扎为例，2002年世界杯之前不久，帕斯卡尔·布洛（Pascal Blot）为《队报》杂志（*L'Équipe Magazine*）采访亨利时，已经成为超级巨星的亨利点明，籍籍无名的“JM（让－马里）”是他生命中最关键的人物之一，与其并列的是温格和蒂加纳。直到近期，他还会每换一次电话号码（随着他的职业生涯越发成功，他更换电话号码的间隔期也越来越短了）都会把新号码告诉他这位前教练。在巴黎逗留的时候，他有时候会打电话给这位当年在父亲托尼缺席的时候为他在周末找地方住、为他当司机的恩师。亨利有时候会从庞扎的生活中消失，最明显的就是1998年世界杯后，不过之后他又会出其不意地突然出现，最明显的就是2006年欧冠决赛前，庞扎的电话突然响了起来。“让－马里，我是蒂蒂。准备好来看比赛了吗？”“你什么意思？”“我们要在巴黎踢（欧冠）决赛，你要来看——一切都已经安排好了。”蒂埃里说的“一切都安排好了”真的是一切都安排好了——庞扎来回的旅程和下榻的酒店，亨利都已经付过了钱。

我试图为亨利画的肖像，并不是全部都以奉承着色，有的时候你会很难对他感到同情（我自己也一样）；但我们脑中一定要有这种感觉：亨利性格的核心——我用的词是“心”（heart）——是一段永恒的回忆，以及与之相配合的根深蒂固的忠诚感。在摩纳哥，这一点将经受考验。

3

左路的艺术家，不过观众并不在场。

在蒙特卡洛鹤立鸡群的男人

THE MAN WHO BROKE THE RANKS AT MONTE CARLO

亨利新加盟的俱乐部，是法国足球的一个异数。实际上，很多人都会怀疑摩纳哥俱乐部算不算一家法国俱乐部，其他人则会怀疑它是不是一个合乎规范的“俱乐部”。摩纳哥大公国人口数量非常小，居民刚过3万人，其中84%是富有的外国人；国家的领土资源又是如此稀缺，以至于重建路易二世体育场[①]时，球场不得不修建在由地中海围海造田演变出来的陆地上。但这个国家从13世纪晚期一直生存至今，这要归功于统治者格里马尔迪家族（the Grimaldi family）熟稔的政治权术。摩纳哥俱乐部从业余联赛爬升到法国足球顶级联赛的时刻（1953年首次参赛），几乎与深爱足球的兰尼埃三世[②]即位的时间一致。

兰尼埃三世将这个“岩石之国”（Le Rocher）从走私者和形迹可疑的阿尔卑斯山北居民深爱的海边鲁里坦尼亚王国[③]，变成了乘喷气客机到处旅行的富豪必选的目的地。兰尼埃希望他的封地从古老的沉睡中醒来，他既有干劲也有智慧来追求这一目标，他还有外貌和运气来达成这一目标。他爱上了风华绝代的好莱坞影星格蕾丝·凯利[④]，并在1956年

---

① Louis II Stadium，始建于1939年，重建于1985年，是摩纳哥俱乐部和非国际足联成员的摩纳哥国家队的主场。

② Rainier III，1949年继任为摩纳哥大公国第31任世袭统治者。

③ Ruritania，英国作家安东尼·霍普创造的一个虚构国度，也称“浪漫国”，位于欧洲中部。

④ Grace Kelly，1929—1982，主演过多部好莱坞著名影片，1955年凭借在《乡下姑娘》（*The Country Girl*）一片中的演绎获得奥斯卡最佳女主角奖，不久息影成为摩纳哥王妃，1982年因车祸去世。

与她踏入了婚姻的殿堂，他们的婚礼吸引了来自世界各地的记者、摄影师和电影摄制组。这一天的铺张，已经足以让摩纳哥从一个只以邮票、硬币收藏出名的小国家，变成颇具影响力的一股“世界力量”——如今这里媒体曝光度极高，且对出国逃税者极具吸引力。

兰尼埃还有其他的工具可供自己支配：雅克·库斯托①的纪录片——库斯托的大本营就在摩纳哥，他拍摄电影的资金也部分来源于格里马尔迪家族、魅力非凡的著名赌场、世界闻名的蒙特卡洛芭蕾舞团，以及摩纳哥足球俱乐部——摩纳哥球衣那著名的红白对角线分割风格，就是由格蕾丝·凯利王妃亲自重新设计的。在昔日的“第一级联赛”（First Division）时代，摩纳哥俱乐部有着对手所不具备的一项巨大优势：摩纳哥球员缴纳的所得税几乎为零，因此他们的净工资远高于那些其他法国顶级俱乐部的球员，即便那些俱乐部的受欢迎程度，可以说五倍甚至十倍于摩纳哥——毕竟摩纳哥人口太少，受到的支持太少了。因此也可以理解，法国足坛不少人，甚至说大部分法国人都对这样的局面感到痛苦。很多人都希望戴高乐将军能像他在1962年威胁的那样：“派坦克杀进摩纳哥。”当时，这个避税天堂的边界铺设起了临时的封锁线。但戴高乐将军最终没有这么做，所以当31年后卡塔拉诺将亨利引进到他的第一家职业俱乐部时，摩纳哥球员能够带回家的，仍然是法国足坛最为丰厚的薪水。这一薪水实在是太过于丰厚了，完全可以补偿在空旷的球场踢球的奇怪感受——在摩纳哥崎岖不平的场地四周看台上，往往只有几千名现场观众。

---

① Jacques Cousteau，1910—1997，法国探险家、生态学家、电影制片人、法兰西学院院士。1956年制作的纪录片《沉默的世界》（*The Silent World*）获戛纳电影节金棕榈奖及奥斯卡最佳纪录长片奖。

不过，路易二世体育场氛围的缺乏，似乎并没有对摩纳哥队的表现产生太大影响。当1993年夏天蒂埃里第一次在拉蒂尔比耶训练基地（基地坐落于法国领土上，因为大公国实在是没有足够的空间了）拆开自己的装备时，摩纳哥俱乐部已经赢得了11座重要奖杯了，其中的第一座是1960年法国杯决赛4：2击败圣埃蒂安赢得的。不仅如此，在当时还籍籍无名的阿尔萨斯人温格1987年加盟担任主帅后，摩纳哥开始在欧洲赛场上有所表现了，而此前他们在欧战上从来都没什么发挥。1990年摩纳哥杀进了欧洲优胜者杯半决赛，两年之后更是打进了同一项赛事的决赛，那场比赛中摩纳哥功败垂成，最终没能战胜不来梅（0：2告负）。决赛之前3天，在巴斯蒂亚的菲里亚尼体育场（Furiani Stadium）进行的一场巴斯蒂亚对马赛的法国杯半决赛中，一座临时搭建的看台坍塌，导致18名球迷不幸遇难，他们的尸体被搬到草皮上的场景，让温格十多年后回忆起这场悲剧时仍然脸色苍白。“我们那天（在欧洲优胜者杯决赛中）根本没有踢出正常水准，”他告诉我，“（想到几天前的惨案）我们根本没办法踢球。就好像这场比赛从来没有真正开始一样。”

1992年5月5日那个可怕的晚上，在科西嘉岛上与巴斯蒂亚对阵的球队是马赛——巨富商人与政客贝尔纳·塔皮（Bernard Tapie）所向披靡的玩物，坎通纳曾经称塔皮为“恶魔”，温格则曾经完全靠自己的力量对塔皮展开了一场讨伐运动，这场斗争最终塑造了他接下来的生命中的性格特征。马赛在1989—1992年间赢下了全部的4座法甲联赛冠军，尽管期间一直有传言说塔皮存在贿赂、做假账和使用禁药的行径，但当时担任摩纳哥主帅的温格，是唯一公开说出这一切的重要人物。温格的指控在1993年被证实，警方在瓦朗榭讷球员克里斯托夫·罗贝尔（Christophe Robert）的父母家中发现了价值相当于2.5万英镑的现金，马赛在对阵AC米兰的欧冠决赛之前要在联赛中对阵瓦朗榭讷，马赛找到三位瓦朗榭讷球员，让他们在比赛中“悠着点儿”，罗贝尔就是其中之一。丑闻被公开后的一年之内，马赛被强制降级到了第二级联赛法乙，并被剥夺1993年的法甲联赛冠军头衔，塔皮则失去了自己参与足球的许可证（并在1995年11月被判入狱）。在这样的背景下，维洛德罗姆球场（Stade Vélodrome）已被混乱吞没，摩纳哥似乎得到了最佳的崛起时机。亨利加盟时的摩纳哥，已经是国内和国际荣誉有力的竞争者，不过这并不意味着他很快就能对球队产生重大影响。

首先，就和预想中一样，亨利要接受U17全国联赛的考验，他和小伙伴们要代表摩纳哥征战这一赛事；而没人能够预料到的，则是他会跳过成长过程中的下一步——摩纳哥B队环境严酷，年轻球员们在这里要与那些因为身体不够健康或者素质不够出色而没能进入一队的成年职业球员一起打拼，往往备受摧折。实际上，亨利几乎没有与预备队（即B队）产生联系，因为他加盟不到2年，温格就已经给了他在一队首发上演处子秀的机会。即便是在一队，蒂埃里也表现得极其优秀。“他那时候已经非常成熟了，”卡塔拉诺回忆道，“他从来都不会制造麻烦，他与队友没有个性的冲突，也不会玩恶作剧。他只是一心训练，进很多球，帮助球队取胜，就这么简单。”最重要的是，蒂埃里知道自己想要什么，他也知道自己应该怎么做来赢得想要的东西。克莱枫丹让他变得坚强，但这也是有限的，毕竟在一个主要目标是让自己变得出色的学生，与一个接受未来东家考验、希望最终得到一份工作的学徒之间，存在着天壤之别。同样有着巨大差异的，是存在于法国教育体系中的老问题，也就是考试与比赛之间的差别。每一个执教过亨利的人，都注意到了他的聪慧，这种聪慧甚至远超过他对于足球的理解程度，这表现在他敏捷的思维和对于外语的超强理解力上。这还是一种情商。他很快就意识到了这一点，2009年即兴造访他昔日的青训学院时，亨利回忆道：“如果成功的不是我，那就会是别的什么人。而这就是足球里面最残酷的事情了。我们在一起踢球，在一起成功，因为如果球队没有赢球，也就没人能够达标。如果你传球的话，很可能意味着别人会进球，而不是你，但你必须传球——即便这可能意味着你的作用不那么明显。我们必须作为一个团体生活在一起，不能妒忌……但在那个年龄，要做到这一点很不容易，因为人们会互相开玩笑，你也会想念某个女孩，甚至可能会想如果我变成别人会怎样。可如果你不早点儿躺到床上去休息，别的人就会；如果你完不成你的工作，别人就会为你完成。我有时候会遇到以前共事过的伙计，他会对我说：'嘿，你可真幸运。'但我并不幸运，我靠的是努力。"

蒂埃里做一切事情都非常快：奔跑，思考，甚至成长。他可能记得卡塔拉诺——卡塔拉诺看过太多的"新齐达内"因为缺乏专注和努力，最终半途而废沦为"仲永"——在他刚加盟摩纳哥时说过，当时托尼也在场，"如果你没有取得成功的话，那就只有一个人可以责怪：你自己，那是因为你不够努力。"

这并不是说亨利和斯达汉诺夫主义者[①]或者贝克汉姆一样，第一个抵达训练场，最后一个离开训练场。摩纳哥——就像他曾经在1997年说过的："（在这里）如果你没有钱，那你根本就不存在。"——这是个声色犬马，很容易让人分心的地方。但他还是花费了很多时间、很多努力，提高了自己的头球技术，对于有着他这样的体格和弹跳能力的运动员而言，他的头球技术未免太过差劲了。蒂埃里必须战斗，不过不

---

① Alexey Stakhanov，1906—1977，苏联采煤工人，1935年8月在一班工作时间内采煤超过定额13倍，苏联共产党以此号召发起一场名为"斯达汉诺夫运动"的社会主义群众性竞赛运动。

是每次都能取得胜利，他经常承认自己天性中具有懒惰的倾向，当然他说这话的时候似笑非笑，这暗示着“当我说这话的时候，别太当真”。对所有见过他的人来说，他们肯定都很熟悉亨利的这种不太自然的自我贬低，在阿森纳和摩纳哥与他做过十年队友的吉勒·格里曼迪（Gilles Grimandi）曾经这么对我形容亨利的这种心理特征——“虚假的、反向的谦虚”。但亨利已经清楚地知道自己具备了那种能让他出类拔萃的素质，在青训学院的草皮上他也会一直继续努力磨炼这些素质。格里曼迪告诉我：“他有一种分析自己表现的超强天赋，他会反反复复地回顾自己的表现——‘我当时本来应该这么做，我不应该那么做’——他也非常了解其他球员，知道这个人速度快不快，应该从哪一边突破他。后来他很喜欢与内斯塔这样的意大利后卫对抗，他非常了解他们，知道他们在速度层面上没办法与他匹敌。”你要知道的是，格里曼迪谈及的只是1993年他初见的那个“孩子”，而不是进入21世纪后成为纪录收割者的那个巨星。

我记得在2005年9月与蒂埃里的一次谈话，当时他刚打进那粒超级进球——那可能是他国际比赛生涯中最重要的进球——帮助法国队在都柏林1：0击败爱尔兰队（不，这不是2009年那次手球事件），这意味着“蓝军”（Les Bleus）无限接近于晋级2006年世界杯决赛圈。“我想要把这粒进球献给克洛德·皮埃尔（Claude Puel）。”他说。未来将成为里昂主帅的皮埃尔，在摩纳哥效力17个赛季后退役，成为了体能教练和一队教练，他曾经照顾过青年时代的亨利。“他把训练三角锥放在训练场上，让我一遍一遍地进行同样的练习——带球绕桩，最后射入球门远角。我对爱尔兰队打进的这球，是‘摩纳哥制造’。”

听着这些亲眼见证着亨利在不到两年时间内从学徒变为一线队球员的人的讲述，我最受触动的一点，是他们说这个少年会多么努力，以成为一个日后能够效力阿森纳和巴塞罗那的成熟球员，以及成熟男人，就好像他已经完全用模具加工好了，暴露于外部世界之后只需要很短暂的一段时间，就可以硬化成形，变得精准、稳定，而且犀利——虽然在这方面他有些不太稳定。比如卡塔拉诺就对亨利不情愿射门的风格表示过愤怒，亨利更愿意“把球传进球门”，我在海布里球场和别的地方也听到过几次类似的抱怨。他有点儿太过“轻松”了，而这在这项运动的词汇里面是个最不明智的词语之一；他能够突然爆发出令人震惊的速度，“而根本不会抽筋，或者体能耗尽”，他“似乎从来不会感觉疼痛”，他“懒散”“优雅”，是个超级射手，却似乎比即将成为他队友的特雷泽盖少了一点儿本能：亨利在小禁区外也会有所思考，我指的是六码区。他毫无疑问有些个人主义，他对于这项运动的爱是如此强烈，如此根深蒂固，以至于他会为了自己的目的——取得成功、取得胜利、成为最佳——而损害集体的利益。你可以说这是一种恩赐，也可以说是一种诅咒，不管他走到哪一步，都会带有这样的风格。

在性格上同样如此，如果说格里曼迪对亨利的第一印象没有被他后来的感觉所左右的话，那么摩纳哥时代的蒂蒂看上去并没有与阿森纳时代的亨利有太明显的不同。亨利一直都是这样的吗？还是他在被突然移植到一个更加迷人但也更加无情的环境中之后，不得不重新把自己组装一遍，以另一种自我来求得生存？有魅力、有趣、随和、慷慨——你可以用所有这些词汇来形容亨利。罗贝尔·皮雷（Robert Pirès）谈起亨利的时候，则用的是“可爱”（Adorable）一词来概括。他还记得自己刚到阿森纳的时候，亨利是如何将他置于自己的庇护之下，亨利会在他位于汉普斯特德（Hampstead）的家中为这位新人烹调“美味的”意大利面，甚至还让皮雷住在自己家中，直到他找到自己的公寓。但不管他做什么事，似乎其中都有一丝盘算的感觉，他会一直审视自己，同时也十分留意别人的举动，他每走“一步”，都像是棋手一样，会提前思考两到三步，并且在一路上学习新的招数。

“他来摩纳哥的时候就已经有这种‘态度’了——但只是针对年龄差不多的人。”格里曼迪告诉我，“他很尊敬那些地位比他高的人，但渐渐地，随着他自身地位的变化，随着他年龄的增长，他越来越少接受别人了。他很聪明。一开始交往的时候他很害羞，这样人们就很容易接受他。”一旦完成这一点之后，蒂埃里就会继续前进，争取其他的目标，结识其他的人。用郊区的“行话”来说，这叫作“尊敬”。这并非最迷人的性格特征，但你绝不能忘记，这是一项有效的工具，这样你才能做到生存第一，统治第二。在新的环境里，蒂埃里完全只能靠自己，他距离朋友和家人太过遥远了；他被两种不那么互补的雄心——他自己的，和他父亲的——推动着前进。托尼负担不起住在里维埃拉地区[①]的费用——至少暂时住不起——但他仍然是最终的评判员，蒂埃里需要对他负责，至少暂时需要。

我必须指出的是，并非每个人都赞同格里曼迪对亨利的疑虑。曾经在1993年随马赛夺得欧冠冠军的埃里克·迪梅科（Éric Di Meco），在马赛被降入第二级联赛之后立刻加盟了摩纳哥，很快扮演了很多摩纳哥年轻人的大哥的角色。让他很快产生触动的一点，是他感觉到这支球队与他此前的球队完全不同，他来自于一支几乎完全是由老练的国脚组成的球队，而现在这支球队，“这些伙计们与我们很不相同。他们不会一起打牌，或者在楼下一起喝一杯。如果你想要和他们共处，与他们拉近关系的话，就得去他们房间，把一整晚花在电视机前。电子游戏开始变得流行，我记得和蒂埃里以及其他小伙子一起玩《世嘉拉力锦标赛》

① Riviera，地中海沿岸地区，包括法国东南海岸和意大利西北海岸。

（Sega Rally）的游戏。他们会把我完全打趴下，然后取笑我。但我并不介意，实际上，我很喜欢这样的局面。”虽然两人之间存在着巨大的年龄差距（相差整整14岁），迪梅科仍然很喜欢亨利这个年轻人。他也看得出来，亨利“渴望学习，非常非常有抱负，而且他能够达成目标”，关于这一点，蒂蒂在俱乐部的另一位长辈洛朗·巴尼德[①]也很赞同。洛朗当时在帮助父亲热拉尔·巴尼德[②]打理青训学院，在他印象中亨利是一个“有礼貌、很和善、挺客气、令人喜欢的年轻人”，他“乐于帮助别人”，“感觉很令人愉快，总是带着微笑，看上去很高兴”，而且“没有任何问题就适应了摩纳哥”。

洛朗·巴尼德后来在2011年1月成为了摩纳哥一队主帅，虽然只在帅位上待了很短的一段时间，他印象最深刻的，除了蒂埃里标志性的跑动——“他会从左路突破，然后用脚内侧射门”——就是他对于篮球的热情，在健身房结束训练之后，他会和其他年轻人一起练习篮球，这些年轻人中有未来的法国国脚菲利普·克里斯坦瓦尔（Philippe Christanval），以及后来效力过富勒姆和伊普斯维奇的西尔万·莱格温斯基（Sylvain Legwinski）。亨利很长时间以来一直是个NBA球迷。另一个篮球爱好者德罗巴，是通过这项运动的练习，来增强上肢力量，并且学会如何冲撞开后卫，如何在背对球门的时候护球。而亨利从观看偶像迈克尔·乔丹表演的过程中学到，并且用到自己比赛中的东西则正好相反——他学到的是乔丹的那种表演技巧：一方面是对精美进球的爱好，另一方面则是进球之后掩饰自己情感的那种令人不解的欲望。看看乔丹将球扣进篮筐之后冷漠的表情，再看看亨利射门得分后的表情，你

---

① Laurent Banide，法国教练，在摩纳哥青训学院执教15年，两度执教摩纳哥一队。

② Gérard Banide，法国教练，两次执教摩纳哥一线队，三度担任摩纳哥青训学院负责人。

就会发现极其相似，亨利甚至在职业生涯刚开始时就这么做了。这是纯粹的模仿，也是他很早时候就试图营造的一种形象，而那时候，他的生活里本来不应该有其他，只应有娱乐。在亨利身上，自我意识与自觉意识经常无法分辨开来，当你感觉自己很孤独的时候，这是必然会有的局面。而他性格中无情的，甚至可以说受虐狂一般的自我批评的特征，让这一倾向更为明显，这使得他无法让自己完全陷入踢球的纯粹乐趣之中。“当我做得不好的时候，我是第一个责怪自己的人。”他曾经在2005年如此对队报电视台（L'Équipe TV）表示，“当我犯错的时候，你可以发现我脸上会有一种僵化的表情，（那是因为）我在对我自己说话。”要我来说，他这是在这一秒钟变成了自己的父亲托尼，然后责打错过一次进球良机的儿子蒂埃里。

他当然也会胡闹，但他是不是从来都没有完全放松过警惕？这个话题我回头还会涉及。我已经与很多形容自己为亨利的“朋友”的人有过交流，但他们表述这种“友谊”的时候，似乎都有点儿缺乏自信。顺便说一句，没有任何理由对亨利怀恨在心的前队友格里曼迪，曾经告诉我，他不相信亨利在足球界有哪怕一个真正的朋友。在别的地方可能会有——但在他加盟摩纳哥以来栖息的世界里，必然没有。当然，在这一方面，亨利不是独一无二的，许多球员都满腔热情地痛恨着自己的日常环境，他们最痛恨的，往往是他们在这个令人窒息的小天地里不可能信任任何人。他们会因此感觉自己被完全割裂了开来，维克什·多拉索[①]就是其中最突出的例子。

---

① Vikash Dhorasoo，法国前国脚，职业生涯效力过勒阿弗尔、里昂、波尔多、AC米兰、巴黎圣日耳曼等队。以特立独行著称，2006年9月因在接受《队报》采访时批评巴黎时任主帅拉孔布，被俱乐部解约，成为1973年之后首位被法国俱乐部解约的球员。

但亨利从来没有痛恨过足球世界。他似乎对足球界感觉很自在，至少表面上看起来是这样。可能他对于取得成功的愿望是如此强烈，而他的成功又是如此迅速、如此非同寻常，以至于他能够感受到那些体育界最伟大人物所熟悉的感觉［在这种情况下，我想到的是历史上公认最伟大的板球手唐·布拉德曼（Don Bradman）］，对他们而言，在施与的时候想要表现得没有不可告人的动机是不可能的，因为施与者完全知道自己会为自己的慷慨付出怎样的代价。别忘了少年时代的亨利在完成从学徒到职业球员的转变时是怎么样的。温格第一次起用他，是在1994年8月31日，那是一场对尼斯队（OGC Nice）的联赛，当时亨利刚过完自己的17岁生日。仅仅一年多之前，他还在大区级联赛中为凡尔赛队出场；现在，他发现自己身处一群远比他经验丰富的球员之中，其中很多人已经是功成名就的国脚，年纪大到可以做他父亲。这样的生活肯定不会容易。“足球学院（的生活）是一场战争，”他曾经在2008年对英国《运动》（*Sport*）杂志说，“每个人都以为那里的生活是玫瑰色的。但在我们这个24人的团队中，只有一个人最终能成为职业球员。我想其他行业里面的人结束完自己的学业之后，碰到的也会是差不多的情况。人们会互相握手，互相祝福好运，但其实他们只希望你摔个嘴啃地。这在足球里面也是一样，而且情况还更加糟糕，因为你们还必须在一起踢球。当你还只有15岁的时候，你所要面对的就是一片危险的丛林。”

你不能假想说温格从蒂埃里身上看到了别人之前没有注意到的东西，亨利获得机会其实有其他的原因。一开始，阵中球员连续的伤病让温格感觉用兵的选择备受掣肘，因为他帐下的主力射手，被亨利视为偶像的巴西人索尼·安德森（Sonny Anderson）发现自己缺少一位稳定的进攻搭档。而将让温格放手赌一把的这个年轻人，已经在更加成熟的预备队球员之中经受了考验，他第一个赛季就在U17全国联赛中打入了超过30粒进球，还在法国U17国少队的11场比赛中打入10球。所以现在已经不是要不要在一线队尝试使用亨利的问题了，而是什么时候使用的问题。一直有看法认为，温格后来把亨利带到海布里去，是想要重温俩人5年前在法国建立的关系。这一看法并不完全准确。在急需用人的时候，温格有勇气和远见使用一位17岁的少年，但他对亨利的处置办法，不能与大卫·莫耶斯（David Moyes）在埃弗顿信任、保护更为年轻的韦恩·鲁尼（Wayne Rooney）相提并论，甚至也不能与温格自己在阿森纳培养塞斯克·法布雷加斯（Cesc Fàbregas）和杰克·威尔希尔（Jack Wilshere）的做法相比。首先，温格没有足够的时间来做到这一点，摩纳哥从赛季一开始就已经暴露出了令人担心的缺陷，所以起用亨利不仅仅是为了考察他能够有怎样的未来，更是为了解决当前更加紧迫的问题。不过对阵尼斯的比赛表明，亨利并非球队问题的解决办法，至少暂时还不是。当他在比赛第64分钟被换下场的时候，摩纳哥主场0：2落后于尼斯（这也是终场比分），这场比赛只吸引到了1万多名现场观众，其中至少一半观众是尼斯这家邻近俱乐部的球迷：这就是你为摩纳哥踢球的代价。

下一场比赛又是一场失利，摩纳哥客场0：1不敌勒阿弗尔（Le Havre），亨利在比赛还剩最后半小时的时候替补出场，但他在进攻端的贡献，并没有比他在路易二世球场上演的处子秀更大。球队实力被伤病削弱，俱乐部内部争吵进一步产生负面影响，这就能够解释为什么温格的下课会来得这么快，而且这么无情了。在新赛季前7场比赛过后，摩纳哥发现自己仅仅高出降级区3分。温格在那个夏天拒绝了一份来自拜仁慕尼黑的非常有诱惑力的邀约，他希望这样留队之后，自己能够放手重建摩纳哥，结果在俱乐部CEO称呼他为“摩纳哥的丰碑”之后几个小时，温格就被解雇了。俱乐部的这一决定，尤其是这一决定的执行方式，令法国足坛大为震惊。俱乐部与热拉尔·霍利尔进行了接触，希望后者能够填补帅位空缺，结果霍利尔毫不犹豫地拒绝了摩纳哥。但是，并不是每个人都像霍利尔这样有原则。像雷蒙·戈塔尔斯（Raymond Goethals）和博拉·米卢蒂诺维奇（Bora Milutinovi'c）这样渴望东山再起的老江湖，都明确表露了想要接手球队的意愿。但俱乐部最终决定以内部人选来解决他们自己制造出来的混乱局面，选择了两位前摩纳哥球员让·珀蒂（Jean Petit）和让-吕克·埃托里（Jean-Luc Ettori），让他们联手临时执教到1995年2月，然后另一位内部人选热拉尔·巴尼德接手帅位，执教到了赛季结束。

温格下课后，蒂埃里也不再受到重用。因为无论是让·珀蒂、让-吕克·埃托里还是热拉尔·巴尼德，都选择了主打经验牌，这是可以理解的做法，因为球队首先面临的是一场生存之战，然后才是稳步回升，冲击联赛积分榜前1/3的席位。虽然在前两场比赛之后，亨利这个赛季只有过6次出场经历，而且全都是替补，但他还是第一次吸引了公众的注意力，尤其是在1995年4月28日6：0击败朗斯的比赛中，亨利上演了梅开二度的好戏。那场比赛的第22分钟，前锋米卡埃尔·马达尔（Mickaël Madar）头部受伤，使得巴尼德将年轻的亨利派上场，结果后者与场上另一位前锋尤里·德约卡夫（Youri Djorkaeff）组成了完美的拍档，差不多羞辱了他未来（很短期）的阿森纳队友纪尧姆·瓦尔米兹（Guillaume Warmuz），瓦尔米兹那一天最终不得不6次将球从自己把守的球门中捡出来。亨利这两球之中，第一球非常精彩，从技术、智慧和“无礼”的角度而言，比得上他今后进球中的任何一粒。

德约卡夫看到了他那年轻的队友冲向球门，意识到自己有机会让亨利与门将形成一对一的局面；德约卡夫的传球力道过大，不过瓦尔米兹冲出了门线，以为自己能抢在高速冲刺的亨利之前够到皮球。但是亨利的速度远比瓦尔米兹快，他从瓦尔米兹的手套下偷走了皮球，而亨利要做的事还多着呢。他先是将球盘过了瓦尔米兹，但他这时只能把球往远离球门的方向带，由于他的冲劲太大，结果将球带出了禁区。在18码线外，亨利抬头发现，朗斯的后卫们疯狂地回追归位，试图保护已经毫无防备的自家球门。现在射门角度太小了，看上去亨利没有其他选择，只能传中交给队友。但亨利有别的想法。他花了点儿时间——这一点儿时间感觉上就像是一辈子——来下定决心，然后用右脚射出一记非常有力的弧线球，皮球从横梁和远门柱的夹角中径直飞入“蜘蛛网”（cobweb）——法国人这么称呼球网。这是一粒令人震惊的美妙进球，配得上入选赛季最佳进球；这粒进球之所以如此值得铭记，不仅仅是因为它过程的完美，也在于它的“无礼”，在于亨利找到了一个显然无解的问题的答案。很多年以后，我问过温格，在他看来，究竟是什么让亨利变得“伟大”，他说：“最顶级水准的足球赛事，让球员面临着无穷多的可能性。在这些可能性面前，他们必须在一转眼的工夫之内选择其中一种。像蒂埃里这样的伟大球员，总能找到那种你从边线观战时根本不知道它存在的选择。”

亨利职业球员生涯中的第一粒进球，在温格的理解中无疑配得上“伟大”这个形容词；即便打入这球没办法立刻让蒂埃里成为一位“伟大”球员，也已经有许多旁观者突然注意到了他巨大的潜力，而以前亨利对他们来说只是法国青年队比赛名单中的一个名字而已。《法国足球》杂志报道那场比赛的记者像发现新大陆一样谈论亨利，甚至给了他5分制里的最高分5分。这场比赛也标志着这个年轻人的另一个第一次，那就是终场哨响后许多记者都想对他进行采访，这使得他完全没办法掩饰自己的兴奋之情。“媒体培训”（media training）在当时还是属于未来的一个概念（1995年才开始普遍引进，那之前可真是幸福的日子），但即便是最苛刻的俱乐部外联官员，也会对击败朗斯一役次日的采访感到满意。“我首先必须感谢我的队友以及马达尔，我现在很担心他的伤势。我能够进球，要感谢他们。”亨利如此说，并且反复地这么说。他表现出了足够的谦逊，而且没有显得勉强，即便当时他在接受一位电视记者采访时，回答显得有点儿口是心非：“我想要在一家乙级俱乐部中踢上球，如果我打上几场不错的比赛，或许能够给一家甲级俱乐部留下印象。这都很难说。我所想要的只是取得成功……不管我是在里尔还是在圣埃蒂安成功（都没有关系）。我所想要的只是为一家甲级俱乐部踢球。这是我从还是一个孩子的时候就想要做的。”这听上去像是一种“没野心”的表态，尤其是他已经在法国最大豪门之一的花名册上待了近三年时间，而且于1994年9月在代表法国国少队对阵英格兰队时上演过梅开二度，他已经让国家技术总监霍利尔感叹：“他拥有击败后卫的能力，他的控球非常出色，而他在力量方面还有提升的潜力，他可以加强力量以帮助自己突破对手。他是一位属于未来的射手，如果他未来得到更多开火权的话，他会非常接近于顶级水准。”从那时就可以看出来，他根本不是只能打乙级联赛的材料。

重新观看当时采访的简短片段时，最触动我的并不是亨利的话语，而是他说话的腔调。那些已经习惯了他在阿森纳时期优雅腔调的人，会对他当时的“郊区”口音印象深刻。他的发音里面“r”太重了，这无疑泄露了他的出身，就像通过某人不发“h”音，你就能知道他的“河口英语[①]”背景一样。这个阶段他的口音远不像后来那样“酷”、高雅，像是国际化的都市美男而且备受英国广告商欢迎。在摄像机面前他看上

① Estuary English，又称港湾英语，流行于英格兰东南地区，特别是泰晤士河沿岸和其河口。

去也有一点儿笨拙，这可能是因为他有些不自在，也可能仅仅是因为他太年轻了。他当时头上留着长发绺，这是为了向吕德·古力特（Ruud Gullit）表示致敬——后者的亲笔签名是亨利最为珍视的收藏品——但看上去却像是弗兰克·里杰卡尔德（Frank Rijkaard）发型的不那么成功的仿制品，这就使得他的外表看上去更加笨拙了，这与他在别处显露出来的自信格格不入，毕竟他已经朝着一队阵容迈出了第一步。

埃里克·迪梅科告诉我蒂埃里曾经多么喜欢与人开玩笑，尤其喜欢捉弄别人。比如他特别喜欢在训练中穿那些“硬汉”的裆，“如果我看到有人张开双腿，我就会穿他的裆，我就是忍不住，我就是不得不这么做。”他后来这么承认道，这已经是迪梅科成为他这一花招的受害者很多年之后了。不过迪梅科也让他付出了代价——送给了他一次凶狠的铲断。对于“逗乐”和“开玩笑”的爱好，亨利从来没有丢失掉。在尤文图斯的时候，他与另一个难缠的球员埃德加·戴维斯（Edgar Davids）对上了，他穿了戴维斯的裆，幸运的是荷兰人感觉这事挺好玩的，于是反过来试图穿亨利的裆，于是两人就像是进行了一场“穿裆比赛”。有一件事可以肯定：那些与这个17岁少年在一起生活、工作的人都知道，“真正”的蒂埃里·亨利远比他想要呈现给世界的形象自信。他只是还没有“功成名就”而已：即便亨利已经在对朗斯的比赛中梅开二度，这一幕也在法国国家电视台上反复播放，巴尼德还是没有让他出现在摩纳哥队的首发阵容中，直到赛季最后一天，才让他在0：2输给梅斯（Metz）的比赛中先发，当时摩纳哥已经锁定了联赛第6的排名，以及征战此后一个赛季的联盟杯的资格。

对摩纳哥俱乐部来说，自从初秋解雇温格之后，他们迎来了一段颇不寻常的转机，但对亨利这个年轻的边锋来说，未来两年会发生什么都还是未知数，毕竟他此时在球队的重生中只是扮演着跑龙套的角色，显得无足轻重。对此，亨利要感谢摩纳哥的新主帅蒂加纳，这种感谢不是蒂加纳从其他门徒那里得到的那种。对亨利来说，他自身就是原始意义上的“门徒”（protege）——他不是什么老师的宠儿，而是一个需要受到保护、需要“小心轻放”的待遇、需要得到坚定支持的门徒。而从蒂加纳那里，亨利的三点要求得到了全部的满足，他从第一时间就同意了新主帅具有先见之明的做法，并且很快取得了成功，他甚至已经接近于抛弃自己身上那种骄傲与急躁的年轻人式的缺点，这些缺点是被他那些无耻的“朋友”和“顾问”们鼓动起来的，因为亨利看上去很明显是一位杰出而且可能让那些人有利可图的天才，所以这些狐朋狗友蜂拥而至。正是在蒂加纳充分的信任之下，亨利最终免于自我毁灭。在法国，亨利职业生涯的这一部分经常被遗忘，在其他地方也几乎不为人所知。我选择把这本书如此大的一部分用来写作亨利的这一段生涯，不仅是因为它不为人所知，更是因为，如果不了解这段险些吞噬这颗“法国足球冉冉升起的新星（当时这个词组经常被使用）”的混乱时期的话，你也就几乎不可能理解这位未来的阿森纳国王、巴塞罗那巨星与弃儿（先做巨星，后被抛弃），以及北美大联盟的“表演艺术家”了。

对于那些曾经在20世纪80年代中期关注过或支持过法国国家队的人（基本上关注过那支辉煌的法国队的人都会支持他们，不管他的国籍是什么）来说，让·蒂加纳永远是那个著名的“魔力四重奏（le carre magique）”的基点之一，另外三个基点是他当时的波尔多队友阿兰·吉雷瑟（Alain Giresse）、路易斯·费尔南德斯（Luis Fernandez）以及，毫无疑问，米歇尔·普拉蒂尼（Michel Platini）。他们为我的国家带来了国际足球层面的第一座重要荣誉——1984年欧洲杯冠军——而且本来可以，或者说本来应该在亨利于1998年世界杯上成为队内头号射手之前，给蓝军队徽上添上一颗星。1982年塞维利亚，1986年瓜达拉哈拉，你和任何法国人聊一聊这两场对西德队（以如此残酷的方式失利）和巴西队（在一场两队都展现出华丽的进攻足球的比赛过后，靠点球大战取胜）的传奇比赛，他们的喉咙都会发紧，他们的眼睛都会蒙上一层水汽。说历史上没有一支国家队拥有当时的法国队那样才华天纵而且高度平衡的中场，可能一点儿都不夸张——退一步说，能够与之相提并论的，可能只有因为内战被剥夺参加1992年欧洲杯资格的南斯拉夫队。而在那支法国队中，蒂加纳就是不知疲倦的发动机，在右路奔跑的斗士，1984年欧洲杯半决赛，正是他在第119分钟（我的老天！）帮助普拉蒂尼绝杀葡萄牙队。他是一位伟大的球员，绝对配得上比52次国家队出场更高的待遇，1991年退役之后，蒂加纳很快在教练生涯中取得成功，1994—1995赛季，他将里昂带到了法甲联赛亚军的位置，仅落后于那支杰出的南特队，之后他就得到了摩纳哥的一年滚动合同[①]。“让诺”（人们似乎普遍这么称呼他）并不像他的昵称听上去那样随和。实际上，“让诺”是个超级暴脾气的人，如果说要用刻板印象来形容的话，那么蒂加纳就更像是一个强硬、沉默的约克郡人，而不是一个随和、健谈的西非人——即便蒂加纳本来确实应该更像是后者[②]。对亨利来说，他是最佳时间出现的最佳导师。蒂加纳从来都不会试图从任何人那里得到欢迎，对球员和记者也是一样。他向来强硬，坚定，有时候甚至鲁莽——当然很少不合情理；他向来是一个很出色的球员鉴定者，在亨利的教育上，他知道自己必须挥舞大棒，有时候甚至要使用大棒，而其他

① 滚动合同（Rolling Contract）及任期合同（Term Contract）制度是西方一些大学采用的代替终身教职制度的方案，在这一制度下，教授们不再享有无限期的终身教职，取而代之的是有期限的滚动式的教职，这个期限可以是三年、五年或十年。在每个期限内，学校会对教授作全面的评估，然后根据评估结果来决定是否和教授签订下一合同。而在职业足坛，教练球员也多签署此类合同。

② 蒂加纳1955年出生于法属苏丹，即今日的马里共和国。

很多人则更愿意在这些年轻球员面前挂上胡萝卜。

1995—1996赛季对球员、教练和俱乐部而言，都是一个过渡期。摩纳哥在联盟杯赛场上的征程被托尼·叶博亚（Tony Yeboah）终结，后者在一支资质平平的利兹联队中显得鹤立鸡群。在第一轮比赛的首回合中，摩纳哥坐镇主场却遭遇了0：3失利的羞辱，全部3粒进球都由这位加纳前锋打进，以至于替补上场的亨利只能成为旁观者。在遭遇如此惨痛的失利之后，摩纳哥显然无路可退。在法甲联赛中，靠着后半程的超强发挥，摩纳哥升到了联赛第三名的位置，再次拿到了欧洲联盟杯资格，这期间巴西前锋索尼·安德森在34场联赛中攻入了21球，亨利18次出场贡献了3粒进球和5次助攻。就像数据所呈现出来的那样，亨利根本没有让自己成为蒂加纳帐下首发11人阵容中的首选攻击手。赛季开始前那个夏天，摩纳哥失去了德约卡夫，创造力极其出色的德约卡夫加盟了巴黎圣日耳曼，因此球队正处在以索尼·安德森和恩佐·希福（Enzo Scifo）为核心的重建过程之中。重建无疑是有难度的，虽然索尼·安德森在决定比赛成败方面经验丰富，但才华横溢的比利时组织高手恩佐·希福却需要一段时间来调整，他在赛季前1/3阶段经历了一段罕见的无所作为的时间。像法比安·巴特斯（Fabien Barthez）这样刚从马赛引进的新援，也需要先得到主力位置。这种时候在像蒂埃里这样尚未经过实战证明自己的天才球员身上冒险，形同自杀，这时候蒂加纳优先考虑的任务无疑是重塑这支球队。队中有一大批很不稳定的球员，而且传言说球队已经分裂成了几个小帮派，蒂加纳首先要将目的性和组织性带回到球队之中。

要知道，当时亨利仍然只是被视为“尚需考察的球员”（注意，是仔细考察），当时很多俱乐部内部人士都认为，时年21岁的左后卫曼努埃尔·多斯桑托斯（Manuel Dos Santos）从长远来看比他的左路搭档亨利更有发展前途。在赛季开始之前，《法国足球》针对蒂加纳治下的摩纳哥做的长篇前瞻稿件中，蒂埃里的名字甚至没有被提及——一次都没有！因此联赛揭幕战摩纳哥3：1击败雷恩、开启胜利账户一役，亨利在左边锋位置上获得出场机会，着实让一些人感到惊讶，即便这时的他其实绝非无名之辈。如果亨利不是因为在接下来一场2：1击败尼斯的联赛中受伤下场的话，蒂加纳可能会让他在首发名单中待久一点儿。不过蒂加纳更有可能会把亨利当作“大小王”（joker）使用，事实也的确如此，蒂加纳更多地是让亨利在比赛后半段替换上场，利用他的速度来冲击疲惫的对手。

蒂加纳以4-3-3作为摩纳哥的默认阵型，马达尔和维克托·伊克佩巴（Victor Ikpeba）为令人生畏的索尼·安德森担当两翼僚机，他们身后是埃马纽埃尔·珀蒂（Emmanuel Petit）、希福和阿利·贝纳尔比亚（Ali Benarbia）组成的漂亮的中场三人拍档。丹麦人丹·彼得森（Dan Petersen）和利比里亚人克里斯托弗·雷（Christopher Wreh）——这又是一个后来将披上阿森纳球衣的摩纳哥球员——则为蒂加纳提供其他的进攻选择。当然，蒂加纳从来都没有将亨利排除出自己的选择，但他更喜欢保守地使用这位小将：在这里让他踢上20分钟，在那里踢上半小时。8月29日，那一天才19岁的帕特里克·维埃拉（Patrick Vieira）被任命为戛纳（AS Cannes）队长，亨利则在对里尔的比赛中打入赛季首球。而像是客场对阵巴黎圣日耳曼这种巅峰对决，亨利经常是在比赛进行到80多分钟的时候离开板凳替补上场，当摩纳哥感觉已经办法用尽的时候，蒂加纳大多数时候都会选择信任这位年轻的边锋，在他身上使用最后一个或者倒数第二个换人名额。从9月中旬到10月中旬，亨利在单场比赛的出场时间极少超过半个小时，直到这个赛季联赛的第12轮，亨利才再度出现在首发名单之中，结果他在对蒙彼利埃的比赛中打入了个人赛季第二球。然后就是又一场首发，对阵戛纳（不过这时候维埃拉已经加盟了AC米兰），然后又是一次替补，又是坐在场边观战，这样的局面一直持续到了赛季结束，不管是在联赛还是在法国杯（摩纳哥杀进了1/4决赛）中，都是如此。

并不是说蒂加纳对于亨利能力的了解比那些在法国U17国少队、U18国青队有比赛时征召他入队的教练更少。实际上，蒂加纳是第一批认为亨利是1998年世界杯法国队名单潜在人选之一，不过他没有这么对自己的弟子说。这可不是“让诺”的风格，对蒂加纳来说，更重要的是继续耐心、稳步地磨炼这位特殊的天才，如果说他有必要把亨利留在场边，以避免他过早“灯枯油尽”的话，他一定会这么做。在蒂加纳眼中，摩纳哥的利益最终比不上国家队的利益——这一点对于21世纪的读者，已经习惯于听到俱乐部主帅对欧足联和国际足联的国际比赛日程大发雷霆的读者来说，可能有点儿难以理解。为国家队，蒂加纳在球员时代曾经效力多年，在教练时代又做出了如此多的贡献，然而这一点却几乎从来没有得到公众的认知。

蒂埃里一开始没怎么表示抗议，他自己也还在寻找一队位置的阶段。他争取位置的做法之一，是培养与索尼·安德森的友谊，他一直与安德森作伴，甚至模仿安德森的言谈举止，比如他习惯于把球袜卷到膝盖上面，这一习惯他后来带到了英格兰、西班牙乃至美国。他羡慕巴西前锋射门得分的能力，后者也正是凭借这一能力在1997年以破纪录的转会费加盟巴塞罗那。你可能会觉得亨利总跟在年长的安德森后面，只不过是为了获得自己的利益，就像鲫鱼总是习惯吸附在大鱼的腹面上：安德森在蒂加纳的首发11人中占据了一席之地，而蒂蒂自己还远没有得到这样的地位。或者你可以更宽容地看待此事，认为他的所作所为，只是像任何一个“追星族”孩子那样而已。对我来说，亨利这一阶段的做法包含以上两层意味，而且他可能是在并不自知的情况下这么做的。人们经常认定球员们往往会有一个清晰的“职业规划”，但实际上他们只是有一些非常相似的野心而已，这跟“职业规划”可有点儿不一样。我向许多球员提出过这个问题：“你是什么时候意识到自己已经做到了？”几乎没有谁的答案令人信服，说得更确切一点儿，可能他们谁都没有以这种方式问过自己这一类问题。他们的职业发展是由一连串的转变带来的，而且这一类转变发生的时候，他们几乎从来没有意识到。其实对我们大部分人来说也是这样。机会到来的时候，你要么抓住机会，要么拒绝机会；我们所能做的，就是争取让一切按照我们想要的方式发展，而这也正是蒂埃里所做的。他与安德森建立起的关系，当然对他的发展有所帮助，场上场下都是如此。在这一话题上还有别的观点，我不止一次听到过某种传闻，说亨利的做法是一项马基雅维利主义阴谋的一部分，这一阴谋的最终目的，是让亨利在与像尼日利亚人伊克佩巴这样的边路队友的竞争中占据优势……不过这种传闻在我看来，实在是有些牵强，而且过于卑鄙。

不仅如此，蒂埃里在另一方面也取得了“成功”——不过不是在摩纳哥，而是在法国U18国青队，在这支球队里他的队友很多都是昔日在克莱枫丹的同学。在1995—1996赛季末，亨利已经在法国各级国字号球队中有过36次出场记录，期间打入23粒进球，对一位不能被称为天生终结者的球员来说，这已经是很出色的成绩了。更出色的成绩在1996年U18欧青赛上，那届为期一周的赛事于7月在法国和卢森堡举行。卢森堡参与主办，这事可能没人能够理解，卢森堡可能是唯一没能让自己的代表队参赛的主办国了吧，谁叫欧足联坚持让他们参加分组预选赛呢，最终卢森堡没能通过预选赛的考验——不过这一点早就能被预料到。与之相反，法国则得到了主场作战的优势，他们一路高歌猛进，最终拿下了他们在这项赛事历史上的第二座冠军奖杯，这距离他们的第一冠已经13年了[①]。

法国从来没有派出过一支如此强大的青年队出征赛事，不仅前无古人，甚至可能后无来者。以下这些名字，本书不是第一次提到，也不会是最后一次提到：加拉、阿内尔卡、特雷泽盖以及亨利，他们大多都是克莱枫丹的毕业生，并且将在未来成为艾梅·雅凯（Aimé Jacquet）和罗歇·勒梅尔（Roger Lemerre）的“突击队”（commando）的年轻队员，接下来几年，这支“突击队”将会把法国带向世界之巅。必须强调的一点是，这一批天才球员如果没有得到一批同样杰出的技术人员的精心照料的话，恐怕很难达到这一高度。这批技术人员的领导者就是热拉尔·霍利尔，此前霍利尔经历了法国队未能晋级1994年世界杯决赛圈的惨痛失利——当时，“蓝军”在预选赛还剩最后两场主场比赛时只需要拿到1分就能晋级，结果却遭遇连败，其中一场的对手还是以色列——然后就从成年队主帅的位置上被“降级”到青年队。霍利尔有两位杰出的助手，其一是雅克·克勒瓦西耶（Jacques Crevoisier），另一个就是克里斯蒂安·达米亚诺，两人都成为了克莱枫丹组织架构中的关键人物。我想，只有在法国，只有在当时1998年世界杯是所有人心中最高目标的时代背景下，才有可能为年轻球员组装出这么一个一流的教练组。人们只能期盼这种超凡的远见，能够比球队的自满存活得更加久远，毕竟这支年轻的球队已经在持续的成功之后略显自鸣得意。

冲击1994年世界杯决赛圈失利后，霍利尔被媒体盲目地大加挞伐，直到身边有了这批年轻球员的陪伴，他才感觉自己重新燃起了对足球的

① 原文注：其实1949年法国还击败荷兰赢得过一座冠军，但由于那届赛事并非由欧足联主办，所以一般会被排除在数据统计之外。

热爱，他感觉这也挺幸运的。这批年轻球员与以往任何同年龄段球员都不一样。首先，这些球员中有许多是第一代加勒比黑人“移民”的子辈，他们在法国各大城市周围的高层住宅中长大。在这方面，蒂埃里只是许多有着相同背景的年轻人中的一个而已。他们身上带有一种特定的“无忧无虑”的心态、一种对于玩乐的热爱，但他们同样拥有坚韧的精神意志，毕竟无论是在郊区还是在青年队的严酷环境中，如果要想做到独立自主（不管你年龄多大），你都需要这一点。在很大程度上，这也是正值过渡期的一代人，他们并没有放弃对踏实苦干的重视以及对长辈的尊重，而这一点在今天已经远没有以往那么明显了。如果你觉得这只不过是一个坏脾气的中年作者喋喋不休的抱怨，那么请你咨询一下任何执教过2012年欧洲杯上的亨利继承人们的教练，然后再来读这本书。在国家队生涯末年曾经与萨米尔·纳斯里（Samir Nasri）等人发生过龃龉的亨利自己，肯定会第一个对此表示同意。

尽管如此，霍利尔还是与他手下的这些伙计们培养出了一段挚爱的感情，而这些孩子们也对他做出了回报。亨利尤其喜欢这位曾经的英语老师①，他肯定也比较过蒂加纳和霍利尔不同的执教风格，蒂加纳有点儿不太友好，执教起来略显无情，而霍利尔就更加“和平共存”了（“他知道我们还年轻，我们需要笑一笑，有时候甚至需要被允许做一点儿疯狂的事。”）。不仅如此，霍利尔只要有机会，就会巩固亨利在球队中的位置。“1995年秋天，我执教U18国青队，第一次带亨利参加比赛是对阵德国队，我就让他担任队长。”霍利尔告诉我，“他那时候就是打中锋——在国青队打中锋，不过我们之前也已经知道他在摩纳哥

---

① 霍利尔曾经在里尔大学学习英语，但第一年就因为父亲重病而退学，然后开始在学校担任老师，不过后来他还是半工半读拿到了文凭。

打的是边锋——直到秋天的时候，我们偶然发现了一个不会说法语的小孩，我们是从路易斯·费尔南德斯那里听说的，费尔南德斯当时是巴黎圣日耳曼的主教练。”这个小孩的名字叫大卫·特雷泽盖，他的名字对霍利尔而言很熟悉。“大卫出生的时候，”他回忆道，“我正在讷莱米讷（Noeux-les-Mines）执教，我曾经和他父亲豪尔赫做过对手，豪尔赫当时正效力鲁昂队（FC Rouen）。而现在我们却可以选择大卫为法国队出战！那一年秋天我第一次将他征召入队的时候，大卫还不满18岁呢，结果大卫在对捷克队的比赛中打进两球又创造了两次助攻，帮助我们6：2取胜。在大卫上演这么一场处子秀之后，蒂埃里就又被移到左边路去了。”

巴黎圣日耳曼没能取得特雷泽盖注册所需要的文书，所以后来特雷泽盖成为了亨利在摩纳哥的队友。路易斯·费尔南德斯对于巴黎俱乐部管理层的无能非常愤怒，所以他把特雷泽盖推荐给了昔日国家队队友、也是他个人好友的蒂加纳，虽然后来他可能会对此举感到后悔。在“卢乔”（路易斯·费尔南德斯的昵称）看来，法国承受不起对这么一个天才球员的浪费。他的直觉和慷慨此后会得到丰厚的“回报”，虽然这回报对他个人而言很不好：在效力摩纳哥的5个赛季中，特雷泽盖一直让巴黎圣日耳曼很受伤。不过法国国家队得到的，却是世界足坛最为致命的终结者之一，如果当初没有费尔南德斯的话，特雷泽盖可能会回过头去为他父亲的祖国阿根廷效力，何况特雷泽盖的球技本来就是在阿根廷学会的，他父亲离开鲁昂之后，把全家搬回了布宜诺斯艾利斯，特雷泽盖少年时就是在布宜诺斯艾利斯市的普拉滕斯俱乐部（CA Platense）效力。

路易斯·费尔南德斯出生于西班牙城市塔里法（Tarifa），蒂加纳则是出生于巴马科（Bamako），当时是法属苏丹的首府，非殖民化后成为了马里共和国的首都，他们用自己的行为展现了自己的爱国主义精神。由此你也可以知道，在1998年那支黑人—白人—阿拉伯人[①]组成的“彩虹球队”（rainbow team）之前，“蓝军”已经是法国种族融合的中坚力量。在这里，我也要把接下来将发生的事情提前说一下：在那届伟大赛事之前的那个赛季中，当雅凯向法国俱乐部的主教练们索取支持的时候，蒂加纳毫不迟疑地就改变了摩纳哥队的阵型，以配合国家队主教练的愿望。利连·图拉姆（Lilian Thuram）被移到了右后卫的位置上，而当时正与特雷泽盖轮换的亨利，则得到了最好的调整机会，以期在世界杯到来时调整到接近于最巅峰的状态——即便这时这两人都还没有足够的把握进入世界杯最终大名单。这就不由得不让人感叹“啊，时代！啊，风尚！[②]”了。不过让我们还是把话题回到霍利尔身上吧。

“队长的类型有很多，既有像迪迪埃·德尚（Didier Deschamps）这类喜欢大吼大叫的组织领袖（organizers），也有我所说的‘技术领袖’（technical leaders）。我在里昂执教的时候，儒尼尼奥·佩南布卡诺（Juninho Pernambucano）就是这么一位领袖，而亨利在法国U18国青队时也是如此。他并非天生健谈的人，并非那种对一整个更衣室发表演说也很轻松自如的人，他擅长的是搭着一个年轻队友的肩膀，向他详细解释比赛中某一方面的问题，他擅长的是‘技战术’（technical-tactical）层面的事情。在我遇见的所有球员中，没人对于足球的热爱和理解比蒂埃里更出色。‘卡拉’（杰米·卡拉格的绰号）的生活一刻都离不开足球，但即便是他，也不如蒂蒂‘贪婪’。随便提一场朗斯对甘

---

① black-blanc-beur，black指黑人，blanc指白人，beur指阿拉伯人。句式套用法国国旗的bleu-blanc-rouge，即蓝白红三色。这一说法被媒体用来指代1998年世界杯上多种族融合的法国队。

② O tempora！O mores！古罗马政治家、哲学家、雄辩家西塞罗的演说名句。

冈的比赛，很可能他不仅看过这场比赛，而且能够叫出场上每个球员的名字，甚至能够回忆起比赛中的每一个小细节。”①

亨利在1996年欧青赛上的一个队友后来也——不具名地——透露：“亨利不会用自己的声音引领我们。他不是‘头儿’（boss），那种人们平常所了解的头儿。”法国国字号教练之一、前波尔多门将菲利普·贝热罗（Philippe Bergeroo）同样对亨利的领导能力持保留意见：“作为一个前锋你必须自私，但这一点不符合当队长的要求。他拥有那种集结部队、带队前进的人所需要的个性吗？”这种怀疑会持续很长一段时间，并且能够在阿森纳球迷身上得到特别的共鸣，但是当1996年7月30日法国队1：0击败西班牙队、捧起欧青赛冠军奖杯时，没有人发出过这种怀疑，亨利在这场比赛的第26分钟打入唯一进球。这也是他在国际赛事决赛中打进的仅有的两球之一，另一个进球是2003年联合会杯决赛（法国队凭借他的进球，1：0击败喀麦隆队），这一数字，批评他的人永远都不想让他忘记。对西班牙队的进球，让法国队在贝桑松市（Besançon）规模很小的莱奥·拉格朗日体育场（Stade Léo Lagrange）捧起了冠军奖杯，这也让他们随后自动晋级1997年U20世青赛。这球进得并不漂亮——实际上这球是很不优美地从他的膝盖上反弹进网，而根本不是真正的射门——但也与法国队整届赛事中的表现很合拍。他们的表现很有效率，但缺少足够的才赋，而对于由这么一批天

① 原文注：亨利1999年加盟阿森纳的时候，最开始住在思博温酒店，这是一家距离俱乐部训练基地不远的豪华酒店，阿森纳的新球员们一开始还没找到固定住处的时候，会被暂时安排在这里。而到了酒店，亨利的第一个要求就是在房间里装两台大屏幕电视，这样他就能——是的，你猜到了——同时跟进两场比赛。格里曼迪则曾经以类似的口气回忆过一次阿森纳俱乐部内部举行的问答比赛：“问题是说出20个在西班牙、意大利和英格兰这三个主流联赛中都效力过的球员。温格——在这方面无可匹敌——说出了19个名字。亨利？18个！其他人最出色的也就能说出11或12个。”

才球员组成的球队，你本来希望他们会打出精彩的比赛。在进军决赛之前短暂的小组赛阶段①，霍利尔的球队两次以一球优势赢下比赛，对手分别是匈牙利队（2：1）和葡萄牙队（1：0），第三轮则是很沉闷地战平比利时队（1：1）。被视为领袖和未来巨星、臂上戴着队长袖标的亨利，并不是法国队表现最出色的球员，即便这届赛事在让普通民众认识亨利这方面创造了奇迹。特雷泽盖是球队总共5粒进球中另外4球的缔造者，其实他才应该轻松赢得观众的喝彩，但事实却非如此②。

啊，又说到了特雷泽盖。蒂蒂和大卫之间的关系究竟如何，要看你是听谁说了，在不同人嘴中，他们可能情同手足，也可能互为仇雠，或者两种关系都有。法国队在1998年世界杯夺冠后，《星期日报》（*Journal du Dimanche*）对两人做过一次联合采访，头条标题写着“永远的朋友”。1995年夏末，当蒂蒂看到只比他小两个月的大卫来到摩纳哥，（因为语言不通）连“是”和“否”都不会说的时候，他很快对这个腼腆的阿根廷人一见倾心，他做了自己能力范围内的一切，试图让特雷泽盖在全新的、眼花缭乱的环境中感觉自在。亨利同样很钦佩每天与

---

① 1996年U18欧青赛有8支球队参加，分成两个小组对决，两个小组头名进入决赛，两个小组第二争夺季军。

② 原文注：法国国青队后来成功卫冕了1997年的U18欧青赛，那届赛事在冰岛进行。不过亨利这时候已经升入了“希望队”（即法国U21国青队），只有阿内尔卡连续征战了这两届赛事。萨哈在对葡萄牙队的决赛中打入“金球”，帮助法国队取胜。

他一同训练的球员特雷泽盖：当时后者已经是原版“禁区之狐[①]”了，他是一个拥有能够“嗅”到进球、并且准确找到皮球落点的超凡天赋的中锋，他会以撞射、斜射、劲射、头顶、抢射等等方式将球打进大门。特雷泽盖是一个天生的射手，就和皮波·因扎吉（Pippo Inzaghi）、乌戈·桑切斯（Hugo Sanchez）及盖德·穆勒（Gerd Müller）一样，他所拥有的技巧，蒂埃里知道自己可能可以学到，但却永远无法像他一样精通，在这一点上，特雷泽盖的智慧与本能几乎不可区分。

我记得，当特雷泽盖在尤文图斯打破又一项纪录之后，我和亨利在海布里进行了一次精彩的对话。我本来期待着他对这位远在千里之外的朋友表示致敬，结果我得到的是完全不一样的内容。蒂埃里给我分析了大卫是如何创造机会，然后取得进球的，就像个麦迪逊舞者一样移动脚步，来向我描述他的朋友是如何跑动的。他说特雷泽盖在18码区内会非常快速地连续做出三次跑动，而不是一次或者两次。特雷泽盖会从一根门柱跑到另一根门柱，以创造出足以击败门将的空间，他会等待——天知

---

① 原文注：现在是告诉大家一个秘密的最佳时机了。我知道“禁区之狐”这个词组最初是怎么诞生的，蒂埃里和我共同拥有这个词的著作权。一切要追溯到2001年5月12日，在加的夫千年球场进行的足总杯决赛中，欧文的梅开二度帮助利物浦2：1逆转阿森纳。临时搭建的混合采访区——其实就是通向球员停车场的混凝土地道——乱作一团，以至于《伦敦旗帜晚报》（*London Evening Standard*）的足球记者史蒂夫·斯坦默斯（Steve Stammers）和我决定站到出口旁边，希望两支球队中规模庞大的法语帮成员在听到我们用法语叫他们时，能够在这个相对安静的地段逗留。蒂埃里最后果然止步了。他当时看上去显然有点儿生气，因为阿森纳差一点儿就摧毁了利物浦，他们虽然创造了无数机会，却因为在18码区内缺乏犀利度，只把握住了其中一次机会取得进球。亨利告诉我们，他们缺少的是“在禁区里的狐狸”（un renard de surface）。史蒂夫对这个词汇很不熟悉，转而问我：“这是啥？”我想都没想就回答：“蒂埃里认为他们需要的是一个‘禁区之狐’（fox in the box）。”这是从法语字面意思直译过来的，结果恰好押韵。“别把这话告诉任何人！”史蒂夫赶紧插嘴。有了这个新名词，《伦敦旗帜晚报》就有了封底的头条标题。我当时完全不知道，这个名词后来会成为一个约定俗成的足球词汇。

道他是怎么做到的——皮球落到他想要的位置，然后将球从门将鞭长莫及的角度射入网窝。在我对亨利的所有回忆中，这一段是极为珍贵的。我给编辑部打电话告诉他们：蒂蒂刚刚对我说了最精彩的东西……但具体是什么呢？我的文字记录读起来像是验尸报告，最后我们只好把它扔进了垃圾桶，放弃了把它做成稿件的想法。但这次对话之所以如此精彩，而且如此感人，是因为亨利的兴奋之情，是因为他对于特雷泽盖能够做到，而他作为阿森纳首席表演艺术家做不到的东西的惊异感。对我来说，这才是真正的亨利，本质上他就是一个足球爱好者：他毫无条件地热爱足球，他能够如此彻底地坠入这种热爱之中，以至于任何竞争的念头都不再有意义了。

但特雷泽盖确实曾经是亨利的竞争对手，而且是最危险的那种竞争者。如果他在摩纳哥或者国青队或者成年国家队取得成功的话，他就会成为蒂埃里成长过程中的障碍。在摩纳哥有伊克佩巴、马达尔和彼得森参与进攻端的竞争，已经够严酷了。而在法国队，情况不一样。法国队在1996年欧洲杯上奉献出了很体面的表现，最终只是在半决赛的点球大战中不敌捷克队（120分钟战成0：0，点球大战5：6负），无缘决赛。这届赛事上，法国队一开始使用的战术体系是4-3-2-1阵型，单前锋（在这个阶段，特雷泽盖比亨利更加适合这个角色）身后安排了两名进攻组织者，在头号前锋埃里克·坎通纳和主教练艾梅·雅凯之间互相拒绝之后，这两个组织者的位置自然就留给了德约卡夫和齐达内。在理想状态下，亨利肯定会喜欢与特雷泽盖联袂出现在4-4-2阵型的锋线上，或者在4-3-3体系中出现在边路，但雅凯绝不会认可这些想法。无论如何，认为法国国家队主帅会在世界杯22人名单中带上一个以上的年轻人的想法，在当时如同空想，尤其是亨利、特雷泽盖和阿内尔卡都还没有为U21国青队出过场，甚至在各自俱乐部中也还没有获得稳定的首发位置。

亨利总是竭尽全力想要将他和特雷泽盖之间潜在紧张关系的苗头掐灭。在接受采访时，亨利这位乐意而且表达能力出色的受访者，总是强调他虽然自从被征召进国字号以来就一直在各级青年队扮演着“年级长”（school prefect）的角色，但他其实只是所谓“同等球员中的首席”而已，他之所以被挑选出来担任领袖，只不过是因为他已经在顶级联赛中踢过一些比赛，而其他人还没有而已。读一读他那段时间接受过的许多采访——他那时候才18岁——我没办法不让自己注意到，这些采访其实完全可以与他后来成为英格兰冠军阿森纳的头号象征时接受的采访互换。他在接受采访时一直表现得自信而谦逊，会很聪明地称赞他人，对自己的教练也不吝溢美之词，并且对那些轻视这项运动的集体性的人摇摇手指——他的表现简直完美。于是你就不由得会想知道——你对特雷泽盖怎么看？蒂埃里，你害怕他吗？那次接受《星期日报》采访时，记者对他们提出了同样的问题：“（1998年世界杯上）你们是否曾经有过为对方感到遗憾的瞬间？”两人的回答大不相同。特雷泽盖答道：“蒂埃里在对巴拉圭队的比赛中受伤的时候，我真的以为他已经提前结束这届世界杯了。”亨利则说：“我不会问自己有关大卫的问题，即便他正坐在板凳上，因为我没时间去想。当你把精力都集中在冠军奖杯上的时候，你不可能问自己谁代替了谁的问题。”

亨利和特雷泽盖之间关系的不断变化，在两人都为国家队效力的时候，是法国足坛讨论的一个焦点。一直有说法称，亨利在用他那不断增长的影响力来破坏他的“朋友”的地位，当然，他不是直接这么做，但比如他会主张改变球队的比赛策略或者战术安排，来损害特雷泽盖闪光的机会——要知道，特雷泽盖在意甲代表尤文图斯时的表现华丽至极。这种阴魂不散的含沙射影式的流言，给亨利造成了巨大的痛苦，我经常听到他抱怨“人们”（他的语气中对people这个词充满鄙视）在写字台后面诽谤他，让读者猜测他妒忌自己的摩纳哥队友。“但绝对没有人对大卫的评价会比我对他的评价高！”他大声说道，“我知道我们可以在一起踢球——我们不是经常这么做吗？我们做的还不够吗？”但他严正声明的效果却是他人的充耳不闻。他越是表达出自己对于特雷泽盖的喜爱和赞赏，人们就越相信他只是在掩饰自己的怨恨而已。

确实，亨利对于某个球员同行的评价，在正式与非正式的对话之间会发生特别戏剧性的变化——当然，他不是唯一这样“表里不一”的球员。我记得，亨利在公开场合一直对一个非常著名的英超后卫表示钦佩，但在身边未被“监视”的时候，他会津津有味地攻击这位后卫。那么，既然他对某个球员会讲套话、空话，为什么不会对特雷泽盖这么做？对我来说，我相信情况确实不同，但很让蒂埃里受伤的，是太少的人观点和我一致了，而且他根本没有办法改变他们的看法。那些与年轻的队友们一起度过的幸福的天真岁月，早已一去不复返。那时候，球星真的只有一个，他的名字叫蒂埃里·亨利。

4

摩纳哥并非一直都这么有意思。

背 叛

THE BETRAYAL

12个月之后的1996—1997赛季末，距离20岁生日还有2个月的时候，亨利已经取得了比同年龄段的任何法国球员都要多的成就。刚刚当选为法国足球年度最佳年轻球员（Young Player of the Year）的他，已经随法国U21国青队夺得了一座欧洲冠军奖杯，并且随摩纳哥队成为了法甲冠军，杀进了欧洲联盟杯半决赛，然后他又获得雅凯征召，得到了与法国国家队一同训练的机会——每个人都期待着他在不远的将来“全职”加入成年国家队。但他差点儿将这一切都搞砸了，因为他被卷入了一桩丑闻，这桩丑闻给他造成的损失绝不仅仅是罚款，他付出的代价在许多方面都远远比罚款更大。几个月之后，他反省道：“一年之内，我见证了一切，也老了十岁。”他也重新评估了自己与那个他害怕、挚爱和钦佩的人之间的关系，虽然他对那个人的情感比对任何人都强烈，但他最终还是做出了一个给他造成了巨大伤害的决定。蒂埃里最终别无选择，只能松脱父子之间的感情羁绊，这段感情，开始于一块水泥场地上，开始于托尼第一次叫6岁的蒂蒂对着他射点球。

当身为法国U21国青队队长的亨利在结束一段短暂的假期后重返摩纳哥，回归蒂加纳的帐下时，一切都还显得那么有希望。迪梅科仍然记得亨利让草皮化为焦土的一场比赛，那是8月28日在博卡球场（La Bocca Stadium），摩纳哥2：0击败戛纳，这是摩纳哥新赛季的第三场比赛，也是亨利的第一场。迪梅科回忆道：“那天天气实在是太热了。我感觉筋疲力尽——我刚随法国队征战了1996年英格兰欧洲杯回来。我已经快接近35岁了，每小时大概只能跑两英里。蒂埃里跑起来似乎是每小时2000英里。但我们那天出现在同一条边路（左边路），我很喜欢这样的安排。那天下午，他是真他妈的努力。”那场比赛也为接下来的5个月定下了基调，蒂加纳很快就没有办法，只能让亨利一场比赛接着一场比赛首发了，而亨利此时已经被《队报》写头条的记者们像例行公事般称作“钻石”（the diamond）或“现象”（the phenomenon），路易二世球场的广播员则称呼他为“蒂蒂”。这些混合了夸张和亲昵意味的称呼，是亨利已经取得“成功”的最明确标志。而进球也在源源不断地到来，其中有一些还特别精彩，就像11月13日对斯特拉斯堡首开纪录的进球，法国电视台主持人将这球形容为“神来之笔”。而一个月之前，亨利已经打开了自己在欧洲赛场上的进球账户，在4∶2击败德国球队门兴格拉德巴赫的比赛中，他替补上场——这样的场面已经越来越少了——打入球队4粒进球中的1粒，最终球队凭借这场漂亮的胜利确保晋级欧洲联盟杯第三轮。此前一轮（两回合4∶1）横扫波兰球队克拉科夫胡特尼克（KS Hutnik Kraków）时，亨利也扮演了重要的角色。亨利简直像是耶稣行走于水上，如果他没有亲自进球的话，他也会从左边路为中锋索尼·安德森提供弹药，至于摩纳哥全队，他们从凯尔特人得到了苏格兰中场组织者约翰·科林斯（John Collins），球队实力得到大大增强，从秋天开始，联赛冠军头衔似乎就已经是个时间问题了。蒂加纳的球队以无可匹敌的速度前进，几乎平均每场比赛都能打入接近两粒进球，并且享受着突如其来的举国热捧，而在以前这样的局面从来没有出现过，甚至是温格执教的时代也没有过。他们是那么出色，蒂埃里也一样，10月9日法国队在巴黎王子公园球场（Parc des Princes）4∶0击败土耳其队一役赛前，夺得欧青赛冠军的法国国青队球员集体被介绍给现场观众，而亨利是看台上球迷们唯一认识的面孔。

他能够走多远？蒂加纳仍然保持谨慎，他告诉记者们，年轻球员们在经历过一段华丽的发挥之后，被伤病、停赛或糟糕表现打击，然后兴奋减退、沉沦低谷的先例不胜枚举。青年队教练保罗·彼得里（Paul Piétri）更是极其直白，他说相比于现在已经被人遗忘的斯特拉斯堡射手大卫·齐特利（David Zitelli），亨利还不值得大呼小叫。不过亨利也已经有了自己的"粉丝俱乐部"，雷蒙·多梅内克（Raymond Domenech）就是其中一员，这位法国U21国青队主帅是其中最有表达欲的一员。毕竟，亨利刚有资格为法国"希望队"（Espoirs）出场，他不就把亨利召进了对挪威队的友谊赛了吗？"如果他继续这样发展下去的话，"多梅内克预言道，"我敢肯定他有潜力成为下届世界杯的参赛者！""科学家多梅内克"（Raymond-la-science）的预言很少准确，而这是他少有的应验的一次。但在摩纳哥俱乐部高层，主席让-路易·坎波拉（Jean-Louis Campora）和其他的董事会成员，却对媒体互相打破头只为争相报道这位"神童"的做法感觉越来越不舒服。最让他们感到担心的，是亨利似乎非常得意于成为注意力的焦点，他主动接受采访，轻率地表达观点，只想得到无条件的恭维，在初尝名望之酒后，他似乎已经醉了。他们似乎还看到了越来越多的"食客"爬进了亨利的随从队伍，他们之中的大多数人，用直白的话说，就像是"骨肉皮[①]"而已。大部分人是这样，不过也不全是。还有些人的目标不是荣誉，而是金钱。注意到这颗杰出的新星已经冉冉升起的，可不只有法国。

关于亨利是如何让人们认为他可以而且将会在1996年加盟皇家马德里的故事，法国以外的地方从来没有详细地听说过。即便是在法国，这

① Groupie骨肉皮（果儿）是一群追求和明星（可以是影星、歌星、作家等）发生关系（大多数情况下是肉体，少数情况为精神上）的人（一般为追星族）的总称。

一事件错综复杂的程度，也阻碍了真相得到应有的曝光。太多利益方涉足其中——其中没有任何一方信任另一方，当然这也不无道理——太多涉足其中的人撒了谎。在众多马屁精、骗子和剥削分子的包围下备感困惑的青年亨利，意识到了他不能相信任何人，只能相信自己。我听过一些他的批评者说，这件事就是亨利有极强操纵欲的性格的最早呈现。但他们错了，他们是根据2010年世界杯上的亨利来看待1996年的亨利。现在可以说的是，如果14年前没有发生这件事的话，2010年的亨利可能会是一个非常不一样的人。

根据法国媒体当时的报道——尤其是《队报》和《法国足球》的报道，他们从第一天开始就详尽地跟进报道了这个漫长的故事——一切都开始于一个叫米歇尔·巴西莱维奇（Michel Basilevic）的人，或者叫瓦西莱维奇（Vasiljevic），他的名字还有其他几种拼法。他称自己为“好几家俱乐部的引援顾问”，但却没有当时国际足联强制要求的经纪人执照。巴西莱维奇或者瓦西莱维奇拥有的，是漂亮的外表、魅力、想象力和门路，他拥有克罗地亚血统，但是在西方接受教育，主要活跃于西班牙。他十多年前就出名了，当时他接办了克鲁伊夫的经营事务，却引发了灾难般的后果，克鲁伊夫彻底破产，以至于不得不告别退役状态重新出山，加盟洛杉矶阿兹特克队（Los Angeles Aztecs），以再度起家。很遗憾我这里没有足够的空间来详细讲述这一令人伤心的生意，其中涉及到养猪场投资、瑞士银行账号纷争和各种各样的有关背叛出卖、敲诈勒索、欺诈作假的指控，此事一度闹到了要上法庭，结果——就我所知——从来都没有真正诉诸法律，事件不了了之。最重要的是，巴西莱维奇的职业生涯在未受伤害的情况下延续了下来（当然，他的名声已经完全臭了）。

17年后的1996年10月，在参加一次皇马高管的非正式会议时，巴西莱维奇听到他们关于球队缺少一位左路球员来襄助进攻的哀叹。亨利的名字突然被提及，这也是理所应当，因为亨利已经是欧洲足坛被议论得最多的年轻球员之一，而且他在法甲新赛季中的状态实在是太出色了，在秋天到来之前就已经打入6球。巴西莱维奇这个“商人”——如他自己所形容的——向皇马俱乐部申请并得到了一份授权：他的任务将是与他们的目标球员建立联系。但是——如果国际足联为此事作结后法国媒体捅出的会谈纪要值得相信的话——巴西莱维奇接触到的并不是球员本人，而是他父亲托尼。那个月的29日，他们在宫殿一般宏伟的巴黎克利雍酒店见了面。皇马俱乐部主席洛伦索·桑斯（Lorenzo Sanz）和首席法务官胡安·安东尼奥·桑佩尔（Juan Antonio Samper）也在场，众人为蒂埃里讨论了一份为期五到六年的合同，这份合同能让亨利每月拿到大约相当于6万英镑的税后工资，外加一份约合80万英镑的签字费。托尼在这样一份合同面前变得晕头转向是可以理解的，毕竟金额过于庞大，远超摩纳哥俱乐部当时给亨利的薪水；而且还能看到蒂蒂穿上传奇的“美凌格[①]”球衣，如果成行的话，亨利将是雷蒙·科帕（Raymond Kopa）之后第一位穿上皇马球衣的法国人。

根据巴西莱维奇的说法，蒂埃里的父亲让皇马代表团确信他儿子与摩纳哥俱乐部的合同在8个月之后，也就是1997年6月30日到期，这一点并不真实：合同其实要到1998年6月30日才到期。蒂埃里显然完全不知道自己的未来已经被设计到了这个程度：当这场巴黎会谈结束的时候，蒂埃里还在几百英里之外，备战主场对门兴格拉德巴赫的联盟杯比赛

① merengue，美凌格是西班牙人极其喜爱的一种甜点里的夹心（类似中国的羊角酥里面的夹心），它的实际成分是鸡蛋清和白糖，味甜，为纯白色，使人联想到皇马的主场队服颜色，而其外表裹着的黑色咖啡薄层又与皇马的客场队服颜色相匹配，因而皇马得此昵称。

呢。离开克利雍酒店之后，桑佩尔和巴西莱维奇几乎是立刻登上了一架飞往尼斯的飞机，然后开车前往摩纳哥，在那里，蒂埃里被告知皇马对引进他很感兴趣。蒂埃里当时就被震惊了，他当场打电话给父亲，结果托尼告诉他别答应任何事情。蒂埃里不知道的是，在巴黎会谈两天后，托尼又被人看到出现在了巴塞罗那。不久之后，更加令他吃惊的是，在公寓里看某个意大利足球节目时，蒂埃里觉得他在圣西罗球场的看台上认出了自己的父亲。这一切都意味着什么？从那以后，亨利决定也将自己的计划保密。

到11月中旬的时候，巴西莱维奇确信自己已经搞定了亨利，他请桑佩尔来到蒙特卡洛的阿贝拉酒店。一心想要成为巨星的亨利，当场签下了一份预约合同，并且得到了1.5万英镑的现金（他先给这笔钱写了个欠条，也有人说他用这笔钱买下了队友伊克佩巴的四驱车）。那个时候，据每天看着他训练和比赛的人说，蒂埃里“迷失”了。他会回巴黎过圣诞节，而且切断了手机电源。与此同时，皇马的律师们则在准备完成合同的最后一笔，到1月的时候，巴西莱维奇终于通知托尼协议完成了，但这时蒂埃里又不愿意转会了。瞬间，天都塌下来了。格里曼迪是这么形容当时的场景的，他对我说：“这整件签约皇马的事情实在是太疯狂了，他的父亲在大厅里哭，蒂埃里在楼上哭。我问自己到底是发生了什么。协议达成了，当时这几乎把他摧毁了，这也给他和他父亲之间的关系造成了巨大的问题。”那么，托尼是这件事中的反面角色吗？格里曼迪并不这么认为。“他的父亲不是个坏人，”他说，“但他不了解整个体系。这使得他与儿子之间的关系走到了危险的边缘，这可真是一个巨大的遗憾。这件事彻底改变了他们之间的关系，也改变了蒂埃里——而且并不是朝着更好的方向。”

摩纳哥俱乐部最终才意识到，为什么他们的前锋在冬歇期前几周是如此不安。俱乐部主席坎波拉因为暴怒而变得癫狂，这可以理解，因为10月份的时候，皇马主席洛伦索·桑斯不是在两家俱乐部的书信往来中专门表示皇马这个赛季不会接触任何摩纳哥球员吗？坎波拉指责亨利身边的人，他说：“有很多人总想着动摇年轻球员和他们的父母，用天知道什么样的空头许诺来诱惑他们。这些人就像是食腐动物一样，扑向任何会动的东西。”皇马被刺痛了，很快提供了自己的证据：一份由球员亲笔签署、日期为1月12日的合同，很快被递交给西班牙职业联盟，然后再呈给西班牙足协。1月12日，真的吗？很奇怪。因为那一天，蒂埃里应该正在勒芒打一场法国联赛杯比赛，那里离马德里可远着呢。蒂埃里的签名怎么能够出现在这份合同上？

而且皇马在此事的操作过程中是用一位未注册的经纪人作为自己的全权代表。更不用说，当一切证据都指向对他们不利的方向的时候，皇马断然否认自己与巴西莱维奇之间有过任何接触。与此同时，蒂埃里听从了他父亲的建议，与摩纳哥续签了2年半合同，因此把别人给他挖好的洞加深了许多。不幸的是，这期间蒂埃里在足球方面没有一点儿进展，实际上，他在摩纳哥又重新回到了起点。蒂埃里，和他的足球——都彻底垮了。蒂加纳试图保护他，给他足够的时间和空间来恢复一点儿内心的平静，在1月25日至3月4日之间，亨利只踢了3分钟的俱乐部比赛。但亨利似乎没有理解蒂加纳的良苦用心，在1997年2月一场对阵荷兰的U21国青队友谊赛前夕，亨利指责了蒂加纳，“我不明白，”他说，“主教练没有给我任何解释。当我听到所谓我未来还有很多时间的说法的时候，简直要疯了。我没有时间。我并不是说被保护是件坏事，但如果你状态良好，你就应该上场，不对吗？”但是亨利面临的严峻考验还没有结束，远没有结束。他再次服从他父亲的指令——这将是他这辈子最后一次这么做——同意让国际足联注册经纪人阿兰·米利亚乔（Alain

Migliaccio）担任他接下来两年的经纪人。法国媒体报道说，托尼收取了颇为可观的一笔钱，来促成这一协议的达成——值得强调的一点是，这在足坛曾经是、现在也是司空见惯的做法，而且没有违反任何规章制度。两人达成协议是在3月2日，结果两天之后，米利亚乔就收到了一封信：蒂埃里要与他终结合同！他有理由这么做。因为自从2月20日以来，他就已经同意由另一位国际足联注册经纪人、前法国国脚让-弗朗索瓦·拉里奥斯（Jean-François Larios）担任他的代表。米利亚乔——曾为埃里克·坎通纳工作，曾在塔皮时代被卷入马赛的黑金案，后来又将与齐达内合作——在这行可谓是经验丰富，很快就把这件事报告给国际足联，声称亨利与拉里奥斯之间的协议无效，与他的协议才应该成立。

这一团糟的局面最终花了好几个月才得以解决。直到1997年7月，皇马首席法务官胡安·安东尼奥·桑佩尔还坚定地表示“蒂埃里·亨利是亲自签署了这份（日期为1月12日的）合同，而且皇马是在合法期限内与他接触，因为他当时距离（与摩纳哥的）合同结束已经不到6个月了”，而且当时“有几位最有资格的证人在场”。但国际足联调查员并不采信这种说法，1997年9月初，皇马因为被判定非法接触尚在合同期内的球员、使用未注册经纪人，被处以相当于8万英镑的罚款。此后，巴西莱维奇从公众视野中消失了一段时间，直到2002年才重新出现，这时候他的名字与德国俱乐部凯泽斯劳滕联系在了一起，当时凯泽斯劳滕因为财务上的不法操作，处在了破产边缘。而从那以后，巴西莱维奇的名字再也没有出现过。总的来看，亨利可谓是逃脱了严厉的处罚。既然与皇马达成的协议属实，他自然就会被裁定违反合同、使用未注册经纪人，并且需要向蒙冤的摩纳哥俱乐部支付赔偿金，此外还有一份少得多的罚金要缴纳给国际足联的慈善基金。最终亨利支付了4万英镑的罚款，但这实际上和遭受一次责骂没什么两样。因为摩纳哥对他的维护，是让国际足联纪律委员会（FIFA's disciplinary commission）对他宽大处理的关键因素。要知道，如果亨利遭受可能的最严重处罚（2年禁赛）的话，那么承受这一切对摩纳哥俱乐部而言显然不公，而摩纳哥俱乐部是整件事情中唯一行为正当的一方。此外，亨利还要自掏腰包，承担补偿米利亚乔的责任，而他犯下的错误，其实责任可以推给别人——第一个自然是托尼。

亨利可能感觉自己被最信任的人背叛了，但他也知道，即便他父亲很愚蠢，却也不会以自己的儿子为代价来赚钱。在亨利有望加盟欧洲最顶尖豪门、可以收获丰厚报酬的前景蒙蔽之下，托尼傻到了认为自己可以做得比这个体制更聪明，而实际上他对这一体制几乎是一无所知。巴西莱维奇和其他人肯定也没想到自己会碰上这么容易上钩的人，最终托尼作为同谋者中最幼稚的一个，被那些远比他有经验的人嚼干了然后吐掉。

亨利已经不再是那个由成年人来决定他干什么的学生了，不再是3年前托尼与摩纳哥商议合同时的那个孩子了。他向来知道自己对父亲的亏欠，实际上，我甚至不得不经常想，他对父亲送上的这一切“献礼”，也是某种形式的漫长的道歉，甚至可以说是一种赎罪，因为他即将做出一件为了成为真正的自己而必须做的事，那就是“弑父”（killing the father）。1999年，亨利选择了加盟尤文图斯，此举令所有人，包括托尼和他的经纪人都仓皇失措。

我无权对亨利父子关系中的是非曲直做出评价，这一关系随着蒂埃里的长大而不可避免地发生转换，而且考虑到这两个人的个性，这一关系必然会被一次危机重新定义，并且就此永远固定。我能够确定的一点，是这件事将对接下来几年的亨利产生重大的影响。这件事让他变得坚强而冷酷，使得他会审视身边的人，怀疑他们是不是也只对他们能（从他的友谊和信任中）得到的东西感兴趣。亨利的性格中一直都有精于算计的特征，几乎是他一进入职业队阵容中，他的一些摩纳哥队友就注意到了这一点。“蒂埃里身边没有那种能够对他说‘你错了，别这么做’的人，”格里曼迪告诉我，“马努（珀蒂的昵称）能这么做，是因为他的地位摆在那儿。除此之外只有另一个人能与亨利对峙并且取胜，那就是利连·图拉姆。利连会直接走到他面前告诉他：‘别这么做，孩子。’而且亨利会听他的话，因为利连是个了不起的人，而且因为他有一段极其出色的职业生涯。”不过有时候亨利也会从他的前辈那里寻求建议。迪梅科就记得青年亨利曾经问过他一些问题：“不仅是与比赛相关的问题，还有与足球大环境有关的问题。蒂埃里当时深陷与皇马的事件之中。他当时还只是个孩子，一个迷失于这个环境之中的孩子。”但迪梅科只是个例外，而且他的建议未免来得太晚了一点儿。

蒂埃里学习能力非常强。在后来的职业生涯中，成为了超级巨星的他，在与昔日队友和教练，甚至是与他最后一次聊天还要追溯到很久以前的记者重逢时，都会表现出真心的快乐。而对于那些曾经对他做了坏事的人，他的记忆则会更加清晰。格里曼迪认为，皇马事件是“亨利这一辈子很多问题的根源”。当我请他选出对亨利的发展产生最大影响的“问题”时，他回答道：“那就是他拒绝听取某些意见。当然，这对每个人来说都是一样的，我们不会接受很多人的反对意见。但如果说有一个人的反对意见你必须听的话，那就是你父亲了。”但亨利还会这么做吗？如果他真的想要独立自主的话。2004年一次接受《巴黎竞赛》（*Paris Match*）杂志采访时，亨利这么评价自己：“对于我不认识的人，我非常冷淡，因为我受过的某些伤害教会了我要小心。”当这家杂志的记者追问这些“伤害”是什么时，亨利用极其推托的回答回避了这个问题，并且迅速地把话题转移到了1998年世界杯备战阶段人们对他的质疑上。我相信，当时他心里想到的，肯定是世界杯前一年半发生的那些事情。

5

喜悦，只有喜悦。

7月12日奇迹

THE MIRACLE OF 12 JULY

正如我们所见，亨利这场搞砸了的皇马转会风波，直到1997年秋天才画上句号。不过到那时候，亨利的职业生活已经找回了一点儿秩序，这在很大程度上要归功于蒂加纳对形势极有把握的处理。1997年5月，摩纳哥俱乐部差一点儿就把蒂埃里列入了转会名单，这时候蒂加纳竭尽所能劝阻了董事会。但这并不意味着亨利对主教练更加感激，因为蒂加纳将他一直雪藏到了冬末，而亨利在身边的人的怂恿之下，认为自己有资格出战摩纳哥的每一场比赛。不管怎样，亨利在炼狱中的日子非常短暂，虽然他尚不是摩纳哥阵容中铁打的首发球员，但还是在球队这个出色的赛季中做出了重大的贡献。在所有赛事的48次出场之中——其中经常是替补出场，他总共打入10粒进球，送出13次助攻。这是亨利摩纳哥生涯中的单赛季最佳数据，也标志着时年19岁的他取得了引人注目的长足进步。他的身份已经从法国新一代球员的领袖——在1996年的U18欧青赛之前，他就已经确立了这一身份——变成了1998年世界杯雅凯治下“A队”席位的竞争者。很多年过去之后，亨利才开始意识到蒂加纳在他的发展中扮演了关键角色，但由于他自身的傲慢，他当时并不愿意毫无保留地承认这一点。“他俩之间发生过相当多的冲突，”迪梅科回忆道，“但蒂埃里不得不控制住自己，因为他必须让主教练支持他，以促进他的职业生涯，如成为国脚之类的。他们互相需要对方，这就让事情变得简单多了。”但这毕竟是一场“权宜婚姻”，而非“恋爱婚姻”，只有在双方利益一致的时候才能延续，而他们的利益也确实一致——至少暂时如此。

蒂加纳被亨利身边的马屁精对他的大肆颂扬激怒了，亨利似乎也太过热衷于接受这种崇拜。注意到这一点的不止蒂加纳一人，在亨利20岁生日前将他召入U23国青队的多梅内克，就请求媒体“放过这孩子”。“已经有很多球员比他更多地证明了自己，”多梅内克说，“别让他过早地变成明星！”在这种情况下，蒂加纳很自然而且很正确地认定，为了让俱乐部和球员的事业都得到推动，他必须用特殊办法来消除掉球迷和新闻界的热情，这就是改变他对于亨利的使用方式，并且在与记者讨论这个年轻人的未来时注意遣词用句。而亨利也意识到了这一点，在面对麦克风时，亨利表示自己知道蒂加纳会把他的利益放在心上，而且他也要在摩纳哥“给自己营造一点儿空间”——虽然并不是所有人都认可亨利这种表面上的谦逊。“我考虑了很久，考虑得很认真，”他在1997年4月对《法国足球》回忆起过去8个月身陷的动荡时表示，“主教练才是做决定的人，即便一个球员想要出场（而没有），他也不能有任何意见。我不能片面地看问题……今年我已经很多次被主教练派上场了。我是球队的一部分，老实说我更愿意考虑我的队友曼努埃尔·多斯桑托斯（Manuel Dos Santos），他去年经常得到上场机会，而如今却再也没有得到召唤。对他来说现在很艰难，所以我也不应该抱怨。”

我敢肯定，你会（和我一样）觉得亨利这些言辞——尤其是提到多斯桑托斯的境遇——并不如他想要的那样有说服力。这些话听上去像是经过事先排练，并不令人信服，实际上，有点儿太过客气了，要知道，客气（polite）一词在英语里面是那个歧义词策略（policy）的亲戚。我并不是说亨利在说谎——绝不是这个意思。他没有抱怨，准时出现在训练场，做了他被要求做到的所有事情。约翰·科林斯（John Collins）还记得蒂蒂和特雷泽盖被要求搬运一线队的训练设备，因为摩纳哥的装备负责人已经七十好几了，没办法一个人干这些事，而亨利和特雷泽盖两人从来没有对此抱怨过。在场上他从来不会有三心二意的表现，当第四官员提示亨利有另一个球员要把他换下场时，他也不会生闷气。亨利非常明智地知道，他应该消除自己的担忧，专注于即将到来的事情：那就是在1997年马来西亚U20世青赛上担任法国队队长。至少在那届赛事上，他扮演了绝对的领袖角色——虽然他可能会对自己错过同时间进行的四国赛[①]感到失望，四国赛是雅凯针对1998年世界杯的一次关键彩排。

蒂埃里领军开赴吉隆坡的法国U20国家队，是赛事夺冠的热门之一。扫一眼球队的阵容，你就能理解：为什么像维利·萨尼奥尔（Willy Sagnol）、米卡埃尔·朗德罗（Mickaël Landreau）和克里斯坦瓦尔这样的球员，日后都会成为法国成年国脚，并且披上拜仁慕尼黑、巴黎圣日耳曼和巴塞罗那等队的球衣。此外队内还有1996年U19欧青赛的核心成员。法国队所在的小组并非最强小组——即便同组的有巴西队——但首场小组赛0：3输给“黄衫军团”，还是说明了霍利尔在排兵布阵方面的轻率，他太过于重攻轻守，最终导致了这场失利。霍利尔在首发11人中把亨利、特雷泽盖和阿内尔卡三大前锋同时派上了场，即便是对最乐观的乐天派而言，这也是一场赌博。2010年回忆起这场比赛时，霍利尔忍不住顽皮地轻声笑了起来。“我是唯一会把蒂蒂、大卫和尼科放进同一支球队的主教练，”他对我说，“老实说，我们的后卫们因此变得非常忙。”跟后来一样，这个三叉戟中没有任何一人以回防著称，虽然亨利声称自己理解参与回防、努力到“汗水浸湿球衣”的必要性。但让这几名前锋的球衣浸湿的汗水，更多地来源于马来西亚极度潮湿、极度炽

---

① 是由法国、意大利、巴西、英格兰四队参加的一次在法国举行的邀请赛，以此来检验东道主对世界杯的准备情况。

热的环境，而不是自我牺牲、帮助球队的意识。此后，三人中最年轻的阿内尔卡就只被用作替补了。

第二场小组赛对阵极其孱弱的韩国队，亨利和队友们的任务就容易得多了，后来韩国队在对阵巴西队时甚至被灌进10球。开场仅仅10分钟，法国队就获得了3：0的领先优势，亨利梅开二度，特雷泽盖也打进一球。但这场比赛的最终比分仅仅是4：2（特雷泽盖后来又进一球），只能用射门太过随意和在沉闷的热带天气中节省体力来解释了。在6月22日对阵南非队的第三轮小组赛中，法国队复制了这一比分，这一次是特雷泽盖先独中两元，然后亨利打进一球。1/8决赛对墨西哥队，彼得·卢辛（Peter Luccin）第19分钟打入的全场唯一进球，帮助法国队晋级。但接下来的1/4决赛，法国队与乌拉圭队战成1：1后进入点球大战，最终以6：7落败。对手乌拉圭队虽然取得了胜利，但阵中的球员后来大多都只效力于小联赛，甚至沦落到籍籍无名。蒂埃里那天不在最佳状态，错过了两次能够帮助法国队领先的好机会，并且在第72分钟就被换下场，当时后来成为赛事最佳球员的尼古拉斯·奥利维拉（Nicolás Olivera）刚打入扳平进球，让特雷泽盖首开纪录给法国队带来的优势化为乌有。阿内尔卡在点球大战中罚丢——这绝不会是他职业生涯最后一次罚丢关键点球——法国队就此告别本届世青赛，比大多数人预测的早得多。

法国队的集体失败，也是亨利的个人挫折，因为他每次代表某个级别的国字号球队出场时，总能有不错的表现和可观的斩获。而当时远没有亨利那么出名的特雷泽盖，则凭借斩获的5粒进球和颇为稳定的表现，名气暴涨。很多人质疑，在这届赛事最关键的比赛中，为什么队长亨利隐形了。仅仅用疲倦一词，远远不能解释为什么他没能奉献符合“比赛改变者”（game changer）名声的表现。蒂埃里曾经希望把这届U20世青赛当作一块跳板，但这届赛事的结果却提醒他，他的成长还没有完成。

1997—1998赛季开始后，蒂加纳在前两轮联赛中给了亨利首发的机会，结果蒂埃里却表现得像是即将征战完一个疲累赛季的球员，全然不像是刚开始了一个新赛季。因此蒂加纳决定回归此前一年让摩纳哥取得成功的模式：蒂埃里会得到固定的出场机会，但更多地是担任替补，即便这时摩纳哥已经在夏天卖走了主力中锋索尼·安德森，他以相当于1250万英镑的身价加盟了巴塞罗那，这一转会费在当时来说已经是天价了。年度非洲足球先生伊克佩巴仍然是蒂加纳更为信任的攻击选择，在这样的情况下，亨利有时候很难抑制住自己的挫败感，一方面他似乎赞同主教练的谨慎，但另一方面他又时常会公开挑战蒂加纳的权威，甚至间接威胁说自己可能会寻求转会（“等到我开始为摩纳哥打首发之后，我才会讨论我的未来。现在——1997年9月末——一切都很模糊，我什么都看不清。”）。时年20岁的亨利，甚至有胆子呼吁主教练再买一名中锋，这样他和伊克佩巴就可以在4-3-3阵型中各自占据“自己的”一条边路。这可有点儿古怪，摩纳哥在中锋位置上不是已经有了亨利最好的朋友特雷泽盖可供使用吗？还有球队刚从南特买来的乍得“魔术师”雅费·恩多兰（Japhet N'Doram）呢？

不管怎样，蒂加纳还有更为急迫的事情要处理。摩纳哥在转会市场上失去的不仅是索尼·安德森，希福也回到了自己的第一家职业俱乐部安德莱赫特。而结束了两年在日本的“流亡”生涯，成为历史上第一位执教英格兰俱乐部的法国教练的温格，则把珀蒂和格里曼迪都带去了阿森纳，这也让蒂埃里非常羡慕（有人透露，当格里曼迪加盟枪手的交易敲定之后，亨利曾经在训练场上缠住格里曼迪，半开玩笑地哀求这位前辈把他一起带去阿森纳，因为为这家北伦敦俱乐部踢球是他的一大梦想）。非常可靠的后卫帕特里克·布隆多（Patrick Blondeau）也去了英格兰，不过他没能在那儿成功立足。虽然失去了5名关键球员，而且没有找到对位的替代人选，但蒂加纳真正展现出了自己的执教技巧，他的摩纳哥队表现得远比想象中出色，在国内如此——圣诞节时摩纳哥名列联赛积分榜首，联赛结束时也拿到了值得高度赞扬的第三名——在欧洲赛场上更是如此，曼联球迷肯定不会忘记这一点①。

有可能，正如格里曼迪对我所说的，“亨利已经感觉摩纳哥庙小容不下大佛了”，因为每个人都看得出来，他是一位成长中的超级巨星，他必然会被某一家强大的欧洲豪门买走。也可能是索尼·安德森的离队让他变得更加不安定，虽然他似乎从来都没有在接受采访时表现出来，这一段时间他接受了数不清的采访，面对过无数手中拿着录音机或者笔记本的人。蒂埃里说起他和安德森“不可分离”的时候可能有点儿夸大其词，但这两人之间确实存在某种“天作之合”的因素，而且他们的感情确实很好——两人在训练场上向来待在一起，每次教练组指派给他们训练任务，他们都会组成搭档完成，甚至包括一对一的对抗（“我从来没有从他脚下断过球。”亨利回忆道）。他们的相互理解还体现在球场上，虽然安德森才是这对搭档中更重要的一个。“我从心底了解他。”亨利说过，而如今，这颗心正在说出自己想要的东西。

尽管如此，亨利的进步还是受到了阻碍。1998年世界杯？看来暂时没机会。“那些没办法在自己的俱乐部中得到首发机会的人不会得到征召。”法国队主教练雅凯在刚入秋的时候就这么说过。当记者问他谁会是主力中锋的时候，雅凯很快回答：“弗洛里安·莫里斯（Florian Maurice）。”被称作“新帕潘”的莫里斯，在加盟新东家巴黎圣日耳曼后表现出色，雅凯已经在1996年对阵墨西哥队的友谊赛中让莫里斯出过

---

① 欧冠1/4决赛中，摩纳哥主场0：0、客场1：1两回合总比分1：1战平曼联，凭借客场进球数优势晋级。

场，虽然暂时还只是把他当作龙套而已。谁能想到，不到一年之后，蒂埃里的父亲托尼会在儿子捧起世界杯金杯的那一刻泪流满面。

如果只考察他在国内联赛中的表现的话，蒂埃里不大可能出现在1998年7月12日的法兰西大球场。幸好，他的好运降临在欧洲赛场。很明显，蒂加纳认为亨利的风格更适应欧冠赛场，而非法甲联赛的粗野环境。一开始的局面肯定对他有帮助：这个赛季的欧冠第一场比赛，亨利因为停赛缺席，结果摩纳哥在客场被里斯本竞技击溃，狂丢3球没得一分；而亨利在1997年10月1日一回到首发，摩纳哥就4：0横扫了勒沃库森，这场比赛亨利首开纪录，最终完成了梅开二度，如此出色的表现，让蒂加纳很难不让他上场。而至少在欧战赛场上，蒂加纳确实没有不让亨利上场。之后的7场欧冠比赛，亨利全都出战，整届赛事斩获了7粒进球，这已经是法国球员在欧冠赛场上的历史最佳纪录了。这其中有一粒进球，是12月客场对阵勒沃库森时终场扳平，帮助摩纳哥在小组中拿到了头名。

同样重要的是，蒂埃里对德甲亚军的惊艳发挥来得恰逢时机，因为雅凯正准备宣布对阵南非队的友谊赛名单。“蓝军”主帅在10月11日进行的这场比赛中让亨利首发，并不令人惊讶，因为这个阶段雅凯正在尽可能多地考察球员。但在这场成年国家队的处子秀中，蒂埃里的表现存在诸多不足之处，《队报》给他的评分5分（10分制）显然太过宽容了，要知道与评分出现在一起的评论很不留情，“我们等了整整一个小时，才终于看到他展现出了自己的一点儿长处……他没有传出足够多的好球……他不够勇敢……他没有达到我们的期望值”，等等。2004年的时候，已经成为阿森纳“无敌之师”一员的亨利，曾经如此评价第一次为法国国家队出场时的自己：“一开始进入‘蓝军’的时候，我唯恐做错什么事情。第一场比赛我踢得一点儿都不自由，因为我怕丢球。雅凯选择我，是希望我能在进攻端带来一点儿特别的东西——但我却不断地把球往后传。我当时只有19岁，很敬畏德塞利（Desailly）和其他老前辈。”

在国家队首演中，蒂埃里说错了自己的台词，之后他很快发现自己被抛弃到了国家队的边缘。所以这场处子秀甚至可以被视为一场倒退，因为它表明年轻的亨利还不适合为成年国家队出战：之后的6个月中，雅凯一次都没有征召他入队。更让亨利难堪的是，他的好朋友特雷泽盖现在已经在出场顺位中超越了他，那段时间的6场国家队比赛中，特雷泽盖只有一次没被征召——而且还是因为受伤。“我特别为大卫感到高兴，”蒂埃里后来承认，“但我自己也感觉很受伤。看到小伙伴走在你前面，而不是你与他一起进步，这很让人沮丧。”亨利的缺席也不能用战术变化来解释，相反，这段时间雅凯经常使用4-3-3阵型，在这一阵型中亨利本来可以更加轻松地找到位置，至少在理论上，比1996年欧洲杯上的4-3-2-1阵型好多了。阿内尔卡的出现，更是丝毫没有减弱亨利的焦虑（反而加剧了）。阿内尔卡抓住了伊恩·赖特（Ian Wright）受伤的机会，成为了阿森纳的主力射手，并且在1998年4月22日0：0战平瑞典队的比赛中上演了法国国家队首秀。亨利甚至开始怀疑自己了。“我开始问自己越来越多的问题了。”1998年春天的时候亨利如此透露。

亨利甚至不敢告诉蒂加纳他的脚踝伤势从新年以来就一直在妨碍他的发挥，伤势的严重程度只有最亲近的朋友知道。在仍然没有办法进入摩纳哥首发11人的时候，亨利甚至没有时间来让自己康复，虽然他也知道，这时候他最需要的其实是适当的休息。连续4年，国内联赛的赛季一结束，亨利就要加入各级国青队，代表国字号参加友谊赛或者国际大赛。1998年3月，当摩纳哥凭借特雷泽盖打入的欧冠联赛最快的进球[①]，在老特拉福德令人震惊地淘汰曼联之后不久，亨利向他同母异父的哥哥维利透露，他感觉自己没办法"走路"了。他父亲托尼也说"他过去5年经受了每一项赛事的考验"，这可并不是太夸张的话。那段时间，亨利没有享受过适当的休息，而且直到他国家队生涯结束，他都要经受这种疲劳作战的考验。

直到亨利的职业生涯结束，法国都不会再举办一次世界杯。所以如果错过1998年世界杯的话，亨利很可能浪费连科帕和普拉蒂尼都没有过的主场征战世界杯的机会。亨利也知道，雅凯不大可能在世界杯终极名单中冒险召入太多的年轻球员。召一个必然会有，召两个也有可能，但召三个就绝对不可能了。他也知道，老派的"梅梅"（Mémé，雅凯的名字艾梅的昵称）已经对亨利在媒体上得到的大量关注感到生气了。雅凯甚至公开抱怨媒体的"流言"，而每个人都将此举解释为他对亨利过于热衷接受记者采访的直接批评。"我不读报纸。"雅凯说。

是的，亨利对自己所受批评的敏感，只有他对自己所获赞誉的欲望可以相提并论，这也在某种程度上塑造了这个"纪录收割者"的个性，而对我们记者来说，这定义了他作为一个人的形象。让我来告诉你为什么，为此我暂时要把话题移到1998年的亨利之外。

把场景挪到20世纪70年代，舰队街[②]经验丰富的老记者会给年轻的同事一点儿建议，他会拿出一个笔记本，然后带着炫耀打开，并说道:

---

① 原文注：我在这里忍不住要加一处脚注。温格在位于托特里奇的家中观看了这场老东家淘汰了自己的新对手、杀进欧冠半决赛的比赛，赛后他以罕见的方式庆祝了这场胜利——这一方式与他滴酒不沾的形象相差甚远。第二天早上抵达阿森纳训练基地的时候，他轻声地对阿森纳队长托尼·亚当斯说了"今天跟我说话的时候请不要太大声——我的头（因为宿醉）还有点儿疼"或者类似的话。

② Fleet Street，英国伦敦市一条著名街道，直到20世纪80年代都是英国全国性报纸的总部所在地，因此常被用来指代英国报界。

“一旦你得到这些，你就永远不会被饿着了。”“这些”是指球员们的电话号码，在那个时代他们还没有像现在一样被称为“足球明星”。为了收集这个电话本里的信息，报馆的记者们往往要花上好多年徘徊在冰冷的停车场和被雨水浸透的球场。不仅如此，这还是家庭电话的号码，绝对的足赤纯金，绝不是当今记者谨慎交换的手机号——这些手机号不过是贱金属罢了，现在的记者也完全知道，不出一两个月，不管谁打这些手机号，都只能听到空号的声音。现代的球员不会隐藏自己的行踪，他们是完全抹除行踪。亨利就长于此道。

大部分英国记者都认为突变发生在1990年世界杯，当时小报们全都参与了“屠杀”，他们派遣大量的记者——我们行内称他们为“无赖”（rotters）——去意大利跟踪报道博比·罗布森（Bobby Robson）治下的英格兰代表队。他们出现在那里唯一的理由就是去收集“报道”，更确切地说，其实是去寻找丑闻，此外足球流氓也是他们热爱的话题。彼得·戴维斯（Pete Davies）在记录意大利世界杯上英格兰队大本营生活的精彩作品《精疲力竭》（*All Played Out*）一书中，曾经描述过“无赖”们所作所为的可怕画面。他们专门挖掘球员不光彩一面的做法，导致球员和记者之间的信任彻底崩塌。通过这一最没有尊严的方式，足球进入了娱乐的时代。毕竟以前报道一个醉汉的白衬衫露在无尾礼服后面，和后来报道假CK内裤露在肮脏的牛仔裤外面，是完全两种性质的事情。

人们经常说，英超［英国体育新闻界老行尊布赖恩·格兰维尔（Brian Glanville）曾经说过，英超是“贪婪至上”的联赛］在1992年的创立，是突变的临界点、决定性的瞬间，因为英超的创立与天空体育台（Sky Sports）获得联赛转播权步调一致，从此以后，足球不再是“工人阶级运动”（the working man’s game），而变成了“全球性娱乐”（global entertainment）。当时蠕虫已经努力地想要从水果里面爬出来，等到两年后的美国世界杯，这蠕虫终于变成了一只肮脏的昆虫。在那届世界杯上，组织者提出了“混合采访区”（the mixed zone）的概念，如今这里已经成为了球员和绝大多数记者最后的接触地点了。在这里使用“接触”（contact）一词，似乎也应该有所保留，因为基于我和我的同事们的辛酸经历，这种“接触”往往只是一次含糊的致谢、一次手势（而且也不一定有礼貌），最多也只不过是一次简短的交流，而且交流的双方并不平等，往往是一群充满感激的记者，对着一个更想要待在别的地方的球员——他甚至根本不怎么想掩饰自己在交流中的无聊感。

在这种时代背景下，像亨利这样的真正的“球星”，并不认为自己主动给记者们提供言论的做法有失身份，实在是值得表扬。毕竟，竭尽全力取得“混合区”通行证的记者们，都万分期待能从他嘴里得到点儿精彩的言论。不仅如此，他给我们——以及通过我们传达给全世界球迷的一般都是非常有价值的言论。他能像分析家一样理解并描述比赛，而且他对于比赛的理解和描述比大部分专家都更加出色，毕竟他拥有——并且着意培养一种在球员中间非常罕见的才能：在比赛的过程中，他能够在参与其中的同时置身事外，在踢球的同时进行观察，反之亦然。福楼拜（Gustave Flaubert）小说代表作《情感教育》（*L'Éducation Sentimentale*）的主人公法布里斯是颗被急流反复冲击的小卵石，总是在失败的打击下摇摆不定，踌躇不决，茫然无助，亨利则与他截然相反。温格对于“伟大球员”（great player）的定义，是这个球员能够在最需要的时候，从一个问题的一百万种答案中选出最正确的一个，而在亨利效力于阿森纳的时期，他比任何其他枪手球员都更配得上这一称谓——只有掌控时空的大师博格坎普除外，博格坎普也是亨利最尊敬的队友。在比赛的起起伏伏中，即便亨利有时候的触球会出现问题，没办法把自己对比赛的掌控转化为一次有效的传球或者射门，你也仍然可以察觉到他跑动的方式、射门的尝试、选择这样而不是那样处理球，都源自于他进入环境、适应环境的独特能力。在他身上，不仅仅是“阅读”比赛、“书写”比赛的问题——仅仅这一能力就已经可以区分开真正的精英球员与普通的天才球员——亨利甚至还能够轻松流畅地描述他对于比赛的认识，用英语和法语都行，这在运动员当中更加罕见。用英国《每日镜报》（*Daily Mirror*）记者马丁·利普顿（Martin Lipton）的话来说，与亨利对话，意味着“坐等精彩采访诞生”。没人会怀疑亨利是个特别聪明的年轻人，如果你说他学业成绩并不出色，那可以用别的原因来解释，因为他从很小的时候就被他的导师、家人，和他自己，选定了要走足球之路，而正式的学习只会干扰他在足球上的成长。

亨利从未低估自己讲解比赛中某个微妙细节的天资。强烈的好胜心在他的个性中占据了如此大的组成部分，以至于有时候他会用坚定，甚至近乎野蛮的方式提醒自己的对话对象，他，亨利懂的最多。我记得有一次，是在他阿森纳生涯早期，我表达了对于帕洛尔（Ray Parlour）——绝对没人会把他当作加林查——在某场比赛中长期出现在右边锋位置上的惊讶，这就使得枪手常规的4-4-2阵型看起来更像是个有些不规则的4-3-3阵型。这时候亨利看我的眼神把我吓到浑身冰凉。“我的朋友，”他说，“你完全不知道自己在说什么。”然后他的脸很快放松了下来，露出了友善的微笑。接着他开始了一场颇为精彩的解释，告诉我为什么阿森纳会在那场比赛的特定时间中稍微调整阵型。他已经猜到了——确实如此——我之所以会以如此笨拙的方式表达自己的观点，是因为他在场，而不是（或者不仅仅是）因为我对于这项运动的无知。我当时刚刚成为足球记者不久，在世界杯冠军出现时仍然不免表现得有些崇拜他们。他也感觉到了我的尴尬，并且意识到了他的第一反应可能对我造成怎样的伤害，所以他立刻改变了自己的面色。那天晚上我离开海布里的时候，我毫不怀疑骄傲、易怒的球员同样会有真诚友好的一面。尽管如此，亨利还是非常固执，就像皮雷有一次告诉我的那样："如果说蒂蒂有什么缺点的话，那就是当你和他进行讨论的时候，最终只有一个人会是正确的一方，而这一方绝对不会是你。"

不管怎样，对于能够与这样一位乐意与人交流的被采访者交谈，英国记者们都很感激，以至于他们在采访的时候会让录音机一直录下去，在预约采访的时候也会一直保留自己的预约机会。亨利永远乐意对话的做法带来了一个结果，那就是不管他那场比赛是赢是输——如一个当时在为一家小报工作的同行所说——"我们都会让他好过"。球员的私人生活，永远能为报纸头版提供无限的丑闻（不管是真实发生的还是毫无事实依据的），但亨利却几乎从来都与这种形式的头条新闻无缘，这主要是因为他坚持着一种温格没少称赞过的生活方式。"蒂埃里有一点很好，"温格告诉我（和其他好几个人），"就是不管哪天晚上10点半的时候，我都能知道他在哪里。"那就是在他位于北伦敦的家中，可能是在看一场足球比赛，也可能是在给自己做过一顿控制好了卡路里含量的可口晚饭之后准备上床睡觉。

话又说回来，亨利也不是像温格教练说的那样过得像个修道士。我曾经不止一次地见过他拿着总汇三明治和双份炸薯条大快朵颐。他的社交圈之中包括不少名流——比如德克萨斯乐队[①]的主唱莎琳·斯皮泰里（Sharleen Spiteri），他刚来伦敦不久就与她认识了——他自己也不反对某几个晚上过得花天酒地。区别在于，报纸记者在这种情况下不会追踪他的动向，或者猜测他身边的"神秘黑发女郎"是不是之前的那一

① Texas，1986年成立于苏格兰格拉斯哥的另类摇滚、英伦摇滚乐队，迄今唱片销量超过3500万张。

个——可能之前他就被看到与人出双入对于首都某家豪华餐馆或者夜总会。他给记者们提供了足够的，甚至可以说是太多的素材，以至于记者们感觉没必要索取他愿意提供的之外的东西，因为这不值得。因此直到他英格兰生涯的最后，亨利的隐私都得到了应有的尊重。在亨利身边的人震惊地得知他和克莱尔·梅里（Claire Merry）要离婚的几个月之前，各家媒体的新闻中心里面就已经流传着不少关于他的婚姻状况的传闻，但在他们公开分居之前，没有任何一点儿传闻泄露了出去。在应对媒体方面，亨利有一点儿自我保护，也有一点儿操纵的意识。他聪明地理解到，保护自己的私人生活免于不必要的打扰的最佳方式，就是在被要求采访的时候迎合媒体的需求。不仅如此，他在满足媒体的时候还带上了不少的风度，所以即便有时候比赛结束后他会很快地离开球场，也没人会对此感到不快。

当然，亨利与媒体之间也不总是谈情说爱。毕竟他是个会被最轻微的指责刺痛的年轻人，似乎只会在做自我批评时才接受批评，所以与媒体不可能一直相安无事。有一次在为维埃拉的“勇士基金会”筹款的慈善拍卖会上（亨利在会上戏剧性地出资1万英镑，拍下了德克萨斯乐队主唱莎琳·斯皮泰里的一把吉他，让现场观众倒吸了一口凉气），蒂埃里跟我谈了半个小时他那天早上在《每日镜报》上面读到的一篇文章。我读过这篇文章，觉得文中对亨利表现的评价可能有点儿太过奉承了，可我根本没想到这可能也带有诽谤的意味。思维一如既往敏捷的蒂埃里，却发现了这种意味，而我表示同情的解释和安慰——我根本没机会说完一个完整的句子——根本没办法减弱他对这篇文章的谩骂。他会反反复复地点出文章问题的关键所在，即便停下来也是问：“你难道不同意吗？”这时候我只能说：“是的，但……”然后他的言语的洪流就又奔涌而出，而且跟之前的一样凶猛。他为什么要这么做？我问自己。我们不是朋友——充其量只是出于职业上的义务，并不介意相互交往的两个人，我也从来没有渴望过进入蒂埃里那个由备受他信任的记者组成的牢靠（同时也相互嫉妒）的保护圈，但他还是选择了我来宣泄他的愤怒（从他的眼睛和说话的声音里，你可以发现那是真正的愤怒），而且是在一场耀眼的招待会中间，身边都是穿着奥斯瓦尔德·博阿滕①设计的西装和薇薇恩·韦斯特伍德②设计的晚礼服的名流。但他当然并不是特意选择了我，我只是恰巧出现在了那里。我只是在这场媒体博弈中一个无足轻重的记者，只是那个有胆量在早报上质疑亨利的伟大记者的一个"可替代的变体"而已。

之后在另一个场合（我记得是2003年秋天），我不是"变体"了，而是我自己。有一天晚上很晚的时候，我的手机响了（未显示号码）。

"菲利普·奥克莱尔？"

"您是哪位？"

"我是蒂埃里·亨利。"

"……"

"蒂埃里·亨利。很抱歉这么晚给你打电话，希望没有打扰到你。"（我不仅没想到亨利会给我打电话，而且不怎么能理解为什么亨利——我终于认出了他的声音——说的是英语。）"我想和你聊聊你在《法国足球》杂志上面写我的那篇文章。"

哈，好啊。蒂埃里所指的是我针对他在阿森纳上一场比赛写的文章的几个段落，那场比赛中他的表现不在最佳状态，所以我的文章也有点儿批评的意思。我没有对亨利在这场比赛中明显留力的做法表示厌恶，

① Ozwald Boateng，英籍加纳裔时装设计师。

② Vivienne Westwood，英国时装设计师，被誉为"朋克之母"。

只是暗示——以我最尊敬的口吻——他那天晚上可能没有权利责备队友，因为他那场比赛确实做了好几个姿势（双手叉腰，眼睛朝天上看，这样或者那样摇头），这可逃不过在他身边并肩作战和在看台上观战的人的火眼金睛。

回到我们这次勉强算得上对话的交流中来吧。蒂埃里在说，我在听，他一次都没有提高自己的声调，也完全没有偏离最严格的礼貌标准，但与此同时他很明确地说明了我写的全是瞎话，因为我不知道（我确实不知道）他当时是带伤作战，如果不是为了球队利益的话，他甚至完全可以缺席这场比赛。我们下一次见面时，亨利完全没有提起这次有些特别的交流。这件事本身揭示的是：蒂埃里的目的并不是想知道我为什么会写出这么一篇激怒他的文章，而且我根本没有感觉到他是以联系一个人的方式“联系”我，如果他认为我是一个人的话，他本来应该大声责备我，辱骂我。可以肯定的是，他很在乎，但他在乎的到底是什么？

我与霍利尔有过一次类似的经历，当时我还几乎不认识担任利物浦主帅的他。他带领的红军遭遇了一系列的糟糕战果，我所做的只是引用了一下英国媒体针对他的讽刺。很不幸，经过后方的一番野蛮编辑之后，这篇本来是写“英国报纸怎么说”的报道，变成了一篇针对他的很讨人厌的攻击，而本来我无权谈论他的成败，因此当杂志到了我家门前的时候，我变得惊恐至极。在24小时内，霍利尔给我打了三次电话——一次是从一架即将降落在东欧的飞机上打来的——他让我明确地意识到他受到了多大的伤害。而与亨利这件事的不同之处在于，一旦我和霍利尔都认定这一不幸的事件只是一次事故而已，我们之间就变得更加亲近了。等到我们进行第三次谈话的时候，霍利尔不仅给了我他的手机号码，甚至把他的家庭电话号码也给了我，我们之间的关系很快变得与友谊差不多。而这样的事情不可能发生在亨利身上，“未显示号码”就已经说明了一切。

你很难把那个体贴而慷慨的亨利，那个新闻官在身边撑伞也挡不住雨，但即便被淋到也要站着对我们说话的亨利，与那个越来越冷漠的亨利联系在一起。但在他职业生涯后来的阶段，我每周与他打交道时，都能越来越明显地感觉到这一点。正如你能预见的那样，随着时间的流逝，他身上的保护壳越来越坚硬了，毕竟他现在所说的每个字都会被放大到荒谬的程度，就好像他所说的话都是大写字母写出来的，他所说的每个句子都要加上一个感叹号。这时候我突然想起老一辈法国记者曾经告诉我，少年时代的亨利会怎样主动走到摩纳哥的新闻发布厅，把他的新手机号告诉本地的记者们。他喜欢看到自己的名字被印到报纸上，也很少错过任何一篇关于他的报道，如果他没有看到的话，他父亲托尼也会搞到这份报道。这本来也没什么特别的：大部分球员都会很在意报纸对自己的评价，他们可以说是很“贪婪”的读者。尤其在法国，《队报》和《法国足球》会出现在每个球队的更衣室，而且在法国人们会特别关注对球员个人表现的评价。我甚至可以说，有些记者的职业生涯会受到他对某个球员评分的影响，评分多高或者多低都会有重大影响，尤其是多高。如果给某些当晚表现其实配不上7分或8分（10分制）的球员这么高的分数从而讨好他们的话，能够得到的回报就是下一场比赛后从球员那里得到额外的宝贵的5分钟，这已经成为记者们使用的一种重要手段了。

我当然不是唯一受到亨利斥责的记者。当我跟一个巴黎的同行说起亨利这个深夜电话的时候，他回答的第一句话就是“欢迎来到（被亨利斥责的）俱乐部”。《每日镜报》记者奥利弗·霍尔特（Oliver Holt）则跟我说过亨利——在2006年欧冠决赛的前夜——是怎么花费了20分钟指责他，只是因为他在一篇前瞻稿件中把亨利少年时住过的市民公寓错写成了另一个。而这也只是众多例子中的一个而已。如果让一个业余心理学家来解释亨利的这种“超敏反应”，他可能会认为这是他父亲同时（公开）赞美和（主要是在私底下）责骂他的表现——最终让他无法忍受——导致的直接后果。不过可以肯定的一点是，在这位超级球星的心底，隐藏着一种他不可能掩饰的不安全感。而他试图减轻这种不安全感的做法，就是演练出一套日益成长的控制手法，控制自己所说的言论，也控制别人对他的评价。他也试图用球场上的成功来与这种不安全感战斗，他凭借对俱乐部的忠诚、对对手的残暴以及在同时代中无双的成就，把自己写进了历史。荣誉对他来说是彰显成功的不容争辩的证据；而他无比热爱、记得无比清楚的数据统计，则为他提供了坚实的基础，让他可以告诉全世界其他人：我才是对的，你总是错的。

那些乐于对他表示同意的人，如果他们正好为具有足够影响力的报刊撰稿，再加上点儿运气，就有可能加入这个我之前暗示过的“核心集团”（inner circle）。对于他们，我可以再说一两句，那就是亨利的“黄金传说”最主要的部分就是出自于他们的手笔。与此同时，那些即便竭尽全力却仍然没能留在这个圈子的人就会非常沮丧，他们要么没有被请到主人这桌上来，要么被驱逐出这个圈子，而他们就是破坏亨利名誉的主要力量。他们会出于泄愤与报复的心理，拒绝承认亨利的杰出成就。

没必要点出这些人的名字。身处在这个追逐着球员言论和“独家报道”（exclusives）的行当之中的人，都已经知道了他们，而对于那些不在这行的人，这些人无关紧要。每家报纸的采编团队中都至少会有几个这种享有特权的记者，他们之中有一些人从非常年轻的时候就被重点培养，被派遣在国际赛事上跟踪报道国字号球队，报社希望他们能够与球员们产生共鸣，从而在日后的职业生涯中与球员发展出亲密的合作关系。我第一次与一位此类记者闲聊的时候，感觉自己就像是一个经常参加音乐会的人遇见了一位唱片公司的高管，而且他脖子上还挂着一个看不见的“畅通无阻”（access all areas）的证件。最让我困惑的是为什么亨利这样的球员需要寻求他们的陪伴，因为这些人对除自己的野心之外的任何事情都表现得肤浅、机会主义而且懒散。其中有一个人还以因为嫌打电话采访麻烦而捏造采访著称，而且他那位所谓的“被采访者”还赞同了他的行径。

他们与球员之间虚妄的亲密性，是同僚之间妒羡的重要源泉，也是他们爬升到这个行业之巅的强大而危险的武器。可是那些维持了他们生计的球员总会有退役的一天，而前球员在这个市场上都没有什么太大的价值。我在从业生涯中见到过的最可悲的一个场景，是一个一心渴望成为业内呼风唤雨的人物的年轻记者，会去一些他根本负担不起的地方度假，只为在那些地方碰到某个他听说在那儿买了一套新公寓的球员。他知道某个俱乐部每一个球员当时开的车是什么牌子，甚至知道轮胎是什么规格，他会在那些据说球员们闲暇时会造访的俱乐部和餐馆闲逛，甚至会花上一大笔钱来让同事知道，自己刚和某某某最新的女朋友聊过天。他的这项宏伟计划最终以失败告终，因为他做得太容易被识破了，他用力过度了。他几乎已经忘了，他从来都没有甩掉身上的单纯——正是这种单纯让他最开始爱上了足球——却整天妄想着有一天他会与他的偶像踏上同一块土地。而这些偶像，这些英雄，从签下自己的第一份职业合同起，就被经纪人、骨肉皮和追星族包围了，他们已经培养出了一种近乎等同于本能的能力，而且没有人教过他们这一点：如何辨别自己可以信任的人。在亨利身上，这种本能近乎于多疑症。但他身上仍然还存留着一丝单纯的痕迹，亨利之所以能够这么伟大，一部分原因就是他从来没有彻底地失去这种单纯。

是的，他确实有自己的“信使”（messengers）、自己的“传声筒”（mouthpieces），他们会发布一些可能同一个句子里面同时包含自嘲与自夸意味的采访，这就要看读者站在哪一个阵营之中了，因为他会一直不变地贬低自己的个人贡献，赞扬集体的成功。那些一直被视为谦虚的词汇，被亨利使用的时候，听起来可能就会显得有些不太自然，甚至不太诚恳。他强调别人有多么出色，不也是在提醒世人，如果他们那么强的话，那他岂不是更加出类拔萃？在这方面，2006年时已经登堂入室的亨利，与1998年初充满不安全感的亨利没什么太大区别。当然，他不应该为此遭受太多的责难，因为他同时友好而且慷慨。没人会比亨利更快地挑出一位队友来表扬，没有哪个前锋会比他更快地感谢为他制造进球机会的队友。但他的做法却不得不让人自问：他为什么这么说？他的本意真的是这样吗？2008年10月17日晚上，亨利在对立陶宛队的比赛中梅开二度，超越了普拉蒂尼在法国队的41球，刷新了法国国家队历史进球纪录。赛后身为队长的亨利感谢了年轻的队友杰里米·图拉朗（Jeremy Toulalan），就好像出场的只有图拉朗一个人一样。这一幕和2004年11月的一幕一样有些可笑，当时他在接受《队报》采访时热情地赞扬了阿森纳队友何塞-安东尼奥·雷耶斯（José-Antonio Reyes），而与此同时几乎每个人——包括几个队友——都得出结论：其实他几乎把这个年轻的思乡的西班牙人当作是个天才的讨厌鬼。

引人注意的一点，是亨利的“信使”和“传声筒”们做的工作从来都没有亨利自己好：他们经常错过他真正想要表达的核心意思。而不与这群奉承的人们在一起的时候，亨利则是最为雄辩的被采访者。与他对话时，你所要做的就是让他滔滔不绝地谈论足球。当他谈起这项如此熟知的运动时，你就不得不扮演好听众的角色，并且为他对足球孩子般的热情做好心理准备。孩子的游戏是快乐而且真诚的，孩子们知道我们已经遗忘的某些东西，而亨利比我们都更记得这些东西。对他来说，真相就像是一个足球，一个他想要永远玩下去的足球。

对亨利和其他一些有希望打上世界杯的人来说，雅凯花了像是永恒一般漫长的一段时间，来最终敲定参加世界杯的阵容。3月底，在对瑞典队的友谊赛的几天之前，阿内尔卡和特雷泽盖在亨利缺席的情况下，成功得到了征召，对雅凯而言，“世界杯已经开打了”，他要求多达37名球员与他在克莱枫丹基地会合，在那里他们进行了身体和医学检查。根据德约卡夫的说法，亨利“被没办法参加世界杯的念头吓得瑟瑟发抖——他认为雅凯不会召他了”。实际上，雅凯还没有做出任何最终的决定。“我有一批核心球员，”蓝军在索尔纳（Solna）拿到一场很不令人信服的0：0之后，雅凯向当然是核心成员之一的德约卡夫透露，“但我要球员做到100%有把握，尤其是在心态上。”这就意味着他对球员的个性以及态度考虑得比较多。

在最关键的时刻，亨利慢慢地在球场上找回了状态，1998年4月15日，摩纳哥在欧冠半决赛次回合3：2击败了齐达内领军的尤文图斯，在这场比赛中亨利打入了一记漂亮的进球，虽然最终这场胜利对于球队毫无意义——首回合尤文图斯凭借皮耶罗的帽子戏法4：1击败了摩纳哥。时任摩纳哥体能教练的皮埃尔——亨利一直对他很感恩——那个冬天花了两个月时间陪亨利，在拉蒂尔比耶训练基地（La Turbie）帮助受伤的亨利恢复，当时讨厌的脚踝伤病（一块碎骨造成的疼痛迟迟不消）让亨利没办法为蒂加纳连续出战。蒂加纳自己——在亨利不知情的情况下——则会时常在与雅凯聊天时默默地推动亨利的事业。多梅内克同样如此，他相信亨利能够在即将到来的世界杯上成为法国队不那么秘密的武器。亨利经常眼泪汪汪地花上几个小时与家人打电话，尤其是与托尼通话，希望能够认清自己内心的混乱，并拼命地想要恢复信心，虽然皇马事件给两人之间的关系带来了巨大改变，亨利的父亲仍然很乐意为亨利提供建议。此外，虽然内心对蒂加纳持保留意见，亨利仍然克服了敌意，收敛了自尊，主动向蒂加纳寻求建议，蒂加纳也很乐意给他建议。

亨利没有其他的选择。作为“新一代”法国球员中当之无愧的领袖——这一批新球员大多数是黑人，几乎全都是在郊区长大——亨利在训练场上与摩纳哥的职业球员们一起训练时还只不过是一个孩子，年长的球员们与像他这样无忧无虑的“新贵”没有什么太多的共同点。后来也许会有一天，亨利将发现自己与那些二十出头的球员——像纳斯里（Samir Nasri）、本·阿尔法（Hatem Ben Arfa）——存在代沟，而他自己的很多原则与操守，其实和前一代球员没那么大的差别：他对于踏实苦干的价值的坚持，他对于别人的谦恭有礼，他对于这项运动的热爱，他对于金钱的不那么关心，他对名流圈的反感，其实都与前辈一脉相承。与和他同龄的朋友和队友在一起时，他说的法语里面仍然充斥着非常酷的俚语，甚至有巴黎和马赛饶舌歌手深爱的“倒音词[①]”。这并非一种伪装，并非他掩饰真实自我的一种尝试，而是他表现出的外观的一种——他的整体形象就像是建筑的正面，上面有很多窗户，有时候他会打开一些，而通过这些窗户，你就可以看到一个非常不一样的人，事实上从某些方面来说还有点儿老派。看看接下来这些话吧，《队报》记者问当时24岁的亨利，他想要成为什么样的父亲。亨利的回答是这样的：

在教育孩子方面，我会非常严格。首先我会把生活中美好的东西——不能认为你拥有做一切事的权利，诸如此类——以及尊重传递给他们。除此之外还有礼貌。我已经很久没有翻开过词典了，不知道“尊重”

① verlan，将一个词音节顺序反过来的文字游戏，在法国年轻人中广为流行。

（respect）一词还在不在里面。现在已经没有尊重了。当我看到一位老太太很难提起购物袋的时候，我会过去帮助她。当我走进超市，身后有20万人等着进去的时候，我会帮我身后的人开着门……（我想要强调的就是）尊重，尊重，尊重。

亨利跨立于两个足球时代之上，他既属于这两个时代，又不属于其中的任何一个时代：如果你只看四驱SUV和时髦耳机的话，那么现在这“金光闪闪”的一代球员身上可以看到亨利昔日的影子；但你也可以说，在21世纪的超级巨星中，他是最后一批有过学徒历练经历的球员之一——他曾经擦过沾满泥的球鞋，把球网、三角锥和皮球运到过训练场上去——而且看上去有点儿像是个脾气暴躁的老人。效力摩纳哥的最后两年，这两个世界发生了冲突。他被自己的天才和对足球的投入以非同寻常的速度推动着前进，与此同时，他也被自己的天真所阻碍，笨拙地试图掌控所处的环境，然而这一环境中却满是比他更为狡猾的操纵者。他在1997—1998赛季冬天遭遇的伤病触发了这一危机，但这并非根本原因。亨利的生活和职业生涯中还会有其他的黑暗时刻，但很少有这一次这么黑暗。值得赞扬的是，在近乎失去一切希望的时候，亨利找到了重新回到竞争行列的资源，在摩纳哥和法国队都是如此。“过去两年间在我身上发生过的一切事情，”当他赢得这场战斗之后，他如此说道，“我经历过两种极端——天启（revelation）以及堕落（fall）。我知道我在球场上的价值，而我当时没能证明自己的价值。我知道情况没有他们说的那么糟糕，但也没有有些人写的那么出色。”

幸运的是，在雅凯看来，亨利好的一面还是超过了差的一面。1998年5月5日，国家队主帅从他最初的37人名单中划掉了9个名字，牺牲者包括克洛德·马克莱莱（Claude Makelele）和西尔万·莱格温斯基（Sylvain Legwinski）。亨利从这第一轮的剔选中幸存了下来，不过同时幸存的还有阿内尔卡——他即将与阿森纳拿到双冠王——以及特雷泽盖——他在摩纳哥27场联赛打入8球，并且在欧冠中给曼联带去了灾难。对很多法国人来说，雅凯在这时候表现得有点儿优柔寡断，为什么不早点儿公布唯一有意义的22人终极名单？国家队的首场世界杯比赛只剩38天就要开始了。“我们难道要只拿（已经基本敲定的）13名球员去打比赛吗？”《队报》提出了这个讥讽的问题，在他们看来，既善良又糊涂的“梅梅”，这位戴着眼镜的前工厂工人，没办法成为“当前环境下所需要的那个人”。

雅凯和这家法国日报之间，一直都酝酿着冲突。《队报》的“公爵”们——如热拉尔·埃日内斯①和热罗姆·比罗②等人——喜欢把自己看作是“造王者”（kingmakers），而雅凯则公开对这一“恶心”（nauseating）报纸拥有如此影响力深表遗憾（与此同时，他培养出了对全国性电视台TF1即法国电视一台的好感，后者根本没有缓解与其他媒体的紧张关系），甚至说出了如果给他机会，他会很乐意给埃日内斯一拳这样出格的话。接下来发生的，是一场全面战争。雅凯希望整个国家团结在他的“突击队”身后，而总部位于巴黎的《队报》拒绝加入这场被他们视为“通敌”（collaboration，“通敌”这个词，在法国拥有的含义比别国重得多）的行动之中，他们认为雅凯是法国足球的掘墓人。雅凯是超级浪漫派教练、曾经执教过兰斯和圣埃蒂安的阿尔贝·巴特（Albert Batteux）的门徒，结果却喜欢防守优先的理念，使得“蓝军”的自然属性无从发挥，这也是对那支树立了黄金标准的球队（普拉蒂尼和伊达尔戈在1978—1986年间施展魔法，打造了一支伟大球队）的伟大

---

① Gérard Ejnès，时任《队报》总编辑助理，后任《法国足球》总编辑。

② Jérôme Bureau，时任《队报》总编辑。

传统的侮辱。

雅凯和《队报》之间进行的，是一场丑陋的战争，两者的伤痕直到2012年还没有完全愈合。雅凯利用媒体的敌意，给球队制造出了“受围心态”，他认为这对于达成自己的目标非常重要；媒体的回应则是从“强烈批评”——法国队从1996年欧洲杯以来的表现一直不那么令人心服——到“人身攻击”一应俱全。两者仇恨的种子从几年之前就已经被播下。1995年的时候，埃日内斯就想出了“Mourir d’Aimé”这个标题，一层意思是“死于热爱”，另一层意思是“因艾梅（雅凯）而死”。这是个言辞极其巧妙的标题，但也非常残忍。但这个标题的残忍程度，与世界杯前最后几周雅凯忍受的集体辱骂相比，真的是小菜一碟。因此人们将在7月12日见证的非同寻常的那一幕，直到赛事进行到尾声的时候，仍然超乎了最为热诚的乐观主义者的想象。当胜利的钟声敲响的时候，人们会永远铭记住决赛这一幕，并以一个团结一致的国家的名义，把它当作一个救赎与自我发现的伟大时刻。而一开始，情况并非像这支“黑人-白人-阿拉伯人”球队的宣传员想让我们相信的那样和谐，而是充斥着冲突。陈年的伤口终将被2010年的南非重新撕开，而届时，亨利将又一次站在争议的中心。

固守在克莱枫丹基地，几乎断绝与外界的一切联系——只有几份《队报》和《法国足球》会被偷偷带进来，球员们阅读的时候会有各种情感，从高兴到愤怒都有——球员们试图让自己定下心来，等待雅凯的最后决定。雅凯并不想要他人的建议，如A为B声援，C为D鼓吹之类的，这似乎也能解释为什么他花了整整两周时间才做出决定。那些经历过22人终极名单——名单最终被泄露给了《巴黎人报》（这当然又是故意冷落《队报》，虽然这两家报纸其实隶属于同一个集团）——公布前最后几天的球员们，认为这事勉强算得上是一场喜剧：从白天到晚上，球员们一直焦急地游荡在克莱枫丹城堡的走廊里面，有些人因为发愁而不舒服，其他人则故作一副满不在乎的样子。亨利正是前者中的一员，他根本睡不着，却不敢告诉队中的前辈们。吃饭的时候他坐在伟大的齐达内身边，却说不出一个字来，因为他被这位即将成为传奇的球员完全震慑住了，在敬畏中几乎变得呆滞。

5月21日星期五的晚上，雅凯走向了六间卧室——那些他决定不带去世界杯的球员们住的卧室。易卜拉辛·巴（Ibrahim Ba）、马丁·杰图（Martin Djetou）、皮埃尔·莱格勒（Pierre Laigle）、萨布里·拉穆齐（Sabri Lamouchi）、利昂内尔·勒蒂齐（Lionel Letizi）和阿内尔卡是听到了灾难的敲门声的6人。落选给他们的职业生涯带来的影响，可以用他们在之后得到的征召次数来衡量，日后前5个人加起来总共也只有过6次为国出场的记录，而且全部是在友谊赛上。如果蒂蒂也成为了他们中的一员的话，他还会成为后来那个蒂埃里·亨利吗？至于阿内尔卡这个最为神秘的球员，毫无疑问，主教练通知他落选的方式对他与国家队之间的关系造成了深远的影响。雅凯的处理方式听上去就像是让阿内尔卡出现在28人初选名单、与资深队员们一起训练已经是对他的“额外奖励”了，他应该感谢自己的幸运星，并且心中带着感恩离开。而刚刚在阿森纳结束一个火箭般上升的赛季的阿内尔卡，自然会暴怒，他不是唯一一个感觉不公平的人。杜加里（Christophe Dugarry）之前那个赛季在巴塞罗那（上半程7场西甲联赛进0球）和马赛（1997年12月加盟，下半程9场法甲联赛进1球）都状态不佳，但“杜加”（杜加里的昵称）进了名单，尼科却没有。雅凯记得技术出众、创造力出色的杜加里在1996年欧洲杯上没让他失望；其他人则记得杜加里“碰巧”是齐达内最好的朋友之一，他俩在波尔多共同拥有一家餐厅。

1998年世界杯上的法国队，其实并不像——至少暂时不像——那个在法国取得巨大成功的“墙上的苍蝇[①]”式纪录片《聚焦蓝军》（*Les Yeux dans les Bleus*）所描述的快乐大家庭，但至少亨利是其中的一员，这让他备感解脱，也让很多人备感惊讶——亨利自己也包括在内。“上周，”他说，“（摩纳哥队友）菲利普·莱昂纳尔（Philippe Léonard）打电话告诉我他没能入选比利时国家队的22人终极名单。我当时想：3个月前，他还是首发名单中的固定人选，而我自己在任何一个地方都没有这样的位置。足球的变化实在是太快了，车轮一直都在转动。”亨利再三地联系阿内尔卡，也试图与“伊布·巴”（易卜拉辛·巴）取得联系，虽然他为自己的入选欣喜若狂，但也为中途被淘汰的朋友感到真心的沮丧，尤其是在克莱枫丹那似乎永远看不到尽头的几个星期中，他们曾经与他作伴。不过他对朋友们的关心很快就变得不再重要，因为在蒂加纳、多梅内克、霍利尔等亨利拥护者的支持（他们的支持对雅凯的决定产生了不小的影响）下，蒂埃里终于得到了绝佳的机会，将这两年的疑虑、不确定性和伤痛统统抛在脑后，而他最终漂亮地抓住了这次机会。

法国队很快去往摩洛哥，打了一项简短的友谊赛事，在这项赛事中，用雅凯的话来说，亨利“推销了自己”（imposed himself），虽然数据统计表明，他在国际赛事层面仍然缺乏经验：在对阵比利时队（1∶0）和摩洛哥队（2∶2）的两场比赛中，亨利总共出场153分钟，得球33次，但其中22次最终丢球给对手。这期间亨利没能进球，也没能送出助攻，但雅凯被他敢于冒险、敢于“挑衅”对方后卫的风格触动了。亨利的表现是如此积极，以至于有几名比利时球员对法国门将巴特

---

① fly-on-the-wall documentary，指一类风格的纪录片。如其字面意思，这类纪录片坚持如同墙上的苍蝇一般，在不被人注意的情况下观察被拍摄对象。

斯说："这家伙就是一架飞机，根本不可能让他停下来。他会在世界杯上搞点儿破坏的。"实际上，对比利时队一役雅凯使用的4-3-3阵型和出场球员，正是他将在6月12日对阵南非队的世界杯小组赛首战上使用的配置。亨利现在被放到了进攻三叉戟的右翼，这并非他最熟悉的位置，因为他本来是个中锋，只是被教练放到了左边路（先是霍利尔，后是蒂加纳）而已。但对亨利而言，弹簧已经被释放开来了。他不再受制于脚踝伤病，不再因为雅凯可能忽略他而烦恼，不再疑虑为什么他不能为摩纳哥首发——至少现在他安全了——亨利展现出了自己的进取心以及思维的速度，自从他离开于利斯以来，这些特质让他成为了一个特殊的天才。"亨利属于那种潜力骄人的球员，"雅凯用他那句式结构复杂、措辞不太恰当的带有个人特色的法语说道，"让我们尊重他所能做的事情吧。"这样的话出自于一个视纪律为足球美德之首的教练之口，实在是有些令人不敢相信，这也让很多听到这段言论的人认定，亨利肯定会在对阵南非队时首发，这时距离这场将在马赛进行的首场小组赛，还有两周的时间。

亨利自己则像美国歌手约翰·福格蒂①唱的那样，"巨轮一直在转动②"，他反复地在一个又一个采访中使用这个词语，天知道他用过多少次。他的骄傲自大似乎又回来了。"每做一件事都理应得到报酬，"他说，"一切都不是偶然发生的。"我永远都不会忘记他是如何回答"你最疯狂的愿望是什么"这个问题的，"我知道这不太可能，"他回答，"但我一直梦想着从一座高楼顶上跳下去，看看死是什么滋味。"

---

① John Fogerty，1945年生于美国加利福尼亚州伯克利，活跃于20世纪六七十年代的克里登斯清水复兴合唱团（Creedence Clearwater Revival）的核心人物，后以个人形式活跃至今。

② big wheel keep on turnin，这句歌词源自福格蒂的名作《光荣玛丽》（*Proud Mary*）。

可能我刚才用的“骄傲自大”（cocky）一词不是太合适。

在决定6月12日对阵南非队的首发11人之前，雅凯还有一次检测帐下球员的最后机会，坊间普遍认为，对南非一战6天前在赫尔辛基进行的对芬兰的友谊赛上，雅凯排出的阵容将暗示着世界杯上他会采用怎样的人员和战术。刚在摩洛哥奉献抢眼表现的亨利，这场比赛没有得到离开替补席上场的机会，他可能会觉得有点儿失望。法国队最终凭借着替补前锋特雷泽盖冷静的射门1：0赢下了这场平淡的比赛，他身旁的两条边路上分别站着德约卡夫和杜加里。不过当时不用猜的是，雅凯的首要事项是建立一条稳固的后防线，而在攻击端，他更多地会根据对手的特性来进行调整。门将巴特斯身前是4位可怕的后卫图拉姆、洛朗·布兰科（Laurent Blanc）、马塞尔·德塞利（Marcel Desailly）和比森特·利扎拉祖（Bizente Lizarazu），队长迪迪埃·德尚（Didier Deschamps）则统领着一个由两三名防守型球员组成的中场。德约卡夫和齐达内在前场提供创意，有时身边还会配上一名“伪边锋”（false winger），这位角色球员可能是以下4人中的任意一个：皮雷，身材瘦削但速度飞快，极具欺骗性，而且有着杰出的控球与敏锐的视野；贝尔纳·迪奥梅德（Bernard Diomède），熟练而可靠，从来不会被人指责不努力；杜加里，比任何人都更理解齐达内的踢法；以及亨利。

亨利没有出战对芬兰队的比赛，让一些人认为他已经被选为杀鸡儆猴的22人之一，是为了让斯特凡纳·吉瓦尔什（Stéphane Guivarc'h）和杜加里之类的球员保持警惕，保持竞争心态。他们错了，雅凯的计划远比他的批评者们想象的更加狡猾，更加精明。其他不少球队足够幸运，能够倚重一些已经成名的前锋：巴西有罗纳尔多（Ronaldo）；意大利有克里斯蒂安·维耶里（Christian Vieri）；英格兰有阿兰·希勒（Alan Shearer）；荷兰有帕特里克·克鲁伊维特（Patrick Kluivert）。

而法国只有吉瓦尔什，这位在世界杯前两个赛季拿到法甲金靴的欧塞尔前锋，国家队数据非常可怜：9次出场只打进1球。雅凯的想法——像乔纳森·威尔逊（Jonathan Wilson）这样的分析家曾经认为，这是法国队取得最终成功的决定性因素之一——是充分利用这位27岁的前锋惊人的工作效率，“在前场进行防守”（defend from the front）。吉瓦尔什后来以在这届赛事上出战4场比赛却没有打进一球而著称，但他承担了骚扰对方后卫这样费力不讨好的任务，将自己的大部分精力都用在打乱对方的节奏上，这就意味着当机会出现的时候，他已经没什么精力去把握了。后来人们对他的奚落，是足球历史上最愚蠢、最白痴的行为之一。问问布兰科、德尚、图拉姆他们怎么看待吉瓦尔什对夺冠的贡献吧，他们全都会赞扬吉瓦尔什的无私牺牲以及主教练的高瞻远瞩。亨利也会。

亨利从雅凯那里得知，他会出战法国队在世界杯上的首场比赛。“人们可能会想我当时在干什么，”亨利后来在2010年回忆道，“（对南非队）比赛的前夜，主教练（雅凯）过来看我，告诉我我会进入首发阵容。他说：‘这样的话，你就能睡个好觉了！’……是的……我打电话把这个消息告诉了我父亲。这简直令人难以置信，但与此同时，我因为年轻，有着不顾一切的心态。我告诉自己：‘明天，我会点燃整个球场！’当你只有20岁的时候，你会觉得自己是超人。你当然不是超人，但你觉得你是。我根本没去想当时人们的说法——他们说我们是垃圾，我们根本过不了第一轮。那一天感觉如何？请原谅我的用词——但我当时感觉真他妈的自豪。当我谈起那一天的时候，我仍然会全身战栗。”那一天比赛开始之前，他闭上双眼，比任何一个队友都更加动情地唱着《马赛曲》。

南非队是历史上第一次参加世界杯决赛圈比赛，但法国队的胜利，并不像3：0的终场比分显示的那样流畅，也没有让雅凯的大量批评者感觉自己有必要改变对于“蓝军”潜力的看法。亨利这场比赛出现在进攻三叉戟的右路，他给法国队的进攻带来了火花和直接性，但并没有如他想象的那样“点燃球场”，直到比赛补时阶段的第2分钟，他从右路狂飙突进，打入了代表法国国家队的第一球（日后他的国家队进球数将达到51粒）——这粒进球也可以说是被国际足联的“疑问入球委员会”（dubious goals committee）算在了亨利头上。

亨利的进球经历了漫长的等待之后才出现，在那之前，基于各种原因，这场比赛都是独属于杜加里的演出。一开始杜加里有一次滑稽的控球失误，让马赛的现场球迷对他表现出了敌意，球迷的反感对他产生了如此大的影响，以至于他甚至想要立即被换下场。但为法国队首开纪录的也正是杜加里，他接到了好友齐达内开出的左侧角球，头球打破僵局。然后，杜加里又给德约卡夫送出妙传，后者的射门被南非队后卫皮埃尔·伊萨（Pierre Issa）——他这天晚上过得很糟糕——铲入了自家大门。之后又是杜加里接应角球射门，最终带来了亨利的进球，这也是世界杯历史上的第1600粒进球。在亨利射出的皮球越过门线之前，伊萨似乎仍然有足够的时间解围，但他的步点没有踩好，最终没能阻挡皮球入网。不过由于亨利面对出击的南非队门将汉斯·丰克（Hans Vonk）的漂亮挑射，已经在门框范围内，所以国际足联最终还是把这粒进球算在了亨利头上。而在维洛德罗姆球场的看台上层，托尼·亨利庆祝儿子的进球时是如此激动，以至于（或者他只是这么告诉记者而已）腿部都骨折了。“我根本没感觉到（骨折了）。”他说，然后展示出他腿肚子上的一个巨大伤疤。

6天之后，不管身上有怎样的疼痛，托尼都彻底忘掉了，因为他儿子在法兰西大球场的表现更加出色了，在4：0摧毁沙特阿拉伯队的比赛中，蒂埃里梅开二度（这是他法国队生涯6次梅开二度中的第一次），这也确保了东道主杀进本届赛事的16强。现在重新看这场比赛，我想到的是，我们习惯于把我们在足球场上看到的东西重新整合在一起，即便其实这些细节只是一些根本不同的要素，我们也想要把他们放入一个虚构的框架之中进行考量。我们必须在其中找到某种逻辑和理由，但其实经常只能找到混乱而已。沙特人看上去就像是冲着惨败而去的，后卫穆罕默德·哈瓦伊利（Mohammed Al-Khwaili）在第13分钟就因为飞铲利扎拉祖被红牌罚下。比赛前半小时打得非常开放，沙特队曾经得到过最好的进球机会，结果前锋萨米·贾巴尔（Sami Al-Jaber）在对巴特斯赢得一次一对一机会之后，却失去了平衡，没能破门。之后杜加里拉伤大腿肌肉，被特雷泽盖替换下场。法国队逐渐掌控了局面，但却不断挥霍着射门机会，或者是没有把握好最后一传，看上去更激动的人，似乎是在场边的雅凯——不过等到亨利进球后，就没必要紧张了。利扎拉祖和齐达内在左路做出了一次精彩配合之后传中，亨利从远门柱移动到中路，在六码区包抄将球打入。他从来没有在“重大”比赛中打进“重大”进球，不是么？但是蒂埃里又展现出了他典型的一面：他表现得像是根本没有意识到现场观众的快乐，就像这一切都是别人做的。不过当沙特阿拉伯门将穆罕默德·代亚耶亚（Mohamed Al-Deayea）笨拙地接球脱手，让特雷泽盖将球顶入空门，帮助法国队扩大领先优势之后，亨利的脸上终于绽放出了大大的笑容。10人应战的沙特阿拉伯即便不屈地想要做出反应，最终却只能被身体更加健壮、技术更加娴熟的法国队球员击败。即便齐达内后来因为蹬踏沙特队长福阿德·阿明（Fuad Amin）被罚下，法国队的优势也没有受到影响，虽然事后的分析经常遗忘了这一点。球队“法宝”的被逐，并没有剥夺“蓝军”的兴致，实际上恰恰相反。这一次，亨利真的是“点燃球场”了，他接应巴特斯的解围，快速突破打入个人此役第二球，这也是他在本届世界杯上3粒进球中的最后一粒。这一次，他的庆祝方式是在角旗区做出了斗牛士的姿势，如今这一庆祝方式已经为人们所熟知。不过亨利更多精彩表现还在继续，即便他的名字将不会再出现在记分牌上。

对于齐达内被罚下的受伤感，对法国民众和（各式各样的）分析家们的看法产生了奇怪的影响，导致他们对法国队4：0大胜沙特阿拉伯队之后的一路晋级有了不同的评价。人们将法国队的晋级形容为“吃力”“费劲”并且“幸运”，直到佩蒂特在决赛中的进球让巴西队再也不可能反击，他们才不再有这样的看法。人们对“天才”齐达内如此寄予厚望，如此期望殷殷，以至于当他缺席之后，大部分人都没办法享受法国队这届赛事迄今最令人满意的胜利——6月24日的小组赛第三场，派出了不少后备队员的法国队，2：1击败了全主力出战的丹麦队，而且彼得·舒梅切尔（Peter Schmeichel）和劳德鲁普（Laudrup）兄弟领衔的丹麦队，这时候还没有确保跻身16强，需要从这场比赛中得到一个积极的结果。这场比赛雅凯决定让几名球员休息一下，亨利就是其中之一（直到第71分钟才替补出场），其他的轮休球员还有德尚、布兰科、利扎拉祖和图拉姆。现在亨利被移出首发阵容，却意味着他已经是主力阵容真正的一分子了，这听上去有点儿奇怪，不是吗？不过对亨利来说，情况就是这样，淘汰赛第一轮法国队艰难地1：0击败巴拉圭队，雅凯从比赛一开始就对亨利表示了信任，让他再度首发出场，这就再度证明了亨利的主力地位。朗斯的费利克斯·博拉尔体育场（Félix Bollaert Stadium）里的3.8万名兴奋的观众，要等到加时赛的第114分钟，才见到布兰科的劲射穿过何塞·路易斯·奇拉维特（JoséLuis Chilavert）的十指关，这是世界杯历史上的第一粒“金球”，送法国队晋级8强。在此之前，亨利的一次射门击中了立柱，不过大部分时间，他都难以在巴拉圭队组织紧密而且极具侵略性的防线身后找到空间，所以当这折磨人的比赛进行到一个小时之后皮雷把亨利替换下场，也就不奇怪了。

不管是因为亨利在对巴拉圭队时表现不佳，还是因为齐达内结束禁赛复出，还是法国队根据1/4决赛对手的情况进行了调整——这一点更有可能，总之雅凯在对阵意大利队的比赛中重新回到了他曾经非常信任的4-3-2-1阵型。卡伦布（Karembeu）、德尚和佩蒂特全部出现在了中场，德约卡夫和齐达内是仅有的两位进攻组织者，而他们面对的这支球队有着本届赛事最为出色的防线之一，因此你可以预见会有一场激烈的战术交锋，不过实际上根本没有。双方门将詹卢卡·帕柳卡（Gianluca Pagliuca）和巴特斯出现在比赛画面中的次数，远比人们想象中多，巴特斯更是做出了个人职业生涯中最为出色、最为勇敢的扑救之一，在一次一对一的情况下封出了本届赛事迄今最为高产的前锋克里斯蒂安·维耶里的射门。可能是注意到了球队因为前一轮淘汰赛踢了近两个小时，已经开始显露出疲惫感，并且想要避免又一次加时赛，雅凯决定赌一把，他在第65分钟的时候派上了年轻的亨利和特雷泽盖。但是意大利队坚持住了，尽管法国队直到终场哨响，都凭借着更强壮的身体获得了对比赛的掌控。这一次不再有“金球”诞生了，有的是点球大战。这一次互射十二码，留下了一个可被列入本届赛事最值得铭记的瞬间。第二轮利扎拉祖的点球被帕柳卡扑出后，他咬紧了牙，但他的眼神背叛了他，暴露出了他试图战胜恐惧的巨大努力。意大利队获得了一点儿优势，但只有几秒钟而已，因为巴特斯接下来倒向自己身体的右边，挡出了阿尔贝蒂尼（Albertini）的射门。接下来轮到谁去把皮球放在点球点上，德塞利和德尚在中场有点儿滑稽地“争吵”了起来，引得亨利笑得弯下了腰。德尚假装自己抽筋了，德塞利则被可能罚丢的念头逼得有点儿癫狂。所以最终只能由几个二十出头的小伙子来化解尴尬，免得这两位意甲老将变得更加当众受窘。来自摩纳哥的这对好友自愿操刀，特雷泽盖先上，亨利第二个来，他们最终双双稳稳地将球射入。“我告诉自己，这就是我一直梦想的时刻，也是可能把一切都搞砸的时刻。”亨利12年后如此回忆，“为了消除恐惧，我告诉自己，雅凯相信我，而我绝不是滥竽充数之辈。”当时托尼当然也在现场，身边坐着卡塔拉诺，后者回忆道，当轮到亨利走向帕柳卡把守的球门的时候，托尼躲到了座位底下，“我以为他要死了。”卡塔拉诺说。

但法国队还没有杀进半决赛，因为第三和第四轮亚历山德罗·科斯塔库塔（Alessandro Costacurta）和维耶里都将球射入了巴特斯把守的球门。到了这决定性的赛点，那些敢于走上点球点把球射向帕柳卡、做到了比他们年长的前辈不敢做的事的年轻人，看上去又像是孩子一样了。布兰科在点球点上摆球似乎是花了一辈子，他反复地用手掌抚平（在他想象中很不平整的）草叶，这时候亨利紧张得躲在了特雷泽盖身后。一台摄像机抓拍到了他们焦虑不安的场景，当然，这一幕更能显露出他们的单纯。毕竟，足球仍然只是一个游戏而已。这是我和几百万法国球迷永远都不会忘记的一幕。

然后路易吉·迪比亚吉奥（Luigi Di Biagio）射出的皮球击中了横梁，反弹了回来。

球场、看台全都兴奋地乱成一团，回到法国队更衣室之后，场面也是一样。图拉姆，这场1/4决赛中为法国队出场的5位意甲球员之一，带领队友们嘈杂地唱着："意大利人，他们在哪儿？"意大利人被淘汰了，而法国队则史上第四次杀进世界杯半决赛。之前的三次，无需提醒，全都输掉了：1958年输给了巴西，1982年和1986年连续输给了联邦德国，后两次的场景，仍然让法国人感到刺痛。法国队与意大利队之间的长期对抗，当时远没有达到如今的激烈程度，不过你也可以说，1998年7月3日在法兰西大球场进行的这场意法大战，标志着又一场“国家队德比”的诞生——日后，只有荷兰队vs德国队或者英格兰队vs阿根廷队的凶猛程度能与之相提并论。而且两队此后不断重逢于极其重要的场合，比如2000年欧洲杯决赛，比如2006年世界杯决赛，而这三次重大交锋中，亨利都是主演之一。战胜意大利队（即便从严格意义上讲，这场最终打到点球大战的比赛其实没有获胜者）的确能够给人带来甜蜜的感觉，因为被我们称为“姐妹国家”的意大利队，从来没有错过提醒我们他们在足球上远远走在我们前面的机会。过去十年中的大部分时间，他们偷走了我们最好的球员，朝这些球员挥洒着里拉，就像是纽约纸带游行①时抛撒的纸屑。但在点球大战上，我们中了头彩。

终于，原本只属于死忠球迷的热情和信念，开始渗入到了整个国家，而从前的批评者们则只能陷入焦虑的沉思，绞尽脑汁地想象还有什么剩下的可以批评的事情。雅凯日常进行的球队训话通常是平淡、混乱和励志的理念的混合体，他会充分地利用赛后媒体评论中剩余的攻击，来催促他的“突击队”快马加鞭。他声称有一些对于他的指责确实是对的：他们在比赛中创造出了无数机会，却没有充分利用好这些机会②，前锋们得到机会的时候，经常在犹豫中将其浪费掉，所以……下次拜托好好射门。皮雷则需要加强他的表现……甚至赛事迄今表现极其出色的布兰科，也受到了雅凯的一些指责。只有德尚可以享受“雨中漫步”的轻松待遇，而且他也有理由免于受到指责。这不仅仅是因为德尚和利扎拉祖一起——我会非常乐意把后者选为我的史上最佳11人阵容的左后卫——迄今为止的表现毫无瑕疵，更是因为德尚实际上扮演了雅凯的助

---

① New York ticker-tape parade，纽约商业区有游行时，街边写字楼里的人们会向外抛撒纸带同庆。

② 原文注：这届赛事上，法国队最终在射正球门的次数上占据头名，他们共有41次命中目标，而且他们的领先优势不小，排在身后的是阿根廷队33次、荷兰队31次、西班牙队29次。

理教练的角色，他在赛前交待队友们的注意事项，远比主教练的周密。德尚就是那种会在赛前走到某个队友跟前，对他轻声说一点儿建议的队长，他每场比赛都对亨利这么做，告诉他：注意换边，对方那个家伙转身很慢，要在前场进行高位压迫，让他冲着你来，要注意往那边移动，尽量拉开边路。当齐达内在决赛上半场梅开二度，半场时躺在按摩台上准备下半场的时候，德尚走过去，用右手托着“齐祖”的脖子，就像是在教堂里轻声说话一样对他嘱咐了一些注意事项。当人们后来谈论起这一伟大的成就的时候，一些看不见（但能够被感知到）的东西经常被人遗忘，德尚所做的大部分事情就是看不见的。他在球场上编织的“蜘蛛网”实在是太纤细了，你没办法注意到，但你能够注意到的，是体型那么庞大的“昆虫”最终也会被蛛网缠住，只能徒劳地拍打翅膀。在他的整个球员时代，德尚一直都表现出了未来成为主教练的潜质。在南特效力时，他会两肘撑在宿舍窗户上，等待时任主教练让-克洛德·叙奥多（Jean-Claude Suaudeau）的出现，后者习惯每天在训练中心转一转，然后这两人——其中一个只是个孩子，另一个则是法国那个时代最受尊重的主教练——就会聊上一个小时的足球。所以德尚后来成为了法国足球历史上最像板球队长①的球队领袖，也就不奇怪了。内心深思熟虑的亨利，能够有这么一位值得学习的师长，实在是非常幸运。

再有两场比赛，再有两场胜利，法国队就将成为世界冠军。“我们已经取得的成就非常非常棒，”齐达内说，“但如果能够一路夺冠的话，那就真的……是令人难以置信（grand）了。”grand一词在法语里的意思，比great在英语里的语气重多了，意思是“真的太伟大了”，或者说“简直令人难以置信”。但那一批球员拥有这种信念，或者说他

① 在板球运动中，队长是最为重要的球员，负有维护板球精神与操守的责任。

们被这种信念附体了。他们作为一个团队还从来没有真正绽放过：他们没有普拉蒂尼领军的那支1984年欧洲杯冠军队那样的绚丽风格与技术功底。实际上，这一代“蓝军”要在2000年欧洲杯赛场上才会真正抵达顶点，听起来可能有点儿奇怪，1998年世界杯的成功在某种程度上只能算是跳板，只能说是为未来打造的基础。正是世界杯的成功，为球队奠定了“致胜文化”的基础，而之前的历届法国队即便拥有德尚这支世界冠军球队的才华，却从来都没有吸收到这种赢家的文化。对现在这支球队来说，胜利是以艰难的方式取得的，靠的是把桶放到更深的井里去打水的坚毅的品质，而不是技术或者身体上的优越性。而没有一场比赛会比7月8日2：1击败克罗地亚队更艰难。

克罗地亚队此前制造了本届赛事上迄今为止最大的冷门，在1/4决赛对阵德国队时，他们三度洞穿德国门将安德烈斯·科普克（Andreas Koepke）把守的城门，而且本方没有丢球。在球队大巴离开克莱枫丹前往法兰西大球场之前，雅凯提醒手下的将士们，米罗斯拉夫·布拉泽维奇（Miroslav Blažević）治下的克罗地亚队没有丢掉定义了南斯拉夫——内战最终导致了国家的解体——足球的超凡创造力和高超的技术功底，但如今他们又有了另一个长处：坚韧的精神，这源自于他们作为一个“新”国家，一个重生国家的强烈的爱国心与自豪感。雅凯的担忧是有理由的。上半场进行得极其激烈，齐达内一记惊世骇俗的右脚远射被克罗地亚门将德拉任·拉迪奇（Dražen Ladić）扑出。下半场一开始，克罗地亚队就打破僵局，进球的必然是达沃·苏克（Davor Šuker），利扎拉祖误以为苏克已经越位，放他进球了。然而比赛重新开始之后，图拉姆立刻发动反攻，从兹沃尼米尔·博班（Zvonimir Boban）脚下断球，与德约卡夫做了一次配合，然后插入禁区打出一记漂亮的射门，皮球直窜下角。图拉姆职业生涯这些年在俱乐部大概平均每打50场联赛能够进一个球，结果却选择在圣丹尼斯大球场的这个下午打入了他国家队生涯中——142次出场，这一出场纪录很难被打破——仅有的2粒进球。

亨利这场比赛第31分钟替补受伤的卡伦布出场，但在一个小时里只为自己创造了一次机会，当图拉姆扳平的时候，他第一个冲上去拥抱这位西印度同胞。不到一刻钟之后，比赛的第70分钟，图拉姆又从贾尔尼（Robert Jarni）脚下断球，又一次劲射死角得分。法国队——接近——晋级了，这得感谢最不可能梅开二度的本场进球者图拉姆。人们后来经常忘记，如果没有4天之前在法兰西大球场降临的奇迹的话，7月12日的奇迹根本不可能降临。“利连拯救了我们。”德尚说。但直到比赛还剩最后几秒钟的时候，巴特斯还得竭尽全力才能从横梁下沿扑出克罗地亚球员的一记折射。而且法国队因为布兰科有些过于严厉的被罚下场①，不得不面临10人应战的局面，直到终场哨终于吹响，他们才结束了担忧。为图拉姆的第二球做出了传球贡献的亨利，只差90分钟的比赛就能成为世界冠军了，此前他共有5次射门尝试就打进3球，拥有本届赛事上的最佳效率。而在拉代西拉德岛度假的亨利的母亲仍然不敢看这场比赛，因为害怕她深爱的蒂蒂会受伤。不过时任法国总统雅克·希拉克（Jacques Chirac）却不害怕，他走出自己的包厢，在更衣室里与球员打成一片。他穿上了一件特大号的法国队球衣，背后印着23号，这位共和国总统还亲吻了巴特斯的光头，就像布兰科每场比赛之前做的那样。现在只剩下一个任务了，击败卫冕冠军巴西队。

---

① 原文注：布兰科的右手只是轻轻地拂过克罗地亚中卫斯拉文·比利奇（Slaven Bilić）的脸，比利奇却用手紧紧捂着自己的脸倒地，这无疑是佯装与中伤——不仅法国媒体这么认为。让主裁判把布兰科罚下其实并不是比利奇的主要目的，实际上，这位未来的克罗地亚国家队主帅当时的手也拉拽着未来法国国家队主帅的球衣，他其实是害怕自己因此吃牌，然后遭遇自动停赛。然而他的担心，最后却落实在了布兰科的身上，后者被国际足联处罚，因此错过了决赛。

这本书并非关于法国足球历史上最美好的1个半小时的流水账，而是关于一个最终无缘出战这场比赛的球员的生活。对阵意大利队时，雅凯选择了4–3–2–1阵型，如今对阵最大热门巴西队，由于担心桑巴军团在边路的攻势，雅凯再次选择了一套保守的4–3–2–1阵型。在这一阵型中，在中场分居德尚左右两侧的卡伦布和珀蒂，会帮助两位边后卫利扎拉祖和图拉姆，封堵巴西队两位极具攻击性的边后卫卡福（Cafu）和罗伯托·卡洛斯（Roberto Carlos）。因此首发阵容中完全没有亨利的位置，年轻的亨利接受了这一事实，但他希望在比赛晚点儿时候能够得到替补出场的机会。但是在杜加里替下耗尽体力的吉瓦尔什之后仅仅2分钟，德塞利就被红牌罚下，导致亨利的替补出场没能发生。亨利一直都在热身，等待着最终没有到来的上场召唤。不过他完全被比赛的戏剧性吸引住了，根本没有任何怨恨的意思。

法国队充分利用了巴西人在防守定位球时的懈怠（雅凯在最后一次球队训话时着重让球员注意到了这一点），在上半场就取得了令人难以置信的2∶0的领先。令人难以置信的不仅仅是比分，更是因为取得领先的奇怪方式，因为可能没人记得齐达内有过接应角球、头槌破门的经历。而且他还两次这么得分了。角球，齐达内，头球，进球，又一次进球——这种取胜的组合方式，赛前绝对没人能够想象。德塞利被罚下场后，法国队只能以10人应战，场上的紧张局面实在是令人难以忍受，以至于特雷泽盖在场边流下了眼泪，带着类似于绝望的感情紧紧地搂住亨利。“当我们2∶0领先的时候，”亨利回忆，“我知道比赛其实已经结束了，但我没办法不去想：‘他们会反扑的。’”但最终巴西队没能反扑，两位阿森纳球员维埃拉和佩蒂特打出漂亮配合，后者在补时第3分钟打入了法国队此役的第三球。从此以后，法国队员就可以在蓝色战袍胸口的雄鸡上方佩戴上一颗星了。

关于罗纳尔多赛前不久神秘的“癫痫发作”，人们已经有过很多（甚至可能过多）解读，人们认为此事对于“桑巴军团”（the seleçao）的负面影响实在是太严重了，以至于法国队击败的只是巴西队的鬼魂而已。但这些阴谋论者忘掉了：一方面，法国队以最完美的方式执行了雅凯的比赛计划；另一方面，巴西队在1/4决赛击败丹麦（法国“预备队”在小组赛阶段以更有说服力的方式击败了丹麦队）在很大程度上要归结于运气，而对阵荷兰队的半决赛，他们只能靠点球大战晋级。实际上，在法兰西大球场，没人关心罗纳尔多。在法兰西大球场——以及法国所有别的地方，人们提前两天庆祝了巴士底日[①]，现在全国都沉浸在巨大的共同的欢乐之中，这是自第二次世界大战结束以来最空前的场面。当我后来——12年后，在南非——回想起这一遥远的场面，就更能理解当时的盛况了。

当时当地，那些对于国家团结的质疑被那支被誉为混合了“多元文化”的球队一扫而空。中产阶级白人与成长于郊区的黑人和阿拉伯青年在香榭丽舍大街（Champs-Élysées）上混作一团，在投射到凯旋门的巨幅齐达内画像前疯狂起舞。这一刻，专栏作家、社会学家、哲学家和政治家们都敢说，通过体育，法国已经成为了让-马里·勒庞[②]最糟糕的梦魇：在三色旗的笼罩下，法国成为了一个拥抱来自每个种族、每个宗教的儿女的“彩虹国度”。一家英国报纸印了一份地图，上面标注了7月12日的22位英雄来自于这个世界的哪个地区。不过他们弄错了一些

---

① Bastille Day，即法国国庆节，定于每年7月14日，以此纪念1789年7月14日巴黎民众攻克巴士底狱，揭开法国大革命序幕。

② Jean-Marie Le Pen，法国政治家，生于1928年，1972年建立极右派民族主义政党“民族阵线”，并担任党魁至2011年。5次参选法国总统，主张限制移民进入法国，反对欧洲联盟。

地方：齐达内出生于马赛，而不是阿尔及利亚，他的血统来自于卡比尔人，而不是阿拉伯人；他们把德约卡夫标注为“卡尔梅克/波兰/亚美尼亚”血统，但德约卡夫的父亲让曾经代表法国队出战过1966年世界杯，他来自于里昂；等等等等。尽管如此，这家报纸还是成功表达出了法国的“新”身份，那就是普世性的意识，这与共和国建国之父们的最崇高理想一脉相承。这是一种醉人的观念，壮美至极，与德尚和德塞利共举世界杯金杯的画面一样壮美。这种异常欣快的感觉当然不可能一直持续下去，但它确实比这一理念的幻灭持续得更久：它表明我们的志向确实曾经实现过，它的崇高与宏伟，即便多年后在南非奈斯纳（Knysna）出现的悲喜剧也不可能将之丑化。

球员们从来没有表示自己成为了全新的国家意识的启蒙者，不过这并不意味着他们没有意识到他们的成功带来的非凡影响。球队大巴开回克莱枫丹基地时——齐达内、杜加里和樊尚·坎德拉（Vincent Candela）坐在了大巴的最后一排，这个位置传统上是留给球队中最受欢迎的球员的——后面跟着数以万计的情绪激动的球迷，开到最后几百码的时候，司机若泽·阿莱格里亚（José Alegria）花了几乎半个小时，才终于抵达了球队总部的入口。2004年，亨利曾经如此对《卫报》记者埃米·劳伦斯讲述那段荣耀的时光：

很多伟大的球员终其一生也没有赢得过世界杯，所以在20岁的时候包里就有一块世界杯奖牌，无疑是一种难以解释的感觉。我想我永远也无法真正意识到那届世界杯期间发生了什么。决赛之后的第二天，我从电视上看到，在香榭丽舍大街上，穿着西装的人从他们的梅赛德斯-奔驰车上下来，与完全不认识的只穿着内衣的人一起庆祝，甚至让他们在车的引擎盖上跳舞。我告诉自己：“看到巴黎甚至整个法国团结在一起，这真是令人难以置信。”

球队最终没有参加专门为胜利者举办的官方庆典，而是回到了克莱枫丹圣地，这是雅凯在法国队主帅任上的最后一个决定。他早就决定了在赛事结束后离任，远在他的“突击队”夺冠很久之前就已经计划好了，他卸任后成为了法国足球技术委员会主席（Direction technique nationale），负责指导法国国字号的整体发展战略。他在法国国家队的帅位由助理教练罗歇·勒梅尔（Roger Lemerre）接过。这一次和谐的帅位传承很符合法国足协长期以来的冷静风格，自从极有远见的费尔南·萨斯特[①]提出主办1998年世界杯的规划以来，法国足协的行事风格就一直比较冷静。但这位极其正派的足球管理者，最终遗憾地没有看到这一刻，他在法兰西大球场加冕礼的29天之前去世了。

法国足球当时矗立在世界足球的巅峰，而不仅仅是在球场之上。那些过去一个月代表法国队出战的球员们，同样如此。

甚至摄影机也停止了转动，包括《聚焦蓝军》的导演斯特凡纳·默尼耶（Stéphane Meunier）的那一台，从赛事开始的第一天起，默尼耶就始终如一地陪伴着球队。这一刻，球员和教练们只想一起品味，只与妻子和女朋友们分享。就像德约卡夫所说的：“我们之间的关系不可思议。”这种集体之间的感情力量是如此强大，以至于他们没有一个人后来体验到了空虚感，一般对运动员来说，赢得如此伟大的成就之后，往往会遭遇空虚感。之后的场面让人想起了1968年欧冠决赛，曼联在温布利球场击败本菲卡夺冠，终于祛除了慕尼黑空难的梦魇之后，博比·查尔顿（Bobby Charlton）在酒店房间里喝到失去知觉。那一天人们消耗了大量的葡萄酒和香槟酒，雅凯在空酒瓶中间与齐达内的妻子韦罗妮克

① Fernand Sastre，1923—1998，1972—1984年间担任法国足协主席。

（Véronique）跳起了斗牛舞，每个人都唱着格洛丽亚·盖纳[1]的名曲《我会活下去》（*I Will Survive*），不过是无歌词的版本，这首歌（坎德拉显然最喜欢放这首歌）在这届赛事上成为了球队的非官方主题曲。“所有的球员最后都裸露着胸膛，”德约卡夫回忆道，“世界杯（奖杯）就放在临时被当作舞池的地板中间，我们像疯了一样拼命跳着。我还勉强地跳出了俄罗斯舞步。”

那一夜，无人入眠。我想，不仅克莱枫丹如此，很多法国人家肯定也是如此。

---

① Gloria Gaynor，美国歌手，被誉为“迪斯科女王”。

6

他踢什么位置？

又有什么意义？

地狱一季

A SEASON IN HELL

我已经为法语词组“la traversée du désert”找到了对应的英文，这个词语的字面意思是“沙漠中的十字路口”，也就是徒劳无益的意思。很遗憾，亨利后来自己形容7月12日奇迹之后那奇怪的一年时，就是用的这个词。对亨利而言，法国夺冠既是一场集体层面的奇迹，也是一场他个人层面的奇迹：他在摩纳哥一个表现缺乏说服力的赛季之后入选雅凯的世界杯名单，已经出乎很多人意料之外，而他在世界杯上成为法国队头号射手，更是没人曾经预料到。这些成就必然会推动亨利在摩纳哥的职业生涯，不是吗？很遗憾，没有。蒂加纳对亨利的信任比对其他人都多，但亨利在接下来的赛季中却没有成为球队进攻的关键一员，实际上，在法兰西大球场捧起最伟大的奖杯之后几个月，亨利的表现反而退步了。这是亨利必须穿越的“沙漠”，而他当时并不知道自己要往哪个方向走，这样的情境对于像亨利这样骄傲的人来说，有时候就像是地狱一样煎熬。

球员在刚刚结束一届成功的国际大赛之后回到国内联赛，却难以重新调整回联赛的节奏，这样的场面并不罕见。有些人甚至再也没有从大赛上的要求恢复到联赛中的要求上来，甚至无法应付舆论和媒体更大的关注。但这样的情况或许不能用来解释亨利在加冕世界冠军之后的“自由落体”为何会如此具有戏剧性，而这时亨利更需要的或许是关心，因为他的滑落当时已经引发了一些动机不纯，甚至动机应受谴责的评论。

摩纳哥是（法国乃至全世界）唯一一家拥有三位世界冠军球员的俱

乐部，巴特斯、特雷泽盖和亨利这三人在夺冠路上都发挥了卓越的作用。摩纳哥俱乐部主席让-路易·坎波拉（Jean-Louis Campora）在7月15日召开了董事会特别会议，他在会上明确表示，当前首要任务就是留住这三人，不让他们之中的任何一个离开大公国。坎波拉的立场非常坚定，之前雅凯离任后蒂加纳曾请求俱乐部允许他与法国足协谈一谈（探讨接任的可能性），也被他拒绝。坎波拉还拒绝为这些在过去一个月中市场价值蹿升的球员寻找买家。正在此时，阿森纳俱乐部——通过副主席大卫·戴恩（David Dein）和主教练温格——向亨利第一次提出了购买请求，但他们得到的是客气但坚决的回绝。亨利在此事上遭遇了沉重的打击，他的经纪人马克·罗歇（Marc Roger）和让-弗朗索瓦·拉里奥斯（Jean-François Larios）同样如此，因为他们都想从这笔转会（阿森纳提出的转会费高达1.2亿法郎，约合1200万英镑，后来摩纳哥俱乐部否认了这一数额，称之为“幻想”）中小小地赚上一笔。亨利当时的最大愿望，就是加入海布里越来越壮大的“法国小分队”（French contingent）之中，而温格则想要让他与克莱枫丹时期的同学阿内尔卡组成阿森纳的锋线。温格后来告诉我，没能做到这一点，仍然是他教练生涯中最大的遗憾之一。

亨利能怎么办？什么都不能。而一些对他最严厉的批评者则声称他做了一些事。根据他们的说法，亨利开始训练迟到，不管什么时候被叫到一队，都是慢腾腾地拖着鞋去；他一直默许他的顾问们向媒体泄露一些具有误导性的报道，以此来强迫摩纳哥，而且阿森纳俱乐部也参与了合谋。坎波拉向与他交好的记者透露，他已经就此事向国际足联发去一份正式投诉，但他声称已经寄出去的这封信似乎在送往苏黎世的路上丢了，因为后来没有针对此事的任何行动得到执行。据说亨利请求与主席进行一场会谈，据说是要就薪水进行谈判，实际上却是要求转会伦敦。

坎波拉并没有屈服，所以亨利为了离开俱乐部就只有一条路可走了（他的敌人们都这么说）。媒体已经报道过，亨利与摩纳哥的合同中包含一个条款，如果他参加了一定场次的比赛，就会触发自动续约一年。根据阴谋论者的说法，为了避免此事出现，亨利故意“破坏”了自己的表现，迫使蒂加纳更多地使用伊克佩巴和特雷泽盖，而不是他。

关于亨利在1998—1999赛季上半程状态的急剧下滑，有很多种解读，不过有一种我很不信服。亨利有时候会有些敷衍地度过一两场比赛（他在阿森纳最后两个赛季也曾反复地这样做），要么因为这场比赛本身无足轻重，他希望保留点儿体力，要么（更多地）是因为他感觉如果在这样的90分钟里面像平常一样努力的话，可能会招致伤病。几乎所有的球员都会做类似的事情，你也可以说只有傻瓜才不会意识到这种自我保护与球队的更大利益其实是一致的，尤其是这位球员正是球队最有价值的资产的时候。而刻意怠工则完全是另外一回事。你不能怀疑亨利的表现下滑是受到了摩纳哥拒绝批准他转会阿森纳的影响，轻度但挥之不去的背伤，可能也促成了亨利效率的下滑。说他决定踢得差来退出主力位置的竞争，是对一位职业球员的非同小可的指控，何况这些批评者除了他后来离队的事实，以及他随之而来的充满恶意的反应，并没有其他的理论基础。亨利有时可能确实背弃了那些本来应该得到他更好对待的人，但他从来没有背叛足球。实际上他太热爱足球了。再说了，他为自己新赛季前5个月的反复失败付出了沉重的代价：距世界杯1/4决赛对意大利队罚进关键点球不到两个月，亨利就丢掉了自己在法国国家队的位置。

8月19日对阵奥地利队的友谊赛中，新任主帅勒梅尔不出所料地把亨利排进了首发阵容，这场友谊赛既是为世界杯夺冠欢庆的时刻，也是针对即将到来的2000年欧洲杯预选赛的排练。而几周后的欧洲杯预选赛小组第一轮，法国队就在雷克雅未克（Rejkavik）遭遇了一场不祥的1：1

平局，当时法国队即便派上了一支充斥着进攻天才的队伍，也仍然没能解决掉这支极度重视防守的冰岛队。亨利只在最后22分钟出场，没能在进攻端增添任何重大的威胁。之后他要再等18个月，才能获得自己的第12次国家队出场机会。

并不是说法国队突然找到了一套全新的胜利模式，在接下来的一段时间里所向披靡，以至于状态不佳的亨利成为了多余的存在①。恰恰相反：很明显，勒梅尔希望球队能够表现出比雅凯时代更富有进取心的风格，在比赛中球队更强的侵略性确实带来了更高的进球效率，但结果却并不总是这么养眼。新主帅一直在对表现不佳的锋线进行调整与更换，在一年半的时间里，他先后召入了杜加里、特雷泽盖、托尼·韦雷莱斯（Tony Vairelles）、西尔万·维尔托德（Sylvain Wiltord）、利连·拉斯朗德（Lilian Laslandes）、弗洛里安·莫里斯、吉瓦尔什和阿内尔卡，直到2000年3月重新召回了亨利。勒梅尔在一场场比赛中试验了各种锋线排列组合，结果没有一种特别令人满意。即便如此，亨利仍然只能长期扮演旁观者的角色，因为他在摩纳哥的糟糕表现之后——在尤文图

① 原文注：亨利缺席之后，法国队一开始表现得不错，在莫斯科3：2击败俄罗斯队，然后主场2：0轻取安道尔队。1999年2月，阿内尔卡又在一场热身赛中梅开二度，帮助法国队在温布利大球场2：0击败英格兰队。3月他们在欧洲杯预选赛中主场0：0战平乌克兰队，同月又在圣丹尼斯大球场2：0击败亚美尼亚队。但6月5日法国队在主场2：3不敌俄罗斯队，遭遇了27场正式比赛以来的首场失利，要知道高卢雄鸡1993年11月17日以来还没有输过——当时输的那场比赛是1：2不敌保加利亚队，这场臭名昭著的失利使得法国队没能晋级1994年世界杯决赛圈。输球后“蓝军”表现糟糕，对安道尔队和北爱尔兰队都只是1：0险胜，9月4日又0：0打平了乌克兰队，而且这场比赛中使用了三名防守型中场。最终法国队只是凭借两个3：2险胜亚美尼亚队和冰岛队，才回到了自动入围决赛圈资格的争夺之中。勒梅尔很幸运，俄罗斯队在莫斯科对阵乌克兰队时自己出现了失误，在比赛的最后一分钟滑稽地丢了一球，最终帮助法国队获得了第四小组头名——虽然法国队只比俄罗斯队多1分，比乌克兰队多2分。法国队终于不用参加附加赛来争取挺进2000年欧洲杯决赛圈了。法国队的晋级历程和这个段落描述的一样吃力。

斯——仍有更糟糕的表现，我们接下来会看到这一幕。

每当人们后来问及他在时运不济时会“屈服”的能力，亨利就经常会提起这段漫长的放逐期。他非常有风度地接受了从法国成年国家队到U21国青队的降级，把这当作是重新回到成年队阵容的最合理方式，虽然他在这方面的想法并不完全正确。舆论对他的兴趣逐渐减小了，这也延缓了他回归“A队”。曾经的法国足球的最大希望，重新变成了“希望队”的一员，民众怎能无视这一极具讽刺意味的事？渐渐地，亨利离公众的关注点越来越远了：毕竟他现在只是一个被迫重返学校的世界杯毕业生，一个参加2000年悉尼奥运会预选赛的国奥球员，而非参加2000年比利时/荷兰欧洲杯预选赛的成年队球员。对亨利而言，现在的问题已经不是“他能走多远”，而是“他什么时候能回来，他还能回来吗”。那些仍然像以前一样密切关注他的人之中，有一个是温格，后者在一次造访国青队时告诉亨利，他“在边路完全是浪费时间，如果成为中锋的话就会有完全不一样的职业生涯了”。亨利有点儿迷惑。“我以边锋的身份赢得了世界杯，”他后来回忆道，“全世界的人都认为我是个边锋。所以对我来说这有点儿奇怪。我已经进入了国家队，结果阿尔塞纳（温格）却告诉我，我在中锋位置上会有完全不一样的职业生涯。这显然很难理解。”亨利需要再花18个月，才能意识到温格是对的。

更难理解，或者说更难接受的，是亨利曾经在法兰西大球场听到的8万人的合唱是如此迅速地消散于无形。这个世界杯后说过为球迷签名——“从某种角度上来说，是回报那些无论时世好坏都支持你的球迷的方式，因为我们的职责就是让人们敢于梦想，无论场上场下”——的年轻人，发现自己现在只能随着“希望队”周游欧洲，造访俄罗斯、乌克兰和亚美尼亚，在人数稀少的观众面前进几个球，做点儿向勒梅尔表明他想要回归成年队的事。他就像是一个曾经一炮走红，现在却发现聚光灯已经转移到了别人身上的音乐家，只能带着一把吉他，坐上一辆破旧的面包车，系上安全带，试图在二流演出场地重新“震撼”美国。俨然一副“有球，上路①”的样子。当然，情况也不全是这样。当亨利突然不再受宠的时候，他还与多梅内克培养出了复杂的关系——对多梅内克来说，在U21级别的欧洲赛事和奥运会上的成功，将让他得到在法国足球的“职官名录制度”中继续爬升的机会。

如前文所提到的，在劝说雅凯将亨利召入世界杯名单一事上，多梅内克一直非常热忱，事后来看我们可能会以为召亨利是简单明了的事，但在当时根本不是这样。亨利也知道这一点——现在知道，当时也知道——他对这段时间遭遇的万千宠爱与长期冷落都印象深刻。比亨利年长20多岁的多梅内克，在此事上表现得非常无私，或者看上去非常无私：如果他在国青队留住亨利的话，球队的表现肯定会得到促进，那么为什么他要把这位1996年法国年度最佳年轻球员推荐给雅凯？即便那些视多梅内克为第一流的骗子和没能力的野心家的人，也不会否认他对于足球的爱是真心的；这个被他们描述成一个无耻的操盘手、既卑鄙又狡诈的男人，也是个执着的狂热的足球爱好者。而且多梅内克和温格、蒂加纳一样，意识到了亨利身上极其独特的天赋，也想要帮助他绽放。

但从那以后，两人之间的关系发生了改变。亨利需要多梅内克的“希望队”来重新启动自己的国家队生涯，多梅内克同样迫切地需要亨利。自从1993年接班马克·布里耶（Marc Bourrier）以来，他已经执教法国U21国青队超过了5年，没有率队获得任何一项荣誉。1994年和1996年两届欧青赛，法国队都止步半决赛，这样的成绩或许可以被视为

---

① Have ball-will travel，此处化用20世纪五六十年代美国经典电视剧《有枪，上路》（*Have Gun-Will Travel*）的句式。

体面的失败；但1998年球队小组赛即遭淘汰之后，多梅内克感觉如果表现再让人失望的话，足协可能会另选他人了，尽管足协大佬们似乎很享受让多梅内克这种他们能够控制（或者他们认为自己能够控制）的人掌印。

所以是勒梅尔在成年队弃用亨利，还是多梅内克坚持要在国青队使用亨利呢？许多来自法国足协高层的信源——他们当时全都在恰当的职位上——向我透露，多梅内克竭尽所能，想让亨利重回国青队，如果不是多梅内克坚持留下亨利的话，勒梅尔恐怕不用等这么长时间才把亨利重新召入成年队。这或许可以解释为什么并没有犯下严重罪行的亨利，会被如此长时间地丢弃在炼狱之中，何况这期间作为世界冠军的法国队还在为锋线寻找解决办法，而且为难以找到合适办法而发愁。

但即便是1999年6月9日法国队只以1：0击败安道尔队——这还要归功于第86分钟勒伯夫（Frank Leboeuf）并不干脆的点球得分——召唤也没有到来。在选人顺位上，特雷泽盖和阿内尔卡都在亨利之前。在亨利效力摩纳哥状态不佳，之后效力尤文图斯遭遇失败（不少观察家从一开始就认定这次转会非常糟糕）的情况下，这还可以理解，但为什么韦雷莱斯、拉斯朗德、弗洛里安·莫里斯或者吉瓦尔什能被视作比亨利更好的选择？这些球员之中，没有一个人在联赛层面表现出了高效率，或者可以正当合理地成为世界最佳球队的锋线人选。他们充其量只能算作试验品，而且最终全都以失败告终。

当然，并不是说亨利就是受多梅内克操纵的傻子。在两人的关系之中有一点始终如一，那就是他们都清楚地知道互相之间多么依赖对方。他们的成长与受教育过程中的相同之处（比如父母离异，比如“工人阶级”背景——后者在法国是一个很模糊的概念）很少，相较于不同之处更是黯然失色——他们的不同之处不胜枚举。雄心壮志驱动着两人前进，但一位极其有天赋的运动员的雄心，与一个视“玩弄规则”为第二天性的官吏的雄心毫无关系。前者的自私最终能够造福他身边的人，只要他能够绽放光彩；而后者则会以潜移默化且不可阻挡的方式，让平庸渗透、腐化与他产生关系的人，最终变得具有毁灭性。

多梅内克曾经是个有一点儿才华的球员。但即便是当时，他也作弊。他凭借一个谎言赢得了自己的声誉，这位所谓的“屠夫”（他从butcher这个绰号之中得到了巨大的自豪感），从来没有像他号称的那样，在职业生涯刚开始的时候就踢断过对手的腿。那次事件发生的时候，他才只有18岁，那是1970年8月12日，尼斯的奥地利进攻组织者加布里尔·梅茨纳（Gabriel Metzner）在赛季开始的第一天就遭遇了腿部两处骨折，他受伤是因为多梅内克的里昂队友让·巴埃扎（Jean Baeza）做出了一次糟糕的铲断，后者在这方面与切尔西的“菜刀”（Chopper）罗恩·哈里斯（Ron Harris）完全可以相提并论。多梅内克却代巴埃扎受过，宁愿接受各方批评，因为他很快就发现如果接过了别人的“硬汉”（hardness）形象的话，他能够从中得到不少好处。所以他后来会公开表示“我喜欢被人称为凶手”，并且不断重复“足球就是战争”这一糟糕的论调。他故意留了一副翘八字胡，这样就没人会误会他是好人了；他还改进了意大利人常用的老把戏，不再把安全别针藏在内裤里，到了场上拿来扎对手，而是使用了更为天然的武器，他蓄了很长的指甲，然后磨尖磨快，可以达到同样的目的。在球场还被用金属栅栏围起来的年代，他会在热身的时候故意用最大的力气把球踢向铁丝网，以此来吓唬对方球迷，希望引起对方的敌视，他这一招从来都没有失败过。多梅内克完全不在乎他在别人眼里的形象是什么样，即便他几乎是被所有人鄙视，也完全不在乎。在球员时代，他就是这样的形象，开始教练生涯之后，同样如此。

不过多梅内克的赌博没有成功。1999年11月17日，在塔朗塔，拥有皮尔洛的意大利队通过次回合加时赛2：1击败了法国队，赢下了这一赢家通吃的附加赛，多梅内克至今仍然坚定地认为，这场比赛被意大利人操纵了。根据他的说法，意大利人买通了这场比赛的主裁判卢西略·卡多索·科尔特斯·巴蒂斯塔（Lucilio Cardoso Cortez Batista），所以后者在比赛开始仅仅10分钟后就罚下了法国队的防守型中场克里斯蒂安·巴西拉（Christian Bassila）——巴西拉后来效力过桑德兰队。他不断地重复这一完全未经证实的说法，后来还因此在2007年遭遇了一场停赛处罚，以及1万瑞士法郎的罚金。多梅内克又一次失败了，但他仍然留在了帅位上，就像他此前一直所做的那样。不过幸好当时亨利已经迎来了职业生涯最重要的转折点。但亨利首先得经历一段艰苦的时光，这段时光在后来他跻身世界足坛最高水准的时候，很少被提及。但我必须回溯时光，讲述这个开始于1999年初的故事。当时亨利仍然被摩纳哥放逐，但他这时已经与蒂加纳产生了公开的冲突，与法国成年国家队的距离，甚至超过了此前两个赛季的任何时刻。亨利必须从这样的局面中挣脱出来，避免自己变成又一个过早成名的牺牲品，虽然他的做法意味着离开法国，不是去英格兰——至少暂时不是——而是去意甲联赛。这一消息在那一年的1月18日公布，当时几乎无人敢相信这一幕。

值得注意的是，即便是亨利的经纪人也根本不知道自己的客户准备加盟尤文图斯，当时这家意甲豪门与亨利达成了一份为期4年半的合同，令两位经纪人——或者说应该是“两个以为他们是他的经纪人的人”，马克·罗歇和拉里奥斯——对于转会的宣布非常愤怒。罗歇爆发了：“想想看，上周二（1月12日，亨利转会尤文图斯的消息公布前6天），我还在摩纳哥见过蒂埃里，还和他谈过他父亲在瓜德罗普开餐厅的事！”摩纳哥俱乐部主席坎波拉和尤文图斯CEO卢西亚诺·莫吉（Luciano Moggi）直接绕开了亨利的两位代理人，而以臭名昭著的吕西安·多诺福里奥（Lucien D'Onofrio）作为中间人①，为此还付给了他一笔约合36万英镑的巨额佣金。后来被泄露给媒体的文件显示，与亨利自己认为的不同，亨利其实仍然与罗歇和拉里奥斯有合同在身，合同直到2月20日才期满。场面极其混乱，同时对亨利而言也非常危险，因为不到两年之前，他才因为与皇马签署了一份预备合同，而被国际足联罚款40万瑞士法郎。不过拉里奥斯并未控告亨利，而是把火力对准了自己球员时代效力过的摩纳哥俱乐部。“一切都是摩纳哥操纵的。”他对《法国足球》表示，“这份合同不是通过谈判而来的，而是被强加（给亨利）的！坎波拉当初想把图拉姆和佩蒂特卖给国际米兰的时候，曾经用过同样的招数。不幸的是，蒂埃里没有那些球员那样的强硬性格，因此让自己被操纵了。”17年后，格里曼迪——在亨利突然离开摩纳哥之前一个半赛季，格里曼迪就已经加盟阿森纳了——对拉里奥斯的做法表示同

---

① 原文注：接下来我要澄清一下我为什么使用“臭名昭著”（notorious）这个形容词：多诺福里奥的绰号“幸运的卢西亚诺”可不是白来的。他生于意大利，长于比利时。他在那里的职业生涯没能成功起步，之后去美国踢了一段时间，然后又去了葡萄牙，效力于顶级联赛球队波蒂莫嫩塞（Portimonense），在那里，他因为遭遇腿部两处骨折，被迫在28岁时就宣告退役。他去意大利接受治疗的时候，不知怎么的就成为了国际米兰俱乐部的“体育顾问”。1985年他又从米兰移师波尔图，成为这个城市的旗舰俱乐部波尔图的总经理，爬升速度真是够快的。1991年他离开了波尔图，然后成为了欧洲足坛最有权势的经纪人之一。像阿伦·博克西奇（Alen Bokšić）、维克托·巴亚（Victor Baía）、安德烈·克鲁斯（André Cruz）、伊克佩巴、德塞利、德尚和齐达内这样的球员，都曾经在他操作亨利的转会之前接受过他的服务。多诺福里奥对于他的行事方式很坦率，他在1997年接受《比利时晚报》（*Le Soir*）采访时曾经总结过：“经纪人总能设法做成他想要做的事。国际足联从未精确地界定报酬结构。从来不存在‘官方费用’这样的东西。”这种无拘无束的态度，让他在几年后坐在了法国特别法庭面前，因为调查员发现了他涉足马赛俱乐部财务严重违规行为的证据。2007年10月，普罗旺斯地区艾克斯市（Aix-en-Provence）上诉法院判定多诺福里奥监禁2年（缓刑18个月），罚款20万欧元，两年内禁止参与足球事务。但这并未使他丢掉比利时豪门俱乐部标准列日的副主席职位。他的哥哥多米尼克（Dominique）在那儿担任主教练至2011年。如今，“幸运的卢西亚诺”重新做回了他最擅长的工作：经纪人。

意。“坎波拉与尤文图斯有不错的关系，”格里曼迪告诉我，“蒂埃里只是做了他被要求做的事。坎波拉和摩纳哥还决定卖图拉姆（给尤文图斯）。利连不想走，于是他们就让他日子难过，但他以惊人的力量进行抵抗，最后终于让事情朝自己想要的方向发展。不过一般来说，坎波拉想要球员去哪里，球员就只能去哪里，只要符合他的利益，他就会让转会发生。”

亨利自己倒是很乐于把此次转会视作一次个人决定，或者至少不是一次未经过他明示同意的决定（2008年他说过：“我生命中的每一个决定，都是靠我自己做出的。”所以我不得不认定，他早就知道要转会尤文图斯）。在他签约斑马军团之后接受的首次采访中，亨利曾对《法国足球》记者让-米歇尔·布罗尚（Jean-Michel Brochen）畅谈心志，布罗尚问他，为什么这桩他们一直在策划的转会之中，做了他两年顾问的两位经纪人会被抛弃在外，未能参与其中。布罗尚记录下来了亨利回答之中的“讽刺”语调：

是的，很奇怪吧？（停顿）就像是意外一样。我的转会在没人预料到的局面之下发生，有时候我会被人宣布加盟某家俱乐部，因为“有人”知道另一家俱乐部对我感兴趣，但其实我根本不会加盟那家俱乐部（这只是经纪人的把戏而已）。但这一次，我自己做出了选择。这是我自己的决定。整件事感觉有点儿像是……我做了个“鼻子脚①”手势。

相信我，我最近学到了很多事情。

以成人身份做出职业生涯第一个重大决定的时候，亨利还不满22岁。实际上，他很快就做出了这一决定，与坎波拉通电话之后，几个小时就

① 英语的cock a snook，法语的pied de nez，一种表示嘲弄的手势：用大拇指顶着鼻子尖，同时摇动其余四指。

决定了。他同意转会，说明了他拥有巨大的勇气、自信以及部分装糊涂的天赋。这是离开他父亲托尼的最后一步，也是决定性的一步——而后者似乎直到最后一刻还被蒙在鼓里——亨利父子之间的关系自从皇马转会事件以来就越来越不稳定了，而这一刻，维系他们之间复杂关系的那根细线终于断开了。“你必须成为你内心中的那个男人。”亨利在2008年如此对英国记者说。加盟尤文图斯或许并非最明智的决定，但这桩转会使得亨利内心中的那个“男人”终于公开露面，终于，除了他自己之外，再也没有谁能为他负责了。

让马克·罗歇很惊讶的一点在于，亨利似乎因为自己做决定导致了收入的减少。“在摩纳哥，亨利每个月的薪水是15万法郎（约合1.5万英镑），”他说，“即便他想要薪水翻五六番，我想我们也能给他争取到更多：要知道，他们给杜加里的月薪都高达80万法郎。”即便如此，马克·罗歇和拉里奥斯都表示想继续为加盟尤文图斯的亨利服务。毕竟，之前他们不是自费把亨利父子带去了巴塞罗那吗？温格不是还对他们说阿森纳愿意为亨利支付1200万英镑吗——比传说中尤文图斯支付的转会费还多500万英镑。不仅如此，就像格里曼迪回忆的：“当我转会阿森纳之后，亨利还在不断纠缠我——因为他的梦想就是为阿森纳踢球。我记得有一次在拉蒂尔比耶训练基地的停车场见到他，他对我说：‘吉勒，告诉温格我想去阿森纳踢球！’”

拉里奥斯还想知道亨利如何能够签署一份用意大利语拟定的合同，因为后者根本不会意大利语。不过亨利很快就会学会了这门语言，而且学得很快。他到达都灵之后几个星期，就已经能够与队友对话了，等到他效力阿尔卑球场（Stadio delle Alpi）末期，他已经可以接受《都灵体育报》（*Tuttosport*）的采访了，就像其他19个在意甲效力的法国球员——其中7人随法国队成为世界冠军——中的大部分人一样。

亨利从来没想过他能够悠悠然加盟，然后迅速锁定尤文图斯首发11人阵容中的一席之地。“最初的两个月会很艰难。”他提醒道。不过他也说——球员们经常这么说——穿上两位偶像普拉蒂尼、兹比格涅夫·博涅克（Zbignew Boniek）曾经穿过的球衣，是“梦想成真”，他从很小的时候就曾经怀抱这一梦想。但他也承认，如果尤文图斯没有对他发出召唤的话，西班牙（巴塞罗那）和英格兰（阿森纳，枪手发现没办法把亨利带到海布里之后，选择了尼日利亚人卡努作为替代品）也可能成为他的目的地。在与尤文图斯签约半小时前，亨利给温格打了电话，但是，“到那个时候，他已经没得选了。”恩师温格回忆道，“我必须保持耐心……而且我当时也和卡努在一起。”AC米兰和国际米兰也向摩纳哥问询过引进亨利的可能性。但如果选择登陆意大利的话，亨利怎么会不选择尤文图斯呢？毕竟队中还有三位法国人：齐达内、德尚和前梅斯中场若瑟兰·布朗夏尔（Jocelyn Blanchard）——他是1997—1998赛季法甲赛场涌现出来的新星。

亨利从未低估自己即将遭遇的重大挑战。尤文图斯即将迎来一段动荡期，场上场下都是如此。进入1999年以来，他们在联赛中遭遇三连平，更在意大利杯上主场被博洛尼亚2：1击败，这无异于一场羞辱。当时的意甲领头羊佛罗伦萨，在联赛积分榜上领先尤文图斯11分。自从马塞洛·里皮（Marcello Lippi）1994年担任主帅以来，作为意大利最受欢迎俱乐部的尤文图斯还从未遭遇过如此不稳定的境地。他们现在还有一个目标，仅剩的目标：欧冠联赛，不过亨利没办法再参加欧战，因为他这个赛季已经代表摩纳哥出战过联盟杯了。佛罗伦萨的头号射手、阿根廷人加夫列尔·巴蒂斯图塔（Gabriel Batistuta）一个人的进球数只比全体尤文图斯球员进球数总和少一粒。尤文图斯如此缺乏进球，一大原因是皮耶罗因为膝伤缺席了赛季大部分时间。亚历山德罗·德尔·皮耶罗

（Alessandro Del Piero）对于亨利加盟的反应可以说并不兴奋。“我有点儿被惊到了，”他说，“我之前从来没听说过会有这么一桩转会。前几天，有人在电视上称他为骗子……让我笑出了声来——他是个非常优秀的球员，大部分时间出现在边锋位置上。我们可以考虑与他组成新的进攻组合，因扎吉，我，还有齐达内在身后。但亨利应该不能把我挤出球队！”

皮耶罗的建议——在一定程度上更像是玩笑话——在战术层面很难付诸实施，而这也正是皮耶罗想要指明的：亨利在适应上会遭遇困难，而且他不可能指望别人帮助他做到这一点。“足球是一项个人的运动。”我曾经听过一位法国国脚这么对一个深感迷惑的球迷说俏皮话。当时的皮耶罗正值24岁的黄金年华，而且之前一个赛季打出了俱乐部层面的个人最佳赛季（47场各项赛事攻入32球），可以说皮耶罗已经让自己成为了意大利足坛新一代球员中最出色的“9号半”（trequartista），即连接中场与锋线的二前锋，不过他在4-2-1-3阵型中会被荒废，他也完全知道这一打法永远不会成为尤文图斯的默认阵型。像里皮或他——已经被选定——的继任者卡尔洛·安切洛蒂（Carlo Ancelotti）这样的审慎的教练，绝不会排出如此冒险的阵型，这也与尤文图斯“现实主义”（realism）的传统格格不入，与他们的信念相抵触。此外，亨利还要面临与詹卢卡·赞布罗塔（Gianluca Zambrotta）的竞争——后者当时是一位边前卫，未来才会展现出在防线上的前景，而且赞布罗塔是安切洛蒂暗中钦点的选择，他已经让尤文图斯将其从巴里买下。所以你越研究，就越难发现年轻的亨利将在哪里、将如何获得生存空间，以及为什么尤文图斯花了约合750万英镑的转会费将他签下——之前任何意大利俱乐部引进法国球员时，都没有花过这么多的转会费，甚至引进齐达内也没这么贵。尤文图斯需要的不仅是进球——就像之前一个赛季欧冠半决赛亨利对他们打进的那一球，更加迫切需要的是一位纯射手，而亨利这时还不是，或者在他自己看来，永远都不会是。

“我会像在摩纳哥一样踢球，在边路，要么是左边锋，要么是右边锋。”他解释道，“我不像特雷泽盖。人们不应该希望我能进很多球。”后来人们提起亨利在都灵缺乏能上新闻头条的那种成功时，多半会把责任推给他的位置——他被“复位”到了左边锋的位置上，这减弱了他作为天生杀手的锋利程度。但实际上，可以说当时只有温格一人把他视作一位可以锻造的中锋。我记得2008年夏天纳斯里从马赛加盟阿森纳之后，我和阿森纳主帅有过一次对话。“有时候把未来在中路有所成就的球员放到边路锻炼，是个好主意。”他告诉我，“他会习惯于在一个更小的空间里运球，因为边线压缩了一半他可以使用的空间。等到你把他放回中路的时候，他能够更加自如地呼吸，能够更加出色地利用场上空间。”温格这话是针对纳斯里说的，但在亨利身上同样适用。但我很怀疑里皮建议尤文图斯俱乐部联络摩纳哥引进亨利时是不是也抱有同样的心态。

对亨利“复位”（repositioning）的说法，其实具有误导性，亨利之所以没能在都灵安定下来，最根本的原因是20世纪90年代安全第一的意甲大环境对于边路球员的要求实在是太高了。就像布朗夏尔曾经对我说的：“尤文图斯是一支你不一定会出现在你最合适的位置上的球队。你必须进入一个可能不符合你的风格的战术体系。蒂埃里是个前锋——结果尤文图斯让他打中场左路，在这个位置上你需要超凡的体能，才能履行你的防守和进攻职责。”布朗夏尔感觉亨利还没有准备好打这个位置：他要学会防守，但他此前的教练中从来没有任何人要求他或者教他去防守。回想起在意大利的几个月，亨利自己在2002年说道：

今时今日，足球运动员必须成为出色的演员。他必须适应每一种角色。但在那儿（尤文图斯），我的角色实在是太违背我的天性了。我们

踢的是3-5-2，整条左边路都留给了我。进攻的时候，我是第二或者第三前锋；球在中路运转的时候，我则要变成第五名中场；球在后方的时候，我就变成了第四名后卫！

“考虑到他的年纪太轻，即便你了解他在摩纳哥的成就，”布朗夏尔补充道，“他在足球层面也只是个新人而已。所以他很难满足球队对他的要求，也很难接受这样的要求。当你被像尤文图斯这样的豪门俱乐部签下的时候，你会深感自豪，你会想要闪光，想要展现自己的价值。当你发现自己处于自身优势无法得到充分展现的境地之中，问题就出现了。”确实如此，问题很快出现了。即便齐达内曾经预言过，作为一个“敏捷、聪慧、快速的球员”，亨利会“在尤文图斯感觉非常自在”。事实却并非如齐达内所言：1999年1月24日亨利上演了尤文图斯处子秀，在2：1击败佩鲁贾（Perugia）的比赛中替补出场了最后20分钟；之后一场比赛他首发出场，球队在意大利杯1/4决赛次回合1：0击败博洛尼亚，但因为尤文图斯两回合客场进球数少被淘汰，这场比赛也就没什么意义了。而这也就是亨利的常态了，他只在一场比赛中真正表现出色，4月17日大雨滂沱的罗马奥林匹克球场，斯文-戈兰·埃里克森（Sven-Göran Eriksson）率领的拉齐奥被彻底击败。在这场3：1的胜利中，亨利梅开二度［不过必须说的是，这要感谢拉齐奥门将卢卡·马切吉亚尼（Luca Marchegiani）的“合谋”］，但亨利在尤文图斯的总进球数，也不过3粒，总出场数则是16场，其中大部分比赛他只是踢了一部分时间。

当然这也并不意味着亨利在尤文图斯效力的时间被浪费掉了，你也不能视其为一场“失败”。这是亨利作为职业球员的第一次转会，有多少21岁的年轻人能很快适应外国文化，尤其是意大利足球当时心态极度保守的文化？那支尤文图斯队中的意大利核心球员，根本没有让年轻球员感觉自在，也没有让引进的外援感觉自在，一句话，他们根本不想这么做。里皮和安切洛蒂的战术设置让亨利作为扭转乾坤的球员的能力消失无形。在这样的背景下，亨利没有失去一点点对自己天赋的信心，也真是很不寻常。布朗夏尔的情况比他的新队友亨利更加难熬，但他坚称自己和亨利当时都没有“过度担心”。“我们不是意外被尤文图斯引进的，”他说，“如果你加盟了他们，这就说明你有能力。虽然有的事情你没办法控制——比如主教练或董事会的决定，或者球队的状态等等——但其他的事情你可以控制，比如你自己的表现水平，不管你处于怎样的环境之中你都应该展现出自己的水平，尽管有时候会很不顺利。蒂埃里和我都不担心我们的处境。最重要的是努力表现，是尽可能帮助尤文图斯在积分榜上升到更高的位置。在像尤文图斯这样的俱乐部，失败不是可选的选项。”而且别忘了一点，如果说亨利“失败”了的话，当时在尤文图斯的其他球员那一年也失败了。就像他在2004年所说的：

齐达内和很多其他球员踢得也都不好。当时这是个不小的考验。在你的职业生涯中，总会遭遇某些糟糕时刻，当时就是这种糟糕时刻，但它能持续多久要看你有多么想把它变成精彩时刻。（你问我）多么想要把这段时间从人们的记忆中抹除掉？我想要让人们忘掉这段时间。基于我现在的表现，有些人似乎以为我只为阿森纳效力过，他们可能记得我年轻时在摩纳哥踢过，但有时他们会忘了我还曾经为尤文效力过。

“我还记得他的失望，”布朗夏尔说，“当他必须踢那个位置的时候……他有时候不会竭尽全力。我和他说过这个问题。‘上场的时候告诉你自己有多么幸运吧，’我对他说，‘你应该竭尽全力，不管你满不满意……这都不是问题所在。你未来会有能力想去哪里就去哪里，什么时候想去就什么时候去。但你现在所处的环境非常独特，你以后会懂的。’在对拉齐奥的比赛中独中两元，就是他表示回应的方式，他相当于在说：‘如果我完全在状态，而且人们信任我，我就能为这家俱乐部取得伟大的成就。’但他没有得到足够的时间来完成这一切。我可以这么跟你说：尤文图斯对于放蒂埃里离队的悔意，比蒂埃里对离开尤文图斯的悔意要大得多。”

1999年2月安切洛蒂取代里皮成为尤文图斯主帅后，亨利并不能说遭遇了“附带损害”，要说这次换帅能够带来什么的话，也应该是帮助他在尤文图斯安定下来。弗洛朗·马卢达（Florent Malouda）后来曾经如此评价过他的切尔西主帅（安切洛蒂），这一说法在亨利效力尤文图斯时就已经被证明是正确的：“安切洛蒂拥有能亲近每个球员的性格，不管是能够上场还是不能上场的球员都不例外。他知道那些不上场的球员会有各种各样的感觉，而他会努力让每个人都团结在一起。”布朗夏尔也同意这一点：“安切洛蒂比里皮更加亲近球员。但他和里皮的执教方式基本差不多，他们的行为举止也是大致一样。他们都非常了解这套阵容中的球员，因此更倾向于信任那些他们已经熟知的球员，而不是那些不那么熟的球员。”尤其是那些像亨利一样几乎没有防守天性的“不那么熟的球员”。

很多年以后，当亨利丢球后参与反抢，在对方半场骚扰一个又一个后卫，在草皮上疯狂冲刺的时候，海布里球场会爆发出最响亮的欢呼声。不得不说，这一做法效果很好。这一场面既奇怪又令人惊讶：对方中卫会不知所措，会在困惑之中暂停一会儿，想想该怎么处理球，这就给了亨利逼抢他们的时间。然后中卫会把球传给边卫，后者一般不会预料到这样的“礼物”，往往在惊慌失措中大脚将球往前开（有时候甚至会直接把球传给亨利），而阿森纳中场球员们往往能截下皮球，重新获得比赛控制权。我对于阿森纳时代的亨利的一些最美好回忆，就来自于这些略显躁狂、怒气冲冲的冲刺，因为这些冲刺比任何言语都更能表明他对俱乐部的爱。但那是在阿森纳，不是尤文图斯。就像后来亨利在巴塞罗那第一个赛季抱怨承担了额外的防守任务一样，在尤文图斯时，他也很难适应意大利足球对“边前卫”（wide midfielder）的要求。

当我终于有机会面见安切洛蒂，请他解释——在他看来——为什么亨利效力意大利6个月间没怎么给人留下印象的时候，我得到了这样的答复：“他当时非常年轻，尚不成熟。对一个年轻球员来说，要想在加盟尤文图斯这样的强队之后立刻展现出自己的水平，不是件容易的事。”当然，公平地说，让亨利“展现水平”的机会也实在太少了，这位摩纳哥新星最终变成了跑龙套的，在此期间他的闪光太过于间断了。对于这位在前任要求下引进的世界杯冠军得主，安切洛蒂脑中从来没有闪过让他在别的位置上展现才华的念头。“我不认为我能把他放在中路，”他轻声笑道，“而且他也没跟我说过他可以踢中锋。是的，当你看到他在阿森纳做到的一切，你肯定会后悔——但他离开尤文图斯并不是因为和我有隙，也不是因为我对他有不满。他的问题出在和俱乐部的关系上。”

亨利后来会把“莫吉表现得缺乏尊重”作为他离开意大利的主要原因，而不是因为他缺乏一队出场机会，或者他对于尤文图斯保守打法的不快。当我们说起亨利离队的背景的时候，安切洛蒂的说法更加周密。据他解释，亨利当时已经成为了莫吉手中的棋子，莫吉想要把他租借给乌迪内斯，这样尤文图斯就可以从乌迪内斯引进其巴西前锋马尔西奥·阿莫鲁索（Márcio Amoroso），后者是1998—1999赛季的意甲最佳射手。但乌迪内斯的弗留利球场（Stadio Friuli）对亨利而言完全没什么吸引力，他拒绝加盟这么一家荣誉只有两项——1978年英格兰—意大利杯（Anglo-Italian Cup）和1980年中欧杯（Mitropa Cup）——的非主流俱乐部。之后的问题就是找到买家了。亨利即将踏上“回家”的路，一个叫作阿森纳的家。

7

不仅仅是一件新球衣，也是新的皮肤。

蜕　变

THE METAMORPHOSIS

人们常说，亨利来到英格兰的第一步是试探性的，他要尽量和先于自己来到这里的外援们保持一致。根据常识，英超的“喧嚣热闹”对于任何一位初来乍到的外援来说都是不那么舒适的体验，不论你之前取得过怎样的非凡成就，特别是对于一位前锋而言，英格兰的后卫们会带来更强有力的挑战，而裁判们对于比赛中犯规尺度的把握会比他们的大陆同行明显要松一些。毕竟，就连前文已提及的丹尼斯·博格坎普——这位阿森纳在1995年6月的惊人引援，也曾提及过他最初在海布里的日子也颇为不顺不是？好吧——或许并没有人们想象的那么糟糕。荷兰人在他的第7场英超比赛中就开张了，梅开二度，他在英格兰的第一个赛季平均每3场比赛打进1球，在英超射手榜上排名第11位——和他前两个赛季在国际米兰的进球总数相当。看上去，与适应意甲相比，适应“乱作一团”的英国足球对博格坎普来说挑战更大。

我可不会因为借用这些老生常谈的话题而感到任何不安，因为亨利的情况也是一样。从事后来看，这些案例展现的是，球员对于比赛本质的理解会比比赛本身的进化速度更慢一些。更多外援的到来意味着对于英超联赛“英国性”（Englishness）的稀释，这已不再是专栏作家的担忧，而是事实。英国足球文化的前沿所遭受的侵蚀就像萨福克海岸线一样引人注目：当亨利离开意甲，加盟到一家英格兰顶级俱乐部阵容之中，如果该队连一名外援都没有，会变成咄咄怪事，就好像沉没于海底的城市邓维奇突然浮出水面一样。但是不管怎样，一种“不同”的比赛——更准确地说，一种对于在意大利、西班牙或德国足球环境中培养起来的球员而言本质上“完全不同”的比赛——的神秘性，在联赛整体风格发生不可逆转的变化之后仍然得到了长时间的延续。

在1999—2000赛季开始之前，38名法国球员已经在英超俱乐部有过出场记录，其中5人①是阿尔塞纳·温格引进的，这是在1999年8月4日阿森纳宣布支付了创纪录的超过1000万英镑与在尤文图斯只能部分时间出场的亨利签下5年合同之前的事情。

亨利准确的转会费数字是1150万英镑，比1997年6月阿森纳为马克·奥维马斯（Marc Overmars）支付给阿贾克斯俱乐部的转会费多出了450万英镑。不过13年之后，当阿森纳从这位球员身上收获了228个进球之后，这个数字恐怕就不那么惊人了。按照欧洲大俱乐部之间的经常性转会，像1999年亨利这样年纪和身份的球员，一个即将度过22岁生日的世界冠军，转会费通常要比这个数字多得多。不过如果将这桩转会放到上下文中来看，情况也许会发生变化。

根据保罗·汤金斯（Paul Tomkins）的专著《按出场算钱》②，从1999年到2010年之间，英超平均转会费增长了234%，这也意味着如果按照今天的情况，亨利是个价值2690万英镑的球员，考虑到他在1998年世界杯结束时成为法国队头号射手以来的巨大进步，这算得上是一大笔钱。达沃·苏克在1998年世界杯上以6个进球帮助克罗地亚队拿到了第三名，也赢得了金靴荣誉，同一个夏天他被以100万英镑从皇家马德里带到了阿森纳，如果换算到2010年的转会费也不过230万英镑，他是在同

---

① 原文注：雷米·加尔德（Rémi Garde）、帕特里克·维埃拉、吉勒·格里曼迪、埃马纽埃尔·佩蒂特、大卫·格罗丹（David Grondin）。不过当亨利签约阿森纳时，加尔德和格罗丹已经离开了。

② 原文注：*Pay As You Play*，2010年，GPRF出版社。

意减薪的基础上加盟伦敦俱乐部的。将尼古拉·阿内尔卡以2250万英镑卖给西班牙俱乐部，按照今天的转会收购价格指数应该是5400万英镑，温格得到了充裕的转会资金。可是要将这大笔收益中的一部分花在一个像亨利这样的“失败的”前锋身上意味着一种冒险，这个决定和利物浦2011年1月将出售费尔南多·托雷斯（Fernando Torres）给切尔西获得的5000万英镑中的70%花在纽卡斯尔前锋安迪·卡罗尔（Andy Carroll）身上并不相同。“亨利准备开启海布里的统治时代”（Henry ready to reign at Highbury）的新闻标题是颇为误导的。他明显不是：阿森纳在变成他的舞台之前只是一块跳板。阿森纳需要填补的空白不止一处，而是两处。

当时的阿内尔卡，看上去即将成为世界足坛最致命的锋线杀手之一，却给俱乐部留下了大麻烦。丹尼斯·博格坎普的恐飞症让他无法代表阿森纳参加任何一个客场的欧冠比赛，让俱乐部的球迷们十分痛苦。我的一个朋友恰好是其中之一，他甚至极端到把欧洲火车时刻表汇总起来，想找到让荷兰人去乌克兰及时参赛的办法，这当然也是温格权衡过一段时间之后的选择。卡努（Kanu）可以被加入到方程式之中，但他从1月到2月之间将最多缺阵7周，因为他的祖国尼日利亚将主办2000年非洲国家杯，他得回国参赛。根据温格的判断，他的球队在8月1日慈善盾[①]比赛中2:1击败了曼联，宣告了“阿森纳不会依赖一名球员”，也就是转会皇家马德里的阿内尔卡。那些依然记得年轻的巴黎人如何利用他的运动天赋、在门前的技术和冷静完虐英格兰防线的人们，改变了他

① FA Charity Shield，英格兰顶级联赛冠军和足总杯冠军之间进行的季前超级杯，一场定胜负，创始于1908—1909赛季，2002年开始更名为社区盾（Community Shield）。如果某球队夺得联赛足总杯双冠，那么联赛亚军将与其争夺慈善盾。

们的判断。

而亨利无可避免地被拿来与他的前法国U20国家队队友进行比较。他俩都是克莱枫丹的毕业生，前文已提及他们都有着西印度群岛的出身，都来自巴黎郊区，都有两个兄弟，尽管从婴儿时代开始，克洛德·阿内尔卡和迪迪埃·阿内尔卡与维利·亨利、迪米特里·亨利就没有什么相似性。亨利根本没有理会这些相似之处。“尼古拉斯是他自己，而我就是我。”亨利在来到海布里的第一天就这么说。尽管温格对于这位新援有中肯的表述，却并未抑制住人们对于亨利的期待。“除了拥有年轻、速度和力量，我认为他还是个不错的射手，”主教练指出，“但是在这方面过去两年里他并未下够功夫，因为他在尤文图斯踢的位置更靠近边路，但我认为他可以再次成为一名中锋。那将是我们尝试一起发展的目标。”

在被宣布进入阿森纳首发大名单之前，亨利并没有得到多少时间来适应英格兰足球的水土。第一次代表兵工厂比赛，他在半场之后替换弗雷迪·永贝里（Freddie Ljungberg）登场——赛季揭幕战面对莱斯特城，对于这块大陆上第二优秀的球队而言要比预想的复杂——阿森纳2：1险胜，避免了在这个自然年遭遇第一个主场失利。亨利在另一场2：1的胜利中得到了85分钟出场时间，这次是做客德比郡，但在那场比赛中他看上去缺乏体能，很难跟上比赛的节奏。他的一次射门击中了门将马尔特·普姆（Mart Poom）把守的球门门框，另一次射门迫使爱沙尼亚门将做出了精彩扑救。他还得到了来到英格兰之后的第一次黄牌警告，就是这样。在客场0：0战平桑德兰这场容易让人遗忘的比赛之后，最近9次对阵阿森纳仅仅取胜1次的曼联——确切地说，那场著名的胜利是1999年足总杯半决赛2：1击败阿森纳——这次给了温格的球队自从1997年12月以来的第一次主场失利。亨利还在找他的感觉，只有他一人孤身做着这些。埃马纽埃尔·佩蒂特（Emmanuel Petit）受伤，尼古拉·阿内尔卡去了西班牙，用《卫报》记者凯文·麦卡拉（Kevin McCarra）的话来说，阿森纳就像是“一部正在展开剧情的电影”，“真正的模样只能随着剧情发展慢慢浮现”。

8月25日阿森纳主场对阵布拉德福德，这是一场客队被怒刷了29脚射门的比赛，亨利挥霍了大把机会，半场时他本应该拿走比赛用球①，马克·奥维马斯在比赛刚过1小时的时候换下了他。3天之后阿森纳的表现更加糟糕，热拉尔·霍利尔率领的利物浦刚刚做客利兹联表现出色，面对阿森纳他们配得上2：0的胜利。罗比·福勒（Robbie Fowler）第8分钟便凭借25码外的射门击中横梁下沿弹入球网首开纪录，在领衔锋线和射术上给笨手笨脚的亨利好好上了一课。

尽管距离亨利来英国后的第一次新闻发布会不到4周时间，尽管他在6天内踢了3场比赛，但无法阻止从某些角落传来了批评的声音。不过亨利就是亨利，他并没有太在意这些批评。“某些人太苛刻了，”亨利在2004年回忆道，“所有这些钱都砸在了一个不会传中、不会破门、什么都不会的家伙身上。”但他也知道自己对阵利物浦时“糟糕透了”②，他不禁自问那些批评是不是有些道理。是的，他表示：“我花了一些时间重新学习怎样跑动，如何变向，找到正确的射门角度获得进球。”但这是“我怀疑自己是否能够成为一名中锋的时刻”，他后来承认道。就像是一位因为手指受伤而无法练习的钢琴家，亨利，这位少年时代的中锋，已经被放逐到边路很久很久，不论是在摩纳哥还是尤文图斯，如今他必须重新学习自己的技艺，去适应他认为并不适合自己的一个角色。

---

① 单场打进3球或以上的球员有资格找裁判要走比赛用球作为纪念。

② 原文注：awful，是亨利自己选择的用词。

虽然他一向认为自己“不是一个天生的进球者”，但是他通过一次又一次的努力，使自己的进球数据从非凡走向了惊人。

即便温格不断鼓励，对于亨利的自信也没有太多帮助，在短暂的国家队比赛间歇后，亨利没有代表法国队出场，是另一位前锋以炫目的方式帮助了此前在8月输给了两个直接争冠对手的阿森纳，在海布里3：1击败了阿斯顿维拉。达沃·苏克梅开二度，赢得了主教练这样的评价：“这给你一种感觉，只要他出现在禁区里他就能够破门。”当时并没有多少人会这样评价亨利。那场胜利中亨利只踢了7分钟，而接下来一场比赛他只踢了9分钟，那或许是阿森纳该赛季打到那时候最重要的一场比赛——做客佛罗伦萨，就连博格坎普也由他的祖父担任司机驱车前往意大利。亨利，创纪录的引援，世界冠军，真的就安于排在博格坎普、苏克和卡努之后位列队内第四前锋？在佛罗伦萨，为何温格最终选择让亨利替补上场时踢右中场？在意大利的0：0是亨利代表兵工厂的第8场比赛，此时他的数据是：进球0，助攻0，黄牌2张。

亨利自己承认，自从赛季第一天温格将他派遣上阵以来，他浪费了“十四五次机会”。如果他继续这样的节奏，很快就会有人在看台上高喊“浪费了多少钱啊”。也许他并不适合担任一名中锋了，尽管他的教练在训练场上日复一日地灌输给他中锋的观念，并针对提升他做判断的能力和门前的准确性进行了特殊训练计划。温格从未怀疑过亨利在临门一脚上犹豫不决的原因是在都灵的经历，而不是其他地方。“他们把他推到了边路，”温格2007年回忆道，“他们让他一直在边路，他们让他打边锋，他失去了进球的欲望。他说服了自己他没办法进球。那也是所有人责备他的原因。我却认为，‘让我们试试看，从中路开始，就像你还是个孩子时所做的。’”亨利所需要的是一点点运气，或者是对手的一次失误，或者是天才的灵光一现。事实上是后者。最终让亨利爆发的起爆器并不是那种机会主义的轻松进球——这样的天上掉馅饼的事对于表现欠佳的前锋来说简直是痴心妄想——而是一个惊人的远射破门，这应该是亨利在阿森纳8年里最漂亮的进球之一。这粒进球并未迅速地将亨利变成一个射门机器，但是却带给了他价值连城的时间。

1999年9月18日，阿森纳对南安普敦的比赛还剩十多分钟就将结束，比分依然是0：0，卡努被哑火的法国前锋换下。8分钟之后，亨利得球，距离南安普敦门将保罗·琼斯（Paul Jones）把守的球门大约有40码。他首先躲开了葡萄牙后卫马尔科·阿尔梅达（Marco Almeida）的防守，然后在25码外搓出了一记弧线球直挂球门死角。进球了，千呼万唤始出来，这是个如此漂亮的进球。但是亨利并无爆发式的快乐，也没有表现出宽慰。亨利冲向了右边的角旗杆，抓住了旗杆，模仿了一个行军礼致敬——之后，直到这时候他的脸上才露出了笑容。其实他的庆祝方式对于摩纳哥球迷来说会非常熟悉，是他从“Batigol[①]”那里借用的——这是他给大卫·特雷泽盖起的绰号，是为了向真正的“Batigol”加夫列尔·巴蒂斯图塔致敬。看到这个庆祝的视频后，我被提醒才记了起来，雅克·克勒瓦西耶[②]对于亨利和特雷泽盖曾经在法国U20和U21国家队的双重表演很不开心。雅克说：“他们在一起花了不少时间去考虑进球之后怎样去庆祝。因此我说：‘你们知道什么是真正的原创吗，伙计们？下次你进球了，脱下你的裤子，在角旗那里小便。我相信这是之前绝对没有过的庆祝方式。’”

---

① Gabriel Batistuta，加夫列尔·巴蒂斯图塔。20世纪90年代阿根廷前锋巴蒂斯图塔是意甲著名的射门机器，所以在他进球后球迷把进球一词和他的名字连接在一起，读起来非常上口，叫“Batigol”。

② Jacques Crevoisier，法国心理学家，作为心理专家在法国青训基地克莱枫丹为法国年轻球员工作，后来受到温格邀请，也协助阿森纳年轻球员成长。

雅克不会是唯一一个对亨利这种缺乏自发性的庆祝方式感到愤愤不平的人。事实上，亨利曾经数次承认过，通过视频看到自己，他也对自己的行为感到很困惑（有时候，甚至有些尴尬），找不到合理的解释。“我看着自己，”他告诉我，“我想，‘你就不能放松点儿吗，兄弟？’但是不行，我做不到，我不知道为什么。”就像已经提过的，他受到了他最崇拜的美国运动员的夸张影响——迈克尔·乔丹，亨利崇拜的人物，就是个很好的例子——要么以最时尚的方式，要么以最冷漠的方式彰显自己的与众不同，从而让对手“为之震慑”。“Yes”手型庆祝（手指摆出V字，指向自己的心脏），是由尼古拉·阿内尔卡首创，蒂埃里·亨利偷师过来的，当然这个庆祝动作也有着美国源头：它已经成为了芝加哥小熊棒球队右外野手萨米·索萨（Sammy Sosa）的专利。这样的手势让俱乐部管理层很是恼火，但却得到了大批公众的追捧。2000年7月，当法国队队员们在夺得欧洲杯冠军之后聚集到克利雍大酒店阳台上接受大批民众的欢迎时，下面突然传来了大伙的呼唤：“手势！手势！”亨利和他的队友们很自然地做了这个手势。

如果你要考虑到蒂埃里·亨利职业生涯不再被怀疑不成熟的阶段时——举个例子，2006年他在伯纳乌攻入击败皇家马德里的美妙进球——很明显，他就是没有办法去享受这种进球后的狂喜状态陪伴着他直到最后，只有一次光荣的例外，那是2012年他在短暂地回归阿森纳并对利兹联取得进球之后。就像他在2008年晚些时候的一篇《太阳报》（*Sun*）专栏中所说：“问题就在于我不明白什么是兴奋（euphoria）。”这个句子是多么悲伤，又是多么能揭露隐情。和以前一样，他父亲托尼的阴影依然是很重要的因素。蒂埃里继续说：

10岁时，一场比赛中我攻入了6球。我坐上了父亲的车，看到他表情

非常严肃。我问他发生了什么事情，他问我是否感到快乐。我说是的，但是他开始指出我的错误，我在第10分钟错过了一次传中，在第14分钟错过了一次射门机会，还有一次我没能控制好球。每一场比赛都会这样。从那时候开始，每当我打进一球，我就会想自己在之前的比赛中所做错的事情，而不是庆祝。

亨利自己承认，他也有过几次“失控”（lost it）的情况（他对利物浦的长途奔袭进球，以及在海布里对托特纳姆热刺的进球之后，这也是两次所有阿森纳球迷都非常熟悉的场景），但这样的例子屈指可数。“我是被愤怒所驱使的。”（I'm driven by anger）在英格兰生涯的末期，亨利曾经说过这句名言。他并不孤独：韦恩·鲁尼在某种程度上也是如此。不过亨利的愤怒并不能像曼联前锋所喜欢的通过身体对抗释放出来，他会试图躲避盯防者，而不是直接面对他们的挑战。那些指责亨利“缺乏战斗欲望”的言论其实是搞错了重点。是的，亨利幸运地拥有挺拔的身材，如果说他在比赛风格上是个传统的“站桩中锋”（target man）——这永远不曾是也不可能是真的，他会比现实中更有目的性地利用自己的身体。但是这很可能会削弱，甚至是否定他成为一名特殊球员的素质，首先是他们思考和肢体的速度可以避免后卫们接近自己。这种能力可以让他远离在球场上可能发生的糟糕事情，是一笔巨大的财富；有时候，当亨利以他标志性的左路“衔枚疾走”杀向球门，只要击败一名后卫就可以找到对方球门的死角作为目标时，你可以将他看作是如此热爱科幻电影的半人类半机器的锋线杀手，其五官所感知到的信息被转录为一排排的数字在屏幕上以惊人的速度滚动。个人幻想？不完全是。亨利可以精确、超然地分析自己的跑动，解构自己的思维过程，我没有遇到过第二个能够同样做到这些的球员。但是对于亨利的客观化分析也有着情感的成分以及影响。

到2005年左右，如帝王般地位崇高的亨利，拥有了那种自我肯定，那种可能会被误认为是年轻时的自命不凡的自我肯定。但是1999年的亨利，已经有些不可思议了，在他踢球或者进球时，他显得并不快乐——实际上，他既是一个观众也是一个演员。“当你是一个前锋的时候，”有一次他说，“你踢比赛是基于本能，我会说我40%的比赛是这样，但是在拿球之前我总是知道我的队友在哪里。如果你在球场上能够赢得时间——在拿球之前先看一眼，在其他人之前观察一下场上情况——那就是一名平庸球员与一名洞悉比赛的球员之间的差距。”听到这些话，你很容易猜到亨利很久以来认为他自己所属的球员类型，的确如此。球员对于自我认知的宝贵不止一处，但是它既能够带来回报，也需要付出代价。

亨利在英格兰土地上的第一粒进球在当时并未造成太大动静，因为头条新闻的作者们那个周末还有更重要的事情要做：博比·罗布森[①]取代吕德·古利特[②]成为纽卡斯尔主帅之后即率队8：0大胜谢菲尔德星期三，阿兰·希勒[③]独中四元。直到4天之后阿森纳在温布利3：1击败AIK

---

① Bobby Robson，英国最出色的足球主教练之一，执教生涯成果丰硕，曾经带领伊普斯维奇夺得欧洲联盟杯，带领巴塞罗那夺得欧洲优胜者杯，1990年世界杯带领英格兰队打入四强，被最终冠军联邦德国队点球淘汰。执教生涯后期执教家乡球队纽卡斯尔，带队杀入过欧冠。2009年7月31日因癌症去世，享年76岁。

② Ruud Gullit，荷兰前锋，球员时代是AC米兰著名的荷兰三剑客之一，夺得过1987年欧洲金球奖。1996年在切尔西担任球员兼教练率队夺得足总杯冠军，后因与主席贝茨关系不睦被解雇。1998—1999赛季执教纽卡斯尔，但和队内头号射手阿兰·希勒、队长罗伯特·李闹僵，将希勒和邓肯·弗格森放在替补席上输球后主动辞职。后短暂带过费耶诺德、洛杉矶银河，均不成功。

③ Alan Shearer，英格兰前锋，20世纪90年代英格兰无可争议的头号“杀手”，英超441场打入260球列历史第一射手，是唯一代表两家俱乐部打进英超百球的球员：布莱克本和纽卡斯尔。

索尔纳[①]，亨利的贡献才得到了更多瞩目。又一次，亨利先坐上板凳席，在比赛还剩20多分钟时替补登场，当时比分仍然僵持在1：1。而在之前的欧冠联赛赛季中，阿森纳在这座英格兰代表队的主场只从9分之中拿到了4分，看上去他们又要遭遇“温布利魔咒”了。其实，大部分阿森纳球员反对俱乐部因为考虑票房因素将主场从海布里搬到温布利[②]，反应最激烈的是后卫马丁·基翁（Martin Keown），他当时在开球之前抱怨赛前的音乐选择、更衣室的温度和球场的草皮长度。[③]而温格的观点是“如果我们的传球足够好，那么不论在哪里踢球都没有区别”，不过教授自己私下也承认这么说是有欺骗性的。更重要的是，瑞典冠军在之前一轮比赛中让巴塞罗那费尽九牛二虎之力才拿到2：1的胜利。

派上亨利，对于所有的“温格观察家”来说是相当熟悉却并不精妙的换人方式之一。如果我们需要一个进球，那么就增派一名或者两名前锋。亨利和卡努加入了博格坎普和苏克的行列，在第90分钟，两位替补球员的配合帮助兵工厂取得了领先，亨利一个灵巧的低射将球打进了门将马蒂亚斯·阿斯佩尔（Mattias Asper）把守的大门。亨利在比赛进入倒计时读秒阶段锦上添花地贡献了一次助攻，给苏克提供了一次不可能错过的机会。“我的感觉是如果我们没能赢下比赛，就是我让所有人失望了。”亨利在比赛之后用已经相当流利的英语对记者们说。在你匆匆

---

① AIK Slona，位于瑞典斯德哥尔摩北部索尔纳市的俱乐部，球会全名是“大众的俱乐部”。

② 阿森纳老主场海布里太小，只能够容纳38500名观众，而英格兰代表队主场老温布利球场可以容纳82000名观众。阿森纳曾经在1998—2000年租用老温布利球场作为其在欧冠比赛中的主场。1998年3月，阿森纳准备出价购买温布利，以取代无法扩容至4万人以上的海布里，但是后来他们放弃了这一方案，转而选择在阿什伯顿新建一座可容纳6万人的球场，即2006年揭幕的酋长球场。

③ 原文注：不知是不是一种巧合，基翁在这场比赛中一次糟糕的解围送给了索尔纳扳平比分的大礼。

断定这个年轻人说这些有些言之过早的时候，亨利意识到他在常规时间里错过了一次破门的黄金机会（“我看着时钟，知道我还剩下9分钟时间把事情做好”），他对那些欢迎自己来到海布里的人充满着真正的感激。伦敦并没有迅速成为亨利的“家园”，直到他找到房子搬离了思博温酒店。但是，在亨利结束了都灵的6个月艰难生活之后——都灵并不是意大利最有魅力或者最受欢迎的城市，就足球环境而言即便不死板，也是严格的——他终于可以用比以前轻松许多的态度重新开始生活。

温格所谓的“科学”方法是有关于球员的饮食、身体准备，是短暂但高强度的训练课，特别是要创造出一种让球员们充分发挥他们与生俱来能力的环境。如果按照一些温格的前队员们对我所说的来判断，温格放在战术演练上的时间非常少，而像蒂加纳、里皮或安切洛蒂这样的教练则会非常重视战术。埃马纽埃尔·佩蒂特回想起他的快乐时光时说道，有时候教练会省掉通常的训练，让他的整个教练组去修复室内训练场，这样可以让球员打半个小时的篮球。这是个提升球员空间意识、训练无球跑动的好办法，也能够让大家乐在其中。

1997—1998赛季夺取英超、足总杯双冠王令阿森纳全队团结起来，尽管球队阵容正在不断进行着“世界主义化①”，但还是继承并保留了乔治·格拉汉姆②时代的英格兰本土核心。而随着亨利在阿森纳生涯的深入、后防五老的老化、球队的本土球员和外援的平衡被打破，随之而去的是那些最初日子里的战斗友情；在球场上，球队的竞争优势也被削弱了。

---

① 原文注：cosmopolitanism，在亨利来阿森纳之前温格签入的24位球员中，只有2人是英格兰人：马修·厄普森（Matthew Upson）和杰曼·彭南特（Jermaine Pennant）。

② George Graham，苏格兰前著名足球运动员和主教练。20世纪70年代以球员身份在阿森纳效力，1986—1995年执教阿森纳，打造了著名的阿森纳“后防五老”，并夺得老英甲冠军2座、足总杯1座、联赛杯2座、欧洲优胜者杯1座。1995年因为受贿丑闻被媒体曝光遭阿森纳解雇。

温格意识到了这一问题。我记得在2000—2001赛季快结束时他告诉我，他感觉到现在需要对于他的阵容进行“重新英国化”（re-anglicize）。中后卫索尔·坎贝尔（Sol Campbell）、门将理查德·赖特（Richard Wight）和前锋弗朗西斯·杰弗斯（Francis Jeffers）很快被引入，但是除了前托特纳姆后卫坎贝尔，其他实验彻底失败了。我不确定主教练是否能够有效地掌控更衣室政治，并予以定性。更衣室的派系总是会沿着国境线和球员的个人亲和力进行分野，会在一家俱乐部内部描绘出看不见但有时候却壁垒分明的分界线。阿森纳就是这样，其他俱乐部也存在类似情况。

咱们回到1999年，阿森纳更衣室内的权力并未从英格兰本土球员手中转移，他们对于俱乐部的绝对忠诚也给了亨利深刻的印象。如果要用一个过时的词来形容，主力门将希曼（Seaman）、中卫亚当斯（Adams）和基翁、右后卫温特伯恩（Winterburn）和迪克逊（Dixon），以及中场帕洛尔（Palour）是真正的“阿森纳汉子”（Arsenal men），他们对于俱乐部的热爱、奉献精神，他们的红白颜色，和查普曼时代[①]的传奇球员巴斯廷（Bastin）们、哈普古德（Hapgood）们和迈尔斯（Males）们别无二致。作为俱乐部的队长，亚当斯认为他的责任是“告诉所有人，包括蒂埃里·亨利，在这家伟大的足球俱乐部效力所需要达到的基本要求”。

步入训练场的食堂——这项原本赋予所有记者的特权已经取消很久了——我可以看到英格兰人会聚在一张桌子上，而“法国男人”会在另

---

① Herbert Chapman，赫伯特·查普曼是阿森纳20世纪30年代的传奇主教练。他是创新和战术大师，首创了WM阵型，1933—1935年带领阿森纳连续3年夺得老英甲冠军，建立起了英国足球历史上的第一个王朝时代。阿森纳地铁站名字、阿森纳红白球衣、白色足球、球衣印号等等都是他的创新想法。

一张桌子上吃清蒸的花菜。他们看上去并不像即将开始欢乐的面包大战的寄宿生，也不像是生活在不同的世界。那里有着明显的团队感觉。帕特里克·维埃拉和埃马纽埃尔·佩蒂特在确保俱乐部夺得历史上第二次双冠王的道路上发挥了举足轻重的作用，也让英格兰人相信了，他们的主教练在判断一名球员的潜力上经验丰富，这也令亨利在阿森纳起步挣扎的那几个月里受益匪浅。马丁·基翁说得很直白："如果温格主动维护他（亨利），我们会认为他肯定是个非常出色的球员。"

同样重要的是，像基翁这样心胸开阔的中坚分子能够接纳新人，而新人也愿意去赢得资深球员的尊重。新人初来乍到肯定会遭遇粗鲁的欢迎仪式，就像蒂埃里后来承认的："那些家伙让我知道了，要代表阿森纳俱乐部你需要满足哪些要求。"他回忆起当海布里学徒的日子时说："你可以想象训练中的情况，有时候，和像托尼（亚当斯）、李（迪克逊）、奈杰尔（温特伯恩）和马丁（基翁）这样的人在一起，这些成熟男人习惯了全力以赴，他们也愿意给予你应得的，包括启发你，穿上一件有着大炮徽章的球衣意味着什么。"但是这绝不是一个巧合，直到今天，像佩蒂特、维埃拉、格里曼迪、皮雷和亨利这样性格迥异的外援都保持着对于阿森纳的强烈归属感，这是他们的很多继任者都无法理解的。代沟？从表面上看是这样，但真正的原因是后来的阿森纳未能架设好球员更新换代所需的精神桥梁。

亨利后来表示在披上红白球衣之前他已经是一位阿森纳"球迷"了，而这个声明不应该像我们今天迎接所有类似爱的宣言一样被怀疑。这是阿森纳神话的一部分，在亨利签约阿森纳的当天，时任俱乐部副主席的大卫·戴恩（David Dein）——那时候仍然是俱乐部的主要股东，送给了他一份记录着阿森纳俱乐部历史上头号射手伊恩·赖特（Ian Wright）职业生涯回顾的视频。大卫·戴恩说："这是你应该做到的。”其实在俱乐部送出这份礼物很久之前，亨利就已经喜欢上伊恩·赖特和他的俱乐部了，不过这和一支极受欢迎的巴黎圣日耳曼队有关——那是亨利童年支持的球队，1993—1994赛季欧洲优胜者杯上，巴黎圣日耳曼在半决赛被阿森纳淘汰出局。这与伊恩·赖特在那届赛事上每轮比赛都有进球（除了决赛）的非凡纪录有关，也和阿森纳球衣标志性的外观有关，还与亨利有着成为远比他自己厚重的历史的一部分并改写它的渴望有关，就像伊恩·赖特所做到的。正如亨利后来所说：

我对自己说：“他并不比我块头大，也不比我更快，肌肉也不如我，但是他打进了更多进球。”我仔细地观察他。他以100%的态度投入一切。当他向队友要传球时，他会扯开嗓子呼喊；当他得到球时，他会将球扫射入网。我一直在想：“这是个标准的进球跑位。”

当亨利希望通过观看进球高产的伊恩·赖特的比赛并从中学习时，却发现自己很难将赖特的特点付诸实践。9月25日对阵沃特福德：亨利在挥霍了数次得分良机之后，第72分钟被换下。9月29日对阵巴塞罗那：他回到了板凳上，替补登场20分钟未能改变战局。10月3日对阵西汉姆联，也是在切尔西著名的5：0血洗曼联的同一天：他因为毫无表现，在比赛还剩18分钟时被替换下场。10月12日对阵普雷斯顿：亨利进入了首发阵容，但在伤停补时阶段与门将莫伊拉宁（Moilanen）形成一对一单刀时却糟糕地错失了机会。10月16日对阵埃弗顿：他作为替补没有登场（达沃·苏克梅开二度）。

10月19日坐镇温布利对阵巴塞罗那：亨利替换弗雷迪·永贝里上场。据记者们记录，亨利和永贝里的关系不是太好，由于亨利上场时间太晚没能发挥作用，无法阻止瓜迪奥拉（Guardiola）的队友们4：2取胜。10月23日对阵切尔西：这是卡努一个人的舞台，尼日利亚人在最后15分钟惊人地上演了帽子戏法，帮助阿森纳在斯坦福桥3：2获胜；蒂埃里又一次成为参与者，他替补上场，换的又是永贝里。10月27日对佛罗伦萨：这是阿森纳要想在欧冠小组赛出线必须拿下的比赛，但是却以0：1告负，当巴蒂斯图塔打入漂亮进球的时候，蒂埃里·亨利在板凳上眼睁睁地看着。兵工厂无法再从欧冠小组赛中突围了。

10月30日遭遇纽卡斯尔：这一次亨利首发，但因为受伤在半场时被博格坎普换下，他也将因此缺阵1个月。也许这是为了亨利好，这一阶段的无所事事，正好可以让他练练体能，在英超所面临的密集赛程要比他在法国、意大利习惯的艰苦许多，而当他11月末复出之时，进球开始井喷。3个半月时间，他打进了至少13球（包括对阵德比郡、桑德兰和拉科鲁尼亚的3次梅开二度），亨利如此出色的表现证明温格的直觉是正确的，也令他成为了阿森纳头号前锋。2000年3月19日，当阿森纳在一场典型的德比苦战中2：1击败热刺之后，亨利已经代表他的俱乐部在各项赛事中攻入16球，只比阿内尔卡此前一个赛季的进球数少1个。

让主教练温格感到特别高兴的是，亨利的进球如潮更多是因为他重新发现了自己的射手本能，而不是依靠炫目的技术，比如对温布尔登（12月）、拉科鲁尼亚（3月）和云达不来梅（又是3月，在这个高产月份里亨利共进6球）的进球。每一次，亨利都展现出他摆脱后卫的盯防靠的是灵活的跑动，而不是绝对速度，他像一个经验丰富的门前杀手冷静地近距离破门。他也充分利用了自己的天赋，展现出了比以前更高的效率，总能够及时出现在对方最后一名后卫身旁发挥毁灭性的效应。前阿森纳后卫史蒂夫·鲍尔德（Steve Bould）在1月跟随桑德兰队做客海布里时，36岁的他被亨利折磨惨了；亨利如此优雅和轻松地从他身边掠过，将球打进，兴奋的电视评论员宣称亨利是“世界级的”前锋，这是英格兰第一次有人用这个词来形容亨利。他变得更加强壮，切尔西的“岩石”——亨利的世界杯冠军队友马塞尔·德塞利在5月开始时为此交了学费，亨利在禁区内倚住德塞利的盯防稳稳地将球打进球网内——一个罕见的左脚进球[①]。亨利还有一些令人叫绝的进球——2月对布拉德福德他打进了一个25码的凌空抽射。当然，还有最漂亮的一个，又一个远射，禁区角上的怒射，在5月9日击败了谢菲尔星期三的门将，那也是他在这个赛季的最后一球，曾经被尤文图斯拒绝的法国人，已经成为英国足坛最令人生畏的中锋之一。用“回转”（Turnaround）这个词来总结亨利的这次转型或许有些太轻了：蒂埃里·亨利，在他最初12场英超只打进了1球，最终却以17粒进球位列英超射手榜第6。尼日利亚前锋卡努是仅有的另一位赛季英超进球达到两位数的阿森纳球员，共有12球进账。这并不是一次重生，因为亨利此前从未体验过如此持续的成功，没有人——除了温格——相信他能够做到这些，当然，不包括那些事后诸葛亮。这是一次新的个人发现之旅，是对事物真谛的顿悟，而不是一次救赎。

回到法国，之前很多人曾认为温格的1150万英镑的冒险十分愚蠢，媒体现在却忙着重新将亨利的转会描绘成励志故事。这在很大程度上应该感谢曼联，他们在1999年欧冠联赛决赛中戏剧性地以2：1逆转击败了拜仁慕尼黑摘得桂冠，英超也因此成为各国国脚们前赴后继的外国联赛，至少可以同意甲平起平坐。而德国仍然是一片未知领域，西班牙则只是少数几家俱乐部——皇马、巴萨以及其他少数几队——的狂热球迷的游乐场。坎通纳们和吉诺拉们为维埃拉们和佩蒂特们铺平了进军英超的道路，如今，“亨利们”可以在这条星光大道上昂首阔步了。英格兰的比

① 原文注：亨利在英格兰第一个赛季打进的26球，其中23球是用右脚打进，左脚打入2球，他唯一一粒头球是在3月9日对阵拉科鲁尼亚时攻进的。

赛已经登上了法国体育转播商的周末菜单。这是一种看上去有种异国情调且遥远，甚至从价值观和传统来说与其他欧洲联赛形成鲜活对比（至少就法国公众很久以来一直认为的而言）的足球风格，Canal+[①]付费电视台的订户们认为很酷。亨利对于时机的把握无可挑剔。在3月19日北伦敦死敌托特纳姆做客海布里一战中，他展现出了最出色的新自我，这是阿森纳在最近8轮联赛中取得的第一场胜利，帮助他们从第5跃居第2，也是他们最终的联赛排名。那场比赛在法国进行了电视直播，引发了一场关于即将到来的欧洲杯上究竟由谁来引领“蓝色军团[②]”锋线的激烈讨论，评论家们和球迷们从未如此忙碌过。亨利已经缺席了法国国家队A队1年半之久，他是否应该被忽视？法国队主帅罗歇·勒梅尔是否应该在一位世界冠军于世界上最大、竞争最激烈的联赛，已经混得风生水起的时候，还要继续召唤庸庸碌碌的其他前锋们？

亨利之所以吸引眼球并非因为他打进了一个漂亮进球（来自点球点，这是他第一次在英格兰承担主罚点球的责任），而是他对于争夺球权的渴望，他在索尔·坎贝尔——英超所能提供的最强硬的盯防者——的压迫下控制球权的能力。一位法国记者谈到了亨利从一名刺牛士（picador）到斗牛士（torero）的质变，认为海布里真的配得上“竞技场”（arena）一词，任何人再继续去无视他简直是对常识的侮辱。就像万众期待的、希望的那样，亨利的名字进入了勒梅尔公布的3月29日在汉普顿公园对阵苏格兰队的一场友谊赛大名单。蒂埃里也将他在阿森纳的超级状态带到了法国国家队，他在这场2：0的胜利中打满90分钟，并在

① Canal Plus，法国一个付费电视台。

② Les Bleus，直译为蓝色军团，代指法国国家足球队或法国国家橄榄球队，因为这两支球队主场队服的颜色都是蓝色。

禁区边缘打进了一个精准的进球，这样的表现也确保了他不会再被主教练忽视；在法国国家队，他再未被排除出国家队大名单，除非他身体有恙或者停赛，直到10年之后他退出法国国家队。一个漫长、痛苦的间歇期终于结束了。

亨利在球场上的形象也发生了改变。他看上去不仅更加放松，也更加渴望，充满着他所展现的快乐玩耍的状态——到目前为止——没有他原本自我意识所展现的郁郁寡欢的迹象。如果他是为观众踢球，可以肯定的是，他不会故意去做秀给他们看，就像他职业生涯后期被指责的那样。艺人渴望获得赞美，但做得好自然能够得到赏识，而不用像一个真正的表演者那样去博取掌声，一个“真正的”表演者正好是真实的反面，理应如此。我记得很清楚，对热刺那场比赛终场哨响后亨利的笑容，他享受着来自看台上的掌声。很明显，早在那时，这位年轻的法国人就与海布里的球迷之间建立了一种非常特殊的关系。之后，当我们走下球员通道去和亨利碰面，他毫无争议地当选了本场最佳球员，他说了一些我们接下来7年——以及以后将无数次听到的话语。

“在这里踢球是一种非凡的优势，即便当你错失了一些机会，当你丢掉球权，人们也不会嘘你，而是会给你鼓掌。这是我的第一场北伦敦德比战，也是不同寻常的。球迷们非常热情，那是我喜欢的。人们很清楚你已经凭借你的勇气全力以赴了。那就是为什么我在这里能够做到一些在法国不会尝试去做的事情，因为球迷在推动着我，让我感觉到自己愿意去为他们全力以赴。这就是在阿森纳——毫无疑问在英格兰其他一切地方都一样的——球员和公众之间的一种交流，在世界上其他地方都不存在。”

就像维埃拉之前描述过的（他有一次对我说：“当我听到我的名字在看台上被歌唱的时候，我被震惊到了。”），蒂埃里发现了在摩纳哥时没有过的热情支持，和比他在效力意大利尤文图斯时所受到的更发自肺腑的热爱，这是他此前在任何情况下都从未享受过的。他也可以看到不少对手球迷迅速地尊重他无可挑剔的体育精神，尊重他拒绝像不少外援那样爱跳水、满地打滚、做欺骗性动作。整体来说，英格兰人和任何国家的人们一样热爱表演者，甚至更强烈一些，因为大家普遍认为这一类表演者在英格兰的球场上要比在其他地方稀少——也许这么说有点儿不公平。那时候的英超拥有如此之多能够愉悦大众的表演者——南安普敦的马修·勒蒂塞尔（Matthew Le Tissier）、切尔西的詹弗兰科·佐拉、西汉姆联的保罗·迪卡尼奥（Paolo Di Canio）、热刺的大卫·吉诺拉、曼联的瑞安·吉格斯（Ryan Giggs），我们只点名5名球员。不过这些表演者之中，只有亨利一人被视为真正的中锋，这就有点儿不同寻常了。“表演者”（Entertainers）在英国往往都是边锋。为何会出现这一现象已经得到了解释，在我看来很有说服力，是因为在冬天的几个月里英格兰的草皮状况十分糟糕，特别是在球场管理员采用更加科学的方式来保养草皮之前，球场中路总是因为人满为患、球钉不停的踩踏而导致寸草不生，特别是在“D”区域①和接近球门的区域。在2月仅有的能够留下一些草的地方是在边路，在那里技术出色的操作者可以将球玩到极致。其他地方？最好找大块头中锋。

2000年时，典型的英式风格的9号球员还应该是个“大块头”（big men），制空能力强，有强壮的体格可与铲球凶狠的后卫们“一较长短”，他是一个斗士、射手，而不是一个创造者。这个描述还原了当时的情况。英超并不需要真正的射手具备远远超出他们能力的技术，比如护球、摆脱盯防者，德怀特·约克（Dwight Yorke）算是个特例。但只

① 禁区弧顶。

有一个约克，却有太多太多的奎因（Quinn）、赫斯基（Heskey）、达布林（Dublin）和萨顿（Sutton）。亨利创建了一套新的个人模板。他可以带球长途奔袭，比大多数边锋的速度更快；他尝试挑球、脚后跟触球、禁区外射门，陶醉于他的主教练给予自己的自由空间，而这种风格的足球也鼓励、奖励那些敢于挑战的人。亨利在法国和意大利所受的足球教育是必须带着可能被击败的恐惧去比赛。如今螺旋弹簧已经松开了，开启了阿森纳作为一个整体运作的机械装置的微妙转变。

人们无法辩驳温格被称为“伟大”主教练的原因之一，是温格执教阿森纳15年来[①]打造了一连串超级球队的能力，期间有数百名球员进进出出，而温格能够对队长、核心的离开和退役应付自如，将大批未经考验的年轻小将整合进一队，且并未损伤俱乐部的竞争力，即便是被主场从海布里搬到酋长球场导致的紧缩财政政策扯了后腿。2001—2002赛季温格第二次率队夺得双冠王时的阵容和4年前相比已经大相径庭。2003—2004赛季以不败战绩夺冠的“无敌舰队[②]”则是温格理念的另一个化身，此时的球队与格拉汉姆时代的联系已经彻底消失了，马丁·基翁和雷·帕洛尔穿阿森纳球衣的日子已经屈指可数。2007—2008赛季被低估的那支球队，虽然两手空空，却创造了或许是温格时代最令人愉悦、时而令人陶醉其中的足球，完全没有了2004年那头猛兽的基因。不要为此而惊讶，你也许会说，所有的球队都会经历更新换代，被迫的或者以其他方式。不过，将这支阿森纳与其他球队区分开的，是尽管在这一时期阿森纳通过出售球员获得了相当高的收入，但是给球队风格所带

---

① 温格自从1996年9月30日上任，至2014年已担任阿森纳主教练长达18年。

② The Invincibles，这在英格兰足坛是一个极其荣耀而又特殊的称号。它只属于两支球队，分别是1888—1889赛季的普雷斯顿和2003—2004赛季的阿森纳，因为他们曾经在英格兰顶级联赛中完成过以不败战绩夺冠的伟业。

来的影响却并没有人们所想象的那样巨大。

为什么要谈论这些，这和讨论蒂埃里·亨利效力阿森纳时期的个人进化有什么关系呢？因为即便是在他的阿森纳生涯的最初阶段，也与温格自己的心态有关。并不是所有伟大的主教练都是伟大的战术家，就像有着出色战术思想的助理教练，当他们需要进行人员管理而不是进行复杂的集体方程的参数研究时，往往会失败。我不敢说温格是“战术无能”（tactically inept），但必须承认有过几次这念头。在残酷局面下他的换人总是令人困惑，当碰到意外情况时他拒绝改变阿森纳的默认战术计划，经常表现为缺乏构想出B计划的能力，当然这更有可能是纯粹的顽固不化，即便是他最大的崇拜者也会对此失去耐心。

他会花上几个小时的时间来研究统计数据——给自己的直觉一种客观佐证，而不是改变自己的判断——但是他更喜欢和球员个人表现有关的数据和图表，比如特定球员在90分钟内的高强度冲刺的变化。而与此相反，令人惊讶的是他很少会花时间去分析未来的对手。我记得在2006年欧冠决赛数天之前，温格在一次随意的谈话中说，他和他的工作人员会在比赛前夕好好看看巴塞罗那的阵型。我惊呆了。他们难道还没有做过这事吗？穆里尼奥肯定会让他的球探提前数周——如果不是几个月的话——准备好球队接下来将遭遇的对手的详细报告，确定对手存在的弱点，训练课中会根据这些弱点采取针对性的练习。而对温格而言，注意这样的细节是自卑的表现，是对于他自己的足球信条的否定。只有过一次，他打破了这一铁律：2005年足总杯决赛在面对强大的曼联时，他认为自己能量枯竭的球队已经无法凭借自己的比赛风格去战胜对手。阿森纳最终赢了，但那场丑陋至极的胜利对于他们的主教练来说却是苦涩的，他对自己许诺永远不再向自己的原则妥协。

为什么要在提及亨利在阿森纳的第一个赛季时谈到这些问题？因为

一位新援给球队所带来的影响要远远超过他的进球数字，一旦亨利成为俱乐部的头号射手——他从秋末开始就做到了——阿森纳必须进化，如果这个过程能够巧妙一些，更和谐地调到另一个调门上，正如蒂埃里确立自己成为球队进攻的核心的过程。这是个我们会一次又一次遇到的问题：如果温格为亨利付出很多，那么亨利也会为温格付出很多。大多数人会将温格描绘成一个浪漫主义者，但是如果这是真的，并不会让他在实现他的原则时比实用主义者少做多少。一个梦想家会追随他的梦想，继承理性的结论，在对其梦想的正确性不可动摇的信念引领下，最终会严格控制他的信仰。如果他失败了，他会在行事方法上表现得偏死板一些。一位教练的首要任务是将他手下的人才的天赋最大化发展，而不是让人才受到他自己制定的体系的约束，他会做相反的调整，让他的系统去适应个人。这就像是爵士乐，当它奏效的时候，你听到的是艾灵顿公爵[①]，而相反，你就像是闯入了一个即兴演奏研讨会。温格的天才之处，是他可以确保自己的方法几乎所有时候都能够奏效。

亨利不会像阿内尔卡那样玩独奏，从一开始就很明确。1997—1998赛季和1998—1999赛季的阿森纳队，主要通过赢得球权后以最快速度做出反应的能力来创造威胁。它是快速、致命的防守反击，一定会获得前阿森纳名帅赫伯特·查普曼的祝福。乔治·格拉汉姆的防守五重奏凭着记忆弹奏，维埃拉和佩蒂特在中场巡逻，思路清晰，分球精准，这就像是一种钢铁意志和想象力的无缝结合。奥维马斯令左翼变成焦土，博格坎普能够找到无中生有的空间，帕洛尔跑动，跑动，跑动，阿内尔卡扶摇直上，在乐曲的最高潮戛然而止。1999—2000赛季的典型阿森纳，仍然保留了不少前任留下的优点，但不是一个以前自我的加强版，而是短

① Duke Ellington，20世纪30年代美国爵士乐宗师。

暂的组合（2000—2001赛季版阿森纳也是如此），是通往下一个阶段的桥梁。温格尽管没有公开承认过，但他当时告诉自己的朋友他有种受到限制、不可能摒弃掉“老阿森纳”的感觉，换句话说，也就是这个国家最强大的五后卫。这些球员让他们的主教练由衷地钦佩，甚至他们出色到不能不上场；而在大卫·戴恩将温格从日本带到英格兰之后，他们也表现出愿意接受一位从未听说过的法国教练的训练方式。

“这些人不知道他们何时会被打败。”温格一次告诉我，老队员这种饥饿感和自信达到了他完全不熟悉的地步。然而，温格有着调教一支球队的视野，能够从后防线开始打造球队，他也使用了更简单的阵型，在这个体系中防线可以和他们更具创造力的队友们处在同一节奏上。1999—2000赛季的阿森纳，还没有像21世纪前10年中期特别是末期那样逐渐成为一台“控制机器”。它的边后卫们并不反对绕过中场直接给亨利或者他当天的锋线搭档送出长传。温格从格拉汉姆时代继承的并不是糟糕的球员，他们在人生第4个10年的尾声还能丰富自己的比赛风格，就是反驳这一点的最确凿证据。他们更多是被一种与温格所渴求的足球风格关联甚少或者毫无关系的足球所打造成型的，而“无敌舰队”提供了对教授足球理念最好的表达，亨利则是一个全能球员的最好例子：智慧、快速、强壮、技术出众。温格，实用主义的梦想家，意识到他希望构建的新阿森纳可以围绕着他——最初在摩纳哥看到的那个有着惊人天赋的小子——作为中轴。如果这意味着要解体已经取得过如此多荣誉的球队，那么就大胆去做吧。当时围绕着阿森纳俱乐部的一个共同问题是：“他们还能坚持多久？”他们是指亚当斯和他的小伙伴们，自然，下一个问题是：“他们走的时候会发生什么事情？”但是后来并没有灾难发生。保守者不断让出了道路，随着冬去春来，亨利步入了一个灿烂的夏天。

8

这完全是关于亨利找回生活的平衡：

蒂埃里代表阿森纳上演第一个帽子戏法。

绽　放

THE BLOSSOMING

很少有现代球员能够像亨利那样如此之快地完成从不合适的角色到职业生涯之巅的跨越。而亨利只花了不到一年时间。几乎所有精英运动员体验过的起起伏伏，都会有个很显而易见的原因，通常情况下是伤病，而蒂埃里幸免了。那么，究竟发生了什么事情？亨利是真的“提升”到了他为阿森纳的进球纪录所体现的高度了吗？或者这不过是一个男人必须移居他处才能重新找回自己的简单案例？从这个意义上说，亨利长期无缘法国国家队也许是件意外的幸事。尽管他很享受赞美，记者们也不吝奉上溢美之词，但是自从他在摩纳哥出道以来就受到了密切关注，明显对于他的职业生涯产生了不利的影响。太多马屁精很快就围到了这位新星的身边。也有太多传言出现，说他最终将加盟某家欧洲大球会，导致了他与摩纳哥之间并不愉快的分手和轻率地转会尤文图斯，最终的结果是“三输”。英格兰现在给亨利提供了日复一日激烈的竞争，是他之前从未体验过的，但是他却能很快就乐在其中，也得到了球场外的安宁。有两大主题他永远不会厌倦多说一遍。“开始的时候，”在代表阿森纳出场6个月后，他说，“当我被（一个后卫）打了，我停下来，以为裁判会吹哨。不，他示意比赛继续。现在，我也开始学会使用我的肘子，因为，如果我不那么做，就死翘翘了。学习英格兰的习惯是一种义务。6个月之前，我被吓坏了，但现在，我和别人做着同样的事情。”

这里的球迷，这些球迷“当他们找我要签名时总是带着笑容”，亨利说，“他们会让我和朋友喝杯咖啡，继续过他们的生活，也让我能够过我的生活”。还没等亨利为阿森纳打进第一球，球迷们就已经开始用《汤姆·哈克》（*Tom Hark*）的曲调来歌唱他的名字，这是1980年“食人鱼”乐队（The Piranhas）一首不温不火的作品。有一天，亨利正走在伦敦的街上，遇到了一个穿西装打领带的男子，那男子盯着他看了良久，突然解开了自己衬衫的纽扣，里面露出来一件阿森纳球衣。亨利永远不会忘记那次邂逅。“我们感受到了被爱。”2000年1月亨利说，“当你在球场上搞砸了之后球迷还在唱着你的名字，你真的只想着抓住下一个机会，为了他们，带给他们欢欣。在英格兰，如果我犯了一次技术性错误，我会更快地忘掉它，因为公众……我们是职业球员，但能够像这样被公众鼓励着确实很好。正因为如此，我们能够超越自我。”

在谈到对于海布里球迷的记忆时，埃马纽埃尔·佩蒂特曾经对我这样说过："他们会让我们更好地发现自我。”他说，发现这个词也可以适用于23岁的亨利，对他而言这种发现也意味着他对于自己能够成为的人有着更加明确的想法。一旦克服了初期的紧张情绪，亨利在伦敦的第一个赛季几乎不会再遇到任何阻碍，他最终为阿森纳打进了26球，而此前他单赛季的最佳纪录是1997—1998赛季为摩纳哥和法国队打进14球。

2000年5月17日，阿森纳球迷也许感觉到有些许失望——特别是那些陷入过哥本哈根市中心恶意斗殴的人们——不过对于大多数人来说，即便是在对阵局外人加拉塔萨雷的欧洲联盟杯决赛中可怕地0：0战平、点球大战告负，也只是增添了一个失望的注脚，并不会影响到他们对于这支转型中的球队的满意度。对亨利而言，这个赛季是他进入英国足坛以来非常成功的一步。在丹麦，蒂埃里并不是表现最差的阿森纳球员，仅此一次，球员们发现他们通常吸取渴望的井突然干涸了。土耳其人采取了龟缩战术，就留一个哈坎·苏克（Hakan Sükür）在锋线上，他们的9号半[①]格奥尔基·哈吉（Gheorge Hagi）回到中场加强厚度阻断阿森纳的进攻。阿森纳踢得十分吃力，终场之前马丁·基翁错过了一次决定比赛胜负的绝佳机会，亨利提供了这次妙传，但他很快就因为受了轻伤不得不离开球场，只能目送他的队友们在点球大战中败下阵来。

“我们的心思不在比赛上，”温格告诉我，“这也是为什么输掉决赛所造成的伤害不如其他场合。”肯定比不上被淘汰出欧冠联赛。蒂埃里在决赛之前可是豪情万丈，但是我记不得他在决赛之后主动提到过哥本哈根一战，而这是他经常会做的。举个例子，他会经常抱怨自己在2006年欧冠决赛上不够犀利；只有这一次，失利看上去并没有那么刺痛，不像几个月前真正的失利，当巴蒂斯图塔火箭般的射门穿透希曼把守的大门打进温布利球场的近门柱，佛罗伦萨终结了阿森纳的欧冠前进道路。不过当亨利加入法国队准备开始备战欧洲杯时，这种痛苦已经降到了最轻，在这届大赛上亨利将真正确立自己作为欧洲大陆上最出色进攻球员之一的地位，也在勒梅尔的首发阵容中获得了一席之地，就像在温格手下一样。

“他的腿上就像安装了涡轮机。”他的阿森纳主帅评价道。这很可能就是法国队在欧洲杯揭幕战中对手丹麦队的后卫们所想的。亨利接到齐达内在本方半场的平淡无奇的传球，全力加速向门将舒梅切尔冲过去，把所有的盯防者抛在了身后，打进了一个可以与他足球余生中任何进球媲美的惊人进球。在法国队3：0大胜5天之后，蒂埃里又在面对危险的捷克队时再下一城，只是这次观赏程度不如此前一球，但是在这届

① fantasista，意大利足球特有的称谓，指介于中锋与前腰之间的角色。

大赛上的重要性却更高。2：1的胜利确保了蓝军杀入1/4决赛，也让他们的主教练可以在最后一场小组赛中几乎轮休掉了所有主力球员。亨利在那场毫无意义地2：3输给荷兰队一役中就被轮换了，这是明确的迹象，他不再是1998年世界杯的“小丑”，而是勒梅尔组装的引人注目的机器上的一枚重要齿轮。法国队1998年之所以能够打进世界杯决赛，是凭借着组织紧密的防线，加上不少于3名防守型中场的保护，有时候必须依靠洛朗·布兰科、利连·图拉姆的进球才能够涉险晋级，而如今法国队在后防线很难犯错的同时在进攻上也更加强大。西尔万·维尔托德的进攻威胁——维尔托德在波尔多表现卓越——加上大卫·特雷泽盖的进球直觉，还有亨利和阿内尔卡的组合作为法国队两大先锋，这支法国队也将是接下来数年内都难以超越的，他们的合作就像温格所描述的那样：“尼科（阿内尔卡）通常是打中锋，蒂蒂被安排去打左翼，就像对丹麦队一战，或者在右路，也像打捷克队——都很成功。”

一些记者对于亨利“错误”的位置非常敏感，因此蒂埃里即便是法国队最活泼的球员也腻烦了被一遍又一遍地问到同样的问题（“你是否更喜欢踢中路”，或者关于这一主题的不同说法），他决定对任何携带着记者证的人敬而远之。他的队友和大多数法国队技术团队成员都明白他的暗示，在靠近布鲁塞尔湖泊庄园酒店（Le Château du lac）的豪华总部里，法国队上下逃之夭夭。他们会快速穿越混合区，逃避掉媒体任务，这曾导致了一次滑稽的对峙，也是这届近乎完美的大赛里唯一一次刺耳的声音。顺便说一句，当亨利被放回到他“天然”的中锋位置上的时候——在1/4决赛对西班牙队的2：1胜利中——那也是他在当届大赛上最缺乏说服力的一场比赛。感谢勒梅尔的球队，齐达内选择了在布鲁日的那个下午作为他整个职业生涯最大的独奏会之一，法国队发现他们只需要再赢2场球就可以成为历史上第三家同时拥有洲际冠军和世界杯冠军的国家队。联邦德国队和巴西队已经分别夺得了1972年欧洲杯（1974年世界杯）和1997年美洲杯（1994年世界杯）。

法国队在半决赛对阵葡萄牙队，勒梅尔重启了阿内尔卡—亨利组合，但这一次排出了的经典4-3-1-2阵型。正是两位克莱枫丹门徒的默契配合，帮助法国队扳平比分，之前努诺·戈麦斯（Nuno Gomes）早早地为葡萄牙队首开纪录。阿内尔卡从右路送出了一记精准的低平球传中，亨利在距离球门12码处转身抽射，皮球从葡萄牙队后卫费尔南多·库托（Fernando Couto）的双腿中穿过打进了门将维克托·巴亚（Victor Baía）把守的大门。而在加时赛进入尾声之时，齐达内的点球帮助法国队拿到了又一场胜利。就如同1998年的巴拉圭队成为牺牲品一样，蓝军最大程度地利用了国际足联短暂存在的“金球制胜”规则，就像他们即将在对阵意大利队的决赛中所做的。

就像1998年一样，蒂埃里将再次成为法国队在本届大赛上的头号射手——打进3球，他也将这些进球献给了他的祖父特卡，后者在当年年初去世。今时今日的亨利已非同往昔了，在他的祖国成为了头条新闻人物。他的地位已经发生了不可逆转的变化，不论是在球队内部还是之外。更重要的是，人们只是在遗憾他有那么长时间徘徊在国家队之外。正如维埃拉后来所说：“蒂埃里在这届大赛上赢得了很多自信。他尝试了不少新东西。当他为法国队效力时，我可以感觉到，因为我是如此了解他。过去他是否压抑了自己？有一点儿吧。在阿森纳，他有能力拿球，打败两到三名球员，传中或者进球。而在法国队，他并没有感觉到足够的精神上的自由去做到这些。但是在2000年欧洲杯上，他做到了。”我得加上一句：比他之前做的更多，比他之后做的也更多。

2000年欧洲杯之后，一批老队员即将退出蓝军（比如洛朗·布兰科，他已经35岁了，队长迪迪埃·德尚如今31岁了，很多人认为他的继续存在阻碍了更有活力的帕特里克·维埃拉上位），蒂埃里给人希望，法国队的统治力在不远的将来仍将延续下去；这和法国队当初在雷蒙·科帕和米歇尔·普拉蒂尼退役之后的下滑不可同日而语。亨利自己则在尽量淡化公众的期待，表示“看到队友看他的方式改变了，自己很满意”，“他自己已经足够享受了”——即便是他已经意识到了其他人对他有着更高的期待，比如普拉蒂尼，他认为亨利“拥有阿内尔卡的速度和特雷泽盖的进球意识”，他可以“无所不能”，拥有着特别的“法国球员不曾有过的东西”。齐达内正在巅峰，维埃拉明显将成为转型期的领袖、更具有活力的中场，前锋线上人才过剩，法国队本可以期待着继续统治足坛多年。但球队最终为何失败了？这是我们即将讨论的问题，比如蒂埃里和一批资深球员的复杂关系，特别是和齐达内的关系，无疑对球队发挥着至关重要的影响，也将导致法国队在2002年世界杯上以丢脸的方式告终。我们暂时先不说到那里，不过，法国队保留了雅凯“突击队”的团结一致，向年轻元素敞开了大门，其中一些人——特别是阿内尔卡——反驳了那些认为足球是一种个人运动的想法，踢出了1998年世界杯决赛对阵巴西队之前陆陆续续表现出的华丽风格。

勒梅尔的球队在比利时和荷兰获得的5场胜利中，4场比赛的最终比分是2：1，对阵葡萄牙队和意大利队，蓝军都是率先丢球。法国队展现出惊人的毅力，特别是对阵意大利队时，替补西尔万·维尔托德在伤停补时第4分钟扳平比分，第103分钟皮雷和特雷泽盖的配合进球更是令意大利人心碎。这是球员们自己的功劳，也是主教练的功劳。勒梅尔的公众形象是倔强、厌恶闲聊，这掩盖了他极具魅力和人性化的一面，还有作为主教练所拥有的出色的战术把握；勒梅尔站在教练席上能够反应迅速，他在决赛中改变比赛结果的换人证明了这一点。

并不仅仅是法国媒体的报道导致了勒梅尔的声誉在当时和后来每况愈下。私下里，一些老记者老是拿勒梅尔爱上年轻的荷兰女人珍妮特开玩笑，他是在2000年欧洲杯半决赛上遇到珍妮特的，3年之后两人结婚了。他们会嘲笑他的口音、随口说出古怪的短语（而这些所谓的词汇误用，其实更像是勒梅尔向提问者做出了反V字手势[①]）。他曾经担任法国军队球队的主教练（并带领球队夺得了世界冠军），等等。一位法国记者甚至夸张到指出，勒梅尔的唯一做法是问自己“假如是雅凯他会怎么做”，之后就尽可能原封不动地照搬前任主教练的一切。这简直是胡说八道，但在那时候，就是有这么多的胡扯围绕在球队周围。

如果说以亨利在阿森纳的第二个赛季的表现作为主题，那么用“绽放”（The Blossoming）这个词作为本章节的标题肯定是有些误导了。事实上，相比较于前一个赛季的2/3阶段他所展现的状态，可以说2000—2001赛季是亨利相对而言停滞的赛季之一。数字证明了这一点，亨利的第二个赛季是他在伦敦直到2006—2007赛季的最低产赛季，伤病令他整个赛季只出场了27次。他如今已经是温格铁打不动的首发，但在海布里最初的几个月却并非如此；尽管如此，相比1999—2000赛季他还是多踢了6场，2000—2001赛季他最终打进了22球，相比之前一个赛季的26球少了4球，不过他的英超进球一样是17球。这依然是一个顶级射手的进球数据，但是却不能称之为“绽放”：其实之所以用这个标题，是说这个男人作为个人绽放了，而不是作为一名球员，作为球员只有当他作为球队的一部分，找到新的稳定的身份时，才能从中完全受益。温格对于阿森纳的革新进入了第二个阶段，但是进展却并未越过试验阶段。

球队以客场0：1输给桑德兰队开启了新赛季，后防线分别是大

① 手背朝外的V字手势具有类似于竖中指的侮辱意味。

卫·希曼（距离37岁生日还差1个月）、李·迪克逊（36岁）、马丁·基翁（34岁）和托尼·亚当斯（33岁），只有巴西人西尔维尼奥（Sylvinho）不到30岁，他代替了奈杰尔·温特伯恩（36岁），后者已经在夏天被出售给了西汉姆联队。乔治·格拉汉姆时代的防守体系不可能无限期地使用下去——事实上，他们的身体经过多年职业生涯的消耗能量已所剩无几，在那个赛季之后再也不可能表现出最高水准。令温格进退两难的是：如果废除掉年迈的本土核心，就不可避免地会损害到球队4年来业已建立的基础，但他又意识到除此之外别无选择。主教练聪明地选择了进化，而不是革命，但也为此付出了代价：2000—2001赛季就是转型期，更重要的是，在欧洲杯之后，球队的架构已经比预计的提前开始动摇——当然不是按照预期的方式。

最后，防线依然保持了效力超过10年的原班人马，西甲马洛卡的喀麦隆人劳伦（Lauren）被引进来加强与迪克逊在右后卫位置的竞争，但这并不是对于旧秩序的完全颠覆。第二个防守人员的补充，是拉脱维亚球队里加斯孔托队的伊戈尔·斯捷潘诺夫斯（Igor Stepanovs），他可以作为基翁和亚当斯的替补。阿森纳的中场情况截然不同，不过当埃马纽埃尔·佩蒂特和马克·奥维马斯以3000万英镑的总价被卖给巴塞罗那之后，也允许温格可以买下两位新晋欧洲冠军：罗贝尔·皮雷——他在马赛从未安逸过，以及西尔万·维尔托德——他在波尔多成为法甲最佳射手，既可以出任右翼也可以担任锋线箭头。回到法国，一些人开始把阿森纳称作是法甲的第21支球队，这并不是什么友好的说法，就像是专栏作家们谴责所有英超球队和一位来自阿尔萨斯的主教练（温格）“掠夺”了他们的联赛①，随着时间的推移，批评只会变本

① 原文注：法比安·巴特斯加盟了曼联，弗兰克·勒伯夫在前往切尔西的路上。

加厉。

而在英格兰，温格夏天于转会市场上的动作提供了比阿森纳更衣室内文化转变更紧迫的讨论主题。佩蒂特和维埃拉的组合在法国被称作“双核”（double pivot），也是主教练最富有创造力的举措：它在比赛燃烧得最热烈的区域继续加油添柴。他俩不论是战斗精神、智慧还是技术都要胜过任何英超对手的中场。为什么此时却要拆档呢？这里必须提到27岁的马克·奥维马斯，阿森纳1997—1998赛季夺得双冠王时表现最出色的阿森纳球员之一，他在1999—2000赛季出场47次，打进13球助攻13次——助攻比亨利多2次，但在此后两年他的表现没有那么出色。荷兰人是出了名的“玻璃人”，但在他加盟巴塞罗那的第一个赛季还是出场了45次，和他在1997—1998赛季代表阿森纳时完全一致。

这说明温格并不是放弃了一个“脆弱的”球员，他是审慎地做出了选择，巴塞罗那非常慷慨的报价让他可以在不必令俱乐部财政过度紧张的情况下重建球队。这两笔转会没有遇到当初尼古拉·阿内尔卡转会皇家马德里所带来的麻烦——事实上，温格从波尔多引入了维尔托德，为了转会，维尔托德甚至不惜上演了滑稽的罢工闹剧迫使波尔多俱乐部放行。这一转会敲定后，曾经在2000年欧洲杯决赛击败意大利队一战中出场过的球员全部都离开了祖国踢球。这也让我们怀念在阿姆斯特丹竞技场的那一幕，佩蒂特和奥维马斯在代表巴萨对阵阿森纳赛前列队时所展现的对旧主的情谊，那场比赛最终加泰罗尼亚人以2：1取胜。没有人认为阿森纳有机会挑战曼联的英超冠军地位，而刚刚以1500万英镑引入了荷兰前锋吉米·弗洛伊德·哈塞尔巴因克（Jimmy Floyd Hasselbaink）的切尔西，在慈善盾杯上以2：0击败英超冠军曼联之后被认为是比阿森纳更有希望的冠军争夺者。

亨利需要和别人做同样的事情：适应，在他与球队磨合成型的艰难过程之中。阿森纳赛季初的结果也证实了这些，尽管蒂埃里也做出了自己的努力。客场输给桑德兰一战，雷·帕洛尔两过空门而不入，接下来是罕见的对利物浦的胜利，那场比赛主裁判格拉汉姆·波尔（Graham Poll）共掏出了8张黄牌和3张红牌——对桑德兰一战已经吃到红牌的帕特里克·维埃拉，吃到了3天内的第二张红牌。对利物浦一役，亨利早些时候迫使对方门将桑德·韦斯特维德（Sander Westerveld）做出了一次艰难的扑救，他的射门几乎直挂死角。不过在比赛结束前1分钟，亨利还是为阿森纳拿到了3分。通过禁区内的假动作，他成功地制造了足够的空当，当他的左脚射门被韦斯特维德挡出后，亨利反应极其迅速，甚至连摄像机都没跟上他的动作，他漂亮地将球射进了另一个死角——这一次是用他的右脚。“0：0平局时的惊鸿一击”（Bang goes the 0：0 draw），当亨利撩起球衣下的T恤衫，写着这样一句话。老实说，从阿森纳整个赛季的表现来看，这样0：0的比分都不太现实。

阿森纳可以在前一分钟还不可阻挡，下一分钟就脆弱不堪，就像他们在接下来联赛对阵查尔顿时的冒冒失失的5：3胜利，那场比赛里，即将迎来5场停赛的维埃拉，创造了令在场观众脊椎发凉的表现。比赛打到最后阶段，双方已经完全失去了战术意识，蒂埃里·亨利各项射门数据领跑英超“射手榜”，这场比赛中他共有13脚射门，8次射正，并有2粒漂亮的进球。下半场第1分钟，亨利在禁区外接亚当斯传球后，用左脚轻巧地将球挑起来，之后用右大腿停了一下，来了一记令人叹为观止的凌空抽射。之后他又在由卡努和皮雷策动的漂亮的防守反击中小角度劲射将球打入门将基利（Kiely）把守的大门，帮助阿森纳取得4：3领先。下一场比赛结果如何？阿森纳客场2：2战平切尔西，虽然阿森纳一度0：2落后，但亨利率先为球队扳回一球，西尔维尼奥（Sylvinho）最后时刻雷霆一击扳平比分[①]，击碎了主队获得两队最近10次伦敦德比战第一次胜利的美梦。温格的球队在笨拙地以不可预知的方式寻找一种尚未定义的平衡。布拉德福德，一周前被曼联以6：0暴揍了一顿，如今却几乎在海布里拿到了3分，直到阿什利·科尔（Ashley Cole）将比分扳成1：1。这种混乱开局造成的结果是，到9月11日时阿森纳在积分榜上只能仰视曼联、莱斯特城、纽卡斯尔、利物浦和热刺等球队。

阿森纳整整一年都存在着类似的问题，蒂埃里的这一年也一样——就像一个健康人处在过大的压力下心电图可能出现异常峰值。让我们看看2000年10月1日曼联做客海布里一战，此前蒂埃里已经在各项赛事中7场不进球了，这是他在阿森纳生涯最长的进球荒之一。曼联主教练亚历克斯·弗格森（Alex Ferguson）为了备战这场比赛，在周中欧冠对阵埃因霍温时将阵容进行了轮换，相比之前一场比赛轮换了至少6名主力球员，这一冒险付出了代价：荷兰冠军3：1取胜。弗格森轮换关键球员的决定可以理解，因为曼联如果能够在伦敦取胜，将在联赛还剩8轮的情况下领先阿森纳6分，温格自己都觉得这将是不可逾越的鸿沟。事实上，“领头羊之争”十分单调乏味，只有一个令人难忘的时刻，亨利在第30分钟打进了一个精彩的进球，如弗格森所形容的，那是一脚“壮观到令人无法呼吸”的射门。

---

① 原文注：我必须给蒂埃里在斯坦福桥的进球增添一笔，这是他阿森纳生涯打进的第30球：也是他的第一次标志性跑动，对于他之前效力球队的主教练来说已经烂熟于心，从帕莱索到摩纳哥，从那一天开始他也将一次又一次地为兵工厂重复这一跑动。这一次，他从西尔维尼奥那里得到愉快的传球，在禁区左侧小角度跑动，迫使门将离开门线出击封堵，此时他突然将球精准地推进了反向死角。正如我们所见到的，他在摩纳哥时和克洛德·皮埃尔一起练习这一跑动、射门数个小时，才能够达到如此得心应手的熟练程度，对于观察者来说，看上去有些不可思议，射门明明错过了目标。“如果这看上去轻松，那是因为我下了苦功夫。”亨利有一次这样告诉一位记者，因这位记者他无法完全理解亨利一次次复制这种同样致命的射门所要具备的卓越的冷静、平衡和技术能力。

吉勒·格里曼迪从左边路西尔维尼奥处得到球后，将球传给了边路上要球的亨利，亨利背对球门，曼联后卫丹尼斯·欧文（Dennis Irwin）抓住了他的球衣，亨利右脚将球挑起，身体来了个180度的旋转，射出了一生中难得一见的凌空抽射，有那么几分之一秒，法国前锋以为“这球打得太高了”，但是球却在门前迅速下坠，正好越过了门将法比安·巴特斯的头顶，后者或许出击过猛远离了门线。“这是我这辈子打进的最佳进球之一，不仅仅是因为进球的方式，更是因为对手是曼联，以及我的法国国家队门将。”亨利说，“不论何时看到这个进球，我都会想：‘我真的做到了吗？’我完全是凭借直觉……我就想这么干……球就进去了。”

温格评论道：“本赛季亨利没能打进他想要的进球，开始对他的心理产生了影响。也许当他和巴特斯形成一对一时他反而不会进球。有时候你只是需要在不思考的情况下做些绝对疯狂的事情。你只需要放手去做就好了。”这是一粒惊人的进球，毫无疑问。但是也有另一项数据：在温格那个赛季所使用的18名非门将球员中，亨利是传球成功率最低的一个，他传给队友的球中有33%的最后都落到了对手脚下。这似乎给一种观点提供了支撑——亨利还是不适合成为或者永远都不是一个真正的中锋。如果说蒂埃里对应着一类球员模板，那么，它尚未定义好，也只能由他自己去定义，就像这样一个对英超冠军近乎奇迹般的进球。

如果说阿森纳是个病人，那并不是说2000—2001赛季就是完全耗在了候诊室里。一路走来，可以发现球队有提高的迹象，特别是在欧洲，如今温布利的流放生涯终于被仁慈地结束了。阿森纳和布拉格斯巴达、顿涅茨克矿工和拉齐奥同分在欧冠联赛一个小组，经过第三次的尝试，球队终于第一次在欧冠联赛小组赛出线了——虽然在小组拿到第一，但整个过程却要劳神费力许多，好在最终的结果还是令人信服的。在海布里喧闹的人群推动下，温格的球队此前已经在捷克的首战中1：0击败了布拉格斯巴达，接着凭借后卫马丁·基翁面对乌克兰球队时诡异的梅开二度，兵工厂在第二轮结束后登顶小组（他们在这一阶段和拉齐奥积分相同）。基翁此前333次代表阿森纳出场但是只打进6球，在这一回合的最后10分钟却不断出现在顿涅茨克矿工的禁区内。此时的阿森纳，看上去已经毫无想法，似乎无法扭转上半场0：2落后的局面。但正是这一个人的反抗发挥了奇效，当最后几秒钟这个中后卫将球送进对方大门将比分逆转为3：2时，他成功了，这也证明了阿森纳依然在很大程度上得归功于从乔治·格拉汉姆那里继承下来的血腥暴力风格——这也是我为什么从温格球队的12场经典之作中偏偏点出这场比赛的原因之一，最后阿森纳打进了欧冠联赛1/4决赛。那一晚，和以往有些类似，西尔万·维尔托德忙忙碌碌却一无所获，亨利则缺乏干脆利落的个性，这是这支阿森纳队目前暂时的状态。还有一件事，温格似乎并不确定应该让谁在锋线上和亨利搭档。到底是卡努、维尔托德还是博格坎普？主教练对于锋线采取的轮换制是否是他在处理这个问题或者犹豫不决时的最佳选择呢？

以博格坎普为例，荷兰人在攻破伊普斯维奇门将理查德·赖特（Richard Wright）的大门之前有5个月未能取得进球——很快理查德·赖特就变成了一个阿森纳球员，至少他的登记注册是这样的——9月23日做客伊普斯维奇的1：1平局中“冰王子”捞回了一分[①]。6天之后，31岁的博格坎普完美地展现了连接头号前锋和中场的艺术，将两个

---

① 原文注：就是在这场比赛之后亨利公开表达了希望见见当场比赛最佳球员（这是他第四次当选）蒂图斯·布兰布尔（Titus Bramble），在比赛中亨利在布兰布尔的严密盯防下无所作为，亨利希望布兰布尔有朝一日能够为阿森纳效力。如果这是对于赛后互赠球衣的对手的慷慨赞美，则说明了蒂埃里性格中的另一个特点：当你表现不佳的时候，首先恭维你的对手，并不会让你变得更糟糕。

进球放在金色盘子里送给了弗雷迪·永贝里，阿森纳在海布里送给了斯文-戈兰·埃里克森（Sven-Göran Eriksson）执教的拉齐奥一场0：2的失利。第一球十分漂亮，球队流畅的跑动串联了亨利和卡努，卡努将球交给博格坎普，博格坎普用一个分寸拿捏得恰到好处的头球将球传到了永贝里脚下，瑞典人以一个半凌空抽射破网。尽管如此，温格仍未下定决心谁能够给蒂埃里提供最有效的支援。2000—2001赛季，博格坎普在联赛中出场25次，维尔托德27次，卡努也是27次，我认为三人的出场如此平均并不是巧合，2001—2002赛季阿森纳夺得双冠王时阿森纳的10号（博格坎普）在锋线竞争之中取得了优势。

与此同时，阿森纳对自己的评价已经从“普普通通”（以温格加盟后设置的标准来看）变成了“令人振奋”（从常规角度来看），球队所遵循的逻辑与任何生物体一样，那就是寻找稳定的生存之道。你能够猜到它最终会将指南针对准哪个方向，但你没办法猜到那些偶尔会将它引入歧途的干扰是什么。从8月到11月初，他们已经保持了各项赛事15场不败重回争冠军团，但阿森纳又突然之间失去了感觉，接下来5场比赛1平4负，那时曼联已经将榜首领先优势扩大到8分了。再到新年之际，阿森纳在11轮比赛中仅仅取胜4场（与卫冕冠军曼联的差距扩大到了15分，就连桑德兰也短暂地从阿森纳手中抢走了第二的宝座）。不过从1月27日到2月18日，阿森纳的赛季重新启动，6战6胜。这样的表现形成了鲜明的对比，但并不意味着灾难，阿森纳在这充满波折的赛程中，有足够多的值得鼓励的表现，成长的烦恼要远大于失败的感觉。同样，有时候亨利的贡献对于变化中的球队是惊人的，令人激动的。他依然是主教练的足球方程式中的一个变量，也许还需要再多花一年时间才能让这个变量成长为球场上的近常量，他已经是球队首发一员了，但仍需要自我提升。我应该补充说明，我使用了以下科学用语：“变量”“常量”

和“方程式”。就像温格经常被形容为一位热衷于数据、GPS等研究的“教授”，但他绝非冷酷、超然的逻辑学家。“首要也是最重要的，我是个教育家。”温格在一次对着一群由我带到伦敦科尔尼训练基地的《法国足球》杂志读者说（他们几乎都是教练）。温格是一位教育家，而不是一位讲演者：这其中的差别就是各大媒体经年累月对其过度分析所造成的。

这并不是一句题外话：逻辑其实经常就是无中生有。足球比赛并非按照严谨的秩序进行，当代否认这一足球本质的趋势（这种趋势几乎快要成为体育记者的“默认设置”了），令我愈发感到担忧。我们被告知，我们不仅要看足球，还要“读”足球，或者，我们只是看足球，但谈论起足球时，要显得特别懂，要带着权威感，好像权威感就是最重要的东西！当然，前提是你对足球的基础知识还是有点儿了解。复杂多变的足球比赛，被这些人以预设的模板套于其上，来解释战术、数据等一切问题。如果比赛中出现了足以推翻整个理论体系的情况，那就忽略它，不为别的，只为维护他们的预设模板。这和蒂埃里·亨利有何关系？我相信有很大关系，特别是像这样一本书，我一直认为是一篇传记体论文，而不是一本传记。

如果只是对于亨利的职业生涯逐场比赛地进行记述，不仅会加长本书的篇幅，更会产生令人失望的效果——各种琐碎细节达到的不是所谓“魔鬼在细节中”的作用，而是让本书的目的变得模糊不清。亨利这样一位美妙的球员，他所获得的成就应该没有任何值得非议之处，然而，人们对他的感觉却非常极端化。有的人对他是一种喜爱却又有些矛盾的感觉，我便是如此；有的人对他是无条件的爱；但也有人对他充满不信任或厌恶。本书的目的就是试图探寻这种现象的成因。几乎所有对于人物经历的记述，都应该是一种线性的形式，编年体的体例在大多数情况下都能提供非常清晰的脉络。一个日期就是一个日期，一粒进球就是一粒进球，理论上，这些都是实实在在的论据，就像被约翰逊博士踢飞的那块石头，仅靠它，便足以反驳伯克利否定物质存在的观点。然而，对于亨利，足球是一个又一个日期的罗列，一粒又一粒进球的堆砌。我相信你最终只会得到一系列不知所谓的“0”和“1”数字，而不是像二进制的数码世界中这些“0”和“1”组成的美妙旋律。当然，这并不意味着身为纪录狂人的亨利本人不愿意以这种方式彰显自己的成就。对事物的量化考察似乎是一种客观的方式，基于相同的量化指标，很容易得出异口同声的结论，但我们需要对这种肤浅的论证方式持警惕态度。在任何情况下，足球与数字之间的关系，都比我们渐渐趋于认同的要复杂得多。很多情况下，我们对数字的依赖只是说明，我们不愿意给出自己的见解，不愿意去冒因为坚持己见而犯错的风险。

有一点我意识到了，如果我利用通过两年研究搜集的所有素材，这本书可以是25万个单词那么长。亨利的职业生涯跨越了3个十年，7届国际大赛，如此丰富，很快大量的事实、成排成排的0和1数字就会令我迷失自己（同样重要的是，读者也会）。作为一个说英语的读者，他会意识到亨利在摩纳哥、尤文图斯以及法国国家队的进步，但是很自然的，他会比对于蒂埃里身披红白战袍效力于伦敦俱乐部时了解的信息要少。每一个进球都可以在互联网上一遍遍地回看，每一场比赛的报道都可以在线寻找。更重要的是什么呢？蒂埃里在2000年10月法国队在南非的一场友谊赛中没有进球，那一次，他是否加入了与纳尔逊・曼德拉握过手的名人行列？在同一个月，亨利在奥林匹克球场无法摆脱拉齐奥后卫亚历山德罗・内斯塔（Alessandro Nesta）和西尼沙・米哈伊洛维奇（Siniša Mihajlovic）的盯防，阿森纳只能依靠罗贝尔・皮雷为新东家打进的第一球，来确保1：1的平局，这会不会帮助阿森纳第二次在欧冠联赛中小组出线？或者是10月28日由亨利在海布里对阵曼城的比赛中打进的2球？第一球是用右脚停球之后半凌空抽射破门，亨利又一次掀开了他的内衣T恤进行庆祝，上面写着“宝贝”（Babe），这是在向他未来的妻子——英国模特克莱尔·梅里（Claire Merry）发出信息。2000年12月26日在海布里对阵莱斯特城，亨利将是不可阻挡的，那一天也是他在阿森纳9次上演帽子戏法中的第一次①：他在禁区外接到皮雷开出的角球，凌空抽射，居然打进球门。之后是禁区内左脚的射门，虽然不及第一球那么漂亮，却展现了他如何利用身体扛住后卫，这位不幸的后卫是马特·埃利奥特（Matt Eliott）。当内尔松·维瓦斯（Nelson Vivas）的直塞球令亨利直面球门时，他穿越了一群沮丧的后卫打进了第三球（这也是当场比赛莱斯特城6个丢球中的第5个），亨利有充分的时间一而再再而三地戏弄门将蒂姆·弗劳尔斯（Tim Flowers），直到门将不得不做出某种扑救动作，身后留下了很大空当，亨利摆脱了他，用左脚将球打进空门。

到那时候，亨利已经能够以很出色的方式来展现他是一个伟大的足球运动员：让自身的“不同”看上去都很寻常。2001年2月10日的联赛，阿森纳1∶0击败伊普斯维奇的比赛中，如果你看到过这个进球，那么最好由你来决定这个低调的杰作哪一部分最令人钦佩。博格坎普穿针眼式的传球撕破了伊普斯维奇的后防线，亨利做到了两次触球，第一次是用左脚，第二次是右脚，便以进球确保了胜利。我所有的感觉就是

---

① 原文注：其中8次是在英超中上演，让亨利在2011—2012赛季结束后在英超帽子戏法排行榜上与迈克尔·欧文（Michael Owen）并列第三，在阿兰·希勒（11次）和罗比·福勒（9次）之后。蒂埃里另一次打进3球是在欧冠联赛中，2002年11月27日在奥林匹克球场3∶1击败罗马。虽然有媒体报道他在阿森纳著名的圣西罗一战5∶1大胜国际米兰一役中上演帽子戏法，但事实上他只打进了2球。

对这样的艺术瑰宝的作者致谢。博格坎普和亨利，就像是罗杰斯和哈特[①]，我们自己的阿维内尔路[②]，珍贵的百老汇——这两位球员一起合作创造了多么美妙的音乐，而我们——对他们满怀崇敬的傻瓜们——觉得这美好会一直到永远。

赛季中有过一些不和谐、很不愉快的记录，但都无法与2月25日温格那支优雅的球队在老特拉福德被完全摧毁那样轰动，那场比赛的结果是完全出人意料的，因为阿森纳刚刚在欧冠中战胜了里昂[③]，足总杯完胜切尔西，并且亨利在两场比赛中都有进球，包括对法国冠军里昂打进的罕见头球。就像格里曼迪和维埃拉告诉我的，这是屈指可数的、连更衣室的茶杯都能感受到温格震怒的半场训话。由卢兹尼[④]、斯捷潘诺夫斯、格里曼迪和阿什利·科尔组成的后防线在面对全主力的曼联攻击线时十分脆弱，德怀特·约克在19分钟内便上演了帽子戏法，半场结束前丢掉5球，简直要比业余球队后卫之间互不相识更加要命。奇怪的是，如果从整个进球过程来看，在这场1：6惨败中兵工厂攻入的唯一进球，也许是他们整个赛季的最佳进球，引人注目、高效地体现了自从1996年11月温格接手阿森纳以来球队的最大特点："集体即兴发挥"的原则[⑤]。谁还记得这个进球？我是不记得了，直到再看到这场比赛的视频。阿森纳队全体一致的一脚触球的跑动，从本方半场的维埃拉开始，皮雷、卢兹尼先后触球，皮雷再次触球，在右翼和维尔托德进行了传递，将球交

---

① 美国百老汇著名的音乐剧词曲作家，黄金组合。

② 阿森纳主场海布里所在的街道。

③ 原文注：阿森纳在第二阶段小组赛中与法国冠军里昂、莫斯科斯巴达克和最终冠军拜仁慕尼黑同分在一组，4个小组的前两名球队将晋级1/4决赛。

④ Luzhny，乌克兰后卫按照标准译名应该翻译作卢日内，但大家更习惯于叫他卢兹尼。

⑤ 原文注：collective improvisation，很多年后当我让塞斯克·法布雷加斯给"温格式足球"（Wengerball）一个简洁的定义时，他如此描述道。

给了亨利，后者第一时间用左脚外侧射门得分。这是个华丽的进球，但是没有任何成果：阿森纳在整个赛季还剩10轮的情况下落后领头羊曼联16分了，之所以位列第二是因为其他对手太不成器。

球队既是脆弱的，却又是充满活力的，这两点不断得到印证，直至赛季答案揭晓。4月14日，阿森纳在主场可笑地以0：3输给米德尔斯堡——客队的两粒进球是由阿森纳球员打入的乌龙球，也就是巴西人埃杜和西尔维尼奥——令主教练温格残存的追赶领头羊的希望彻底破灭了。事实上，在此之前一段时间他就已经放弃了这样的愿景。如果说蒂埃里和他的队友们在此之后直至赛季结束的联赛表现都是率性而为，或许有些夸大，但是他们明显更关注足总杯比赛。春天里他们先后淘汰了布莱克本和托特纳姆，准备参加连续3年在加的夫千年球场举行的足总杯决赛中的第一届。特别是，他们在欧冠八强战中对阵的是瓦伦西亚，这是1971—1972赛季弗兰克·麦克林托克[①]的球队被阿贾克斯淘汰后再次打进欧冠八强，当时欧洲冠军联赛还叫做欧洲冠军俱乐部杯。

连赛两场可是很紧张的，阿森纳只是凭借着交战纪录的微弱优势才在第二阶段小组赛中涉险过关，他们在第二回合对阵瓦伦西亚的比赛中，直到第76分钟还掌握着晋级主动权，但是挪威高中锋约翰·卡鲁（John Carew）头球攻门穿越了门将大卫·希曼破网，将他的球队送进了半决赛[②]。两周之前，瓦伦西亚中后卫罗伯托·阿亚拉（Roberto Ayala）在海布里的1：2失利中攻入的一个客场进球，被证明如温格所

---

① Frank McLintock，苏格兰后卫，1970—1971赛季阿森纳历史上第一次夺得英甲、足总杯双料冠军的中卫队长。

② 原文注：这是亨利不到一个月内第二次做客梅斯塔利亚球场。3月28日，法国国家队在2000年欧洲杯1/4决赛击败西班牙队之后在友谊赛中重逢对手，这一次蓝军1：2失利，这是他们欧洲杯夺冠之后的第一次失利。

恐惧的那样致命。我记得不久之后在伦敦科尔尼训练基地看到维埃拉和亨利，他们都是一脸阴沉，帕特里克·维埃拉的脸上甚至看得到愤怒。“我们表现得就像孩子一样幼稚，”他告诉我，“当我们0：1落后的时候才开始踢出平常的水准。”温格自己也承认阿森纳还处在欧战中当学徒交学费的阶段。亨利对于这次惜败感到苦涩，蒂埃里有更多个人的原因：是的，他在第一回合的较量中扳平了比分，感谢罗贝尔·皮雷漂亮的即兴创作，他在禁区边缘用脚后跟做球传给了亨利，正好站在对方最后一名后卫身边的亨利劲射破网。但是亨利在比赛最后时刻也挥霍了一个单刀面对门将的黄金机会，因为他失去了冷静。

一周之后，在类似情况下亨利没有再犯错，阿森纳4：1击败埃弗顿，在还剩5场比赛的情况下打进了他在2000—2001赛季的最后一球。其中并没有太多像对瓦伦西亚时的罕见失误，但是不久之后，错失的这些机会就被人们放大成为蒂埃里还不是他渴望成为的“大场面先生”（big game player）的证据。5月12日举行的足总杯决赛中，利物浦2：1击败了阿森纳夺得冠军，这也被亨利的批评者们曾经、现在依然拿来作为证据。比赛已经过了一小时了，这个男人总是迟到——这个男人从未在他所参加的9场①重要决赛的任何一场比赛中取得进球——2003年联合会杯除外，那是这其中最不重要的比赛。像这样将讨论几乎变成一项指控有些为时过早，但是或许应该提醒那些批评者，斯特凡·亨科兹（Stéphane Henchoz）在比赛第16分钟时站在门线上，用手臂挡出了亨利的必进球射门［这个明显手球犯规却被主裁判史蒂夫·邓恩（Steve

---

① 原文注：和法国队：2000年欧洲杯、2003年联合会杯；和阿森纳：2000年联盟杯、2001年、2002年、2003年足总杯，2006年欧冠联赛；和巴塞罗那：2009年欧冠联赛，2009年国王杯是蒂埃里的荣誉之一，但是他没有进入佩普·瓜迪奥拉对阵毕尔巴鄂竞技的决赛阵容（4：1获胜）。

Dunn）无视了］，这个数据他们根本不会拿出来放在第一位。这对于蒂埃里来说是个令人沮丧的体验，我已经在之前的章节中提到过——你也许还记得“禁区之狐”的情节——但是它在很多方面却为这个过渡赛季的叙事提供了一个合适的句号。阿森纳一直在断断续续，前进三步，后退一步，这表明了他们的进展，但还有瑕疵，老特拉福德、瓦伦西亚、加的夫之战都是残酷的事实。

然而，我不会撤回自己关于这对于亨利来说是个人绽放的一年的论断，因为再也不用担心亨利是否会融入伦敦的生活或者会被伦敦民众所认可接受的问题了。到2001年春天，他在汉普斯特德（Hampstead）给自己买了一栋2年前才完工的价值595万英镑的房子，房子由英国皇家建筑师协会主席理查德·麦科马克设计。7000平方英尺的豪宅，位于树木繁茂的坦普尔伍德（Templewood）绿地区，距离希斯街（Heath）几步之遥①。房子里有个内部游泳池，一个“釉面的半地下大厅”（引用自建筑师广告），3个车库，一个悬空的楼梯，设计令人回想起弗兰克·罗伊德·赖特的落水山庄。6间卧室，很自然的，一排巨大的电视屏幕可以播放不同的足球比赛。蒂埃里很享受他的小玩意儿，当第一个MP3播放器出现在市面上时，一个法国同事吃惊地告诉我，亨利的MP3可以存储10倍容量的歌曲，也就是制造商声称的他们的顶级产品。哦，好吧。

---

① 原文注：亨利2007年和克莱尔·梅里离婚后仍然拥有坦普尔伍德大街的这栋房子，2012年他从当地议会获得许可拆掉这栋房子，为了修建一栋更大、更高的建筑，这一举动让麦科马克和附近的邻居十分不快。英国小报为这份新计划的一处细节提供了绝妙的副本：蒂埃里准备用一个巨型垂直水族馆将四层的房子一分为二。这栋建筑据说造价25万英镑，每年的维护费是12000英镑。养鱼似乎已经成为了现代足球运动员一个流行的爱好（或者地位的象征）：大卫·贝克汉姆（David Beckham）、乔·哈特（Joe Hart）、麦卡·理查兹（Micah Richards）和史蒂文·爱尔兰（Steven Ireland）都在家里安装了巨大的容器，据传爱尔兰准备在他家厨房下面挖一个鲨鱼池。

汉普斯特德的伪波西米亚生活方式在当时对于阿森纳球员来说似乎有着不可抗拒的诱惑。帕特里克·维埃拉已经定居在布兰奇·希尔路（Branch Hill），距离蒂埃里壮观的豪宅只有几百码远。弗雷迪·永贝里是另一个邻居，罗贝尔·皮雷将很快效仿。埃马纽埃尔·阿德巴约（Emmanuel Adebayor）加盟阿森纳之后也选择了住在西北3区（NW3）。当蒂埃里刚搬进这里的时候，前阿森纳主教练乔治·格拉汉姆已经在这里定居了10年，相比更接近阿森纳在伦敦科尔尼的训练基地，让这里对球员们更具吸引力。这里也是伦敦的地界，却没有了伦敦城里的麻烦，充满着富有的外籍人士，有着未来安全的世界主义的光环和“水准”，吸引着海布里的年轻百万富翁们。阿森纳副主席大卫·戴恩的儿子达伦·戴恩（Darren Dein）很快就成为了其中很多人生活中的中心角色，在博蒙特公园经营着他的生意（走出蒂埃里的房子，顺着西希斯街往下走，第三条街左转，就到了），因此罗贝尔·皮雷告诉我——达伦·戴恩好几次给他的球员朋友和客户提供了房地产交易的建议。

亨利很快就找到了他的位置。他有时候会被人发现在基地（Base）享受午餐，那是一家不起眼的小酒馆，长期以来是“流亡”伦敦的法国运动员最爱去的地方。橄榄球运动员托马斯·卡斯塔内德（Thomas Castagnède）和拉斐尔·伊巴涅斯（Rafael Ibanez）有时候会在酒馆的阳台上和维埃拉、皮雷一起喝一杯。记者也一样——法国记者——被欢迎加入他们喝咖啡和非正式聊天的团体。2005年左右，就在这样一个美丽的春天的下午，汉普斯特德大街变成了梦想大街（更类似于法国末代皇后——路易十六的妻子玛丽·安托瓦内特所居住的小特里阿农宫，而不是英国喜剧作家沃德豪斯的文学作品中描绘的布兰丁斯市场），我记得上述人中也有皮雷和我。维埃拉一个接一个地朝着一些人挥手，可能是在街道对面的提着购物袋的阿什利·科尔？是的，几分钟之后，他又一次招手，这次是向延斯·莱曼，他正推着一辆婴儿车。难怪球员们如此热爱伦敦。匆匆走过的路人认出了他们，只点点头，有时候——很少见的——鼓起勇气向他们要一个签名，之后就像教堂里的老鼠发现教区执事后，偷偷地溜出圣器收藏室一样快步走开。这样的场景如果在米兰或者马德里是不可想象的。这里是个安宁的、不起眼的存在，而亨利出现的情况，只有过一次，却是戏剧性的。2001年12月5日，小偷趁着他在欧冠3：1击败老东家尤文图斯的比赛中出场时，闯入了他的家中，把他的管家五花大绑，用一位卡姆登警方发言人的话说是“洗劫了一些财物之后溜之大吉”。幸运的是，这一事件也是蒂埃里整个阿森纳生涯中唯一一次笼罩在汉普斯特德天上的乌云。

如果说亨利享受球迷们对自己毕恭毕敬却又保持距离的生活，那么托特纳姆球迷也包括在内[①]。球迷们和他们的偶像保持着和其他人一样的距离，因为亨利并不像他的队友们那般喜爱交际。他的大量时间都待在自己家附近，或者更多的是与自己的朋友待在一起，他最爱的是罗斯林山的房子。只有很少的几个球员属于亨利的“朋友圈”，格里曼迪称之为亨利的“泡沫”，在“泡沫”里的是一些老朋友，其中不少人都是他通过同父异母的兄弟威利认识的，比如弗兰克·内马（Franck Nema）——亨利家的熟人（但不是其他报道所说的他的表兄弟）——他自己也是一个不错的足球运动员，代表勒瓦卢瓦踢了不少比赛。亨利会鼓励前克莱枫丹和摩纳哥的队友来伦敦看他，比如罗贝尔·卡马拉（Robert Camara）和赫赫有名的海地国脚恩斯特·阿蒂斯-克洛泰尔

---

① 原文注：蒂埃里说过关于他数次与热刺球迷偶遇的其中一个故事：“一天，我在机场看到一群托特纳姆球迷冲我跑过来。电梯门要关上了，因此我伸出手阻止电梯门将他们拒之门外。他们很着急，丈夫在跑，他也伸出了手，但是他没有看到电梯里面，他的妻子抬了抬眉毛，给他使了个眼色。他转过脸看着我……然后他们转身走了楼梯。”

（Ernst Atis-Clotaire），后者如今已经从足坛退役，在巴黎北部郊区当电工为生。曾经有段时间，阿蒂斯-克洛泰尔代表法国U18队多次出场，和大卫·特雷泽盖、亨利一起夺得1996年U19欧青赛冠军，被普遍认为拥有着“伟大的未来”。但是他在摩纳哥只出场过1次，很快就淡出了人们的视野——但在蒂埃里的世界里他从未远去。

一些名人也会加入这个地区，比如喀麦隆出生的说唱歌手皮特·巴卡尔迪（Pit Baccardi），或者歌手沙琳·斯皮特里（Sharleen Spiteri），就像我们见过的。在来到一座自己一无所知的城市一年之后，亨利找到了之前生活中所缺少的平衡，也能够展现出来：面对着我们这些盯着他每场阿森纳比赛的记者，他显得更加成熟、放松，比那些从摩纳哥，特别是法国国家队开始就了解他的记者所描述的更加随和了。他是否能够摆脱他必要的冷漠是另一个问题。“我同意他的说法，如果我们是同一代人，我们本会是好朋友。”——不过温格这里说的不是亨利。埃马纽埃尔·佩蒂特才是和阿森纳主教练“交换秘密”的人，温格表示：“他的性格中有极端的一面是我理解和重视的，因为从这方面来看，我们是同一类人。”温格和蒂埃里的关系则是完全不同的性质。尽管亨利和佩蒂特的职业生涯道路明显存在着平行的关系，温格给了他们第一次在顶级联赛出场的机会，1994年，蒂蒂是17岁，1989年，马纽是18岁。我自己的猜想，佩蒂特的性格，如果不提及他的哥哥奥利维耶的悲剧性去世就无法理解，后者是在马纽还是个孩子的时候在一场足球比赛中因为动脉瘤猝死，这与温格性格中被忽略的一面十分吻合：希望充满激情地充实人生，甚至有些不计后果。这并不是说没有火焰能够点燃亨利的灵魂，但不是那种可以耗尽佩蒂特的无法控制的大火。而对此温格也承认，他是在日本待了两个赛季才学会了自我疏导，这在很多方面也影响“教授”执教阿森纳岁月的经历。

随着时间流逝，温格和亨利的关系更加紧密，承认他们共同分享的债务，为了他们热爱的俱乐部团结一致地去战斗，得到对方的信任。温格认为亨利的一种品质比其他人都强："他很宽宏大量，不论在球场上还是生活中。""蒂埃里是个敏感的人。"2000年欧洲杯决赛不久之后，温格说："我喜欢这点，但是敏感有利有弊。在这种环境中，人们会让你因为弱点付出沉重的代价。"亨利表示认同，一年之后他向一位法国记者吐露道："我不喜欢谈自己的生活，即便有时候必须对其他人袒露心胸，也想把一些特别的东西留给自己。"蒂埃里在他年轻时最困难的时刻向温格"袒露了心胸"——在他的婚姻破裂时，那也是他最终屈服于巴塞罗那诱惑的原因之一——你可以说这是一段和谐的工作关系，尽管一路上并不缺乏口角与争执，但这些年来亨利和温格之间已经发展成为了一种休戚与共的关系。

有一件事对我触动最大，那就是，2011年12月，当亨利的铜像在酋长球场正式揭幕时，昔日的导师温格和他的学生亨利之间所展现出的身体语言。他们深入交谈，看似栖息于一个可以完全放松的空间，完全忘记了周围的人们。这是两个平等交流的人，但他们是朋友吗？并不完全是。关于蒂埃里的另一个最近的记忆浮现于我的脑海之中。2011年1月，英格兰足球记者协会的年度晚宴上给予了亨利荣誉，亨利走上颁奖台感谢戴着黑领结的观众们。亨利在类似场合从来不是个流利的演讲者，他尴尬地说了几分钟，对于熟悉他的人来说，这意味着他此刻情绪复杂却又无法表达。现场几百人在倾听着他的每一句话，当蒂埃里认为需要说出更尖锐的言辞时，一种不安的感觉传遍了整个房间——如果说不是词汇而是语气的问题——他谈及了温格的缺席："我不清楚他为什么没有来。"他的口气，明显并不是在开玩笑，邻座的人们和我交换了尴尬的一瞥。

球员和教练并没有指出他们各自状态的差异。但他们之间存在真正的友谊吗？就像有首歌所唱的“孤独在上”，这就是蒂埃里如今所处的位置。

9

他的足球，他的球队，他的花园。

亨利悖论1

THE HENRY PARADOX I

数字是惊人的。从2001年8月15日到2004年6月25日，蒂埃里·亨利代表俱乐部和国家队踢了189场比赛，每个赛季平均63场比赛，总共打进了120球，也让他在那3年里的场均进球达到了0.63个。阿森纳的纪录开始一个个被打破，第一个就是由伊恩·赖特保持的代表阿森纳攻入13粒欧战进球的纪录。2001年9月19日，亨利在海布里对阵沙尔克04的比赛中梅开二度，打破了伊恩·赖特的纪录。俱乐部的里程碑被快速地不断超越，很明显，现在的疑问不是这位当时欧洲最高产的前锋能否（至少在纯粹的数据层面）设立让未来的阿森纳球员无法改进的标准，而是他什么时候能够做到这一切——如果他不受重大伤病影响，而且没有被其他俱乐部引诱离开海布里的话。他的英超100球是在2004年2月14日2：0击败南安普敦一役打进的。两个多月后，亨利在对阵利兹联的比赛中上演了他职业生涯中唯一的大四喜，也帮助他跨越了各项赛事150球大关。个人荣誉和称号不可避免地纷至沓来：2002年和2004年亨利两度获得英超金靴；2003年和2004年蝉联PFA年度最佳球员①和FWA英格兰

① 英格兰PFA足球先生（PFA Players'Player of the Year，别称英格兰球员先生）于每个赛季末期由英格兰职业球员协会（Professional Footballers Association，简称PFA）的会员互相投票选出该赛季的赛季最佳球员。首次PFA足球先生在1974年颁发。自设立这个奖项以来，获奖者多是英伦三岛球员，自英超成立以来才开始有外籍球员获奖。首位得奖外籍球员是法国人埃里克·坎通纳，于1994年赢得。

足球先生[①]，这也让他成为了第一位连续两年获得FWA英格兰足球先生的球员；2003年在欧洲金球奖评选中惜败于AC米兰前锋舍甫琴科之后，亨利安慰性地获得法国足球先生。他还赢得了无数的当场最佳球员奖，包括2003年足总杯决赛最佳球员，此役阿森纳击败了南安普敦。亨利也摘得了真正的奖杯——2001—2002赛季英超和足总杯双冠王，2003年联合会杯，他两次夺得金靴和金球奖。连续3个赛季阿森纳展现了惊人的威力，那支2004年英超冠军球队——温格的“无敌舰队”——是英格兰足球史上最伟大的球队之一。亨利不仅仅是毫无争议地成为阿森纳历史上的巨人，现在还被视作那些能够定义英国足球时代的罕见球员，就像之前的乔治·贝斯特和埃里克·坎通纳。

天赋、持续表现和进球井喷并不足以让球员达到这一地位，我们会以艺术性作为前提，同时还需要具备人格魅力，但即便将这些属性合在一起也不一定能创造出特有的光环。从蒂埃里的情况来看，这些也与他在球场内外所展现出的从容、优雅有关。我不是特别喜欢“va-va-voom[②]”（令人兴奋的、性感的事物）的标语，这是2002年亨利为雷诺克丽欧轿车代言时所做的广告，但是我必须承认，这个词的确抓住了一种情绪，提供了一种新的“法国性”（Franchness）模板，与埃里克·坎通纳和大卫·吉诺拉所提供的截然不同。足球运动员、诗人和魅力非凡是对于法国球员传统的印象，比一个穿着布列塔尼衬衫、脖子上

---

① 英格兰FWA足球先生（The Football Writers Footballer Of The Year Award），常被称为英格兰足球先生（Footballer Of The Year），创立于1948年，是由英格兰足球记者协会（Football Writers'Association）评选的奖项，以表扬“在球场内外对足球有杰出贡献的球员”，也是全球最早的同类型评选之一。2006年蒂埃里·亨利成为首位三次夺奖的球员。

② 原文注：va-va-boom这个词并非像媒体广泛报道的那样是因为亨利而进入牛津英语词典。事实上在1989年就被选入了牛津英语词典，也是吉尔·埃文斯（Gil Evans）一部电影原声作品的标题，出现在1985年电影《夺命终点》（*Absolute Beginners*）之中。

绕着一圈圈的洋葱的人要形象得多。蒂埃里是另一回事：一个年轻的在巴黎郊区长大的西印度群岛后裔，其“法国性”我认为是不言自明的，但他又让我自问：“什么是法国人？蒂埃里·亨利和我有什么共同之处让人们认为我们是法国人？”这是1998年世界杯之后的“黑人-白人-阿拉伯人”（black-blanc-beur）球队所带来的一种思潮的胜利——至少对于英国人来说是这样，亨利穿越了阶级和种族的差异，但保留着法国人的特质。这个略显笨拙的黑人少年，曾经被人拍到在摩纳哥扛着一部巨大的录音机，留着一头体育界流行的长发绺；后来他却成为了一个温和的都市美型男，甚至为美国设计师汤米·希尔费格担任专属服装品牌的模特[①]，亨利似乎天生习惯于从一个贵宾休息室游弋到下一个……你如何把这两种形象调和在一起呢?

亨利有着一种优雅的成熟，是广告商最有兴趣利用的。和许多顶尖运动员一样，当他离开足球场，他的动作不疾不徐，甚至有些慵懒。他拥有完美的身体素质，既柔软又有力，让他所穿的休闲服装看上去简洁、优雅。他就是很完美，对于其他凡人来说这些可能是非常短暂的时光，但是他却像是生活在一个被施了魔法的平面上，一切看上去都那么自然，就像阳光一样：进球、荣耀、名人朋友、崇拜的球迷和所有与成功有关的事物。他带给其他人的快乐是显而易见的。亨利以富有魅力的谦虚态度谈及自己的成就，将其归功于俱乐部所有人给予自己的信任，为能够帮助其他人发光发热而自豪——2002—2003赛季他贡献了23次助攻——这是建立在他精准的门前射术的前提之下。他的身边有着真正的

---

① 原文注：Tommy Hilfiger时装展于2007年10月设计师在摄政街的商店揭幕，蒂埃里在商店橱窗里为一些衣服担任了模特，给了路人巨大惊喜。用球员的话来说，当天的销售收入都将流向亨利旨在帮助贫困地区贫困孩子的“一个为了所有”基金会（One 4 All）。不过自从那次之后我再也没有发现该基金会的慈善活动。

大师——帕特里克·维埃拉和丹尼斯·博格坎普——他们的存在也令他不至于狂妄。他还有其他队友，在一段时间内同样有着伟大的表现，没有人比罗贝尔·皮雷更符合这点，尽管只有一个赛季——2001—2002赛季，在他遭受严重膝伤之前——在温格看来，皮雷当时是世界上最出色的进攻型中场。那些都是令人兴奋的日子，我们那时候很可能没有太珍惜。

法国如今看待亨利的方式尤其如此，随着时间的流逝变得越来越模糊。在英国，蒂埃里几乎已经成为了一位受人尊敬的代表自己祖国的大使。能够看到我们中的一个人以如此神采飞扬的方式取得成功令人非常骄傲，作为火枪手[①]的一员（蒂蒂是亨利的昵称，帕特是维埃拉，博比是皮雷，尼诺是西尔万·维尔托德），随着格拉汉姆的老家伙们不断退休，法国火枪手们在定义阿森纳俱乐部的特性上发挥着越来越重要的作用。当然也会有挫折。亨利乐意和来访记者们谈话，也证明了他强烈的自我保护意识和急于宣传自己积极正面的大使形象。我已经收集了亨利这些年来相关报道的剪报，就凭这些素材就足以攒出不少书来[②]。这也给人一种感觉——我究竟有多少次听到了这一争论！——当亨利在法国国家队时他并未真正“尝试”，他并不指望走到哪里都成为头条人物，也无法容忍齐达内在蓝军之中的卓越地位，这个问题我会在后文中付出更多笔墨。亨利在为勒梅尔的球队效力时的效率很低，不过从2002年7月开始，他在雅克·桑蒂尼的法国队的优异表现是毋庸置疑的。不论一

---

① Musketeers，最经典的形象来自于19世纪浪漫主义作家大仲马的小说《三个火枪手》，在英国足坛火枪手也代指法国球员，特别是阿森纳这帮球员。

② 原文注：不过我必须补充一句，这本书会很单调的，因为所有向亨利提的问题不外乎三个主题：他对于阿森纳的热爱，他对于伦敦生活的热爱，他在法国国家队的作用。亨利很可能通过令人厌烦的、约定俗成的答案来回答三个问题，结果是他在阿森纳第一年美妙的采访渐渐变成了令他自己都厌倦的——除非是谈到比赛本身，这倒是会迅速地点亮一盏可爱的灯。

些经过精挑细选的数据所显示的结果是什么，让球员独自为此负责是无法让人理解的。

从2001年夏天到2004年夏天，蒂埃里代表法国队几乎每2场比赛就打进1球——34场攻入17球，更准确点儿说——这17粒进球中12粒是在欧足联或者国际足联正式比赛中打进的，这对于一位步履维艰的中锋来说是一笔丰厚的回报。当然，亨利在对阵那些对于1998年世界杯和2000年欧洲杯冠军来说的鱼腩球队时很容易进球，在2004年欧洲杯预选赛主客场10：0横扫马耳他的两场比赛中打进4球，而以色列、塞浦路斯和新西兰则是其他几个亨利枪法的牺牲品。选定哪些比赛“重要”与否，此举公不公平是另一个问题，但你如何能够将某一粒进球、任何一粒进球作为一个射手不称职的证据呢？我不记得有人曾对齐达内两度攻破马耳他门将马里奥·马斯喀特（Mario Muscat）的大门做出过刻薄的评论，或者将这些进球从法国队队长的进球总数中刨去。一定是发生了什么事情，如果让我必须挑出法国与其最出色的球员之一关系不再亲密的转折点，我会选择2002年世界杯作为借口。所以，暂时让我们离开英格兰的绿茵场，前往东亚，在那里蓝军的黄金传奇变成了最廉价的肥皂剧。

法国队是作为夺冠热门球队登陆2002年韩日世界杯的，这合情合理。他们刚刚夺得世界足坛分量最重的两个冠军头衔：1998年世界杯和2000年欧洲杯。他们的锋线看上去令人生畏，意甲金靴（特雷泽盖）、英超金靴（亨利）和法甲金靴（贾布里勒·西塞，Djibril Cissé）蓄势待发。他们在2002年头5个月的表现却并不出色，5场比赛取胜3场，其中2场费尽周折，但这一点却在前瞻本届大赛时被很多人忽略了。直到法国队首战之前5天，齐达内大腿肌肉拉伤，第一次警报信号才开始闪烁。法国足协管理部门之所以同意在法国队备战世界杯如此晚的阶段踢一场对阵韩国队的毫无意义的友谊赛，是为了取悦他们的主要韩国赞助商，后者还要求法国队必须尽可能多地选择主力球星出场。法国足协不得不从。齐达内的健康状态根本不适合踢这场比赛，却被迫上场踢了38分钟，直到他的身体油尽灯枯。此前他根本没有时间休息：他在皇家马德里的赛季11天之前才结束，当时他在欧冠联赛决赛对勒沃库森一战攻入了惊世骇俗的左脚凌空抽射进球，帮助皇家马德里2：1获胜。而在比赛结束后他和妻子韦罗妮克重聚，后者即将诞下他们的第3个儿子泰奥（Theo），泰奥出生于5月18日。睡眠不足的齐达内在儿子出生之后立即登上了前往韩日世界杯的航班，19个小时之后安全抵达日本，但是还需要转机前往韩国水原，在那里法国队富有斗志地3：2击败了亚洲“红魔”韩国队，却因为中场核心齐达内早早受伤下场而黯然失色。法国队与塞内加尔队、乌拉圭队和丹麦队同分在一组，对于世界杯卫冕冠军来说，以小组头两名身份晋级淘汰赛并不难，是吧？齐祖轻微的大腿肌肉撕裂会很快愈合，一切都会好的。

但接下来发生的却是十足的灾难。第一次杀入世界杯的菜鸟塞内加尔队，延续了他们的好运，在本届世界杯揭幕战上大爆冷门1：0击败了卫冕冠军法国队。接下来一场比赛对阵乌拉圭队，蒂埃里·亨利在第26分钟因为对对方球员马塞洛·罗梅罗（Marcelo Romero）的一次危险铲球吃到了直接红牌，10人应战的法国队最终0：0战平对手。最后一轮对阵丹麦队，即便齐达内带伤复出——至少进入了首发名单——却仍未激励蓝色军团赢下这场不成功便成仁的晋级生死战。丹麦队的托马森（Tomasson）和罗梅达尔（Rommedahl）连下两城，而法国队没有任何回应。卫冕冠军以最可怜的方式放弃了他们的奖杯，没有进球，没有头绪，没有领袖，没有积分，最终A组垫底出局。而赛后发生的事情要比法国队出局本身更令人生厌。

那些跟随着庞大的法国队车队在日韩奔波的法国记者们，认为他们已经不必再责无旁贷地保守住他们亲眼目睹的一些球队内幕，曾经为法国队所严格要求的沉默法则已经不再奏效。法国队在球场上的糟糕表现终于可以令他们畅所欲言了，法国队耻辱的记录者们挥动他们的笔杆子写出了耸人听闻的报道。如果按照英国的诽谤法来评判，我只能把我国当时的那些报纸封面都给涂抹掉。最尖锐的批评是针对那50多位法国足协官员，对他们来说这届世界杯意味着一次全程免费的旅行，从账单上可以看出他们消费过的时髦酒吧和餐馆。法国足协代表团的首领、足协主席克洛德·西莫内（Claude Simonet）为他在韩国的一顿晚宴订了一瓶价值4000英镑的罗曼尼–康帝（Romanée–Conti）葡萄酒，并对此习以为常，在本届大赛法国队待的不到两周时间里，他的个人账单就达到了50000英镑。后来他被判处诈骗罪——2003年法国足协的亏损超过1400万欧元时，他却将这个数字抹成了63万欧元——2007年4月24日，西莫内被判处了6个月监禁缓期执行，罚款1万欧元。但是仅仅挑出西莫内——虽然不公平——却将掩盖法国队管理机构的腐败已经到了何种地步的事实。

1998年和2000年的巨大胜利给法国足协带来了无法控制的狂妄。赞助商拼命跪倒在球员和官员们面前献殷勤，没有多少人能够抵挡住代言不同产品所带来的巨大诱惑。弗兰克·勒伯夫被邀请宣传法国牛肉，马塞尔·德塞利和比森特·利扎拉祖代言了移动电话运营商，齐达内为一款矿泉水做广告。总的来说，不少于40家企业和勒梅尔的弟子们签下了个人商业合同。他们能够因此得到非常丰厚的奖金（据说平均每个球员能拿到40万英镑），不论最终结果如何，这份金主的名单中都应该加上法国国家队的54个“官方合作伙伴”，他们给法国足协的金库贡献了3800万欧元——几乎是1998年世界冠军队收入的两倍。这些为蓝军花钱的朋友们自然要求得到他们应得的那一磅肉[①]，而不仅仅是比赛门票的那一部分。他们的代表们享受着访问法国队在所有国家地区基地的权利，包括在日本指宿市和韩国首尔市的训练基地。经纪人也遍地都是。回首那时候发生的事情，埃马纽埃尔·佩蒂特说为自己沉醉于名声感到惭愧——几乎忘记了一开始是什么令他成为这样一个有价值的商品。很多人和他的感受是一样的，但是那时候集体精神的代表，像迪迪埃·德尚和洛朗·布兰科这样的领袖已经从国家队退役，法国队的集体主义完全解体，被利己主义和偏执狂所取代了。

对于未来的世界冠军而言做再多的预算也不过分，因为他们一定会成为冠军，法国足协的会计师也因此量身打造了预算，前无古人后无来者。6吨重的装备被运往东亚，加上食物、饮料，包括20箱1998年的利尼亚内地区出产的红酒和2000年的埃切万地区出产的红酒，用以在球队用餐时使用。尤文图斯的大厨也被招募来为齐达内准备意大利面，并为特雷泽盖开小灶。法国足协还考虑安装临时的卫星设备，好让球员们和工作人员观看法国电视节目，但最后因为40万欧元的支出过大而作罢——这也是此行之中少数几个明智决定之一。他们住的酒店是最豪华的，这也解释了为什么代表团每个成员在韩国每天的食宿费用高达534欧元，以及为什么法国队总的预算超过了1500万欧元。

---

① 一磅肉的典故出自莎士比亚戏剧《威尼斯商人》，威尼斯富商安东尼奥为了成全好友巴萨尼奥的婚事，向犹太人高利贷者夏洛克借债。由于安东尼奥贷款给人从不要利息，并帮夏洛克的女儿私奔，怀恨在心的夏洛克乘机报复，佯装也不要利息，但若逾期不还要从安东尼奥身上割下一磅肉。不巧传来安东尼奥的商船失事的消息，资金周转不灵，贷款无力偿还。夏洛克去法庭控告，根据法律条文要安东尼奥履行诺言。为救安东尼奥的性命，巴萨尼奥的未婚妻鲍西娅假扮律师出庭，她答允夏洛克的要求，但要求所割的一磅肉必须正好是一磅肉，不能多也不能少，更不准流血。夏洛克因无法执行而败诉，害人不成反而失去了财产。

之后便有了在首尔华克山庄喜来登酒店的夜夜笙歌，这家五星级酒店的全名是Sheraton Grande Hill Walker Hotel and Towers。在那里有着独立建筑——道格拉斯行政俱乐部，可以供给球队使用。意大利队主教练乔瓦尼·特拉帕托尼（Giovanni Trapattoni）最初考虑将这家酒店作为意大利队的世界杯总部，但在发现这家酒店拥有首尔唯一一家赌场和一间叫the Sirocco的“情趣酒吧”，每天营业到凌晨2点后就放弃了。这家酒吧的驻店乐队首领，一个叫乔治的保加利亚人告诉《巴黎人报》记者，罗歇·勒梅尔和他的助理教练在法国队最后一场小组赛前夜还来这里用过晚餐。这本身并没有错，但不是每个去the Sirocco的人都只是带着安静、深度地探讨足球的单纯目的的。很快媒体就发现了不少球员是酒吧的深夜访客，甚至无聊到和酒店的一些舞女交上了朋友。一部私人电梯可以让来宾们不必经过大厅直接从歌厅到卧室。我要补充的是，相关球员没有一个是勒梅尔首发阵容的常客。不论怎样，这也说明了球队内部和工作人员自由放任的气氛，不少人经常被看到凌晨还在鬼混胡闹。

一些球员尝试做出反应。马塞尔·德塞利和帕特里克·维埃拉试图说服他们的主教练，他决定采用的4-2-3-1阵型并不适合球队目前的人员配备，罗贝尔·皮雷因伤缺阵，齐达内至少踢不了前两场比赛。他们可以看到勒梅尔是如何在这种背景下对法国队失去了控制。他总是在怀疑外人，特别是记者们，他无法容忍法国队阵营中有如此多的跟班，但却无从下手。勒梅尔的反应是再次让步缩成一团，这让他与球员们失去了沟通，造成了灾难性的影响。他的决定也反映了一个男人迷失于围绕在国家队周围的荒唐马戏里——这一马戏在球队前往东亚之前就已存在。富有经验的球员们看到这些都惊呆了，失去了对于一位在2000年欧洲杯上凭借着清晰思路和决断，发挥着显著影响的主教练的信心，“我们在世界杯之前就已经筋疲力尽了。”尤里·德约卡夫回忆道，“齐祖受伤并不奇怪，在他本应该倒时差的时候，勒梅尔却让他在训练场跑圈。”佩蒂特很喜欢他的前主教练，在谈到他的“固执”时，也将蒂埃里作为2002年勒梅尔错误的一个最好例子。

蒂埃里，如果说我最近几页都没有提到他，那是因为他近乎隐形了。5月23日，在法国队对阵塞内加尔队的比赛前3天，亨利在一场对阵当地J联赛俱乐部浦和红宝石的5：1大胜中没有出场，他在一周前对韩国队的友谊赛中膝盖受了轻伤，没能及时伤愈，勒梅尔对此说了不该说的话，暗示他的医疗团队担心这位前锋能否及时赶上世界杯。他的原话（“如果到周日亨利的情况还无法让我们完全放心，那就令人担忧了。”）很合理地成为了第二天的新闻头条。蒂埃里被激怒了，决定抵制媒体，这也将是他后来应该感到后悔的：记者们可不会着急去为轻蔑他们的球员找到减轻处罚的情节。媒体对于亨利膝盖受伤的报道是不真实的，这明显影响了他在对塞内加尔队一战中的表现，即便他在第66分钟击中了对方门将托尼·席尔瓦（Tony Sylva）把守的大门立柱。之后在对乌拉圭队的比赛中，亨利被勒梅尔安排打左边锋，而他本希望和大卫·特雷泽盖搭档中锋。“这个决定，”埃马纽埃尔·佩蒂特说，“激怒了他。”才踢了不到1/3的比赛时间，失去了所有纪律感的亨利，将他的愤怒和沮丧发泄到了马塞洛·罗梅罗身上，向这位乌拉圭后卫狠狠伸出了一脚，而在他以后的职业生涯中再未有过如此暴力的行为。从那时开始，亨利就只可能被视为有罪的一方，不只是一个鲁莽铲球的始作俑者，而且是作为一支充斥着自负的人的错误球队的象征——所有人都是一丘之貉，不论他们是否应该得到这样的评价——对他们而言法国队球衣也可以是赞助商商标的混杂物。齐达内，累了，伤了，无奈了，逃过了随之而来的风暴。亨利却没有如此幸运，从那时开始，看上去总有一个人需要拿来与另一个人做比较，但是在他俩拼凑的这种奇怪的组合中，总有一个是占上风的，不论另一个有怎样的优点。胜利者只可能是齐祖。

在足球历史上，只有少数几个国家有过近乎同一个时代涌现两位（像齐达内和亨利这样）出类拔萃的球员，而这些少数的幸运国度，几乎总是能够因此在世界足坛的舞台上享受一段卓越的时期。你可能会说，这就是真正的法国，在两位球员处于巅峰或者接近最高点时，蓝军夺得了世界杯和欧洲杯冠军。这不可能是偶然，不是吗？但我并不是出于一种无端的悖论感才开始怀疑，这种空前成功的取得，其实并不是“因为”同一队中存在两位杰出人才，而是“即便”这两位天才同处一队，最终也能够成功。

就法国队的例子来看，能够拥有他们两人是个不折不扣的奇迹。一直以来令我们长时间哀叹的是，我们的足球创造的所谓“世界级”球员是断断续续的，一个时期可能只有一位。作为连锁反应，这名球员不可避免的状态下滑，也会导致球队整体的下坠，短则三年五载，多则数十年，法国队的成绩令人失望，直到某一天一个崭新的太阳从地平线升起。20世纪50年代末和60年代初是属于雷蒙·科帕的时代，他和拥有超级天赋的队友们——罗歇·皮安托尼（Roger Piantoni）很可能是最出色的一个，而朱斯特·方丹（Just Fontaine）是最致命的一个——他们一起搭档，但是无论谁改变一场比赛的能力都无法媲美兰斯和皇家马德里的“巫师”。20世纪80年代属于米歇尔·普拉蒂尼，他也得依靠阿兰·吉雷瑟和让·蒂加纳的一流支援。不过科帕和普拉蒂尼都处在更高的境界中，他们的同时代球员只能从远处仰望，他们就是周围那些发光较弱的星星所围绕轨道运行的恒星，也是他们的同胞们梦想的焦点。拥有齐祖和蒂蒂，尽管年龄不同——马赛人比巴黎郊区人要大5岁——我们还是能够测量他们相同年龄段时的表现。更重要的是，齐达内1996年转会尤文图斯之后才真正确立了一流球员的地位，当时他是个21岁的小伙子，而亨利在非常年轻时就展现出天赋，在他19岁生日之前，皇家马德里就考虑引诱他从摩纳哥转会。别忘了，蒂埃里在大赛决赛圈阶段打进第一球要比齐达内更早。齐达内2004年欧洲杯之后从国家队临时退休，而他的继承人在1998年世界杯之后陷入低迷，法国黄金时代的两个伟大偶像在国家队一起效力的时间不超过6个完整赛季，其间他们都达到了各自职业生涯的顶峰。而将他们一起放到球场上，令人不由得想分享在2006年世界杯——他们一起效力的最后一届大赛数周之前，法国记者樊尚·迪吕克（Vincent Duluc）所表达的观点："他们就像是相互排斥的两个磁体，因为他们拥有同样的极性，同样的天赋，同样的自我。"

当他们其中一人闪光时，另一个似乎就会退回到阴影之中。齐达内最终成为法国队1998年世界杯的英雄，在决赛中顶进了两个头球，不过在那之前他却远不在最佳状态，因为在揭幕战中懦夫般地蹬踏一名南非队①球员而被红牌罚下——停赛一场。亨利在决赛之前表现不俗，打进了3个关键进球，1/4决赛对阵意大利队，他在点球大战中显示了令人称道的冷静。两年之后的欧洲杯上，齐达内接近于达到个人最佳状态，但却是间歇性的表现，而亨利则是这届大赛上最稳定、高效的球员，直到对阵意大利队的决定性一战。在代表阿森纳出战的一整个赛季中，亨利给自己身体的负担已经夺走了他的大部分力量，令他筋疲力尽、无以为继。像这样继续着，看上去两人的火焰就是无法同时被点燃。随着时间推移，原本只是有点儿奇怪的事却变成了一种猜测，事实上"怀疑"一词才更准确，很大程度上是由这样一件事引发的：齐达内从未给蒂埃里·亨利助攻过一次，除非算上2000年欧洲杯3：0大胜丹麦队一战中，

① 实为第2场小组赛对沙特阿拉伯一役。

亨利从60码外接到中场核心那个并非有意的传球后的进球。亨利送上了他最令人激动的奔袭战之一，穿过了每一名后卫将球送进了丹麦门将把守的大门：这是个惊艳的个人即兴表演，并没有得到一位领导者的指挥，而是个人即兴创作。

后来，在2004年欧洲杯上，在小组赛首战齐达内从英格兰人的鼻子底下抢走了胜利成为头条新闻，他首先射入了一记任意球，又在比赛最后一分钟射进了点球，而这场比赛对于亨利却意味着整个世界。其实正是蒂埃里偷得史蒂文·杰拉德（Steven Gerrard）回传突入禁区之后制造了关键的对手犯规，但是几乎没有人记得去称赞他对法国队的贡献，人们都忙着去赞美齐达内又一次在濒临失利之时做出了决定性的干预。一个不争的事实是：在2006年世界杯之前，齐达内和亨利一起代表法国队出场的51场比赛中，阿森纳前锋尽管打进了32球，却没有得到一次银河舰队巨星的助攻；与此同时，齐达内帮助12位队友登上了记分牌——包括让-阿兰·布姆松（Jean-Alain Boumsong）和米卡埃尔·西尔维斯特（Mickaël Silvestre）。蒂埃里被那些不断中伤他的记者们气疯了，他们指责他在英超的高效与在法国国家队的缺乏成功差距太大。

从数据角度来说，这是一派胡言：到2006年世界杯之前，蒂埃里代表法国国家队的进球率是场均0.41球，如果只算他和齐达内共同出场的51场比赛，这个数字会跃升至0.63球①。他的同胞们远远落后，但却没有人注意到这些事实，他们被亨利在阿森纳同一时期异乎寻常的状态遮蔽了眼睛。亨利缺少的其实并不是进球，而是每周在他为热爱的阿森纳

---

① 原文注：这个平均进球率甚至高于蒂埃里在阿森纳生涯场均进球0.61球（各项赛事），而这还是建立在主罚点球的任务不同之上——他在阿森纳是第一点球手，而在法国队第一点球手是齐达内。

队出场时所散发出的流畅性和权威，在他为自己的国家而战时，这种流畅和权威却总在逃避他。有个问题必须提出来：世界足坛最具天赋的创造者怎么能够不去和最伟大的射手之一和谐地合作，以至于到了他从未为亨利众多进球中的任何一粒送上最后一传的程度?

不论流言怎么从两人的性格差异中推导出敌意，齐达内和亨利是相互尊重的，即便没有感情，至少从他们的职业来说也需要保持最基本的关系。就像亨利十几岁在摩纳哥时曾经试着讨好资深前锋索尼·安德森，年轻的亨利在法国队在克莱枫丹集训的定期聚会时会经常去寻求齐达内的建议，在公共晚餐快结束时坐到齐达内身旁喝喝咖啡，聆听，鼓足勇气问一些问题，急着听到蓝军冷淡、守口如瓶、无可争议的领袖会说些什么。如果说情况与此截然相反的话，那显然不一定是真的——不过那时候，齐达内总是更喜欢和自己人待在一起，而不是其他人，不论他们是谁，这样的性格对亨利——自称“独行侠”——可以很轻易地理解。“他是如此伟大的一名球员，”蒂埃里2005年说，“他的光环是如此巨大，我从未成功地和他说过话。他给我的印象太强烈了，他并不是那么开朗的一个人。”

人们对于亨利和齐达内矛盾根源的猜想之一，是他们对于对方缺乏天生的同情心，或者，还有比这更糟糕的八卦，各种各样的八卦。亨利和齐达内无法否认他们的关系中特定的冷淡，但是他们总是以安抚性的语调来谈及对方，蒂埃里承认他从未获得与他所谓的“上帝”的球员相提并论的权利，哪怕一次都没有。在媒体持续的含沙射影报道的浇灌下，齐达内和亨利的粉丝团的裂痕甚至超越了法国队阵营内部的不和谐声音。在公众视野之中，齐祖已经成功地塑造了一个谦虚、极度害羞的居家男人的形象，在不小的程度上得到了幕后顾问们的帮助。1998年的成功让他成为了新建的法国足球大教堂的圣人，站在由他的诸多赞助商凿出的基座上，这是一座看上去更像是威廉·贝克福德的放山修道院而不是坎特伯雷大教堂的不朽作品。相反，亨利显得傲慢、冷漠，太过聪明。无可否认的是，齐达内在俱乐部从未像他穿上蓝色球衣之后那样照亮过足球场。1998年世界杯夺冠后缝在法国队战袍公鸡之上的那颗星星就是他的统治时代。尽管亨利穿着同一件战袍，尽管也在不断进球，但亨利却很难展现出阿森纳拥趸们所熟悉的绝代才华。

2002年，一些记者暗示在蓝军内部存在着“兵工厂家族”（Clan des Gunners），他们的目的是让亨利成为法国国家队的关键球员——自然想要取代齐达内。记者布吕诺·戈达尔（Bruno Godard）在2006年世界杯前出了一本在法国卖得相当不错的书，花费大量章节描述了那些幕后的谈判，包括我所读到的恶意攻击蒂埃里的性格——说亨利在掩盖自己的行径上是个完美的天才——但内容却空洞无物缺乏证据。还有流言说维埃拉、皮雷、佩蒂特和亨利在他们汉普斯特德的住所举办秘密晚宴，在晚宴上这些当代的喀提林①阴谋家们会谋划最佳策略来破坏齐达内的特权现状。当我对皮雷提到这些，他所做的只是耸了耸肩：“呵呵……”阿森纳球员坐在同一张桌子上是事实，就像曼联球员和利物浦球员在英格兰队时也习惯坐在一起，就像世界上所有的国家队一样，俱乐部队友会跟他们最了解的人联系最紧密。帕特里克·维埃拉——被怀疑的阴谋策划者之一——事实上维埃拉在2005年说服齐达内复出国家队的过程中发挥了关键作用，但也并未因此破坏他和亨利的关系。至于博

① Catilinas，喀提林是罗马共和国后期的阴谋叛变者，出生于贫穷之家，依附于苏拉，曾任大法官、非洲总督等职。公元前66年返罗马。公元前64年和公元前63年两度竞选执政官，未成。此时他既有沉重债务，又在政途上失意，遂与一些罗马贵族阴谋叛变。公元前63年他计划刺杀执政官西塞罗和其他对他有敌意的元老的阴谋败露，遭到罗马军队缉捕，喀提林出逃，最后自杀。

比（皮雷），任何有幸和他一起待上不论多久的人都会知道，他根本没有谋划叛国行为的能力，就如同一棵苹果树上长不出梨，一匹狼也不可能生出咩咩羊。

蒂埃里很可能对于自己——想象的——在法国队时缺乏效率的表现更加失望，他比其他人更希望找到问题的答案，有时候他的公开表态，模棱两可的发言会给他的批评者们大做文章的话题。“如果我更快地拿到球，就像在阿森纳时，我们通常没有组织核心，这样会更好，”亨利在2004年说过，“我并不是针对某个特定的人，但有时候如果前锋能够在对方四后卫的两翼向上压迫之前得到球会更好。我们没有充分利用球场宽度来制造突破。我们应该更快地传球。”这是和亨利一如既往地谈论足球时，他说出的最完美的感觉。如果这话有些尖锐，那么是指向当时的主教练——雅克·桑蒂尼，一位4-4-2“无边锋阵型”的严格信徒——而不是任何在球场上执行他的指导的球员。但是人们到那时已经学会以不同的方式倾听蒂埃里的话，就好像他所说的语言需要添加上字幕才能理解。他的话语中有一种明显的沮丧语气，一个不可忽视的潜台词，齐达内和他不来电的状态很难改变（我应该补充一句，齐达内和很多人不来电，包括我自己）。是亨利指出了法国队比赛中的真正弱点，还是他单纯的嫉妒?

当法国队队员在令人失望但并非灾难性的2004年欧洲杯——“狡猾的老狐狸”（温格语）奥托·雷哈格尔（Otto Rehagel）将希腊队变成了一堵不可突破的墙，法国队以及其他球队都无法逾越——结束后各自回到自己的俱乐部时，媒体爆出了法国队两大巨星之间的“冲突”，事情发展到了一种荒谬的程度，以至于蒂埃里不得不（这是他以前从未做过的事情）打给齐达内的西班牙手机，向皇家马德里的大师保证他从不是一个篡夺他国家队地位的阴谋策划者。“我们相互非常理解，”亨利说，“这是个好事情，我和齐祖之间从未有过任何问题，我们彼此相互了解。”最终，这次“私人”对话以典型的亨利风格变成了非常公开的对话。但他和齐祖确实有过问题，至少是在球场上，他们的比赛风格似乎并不融洽。虽然没有被夸大，但他们的关系的确不正常。他们并不相互了解，尽管他们在很多方面也许相似。比如他们的信念，在2002年世界杯法国队耻辱性地出局之后，他们都是法国队复兴的核心人物。从这个角度来说，他们彼此应该留给对方多少空间是一个灰色地带，任何人都可以以他们自己希望的颜色来填写，或者为他们共同的最大利益服务。

2006年，法国队已经到了紧急关头，齐达内被蓝军重新任命为队长，在他短暂退出国家队期间，球队已经由雷蒙·多梅内克执教，后者发现自己不可能填补球队最具代表性的人物——齐达内——退出国家队期间留下的空白。与齐达内一起回归的还包括克洛德·马克莱莱这样的中坚力量，更突出的是令人崇敬的利利安·图拉姆，他在同辈球员之中深受尊重，而当更衣室里关系紧张时，他也能扮演和事佬的角色，让各派系重新回到各自的位置上。德国世界杯将是齐达内和亨利证明他们无法在球场上联袂进球，不过是因为数据的惊人巧合而非事实的矛盾的最后机会，我相信是这样的，两人无法共存真的只是一个无法破解的战术方程式，而非个人层面的厌恶或者阴谋造成的后果。蒂埃里一年前已经高调欢迎他的队长回归法国队，但他所得到的却与他想要的方向相反，亨利给了那些将他描绘成一个伪君子，一个穿着短裤和长棉袜的马基雅维利[①]的人更多弹药。做出这样的推断是很自然的，如果采用大量的赞

① Machiavelli，尼克罗·马基雅维利是意大利的政治思想家。他直言不讳地提倡一个有志于维持和扩大自己权力的统治者应该把欺骗、狡诈和谎言等手段与残酷的武力合起来使用。马基雅维利主义者（Machiavellians）在心理和行为上一般表现为冷酷无情、擅长操纵、阴谋算计、实用主义、注重结果和忽视道德。

美，反而是因为要掩盖太多东西。即使是亨利对于齐达内真诚的赞美细致到了可以用画布来展现的程度。齐达内的沉默长期以来一直是一种武器，无需操纵的那种。亨利的赞美令人怀疑，也暴露出他的一些天真。如果亨利是个狡猾的行家，他的敌人喜欢形容的“马基雅维利”，他就不会太言过其实了，可以这么说，夸张的语句暴露出了亨利内心的困惑以及受伤的虚荣心。

不可否认的是，齐达内第一次退出蓝衣军团给了亨利一次独自占据中心舞台的机会，很可能比他的预期要更早一些，但是他却未能抓住这次机会。很多1998年世界杯冠军如今已经接近他们的职业生涯末期，蒂埃里作为最年轻的一个，正值28岁，人们期待着他确立自己的法国队新一代球员导师的地位。显而易见，这样的前景令他激动万分。这是很自然的一步，亨利格外顺利地升至足坛的巅峰：他以前不是担任过法国各级青年国家队的队长吗？但是法国队在2004年欧洲杯输给希腊队之后便群龙无首——或许会有事后诸葛亮的嫌疑——这也是因为法国足协已经选择了一位主教练——雷蒙·多梅内克——他将在未来6年里去探索未知的、深度的愚钝无能。亨利对于忧心忡忡的群众来说是更明显和更容易的攻击目标。情况往往是这样，他太过于努力，结果可以预见。

齐达内的回归动摇了亨利，令他感到震惊。甚至连媒体炮制出的所谓的“兵工厂家族”（指以亨利、维埃拉为代表的法国队阿森纳球员帮，不论它是什么，是否存在，都没有给亨利带来任何帮助）。维埃拉2004—2005赛季末离开了阿森纳前往尤文图斯，当初是他将银河舰队巨星劝回到法国国家队。这是当时流传的故事，而亨利只是偶然才发现了这一情况，所以在一群快速聚拢的记者圈中，一个亨利信任的老兄天真地问他对于欢迎法兰西英雄回归有何感觉时，据这位记者表述，蒂埃里先骂了一句脏话，然后说：“你确定吗？你确定吗？”

那时我显然不知道的是，亨利的一些密友记者在文章中小心翼翼地奉承他的同时，也会在他倒地后踹他一脚，对他冷嘲热讽——但我忍不住想，他们嘲讽的首先应该是自己。蒂埃里对外界（他经常向别人坦白，之后却又是第一个后悔的人）极其著名的不信任，真的应该扩大到那些假装仰慕他、但其实只是为了利益和他达成协定的人身上。他们给亨利造成了极大伤害，而他们的“朋友”，也许永远都不会知道。

更重要的是，不论是谁毁坏了齐祖的神圣形象，征服了世界的“彩虹之国”活着的象征，在他或者她解释之前，都必然会被认定犯有亵渎神明的罪行。1998年7月12日荣耀的那一晚，是齐达内的脸部图片被投射到了凯旋门上，而不是利利安·图拉姆的，也不是蒂埃里·亨利的。作为一个长期以来对被称作“上帝”的人物持有怀疑态度的人（这或许是因为我有时对所谓的“全体一致”会有种非理性的怀疑），我可以证明他这个改变宗教信仰的人拥有非常暴躁的性格。为了得到我们的认同，亨利密谋想要担任“神助之人”的角色，而齐达内（以及那些从他的地位中受益的人）感觉到亨利所代表着的威胁。但很明显，如果亨利担任的“神助之人”的角色能够帮助法国队获得成功的话，那也未尝不可吧。蒂埃里非常小心（也许过于小心了）地将齐达内从任何的黑暗意图中开脱出来，以至于不少并不狭隘的法国队观察家也认为，齐达内或许可以、也应该做到更多，以帮助这位欧洲最令人恐惧的射手之一在球场上更加闪耀。当齐达内在采访时或新闻发布会上谈到这一主题时，这事情看上去并未对他造成什么困扰，他的答案是模糊的，或者随便的，或者兼而有之。这应该归因于齐达内著名的内向性格，当遇到不太认识的人时他总会有些手足无措，言语失当（但是这并没有阻止他在退役之后成为跨国公司达能董事会的成员，并为弗洛伦蒂诺·佩雷斯的皇家马德里担任大使）。而另一个人言辞上的冷淡天性，却会被解释为漠不关心，甚至是近乎沉默的敌意（后文会有一些例子）。齐祖的微笑则是不可思议的，不管这笑容是否是故意做出来的，都能够保护他免受同样的指控。不过要想理解这一切，不用预先判断一方或者另一方的意图，只需要观察、理解球场上发生的事情，这是更简单而且更富有成效的做法。球场是一个你无法躲藏的地方，任何试图这么做的人，都会立即被无情地揭发出来。

首先，西班牙改变了齐达内。在他2001年7月以7700万欧元的创纪录转会费从尤文图斯加盟皇家马德里之前，他利用出色的个人技术在对方半场给比赛提速，经常选择一脚传递，追求简洁、有效的传球来穿透紧凑、训练有素的防守组合。西甲联赛则是更注重懒洋洋的节奏和控制球权，加上弱小球队的不情不愿，并没有多少球队会在球场上采用高位压迫，西甲球队鼓励球员们每一次都尽可能将球留在脚下更久一些（控球技术是足球之中永恒不朽的主题），如果能够在狭小空间内以这样的方式控球，他可以为了球队的价值将个人技术能力开发到最大极限。这是齐达内可以做到，也能够施加巨大影响的——他比任何同时代的人更好，更令人着迷。“艺术家”齐达内真正出生在马德里伯纳乌球场，而不是都灵阿尔卑球场；在马德里，他被罗纳尔多（Ronaldo）、罗伯托·卡洛斯（Roberto Carlos）和路易斯·菲戈（Luis Figo）这样的巨星所围绕，可以自由地发挥他的华丽控球技术，而不会减少他对比赛的影响。

但是皇家马德里不是法国队，也不是阿森纳，正当亨利不断被要求将自己的风格调整到与法国队一致时，在这方面没有人敢暗示齐达内应该妥协——除非他们也是蒂埃里的亲信，在这种情况下，他们的意见当然会被亨利想要成为国家队支柱的渴望所感染。阿尔塞纳·温格曾经数次对我说他对法国队感到多么失望——他对法国队所投注的热情关注，要超过他对任何球员——在他看来，法国队未能认识到“无敌舰队”的蒂埃里能够成为其战术设计的焦点，正是错过了令亨利和法国队双赢的大好时机。这是一位对这项运动的资深读者的观点，也是一位聪明的主教练为一位渴望受到关注和赞美的郁郁寡欢的球员耍嘴皮子说好话。亨利不可能获胜。“我可以做35000次跑动，（但是）如果我拿不到球，什么都不可能发生。”亨利说，“比较安德烈·舍甫琴科（Andrei Shevchenko）为AC米兰和乌克兰国家队的进球数，二者之间没有任何联系。[①]”有趣的是，即便是蒂埃里拥有着我所遇到过的球员之中最好的头脑，也没有意识到他的门前高产，并未受到齐达内精心护球时越来越多的深思熟虑的影响——如果“深思熟虑”这个词合适的话。亨利所记得的是当球队在本方半场无数次夺回球权后，他的法国队友们会选择耐心地倒脚，而忽略了在边线上发出尖叫的前锋，他所期待的更远距离的传球永远不会到来。更令人难堪的是西尔万·维尔托德和罗贝尔·皮雷，他们在海布里可以如此轻易地找到亨利，在法国队也同样能够做到——但齐达内却不然，尽管他声明“要找到蒂蒂并不困难”，这个引语必须大打折扣，2004年6月同一个人也可以说：“也许蒂蒂并不需要我吧？他可以自己把球从后场带到前场，他可以做到非凡之事。事实上，他的启动总是如此靠后，更容易以二过一和他配合，而不是给他提供一次助攻。”也许蒂蒂并不需要我？我不会是唯一一个能够从这些话中发现残酷得让人无法反驳的意思的人吧？讽刺的是，在数天之后法兰西大球场举行的一场对阵乌克兰队的友谊赛中，是亨利头球将球顶回给

---

① 原文注：这里是亨利错了，在AC米兰时，舍瓦在296场比赛中打入了173球（场均进球率0.58）；而在同一时期（1999—2006），他代表乌克兰队的进球记录是46场27球（场均进球率0.59）。

齐达内，帮助后者打进了法国队绝杀进球。蒂蒂可以为齐祖助攻，即便对方并不真诚。“蒂蒂和齐祖”永远不可能成为洛克和莱克（Lock and Laker），贝贝托和罗马里奥（Bebeto and Romario），好吧，还有博格坎普和亨利这样的二重奏。2006年德国世界杯，将是他们两人最后一次必须向世界证明这种观点是错误的机会，对阵巴西队，齐祖最终送出了蒂蒂已经等待了许久的助攻，如果要改变亨利悖论，这球来得太晚了。

10

事情不可能变得更糟糕了，对吧？不对，有可能雪上加霜。

（法国0：1塞内加尔，2002年世界杯）

亨利悖论2

THE HENRY PARADOX II

我曾经想过用“通往完美之路”（The Road to Perfection）作为概述蒂埃里在阿森纳这一最成功赛季的章节标题，这个赛季也代表着温格在俱乐部的巅峰时期。但是“完美”这个词或许会产生误导，因为在我的脑海里，“完美”并不是亨利在海布里展现的这些足球技巧，也不是其带给俱乐部的冠军荣耀，而是我在英格兰待了1/4个世纪从未见证过的一支球队的心跳能和亨利、球迷保持一致，球迷们用希望和欢乐的感觉来拥抱它。这并不是说其他英格兰球队没有达到类似高度——单就成绩而论，曼联和切尔西做得更好，而利物浦在伊斯坦布尔上演的绝地大逆转也增加了他们的传奇色彩，那样的传奇也只有利物浦能够做到——或者要说阿森纳的死忠球迷对于俱乐部的信念，有时候比其他球队更加强大或者说“更好”——这便有些无礼，也不正确。一支在2001—2002赛季表现超出预期（阿森纳在1970—1971赛季、1997—1998赛季之后第3次问鼎了联赛和足总杯双冠王）的球队，经过3个赛季之后，逐渐发展成为在2003—2004赛季完美夺冠的球队，欧洲足坛主要联赛之中，唯一一家做到整个赛季38轮联赛不败的球队，直到2011—2012赛季安东尼奥·孔蒂（Antonio Conte）的尤文图斯才在意甲复制了这一成就①。通常

---

① 原文注：还有其他的一些“无敌舰队”，但AC米兰在1991—1992赛季的意甲不败夺冠只踢了34场比赛，阿贾克斯1994—1995赛季也一样，佩鲁贾1978—1979赛季在意甲排名第二，踢了30场；本菲卡（1972—1973、1977—1978赛季）、波尔图（2010—2011赛季）和贝西克塔斯（1991—1992赛季）都是30场联赛。加拉塔萨雷1985—1986赛季在土耳其联赛中拿到了20胜6平，但未能夺冠。

来说，一支伟大的球队的寿命最长不超过3年，而第3年被曾经誉为“逍遥学派”[①]的匈牙利名帅贝拉·古特曼[②]认为是“致命的”（fatal）一年。有些人肯定会质疑2001—2004年的阿森纳是否能够配得上“伟大”（great）二字，因为他们在2002—2003赛季领先曼联8分的情况下丢掉了英超冠军，一年之后当第一座欧冠冠军奖杯近在咫尺之际，他们却未能将国内赛场不可一世的状态带到欧战之中。无论如何我都要捍卫使用“伟大”这个词的权利。如果我无法为“伟大”这一不可衡量的资格提供证据的话，那么可以加上一些案例来为这一本质上有些情绪化的评价提供根据，这其中既有道德和审美上的考量，也有数据、统计作为依据。我在后面会给出一个案例，这个案例虽然是一场失利，却是一个完美的典范：2003—2004赛季欧冠1/4决赛次回合阿森纳主场1：2输给切尔西的比赛，关于它的记忆在我头脑中不可思议地清晰。这看上去像是个奇怪的选择，但是我无法找到对阿森纳理念更好的说明，它充分说明了时常表现得极其精妙的阿森纳，是如此乐于取悦观众，甚至达到了不惜拿失败去冒险的程度。

这3年的积累就是为了像这样的夜晚，球员们被添加到温格建设阿森

---

① peripatetic，古希腊哲学家亚里士多德在学园内漫步讲学，故有此称。

② Bela Guttman，（1899—1981）。匈牙利籍犹太足球运动员及教练。作为一名中场，他曾先后效力于MTK布达佩斯、维也纳力量、匈牙利国家队及若干美国足球俱乐部。然而，他最为人所知的是在作为主教练期间，曾执教过一众世界顶级球队，包括AC米兰、圣保罗、波尔图、本菲卡和佩纳罗尔。古特曼所取得的最大成就是在执教本菲卡期间率队连续在1961年和1962年两夺欧洲冠军杯冠军。古特曼连同莫顿·布科维和古斯塔夫·塞贝斯形成了激进的匈牙利三巨头教练，在足坛率先推出极具攻击性的4-2-4阵式，并成为尤西比奥的导师。然而在整个职业生涯中，古特曼从未远离争议。作为球员和教练，他广泛游历，极少会在一支球队停留超过两个赛季，媒体引述他的话说“第三个赛季是致命的”。他在AC米兰登顶意甲冠军后被解雇，又在本菲卡因为董事会拒绝加薪而愤然出走，并诅咒该队在100年内不会再得到欧洲冠军。

纳的理想之中，他想要打造的不是一支“梦之队”（dream team），不是球星的堆砌，而是一支能够踢出真正称得上是“梦幻足球”（fantasy football）的球队。球队在2001—2002赛季开始时和在2004年5月14日2：1击败莱斯特城时并无本质不同——亨利攻入扳平一球，维埃拉给“无敌舰队”的故事画上了胜利的句号。球队在2001年夏天做出了最有力的补充，俱乐部副主席大卫·戴恩和阿尔塞纳·温格共同说服了英格兰中后卫索尔·坎贝尔跨越了北伦敦的红线，自由转会加盟到阿森纳。科特迪瓦人科洛·图雷（Kolo Touré）2002年2月加盟，很快就成为了首发一员。巴西中场吉尔伯托·席尔瓦（Gilberto Silva）刚刚在世界杯上和巴西队一起夺得冠军，同年8月也穿上了阿森纳战袍。最终，德国门将延斯·莱曼（Jens Lehmann）于2003年7月来到阿森纳取代了大卫·希曼（David Seaman）。即使球队在3个赛季里做出4大引援这一时期（在当时科洛·图雷从科特迪瓦加盟并不算在内）也不能被称之为球队的动荡期。

比较曼联在同期的转会投入，亚历克斯·弗格森花巨资引进了吕德·范尼斯特鲁伊（Ruud van Nistelrooy）、胡安·塞巴斯蒂安·贝隆（Juan Sebastián Verón）、洛朗·布兰科、迭戈·弗兰（Diego Forlan）、里奥·费迪南德（Rio Ferdinand）、蒂姆·霍华德（Tim Howard）、路易斯·萨哈和克里斯蒂亚诺·罗纳尔多（Cristiano Ronaldo）。阿森纳的进化过程结出的硕果引发了对球队的彻底改造——可以算得上是温格管理的杰作。它的变化可以用4名功勋卓著的英格兰球员的个例来突出展现，他们在那3个赛季里依然发挥着关键作用，每一年球队都至少拿到了一项冠军。阿森纳老将们发现自己被轻轻地推向了替补席，但他们并没有制造大家担心的更衣室冲突。大卫·希曼是第一位开始与新人理查德·赖特（Richard Wright）、替补斯图尔特·泰勒

（Stuart Taylor）直接竞争的，在2001—2002赛季联赛不过出场17次，但由于赖特未能表现出应有的能力，希曼在之后一个赛季又重新上位，但在2003年夏天还是给延斯·莱曼让位了。托尼·亚当斯一直受到背伤的困扰，只踢了10场英超——刚刚够拿到冠军奖牌——在2001—2002赛季结束后，托尼·亚当斯在退休之前将队长袖标传给了帕特里克·维埃拉。马丁·基翁依然是温格第二支双冠王队伍中的第4后卫，眼睁睁看着像帕斯卡·西甘（Pascal Cygan）和盖尔·克利希（Gaël Clichy）这样的边缘球员在2003—2004赛季不败之旅中踢了比自己多得多的联赛。最后一个，雷·帕洛尔，2004年3月7日年满31岁的他是阿森纳英格兰四名老将中年龄最小的一个，在那个赛季的英超首发出场数不到一半。

这次转型的过度很大程度上归功于大战略家的老练与清晰的思路，但是如果没有一批关键球员的出色表现，温格也不可能实现他的3年计划。索尔·坎贝尔——他的贡献在我看来并未得到足够认可——帕特里克·维埃拉和亨利在整个过程中的一贯表现是非常令人钦佩的。其他人也有过闪光的时刻，但更多是间歇性的发挥。罗贝尔·皮雷在经历了2002年3月的十字韧带重伤后一直在努力恢复到个人的最佳状态，2003—2004赛季他的表现相当辉煌，英超打进14球、助攻10次，但是仍然未能回到2002年当选英格兰足球先生时的巅峰状态。弗雷迪·永贝里依然高效，在2001—2002赛季阿森纳夺取双冠王的道路上拥有着可怕的状态，在足总杯决赛2：0击败切尔西一战中，他攻入了阿森纳的第一球，但此后却黯然失色。丹尼斯·博格坎普的天赋依然时常闪光①，他和亨利搭档的次数要少于甘愿努力奔跑、更直接、有时候具有决定性但略显单向思维的西尔万·维尔托德，他获得了73次英超首发，而荷兰人在这3个赛季只有66次首发。不过阿森纳的进攻主线，仍然依靠蒂埃里的持续出场和在锋线上的持续威胁，在现代足球世界里，只有在皇家马德里的克里斯蒂亚诺·罗纳尔多和在巴塞罗那的利昂内尔·梅西所享受的成功能与之相比较，但阿森纳无法拥有像这两家西甲俱乐部所具有的资源、财务或者其他。

数字是不可信的。从2001年8月到2004年5月，亨利参加了一届世界杯和一届联合会杯，只错过了代表俱乐部的114场联赛中的7场，出场总时间超过了温格麾下的任何队员，甚至包括门将。在欧洲，尽管阿森纳在远离海布里时依然令人困惑地无法发挥他们的潜力，但他们还是连续3次欧冠小组赛出线，蒂埃里只错过了球队所参加的34场欧战中的1场比赛②。亨利的进球数依然在增加着——107场英超打入73球，欧冠联赛33场打入19球——其中大多数表现非常精彩。比如2002年11月16日对阵热刺时，亨利的个人表演（被BBC观众评选为赛季最佳进球，也是他唯一一次获得该荣誉），打进这个球后他在客队球迷面前滑跪庆祝，这一

---

① 原文注：2002年3月3日博格坎普对阵纽卡斯尔打进的那粒进球迅速地跃入我的脑海。但是关于荷兰人——不是其他人——在球场上所能做到的更好提醒是2004年3月10日阿森纳2：0击败维戈塞尔塔一战中他的“不看人传球”（blind pass）。看上去似乎被两名加利西亚后卫夹抢，博格坎普停顿了一下等到最佳时机将球送到了法国人的前进道路之中。难怪亨利会说：“我从未见过一位球员像丹尼斯·博格坎普这样。我向右跑动，一份鱼子酱（caviar），我向左跑动，又是一份鱼子酱。我被两名后卫包围，又一份鱼子酱。我向纵深切入——又一份。”caviar在法国足球术语中用来形容一个送到嘴边的必进传球。亨利很少浪费这样的鱼子酱传球。

② 原文注：2001年10月30日在沙尔克1：3失利，温格使用了替补阵容，因为阿森纳已经确保杀入了第二阶段小组赛。

动作也成为了日后雕塑家马戈・鲁洛-加莱（Margot Roulleau-Gallais）和伊恩・兰德（Ian Lander）制作的青铜雕塑造型，该铜像2011年12月9日揭幕于酋长球场外，亨利当时热泪盈眶。这又是一个充满了速度和爆发力的进球，期间经过10脚触球，第11脚由亨利的左脚射门打穿了门将凯西・凯勒（Casey Keller）的十指关。除了这个进球，还有其他不少进球让人在形容亨利独一无二的天赋之时大量使用"毫不费力"这个词——这也是每个校园足球运动员的梦想——击败所有人取得进球。

就像亨利自己所说："在球员的比赛中，一切看起来像是本能的部分，其实都经过了不断的努力。如果抛开天赋，拿掉我职业生涯之中所有的努力，我就会再次变为生活在于利斯①的那个小男孩。"那个小男孩已经在很多方面成长起来了，他身边围绕着与自己水平相当的队友，以丹尼斯・博格坎普为例，他在足球方面的智慧超乎寻常，既可以扮演创造机会的人，也可以直接将这些机会变成进球。2002—2003赛季结束之后，在很多人看来，亨利应该配得上他可望而不可即的金球奖②，他在英超比赛中创造了23次助攻，这是一项他在多个场合向我表达过骄傲和高兴的纪录，超过了不少他对个人努力的认可。"如果没有传球者最后一传的帮助，进球者将一事无成。"亨利说，"我不是那种在比赛中

① 巴黎郊区，亨利成长的地方。

② 原文注：最终他排名第二，比金球奖得主帕维尔・内德维德（Pavel Nedved）少了62分，这也是他在职业生涯之中于《法国足球》评选的欧洲金球奖中取得的最高排名。在其他年份里，他获得过1次第三（2006年），2次第4（2000年，2004年），2005年获得第5，2002年获得第6，2001年获得第9。在21世纪的前10年里，没有人像亨利这样能够定期地赢得这么多选票。

没有进球就会郁闷的球员①。”这是谦卑、傲慢的亨利在装腔作势？帕特里克·维埃拉不这么认为，他形容亨利是“一位非常无私的球员，一个含蓄却又有着无穷魅力的人”。

就像我说过的，想要详细地梳理亨利在阿森纳的每一个赛季的表现其实是容易抵挡的诱惑：一连串的进球描述并不能够给人带来令人愉悦的阅读（或者写作，说实在的）。不管怎样，大家只要点击一下鼠标就能找到亨利的作品，而在叙述中给予亨利一些突出的表现以更多笔墨，集中呈现一些能够展示亨利是怎样的一个人、怎样的一个球员的事件，而不是一些陈词滥调的流水账文章，如此，才更有意义。只有一个例外，那就是2002—2003赛季，不论此赛季球队整体下滑的状态有多大的影响，与其他赛季相比，都能够更好地说明蒂埃里如今达到的表现的连续性和出色的水准。这也许是亨利作为一个球员个人状态的最高峰，然而对阿森纳来说，却处于磕磕巴巴的状态，这一情况恰好成为阿森纳2002年获得双冠王与2004年10月24日富有争议地被曼联终结的49场英超不败这两件事的分割线。

通过整个2002夏天和初秋的表现来看，英格兰从曼彻斯特到伦敦的“权力移交”似乎已经不可避免，直到10月中旬埃弗顿小将韦恩·鲁尼（Wayne Rooney）在古迪逊公园打进了一个漂亮的进球，给阿森纳带来一次小型的崩盘。阿森纳连输4场，比分都是同样的1：2。而曼联却突然开始找回感觉，从2002年12月28日到2003年4月之间的42分中拿到了36分，第一次让兵工厂自1934—1935赛季以来卫冕联赛的前景突然变得暗

① 原文注：这也是为什么蒂埃里经常会在庆祝助攻的时候比进球更激动的原因之一。举个例子，2003年11月15日接利扎拉祖精准传中头球破门，帮助法国队3：0大胜德国队时他就没有任何庆祝，可是在同一场比赛中当他创造了机会帮助大卫·特雷泽盖进球之后却加入了庆祝。

淡，并在春季结束后彻底消散。如果说这是一种真正的失望，那么，另一个事实却显现出阿森纳最致命的弱点和并非与生俱来的脆弱，那就是一种屈服于骄傲自满的诱惑。球队当时有过很多值得庆祝的辉煌瞬间，包括欧战，蒂埃里·亨利在2002年9月末做客4：0大胜埃因霍温一战中梅开二度，并在两个月后在罗马奥林匹克球场上演了帽子戏法，帮助球队杀进了第二阶段小组赛。阿森纳3：1击败罗马队也是英格兰俱乐部22年来头一次征服主场意大利球队的比赛，这也是亨利第一次在欧冠联赛中独中三元。这一意外的成功本应该给球队更大的推动力和士气以杀入八强战，但是两场无聊地战平阿贾克斯的比赛却让他们付出了代价。2001年，瓦伦西亚的挪威前锋约翰·卡鲁（John Carew）给阿森纳了致命一击，在梅斯塔利亚球场两度击败了门将斯图尔特·泰勒，亨利再次进球摆平比分只是令球员、球迷和主教练更加失望。但是那之后，有很多值得庆祝的事，丹尼斯·博格坎普和蒂埃里一同首发，他们都将跨越现代足球中越来越罕见的里程碑——代表一家俱乐部打进100球。

亨利在2003年新年第一天3：2击败切尔西一战中感觉到腿筋有些刺痛，正巧阿森纳下一场比赛被轮休了，那是足总杯第3轮2：0淘汰牛津联的一场例行公事。当博格坎普打进他代表阿森纳各项赛事的第100个进球时，蒂埃里在阿尔卑斯享受了罕见的5天休假，而这个数字也将是法国人数天之后在1月12日达到的里程碑，轮到克里斯托弗·杜加里的伯明翰将面临阿森纳的狂轰滥炸。蓝军遭到了重挫：主场0：4告负，亨利的名字两次登上了记分牌。此前，只有一位法国球员在异国他乡的联赛中攻入过100球，蒂埃里发现如今他距离米歇尔·普拉蒂尼在尤文图斯的104球纪录只差4球。他知道这点——他当然也做到了——但是他几乎没有庆祝这一新的里程碑。“进球的本质解释了原因，”赛后亨利告诉法国《队报》，“罗贝尔（皮雷）在左翼上演了经典的一幕，西尔万（维尔托德）清醒地意识到要把球传给我。这又是一粒团队型进球——阿森纳的标志。那是我永远不会忘记的事情。我身边围绕着一群令我闪耀的球员，因此，如果我有出色的表现，需要感谢的是他们。这就是对阿森纳的总结。"

顺便说一句：从亨利给阿森纳队友们的赞誉中，很明显地看出他对法国国家队管理的讽刺，以及对于他们不愿开发他的最大能力的不解：齐达内并不仅仅是法国队的组织核心。我已经花了很长的篇幅来说明这两位球员、两个男人之间独特的动力学关系。我会补充一点，亨利在法国队表现出个人最高效的一届国际大赛，是2003年6月18日到29日在法国举行的国际足联联合会杯（FIFA Confederations Cup）——他在5场比赛中打入4球，赢得了金靴奖和金球奖，这绝非巧合。雅克·桑蒂尼在2002年世界杯的灾难后接替了罗歇·勒梅尔，他选择让齐达内本届大赛休战，挑选了一套年轻的阵容，即使是其他人——马塞尔·德塞利——戴着队长袖标，实际上却是亨利成为领袖。在这届因为喀麦隆中场马克-维维安·福（Marc-Vivien Foé）在不屈雄狮对阵哥伦比亚队的半决赛第72分钟时，突发心脏病猝死而蒙上阴影的大赛中，蒂埃里·亨利展现了所有令他成为阿森纳杰出表演者的能力，可能在法国队时他一直是自己的更小化身。

好吧，在那届大赛上情况不是这样。亨利和另外两位枪手——西尔万·维尔托德、罗贝尔·皮雷——一起享受着比赛，枪手们给亨利提供了他在海布里所享受的一流服务，蒂埃里身着蓝色战袍绽放了，法国观众因此完全接纳了他，可惜比赛只有2周时间，只是所有官方国际大赛中最次要的一个。在马克-维维安·福悲剧之后，法国队和喀麦隆队都不认为决赛应该继续进行，但最终亨利还是在决赛中打进了致胜"金球"。他在赛后很快告诉一位来自《人道报》（*L'Humanité*）的记者："谁没有幻想过在父母的花园里玩耍，接受人群的欢呼？”在圣埃蒂安，当他在一场对阵日本队的小组赛前热身时（法国队最终2：1取胜），观众歌唱他的名字。而5年之前的朗斯，在法国队世界杯1/8决赛对阵巴拉圭队的比赛中，亨利头球攻门却击中立柱的时候，一批观众曾经嘘过他，并要求换上当地球员托尼·韦雷莱斯（Tony Vairelles）来取代亨利的位置。

快乐的时光总是很短暂，在法国队真正的国王齐达内缺席期间，亨利确立了自己在队中的领袖地位，毫无疑问地成为法国队万众瞩目的保护神。齐达内在球场上不仅主导着流畅的比赛，也决定着比赛的形态、情绪以及组织。当齐达内回到领导者的交椅上，亨利继续担任着实际上并不适合他的能力的角色：全面型的前锋。“我并不是个射手，就像我常说的。射手应该是像昨天的帕潘（Jean-Pierre Papin，让-皮埃尔·帕潘）和拉孔布（Bernard Lacombe，贝尔纳·拉孔布），今天的大卫（特雷泽盖）。我考虑的不仅仅是进球，但会考虑进球——这就是区别。一个真正的射手想的只有进球，即便是在他的球队快要输球的时候。”但是让我们回到阿森纳，以及他们的新百球先生身上。

亨利为突破100球大关所感受到的“深层次的个人满足”，无法与他作为一个阿森纳球员、作为一个阿森纳人的快乐相比。

亨利说道：“所有人都知道：我无法忘记的是，当我离开尤文图斯时，很多人问了他们自己关于我的问题——他们有着充分理由，顺便说一句。那也是为什么我永远不会忘记在阿森纳和阿尔塞纳（温格）这里发生的一切。温格无法确保（对于我的）赌博可以获得回报。我一句话都没说就开始工作，在我们夺得世界杯之后，我回到法国U21国家队踢了一年半。当你保持谦虚的态度，努力工作，每天早上看看镜子中的自己，总会获得回报。这里的人们向我伸出了双手，相信我，我所能做的最微薄的事就是进球，这对他们有用。在这里——我和我自己的内心有一份契约。”

但是这颗心也会改变。之后，在2003年年初，所有我有机会在伦敦科尔尼训练中心聊聊天的球员，都会评论到亨利的日渐成熟，尽管有时候翻译到外界就变成了一种特定的冷酷，即便他永远都非常礼貌。“现在，当有些人让我厌烦了，我会告诉他，”亨利说。维埃拉曾经在阿森纳与蒂埃里“共处一室”，对此表示赞同：“像曼努（佩蒂特）一样，当亨利喜欢你时，他真的喜欢你——对他来说，当涉及和他人的关系时，他要么热情如火要么冷若冰霜。”

在25岁时，蒂埃里找到了令他私生活的稳定的因素——英国女模特克莱尔·梅里①搬进了他在汉普斯特德的房子——至此，亨利的生活进入了不同的轨道，告别了一些自从他转会摩纳哥以来就围着他公转的人（只是为了他们自己的利益而不是亨利的）。亨利和他的父亲保持了距离，获得了对于个人力量的自信，这些事情有时会让人们误解为傲慢。听起来好像是蒂埃里·亨利欠阿森纳的和阿森纳欠亨利的一样多。当亨利说：“当我来到这里，我最想做的事情就是不要辜负阿尔塞纳——他的名誉岌岌可危了。”他是不是小看了一位在英格兰执教第一个完整赛季就（在没有亨利的情况下）带队夺得双冠王的教练呢?

这也许是太过严厉的一种判断。海布里球迷对蒂埃里的拥护，成就了蒂埃里所达到的这种难以企及的高度，使得他成为了（或者说我们被

---

① 原文注：他俩2003年7月5日在伯克郡海克利尔城堡举行了婚礼。阿森纳副主席大卫·戴恩的儿子——亨利的经纪人达伦·戴恩在一个私人庆祝仪式上担任了亨利的伴郎，而阿尔塞纳·温格、埃马纽埃尔·佩蒂特、阿什利·科尔和帕特里克·维埃拉作为足球界代表出席。“我不想让照片出现在媒体报道中，和（名人）杂志没有任何关系。”蒂埃里解释道，“我不知道谁会对这些感兴趣。我希望人们唯一记住的是我在球场上的表现，而不是我的发型或者我的着装风格。”

告知他成为了）当代球员中非常罕见的一个：他是一个真正的球队支持者，每一周他的银行账户上都会增加数万英镑，和那些根本没想过一年能够挣这么多的拥有北看台季票的球迷一样真诚、坚定。亨利表达了对于“他的”球迷和“他的”俱乐部忠诚的方式，虽然有些笨拙，有些刺耳（也会一直如此），可能是他用力过猛了。换句话说，这并不是说明亨利的性格有口是心非的一面，或者说他为了博得球迷欢迎而采取的手段，而是他真的热爱阿森纳。事实上，我们都享受被人爱。亨利（在2001年2月还在说：“我不是英格兰人，我来这里是工作，而不是为了开心。”）在那时候已经爱上了阿森纳——他所能表达的最佳方式是进球，或者在丢球之后回追后卫们，他无法用言语来表达自己，更确切地说是我们所期望的东西。当我们对爱人说的话被别人无意中听到的时候，这些话往往就失去了效果，除非我们有幸拥有诗歌或音乐方面的天赋。蒂埃里幸运地拥有足球天赋，他可以让足球唱歌。其他的重要吗？

那种犀利而又温柔的激动之情对他来说既是意料之外却又是受欢迎的。职业球员并不仅仅是在他们进球的时候被球迷期待着“亲吻队徽”，就连他们说话时也一样。他们之所以被球迷们要求这么做，正是因为这种对于俱乐部强烈的归属感的感情化传统在大部分现代球员身上已经表现得无关紧要了。他们为什么要因此受到指责？虚伪的是那些做着让无产阶级英雄从矿井到球场到达金色梦幻岛的美梦的人们。事实上，现在和以前并无不同，一个足球运动员职业生涯的延伸取决于断绝一些关系，正如同建立一些关系。这是一种“现代现象”？我不太确定。终生效力一家俱乐部的球员总是被他们的俱乐部主席否定掉了成为另一种人物的可能性。对于每一个汤姆·芬尼（Tom Finney），就对应着一打比利·梅雷迪思（Billy Merediths），1952年，如果不是汤姆·芬尼的老板比利·梅雷迪思要求从意大利巴勒莫那儿得到多得荒唐可笑的转会费，“普雷斯顿的水管工”①本可以转会加盟西西里俱乐部。蒂埃里并非唯一一个来到英格兰找到了他们真正家园的外籍球员，埃里克·坎通纳在曼联做到了，帕特里斯·埃夫拉（PatriceÉvra）——另一个来自于利斯的孩子——也是如此。埃夫拉曾经告诉我他是怎样“了解”他的俱乐部，不断成长，令自己成为了远远超乎他想象的传奇故事的一部分。詹弗兰科·佐拉在切尔西，帕特里克·维埃拉、罗贝尔·皮雷和丹尼斯·博格坎普都在海布里如痴如醉。事实上，大批的所谓“进口”球员发现他们自己很快就被来自看台的巨大热情征服了，蒂埃里·亨利的感受或许超过了其他人，他对于那种热烈的支持相当兴奋，也应该会令我们兴奋。

到2002—2003赛季冬天的时候，我有机会和温格聊一聊关于对他的引援政策的批评和指责——他令英格兰本土球员窒息，尽管他的管理方式很合理，但是他通过引入低价外援小将的举措牺牲了“足球运动的精神”（spirit of the game）。当初阿什利·科尔的涌现，必须感谢巴西左后卫西尔维尼奥（Sylvinho）的受伤，年轻的英格兰人抓住了机会，但只此一例，这是一次快乐的意外，而并非事先已经预料到的。温格敏锐地意识到了这一问题，在一段时间里，就像我们所看到的，他尝试过对俱乐部进行“重新英国化”（re-anglicize）：索尔·坎贝尔、理查德·赖特和弗朗西斯·杰弗斯在2001年夏天一同加盟，“因此英语

---

① Preston Plumber，汤姆·芬尼是20世纪四五十年代英格兰普雷斯顿俱乐部的传奇前锋，14岁加入普雷斯顿成为学徒球员。“普雷斯顿的水管工”是芬尼的外号，这是因为他出生在距普雷斯顿主场深谷球场一条街的地方，一辈子都效力于此，而且他也确实有水管工资质——父亲担心他不能靠足球谋生，坚持要他在家族所从事的水管生意中当完学徒。当时芬尼爵士经常下班后到球队训练，有时手上还拎着水管工的工具。

依然是阿森纳更衣室里通行的语言的第一选择——也是唯一。”（他对我说的原话）但是除了坎贝尔，其他转会都证实是失败的，温格不再愿意为英格兰球员付出因为“户口本”被抬高的转会费。他也确信——强烈地相信——阿森纳有着它自己的贵族的、拟古主义–现代主义的方式［从1925年阿森纳俱乐部主席亨利·诺里斯（Henry Norris）任命赫伯特·查普曼（Herbert Chapman）作为主教练以来就给阿森纳定义了这一矛盾］，阿森纳是一个超越国家民族间的实体。“帕特里克·维埃拉是英格兰人吗？”温格问我，以他喜爱的修辞方式，“当然不是。他是阿森纳人吗？当然，是的。”球迷们、“最铁面无私的法官”知道的最多：他们和主教练一样不关注球员的护照。没有英格兰球员能够像蒂埃里一样热爱阿森纳，因此蒂埃里开始相信了这一观点。

2003年3月8日，联赛还剩9场比赛，阿森纳看上去即将卫冕成功。曼联依然落后5分，切尔西和纽卡斯尔努力在颠簸的气流中站稳脚跟，而利物浦在冬季和早春开始崩溃。但是，正如蒂埃里精确描述的：“11月2日，利物浦领先我们7分，今天，他们落后我们14分了。这可能发生在任何人身上。在英格兰联赛里没有什么是理所当然的。一直如此。”亨利在整个赛季的表现气势恢宏，在1月阿森纳3∶1战胜西汉姆联的比赛中上演了“皇家帽子戏法”：左脚一个，右脚一个，还有一个——在他的保留节目中是极为罕见的——头球破门，这是他海布里生涯中的第一个头球进球①。如果不是对方门将大卫·詹姆斯（David James）的出色表现，蒂埃里本可以挑战特德·德雷克（Ted Drake）在一场英格兰顶级联赛中独中七元的纪录，那是1935年12月14日在维拉公园为阿森纳创造

---

① royal hat-trick，作者这里提到的“皇家帽子戏法”，即一场比赛中通过左脚、右脚、头球各入一球上演的帽子戏法，在国内一般被称作“完美帽子戏法”。

的。但这就是在阿森纳那个奇怪而令人沮丧的赛季的常见现象，一次又一次，他们创造了机会，他们抓住机会去战胜所有扔向他们的挑战，却莫名其妙地丢掉了机会。这样的故事情节没有任何改变，一直延续到了赛季结束。

阿尔塞纳·温格有很多需要思考的问题：有时候他的球队看上去太把球迷写给弗雷迪·永贝里的歌曲第一句所唱的（你好得令人难以置信，You're just too good to be true）当真了。前所未有的"蝉联双冠王"[①]的机会就在眼前，直到赛季第31轮，4月7日阿斯顿维拉1：1战平了阿森纳，让强劲反弹的曼联在积分榜上与阿森纳并驾齐驱。接下来的3周阿森纳又打平2场，彻底改变了有利的形势。每一次，兵工厂都是在握有领先的大好局面下被扳平。第一场，曼联做客海布里，蒂埃里·亨利两次击败了曼联门神法比安·巴特斯，取得了2：1的领先，但只维持了1分钟就被扳平，曼联抢回了1分。10天之后，在博尔顿同样的比分2：2，阿森纳一度两球领先，但在比赛最后一刻钟却风云突变，被对方逼平，给了弗格森的球队逆转的机会，他们再未放手过联赛头名的位置。钟摆摆向了另一个方向[②]。阿森纳队在大半个赛季中同时为三座奖杯而战，这令温格的球员们在精神和身体上感到双重疲劳，他们也为此付出了代价。而他们主要的对手——曼联——的坚韧不拔同样显著。但是蒂埃里作为直接参与者更接近于事实真相本身，他说过2001—2002赛季双冠王并不能作为"参照物"，那时候他们取得了连续性成功，每一场比赛都有进球，整个赛季联赛客场不败。他们在圣詹姆斯公园、安

① 原文注：double Double，连续两年夺得联赛和足总杯双冠。利物浦曾经距离蝉联双冠王一步之遥，1988年足总杯决赛他们爆冷0：1输给了"狂帮"温布尔登。

② 指事情朝着另一个方向发展。

菲尔德和老特拉福德取得胜利——凭借西尔万·维尔托德在老特拉福德的进球确保夺冠——且不失一球，那是“极其罕见情况下才会发生的事情”。亨利根本没有猜到接下来会发生什么，下一个赛季他即将成为“无敌舰队”的一员，获得更加卓越的成就。

或许选择一场失利来解释为什么阿森纳这支“无敌舰队”配得上被称作同时代或者历史上的“伟大”球队有些奇怪，不仅仅是因为取得成就的大小，也是因为那是欧冠联赛1/4决赛第二回合，阿森纳回到海布里主场对阵切尔西一战。35846名观众在2004年4月6日周二的晚上来到海布里观看这场比赛，大概在45分钟或者46分钟时，何塞-安东尼奥·雷耶斯（José-Antonio Reyes）在上半场进入补时阶段时，攻入了本场比赛的第一个进球，蒂埃里·亨利的射门在门线附近被挡出后，雷耶斯将球从门将马尔科·安布罗西奥（Marco Ambrosio）的双腿之间扫进了大门。但是这46分钟里他们是气喘吁吁、愤怒且令人兴奋的。当主裁判马库斯·默克（Markus Merk）摁下“暂停”键时，一家意大利报纸的记者说了句“这不是足球”，对于他所看到的上半场比赛愤怒地摇了摇头，但随之而来的笑容却出卖了他。他喜欢这比赛，和所有人一样。我们所看到的是荣耀的证据，英式足球的疯狂节奏可以结合大陆足球的甜美和声（双方22名首发球员中有7位英国本土球员），创造出任何足球比赛所能够提供的扣人心弦的奇观。切尔西在缺少了它们的“岩石”、停赛的马塞尔·德塞利的情况下，顽强地抵抗着阿森纳的进攻，并在一些反击中制造了威胁，但这是属于阿森纳的表演。阿森纳，对于现场一半的阿森纳球迷来说，注定要横扫摆在它们面前的一切对手，很可能最终成为欧洲冠军。这一刻，距离赫伯特·查普曼最初构想一项能够与他的朋友胡戈·迈斯尔[①]交手的赛事，已经过去70多年了。

到今天，伦敦已经举行过超过120场欧洲杯赛和欧冠联赛的比赛——不算资格赛阶段——尽管阿森纳和切尔西已经经常出现在近年来这项赛事的淘汰赛阶段，但是只有过一场是英国首都球队之间的交锋，仅此一次。阿尔塞纳·温格后来承认，他对于战平克劳迪奥·拉涅利（Claudio Ranieri）的球队感到恐惧，即便在第一回合罗贝尔·皮雷帮助阿森纳拿到应得的1：1平局时依然十分担忧。温格这么想是不是有些太谨小慎微了？也许。阿森纳和切尔西这对伦敦对手在那个赛季已经相遇过4次了，阿森纳赢得了两场联赛和足总杯八强战，比分都是2：1。更重要的是，切尔西自从1998年11月以来，还从未在两队的17次赛事交锋中击败过阿森纳，就像每一部剧集都有结束的时候。当然，当时阿森纳在英超如日中天，积分榜上领先切尔西4分，距离实现英国“现代”足球史上前无古人的成就只差8轮联赛：一百多年前双冠王普雷斯顿创造的不败夺冠的神话。不过英超如今可是有着20家俱乐部，而1888—1889赛季的普雷斯顿所在的老英甲联赛只有12家球会。

阿森纳踢得太快当然是可能的，但他们是否踢得够好呢？如果要像一个音乐家在琴键上上下翻飞，你难免会陷入自己的精湛技艺之中不能自拔，弹奏了太多的音符，反而忘却了弹奏出正确的和弦？观看那一晚的阿森纳，这个问题的答案必须是充满困惑的“是”。一开场，切尔西

---

① Hugo Meisl，20世纪30年代那支所向披靡的奥地利队的传奇主教练。曾担任奥地利足协秘书长，熟练掌握8国语言，1924年，迈斯尔创建奥地利足球职业联赛，使奥地利成为欧洲大陆第一个进行足球职业化的国家。此外，他还创立了两项影响深远的国际赛事：米特罗帕杯（Mitropa Cup，第一项跨国之间俱乐部参加的赛事）和中欧杯（Central European International Cup，欧洲杯的前身）。1927年，迈斯尔成为奥地利队的主帅。由于他对足球的热爱，他与当时许多欧洲足坛的名人建立了深厚的友谊，包括意大利队主帅维托里奥·波佐（Vittorio Pozzo）和英格兰名帅赫伯特·查普曼。

的中场就不断地给阿森纳的带球者制造压力，以打乱主队的正常进攻节奏。阿森纳的反应是加快速度，但却很难做到。皮球呼啸着穿过草皮，但大多数都被那些不知疲惫的切尔西球员给阻截了。正如预料的那样，阿森纳的一些射门偏出了安布罗西奥把守的大门，亨利是最糟糕的罪人。更重要的是，比赛刚过15分钟，温格的球员们找到了在这样令人窒息的空气中呼吸的方式。他们好像在设法放慢速度，同时又保持令人炫目的速度，这并不是一种自相矛盾的现象：一个达到“境界”的击球手有时候可以送出时速90英里的球，看上去是一个温柔的非旋转球，却奇迹般地将观众带到了他的最高境界。在比赛第37分钟，阿森纳展现了令人惊讶的传切配合之后，连续创造了至少3次绝佳的机会。首先，亨利得到罗贝尔·皮雷从左翼的漂亮传球后，在禁区内的射门被挡出。数秒钟之后，法国前锋的又一次射门，在距离门柱只有几英尺处划出。随后，切尔西门将马尔科·安布罗西奥大脚开球门球却直接送到了阿森纳球员脚下，这次是雷耶斯将球传给禁区内的皮雷，距离球门线不过6码的距离——但是法国人却将球顶到了边网上。这并不是说切尔西没有他们的机会：事实上，在这60秒美丽的疯狂之后，埃聚尔·古德约翰森（Eiður Guðjohnsen）无人盯防本应该破门，但是他接韦恩·布里奇（Wayne Bridge）精准传中后的头球却顶偏了，布里奇那一晚的表现绝不次于对方左后卫阿什利·科尔。

在这样一场疯狂的、开放的比赛里，双方的机会不分伯仲。弗兰克·兰帕德（Frank Lampard）在禁区外的射门大多数很接近球门或者打在了球门范围内。大胆的达米安·达夫（Damian Duff）或许浪费了上半场打破僵局的最佳机会，他在阿森纳门将莱曼的右门柱附近错过了进球，就差一只脚的距离。但是在那一晚，阿森纳在俱乐部历史上最伟大的赛季中是否踢出了更出色的45分钟或者46分钟？这是个疑问。维埃拉在埃杜的强力支持下掌控了中场大权。雷耶斯在两个月前的足总杯较量中对切尔西梅开二度，在左翼依然十分活跃。亨利受到背部痉挛的影响，在比赛中被丹尼斯·博格坎普换下，他在第二天早晨的新闻报道中受到严厉的批判，但他在比赛中依然对安布罗西奥的球门制造了持续威胁，不断地演绎着华丽的篇章，直到他和队友们开始疲劳。事实上这两回合的1/4决赛，以及中间对阵曼联的两回合交锋已经耗尽了温格的球队资源：联赛1：1战平曼联，足总杯半决赛0：1告负，亨利还在中间参加了法国队0：0战平荷兰队一战，而雷耶斯得到了主教练的轮休。

批评瞄准了亨利，这场比赛的过程也被视为对温格球队的警告，提醒他们也不过是必死的凡人，告诉我们更多关于足球历史在21世纪被书写的方式，而不仅仅是这个夜晚所发生的。现代传播的要求，首先是当混乱发生时需要搞清楚问题真相，就像作为目击者只是抄录一个已经写好的事实。确实如此，有时候，当记者的眼睛没有盯着电脑屏幕、电视监视器或者小到看不到的键盘的时候，他们会忽略掉发生在眼皮子底下的事情。大多数在半场比赛时从海布里稀少的媒体席发出的报道在一小时后都可以摒弃掉了，当比赛即将进入加时赛阶段时，韦恩·布里奇通过一个漂亮的团队配合进球，确保了切尔西的晋级之路。英格兰代表队主教练罗伊·霍奇森（Roy Hodgson）说过，足球比赛并不是由90分钟的比赛决定的，而是一些在数秒内发生的小事件——这几秒内，一些近似于逻辑或者命运的东西，能对一些冲突事件产生叠加影响。如何理解这种疾风骤雨般的比赛所带来的无法妥善处理的挑战，就像切尔西在阿森纳的狂轰滥炸中幸存，整个上半场比赛所发生的一切已经变得无关紧要了。到最后，都被人遗忘了。既然克劳迪奥·拉涅利的球队赢了，自始至终展现出了令人钦佩的勇气和决心，那人们就必须为这样的“判决”结果找到合理的解释。但被人遗忘的，是当这一判决还悬而未决时，在海布里球场出现过的足球风格。事实上，所有在场的观众都倾向于枪手将获得胜利——但最终，就好像足球风格不重要，只有结果重要。即使你没有浪漫的想法也会认为这种观点本质上是有缺陷的。

阿森纳可能因为野心过大而失败了，他们被自己最近在国内赛场对阵曼联时的糟糕表现所打倒，太急于在历史上第一次杀入欧冠半决赛。与以往不同，阿森纳成为了比赛的热门球队，不止这一次对决，而是整个赛事（和皇家马德里、AC米兰一起成为夺冠热门球队，但都在八强战出局）。阿森纳在这样的位置上坐得并不舒服，在前45分钟比赛里，他们是如此勇敢，如此锐利，以至于赛前很多球迷怀有的担忧被一扫而空。身着红白色球衣的枪手们在完美的草皮上以惊人的速度进行传球，目标都瞄准了一个跑动者，但被切尔西中场和防线的凶狠铲球不时地打断。似乎温格创造的神奇机器已经达到完美状态，赢球成了唯一目的。比赛节奏如此之快，事实上，这个半场可能被视作脱离正轨。经历过阿森纳和曼联这些年来在欧冠联赛中不断重复的失败（1999年曼联的巴塞罗那奇迹除外）教训之后，英格兰球队必须改变他们的模式，采用更加实用型的打法。但是那一晚并未如此，从这个角度来说，如果上半场是一次华丽的越轨，下半场可以被看做是更具有目的性、更接近“欧洲大陆”的打法。

切尔西主帅克劳迪奥·拉涅利在下半场时选择速度更快的丹麦边锋耶斯佩尔·格伦夏尔（Jesper Gronkjaer）换下了英格兰中场斯科特·帕克（Scott Parker），一个事后被证明是决定性的纯粹战术换人。意大利主教练的妙招一举改变了整场比赛的形势。一个换人，给他的球队带来了微妙的重新组合，他重新获得了在这场比赛中的主动权。而温格，尽管他的球队如此出色——更恰当地说，正是因为如此出色——却再也无法夺回主动权。温格的球员们比他希望或者恐惧的做得更多，因此他们不能再转过头来，而他们的主教练也变成了一个观众。温格已经见过了他希望创造的足球的超级案例，可以被描述为集体的即兴创作。而一旦阿森纳球员开始感到疲劳，切尔西的韧性就转化为了主导优势。拉涅利在这个过程中试图恢复一些攻守平衡的逻辑，他成功了。温格只能旁观，无计可施。当温格的球队急需精力充沛的新鲜血液的时候，他可以做出3次换人，但他只换了一人，在第81分钟博格坎普取代了亨利。兰帕德扳平了比分，莱曼将克洛德·马克莱莱的罕见远射扑到了英格兰人的脚下；之后布里奇打进了反超的一球，比赛还剩5分钟，阿森纳必须连入两球才能避免被淘汰出局——但这么短的时间恐怕连打进一球都不可能。也许我们的意大利记者最后是正确的，他说："那不是足球。"尽管他只错了45分钟。离开海布里时，我知道我经历了伟大的存在，又感到上当受骗了，就像是荷兰球迷在他们支持的球队在1974年和1978年两届世界杯输掉决赛之后的反应一样。

蒂埃里从未将2003—2004赛季——也是他连续第二年当选为PFA最佳球员和FWA英格兰足球先生并获得又一座英超金靴奖的赛季①——视作他表现最出色的一年，即便他在代表俱乐部的51场比赛攻入了39粒进球，和之前一个赛季55场比赛打入32球相比更上一层楼。不过他在法国队时的进球效率自从一届超级联合会杯之后有些下滑（正好和齐达内返回国家队的时间吻合），在2004年欧洲杯之前的8场比赛中打入了3粒进球。还有阿森纳退出欧冠竞争的方式，对此我已经详细说过了，更令人郁闷的是，不论最终打进决赛的是迪迪埃·德尚的摩纳哥，还是若泽·穆里尼奥（José Mourinho）的波尔图，都不太可能与那支梦幻般的阿森纳队匹敌，阿森纳原本很有可能夺得欧冠联赛冠军。曼联葬送了温

① 原文注：这构成了独一无二的"两双"（double double）。

格希望连续第4次带队打进在加的夫千年球场举行的足总杯决赛的美梦，于半决赛中1：0力克阿森纳。那场比赛中亨利第57分钟替补上场，没有给比赛带来任何影响。但正是在那一年，蒂埃里奉献了他代表俱乐部或者国家队最伟大的两次表现，第一次是令他赢得《米兰体育报》闻所未闻的10分满分评价的表现。

2003年11月25日，当阿森纳队走进梅阿查球场时，没有人认为他们有机会在这里取胜。本赛季阿森纳在欧冠中的表现一目了然：踢了4场只赢了1场（那是1：0击败基辅迪纳摩，多亏阿什利·科尔在比赛只剩2分钟就结束时的稀有进球），打平1场，输掉2场。面对国际米兰，阿森纳不是可能被淘汰，而是几乎可以肯定。阿森纳本赛季欧冠第一场失利就是揭幕战，在海布里主场0：3惨遭国际米兰蹂躏。而这一次回到主场，国际米兰如果表现得好，很可能将晋级16强。但这一幕没能发生，亨利将意大利球队开膛破肚，第25分钟攻入了客队第一球，是和阿什利·科尔、罗贝尔·皮雷经过一脚触球的传递配合之后，在禁区边缘的推射破门。克里斯蒂安·维耶里（Christian Vieri）很快就还以颜色，他必须感谢这脚射门打在坎贝尔的脚上，因为皮球折射后，正好吊过了门将莱曼的头顶弹入球门。蒂埃里·亨利之后变成了炮弹提供者，他在左翼盘带、变向过人后送出传中球，弗雷迪·永贝里停球后转身打门得分。阿森纳重新取得领先优势——这是瑞典人连续为球队打进的第3球。但是所有人记得的，是亨利的第二个进球。国际米兰角球开出后，索尔·坎贝尔开大脚解围踢向了亨利所在的方向。蒂埃里此时在本方半场距离中线10码处，亨利让皮球先反弹一下，之后以精确的时机带球长驱直入。亨利在9秒中通过7次触球，将球打进了国际米兰禁区内，在最短的时间内减速（但已经足够让阿森纳球迷有中风的危险），之后换左脚低射，皮球穿越了意大利门将弗朗切斯科·托尔多（Francesco Toldo）的十指关，把很狭小的角度变成了只有他能够看到的非常开阔的空间。阿根廷后卫哈维尔·萨内蒂（Javier Zanetti）也是一位防守大师，一路上都对亨利如影随形，但最终还是无力阻止法国人。那一晚，亨利真的表现得像世界上最出色的足球运动员。阿森纳在最后阶段再下两城，进球的是埃杜——亨利又一次送出助攻，这一次是来自右路和皮雷的配合。

第二次是在2004年4月9日在海布里的那个下午，当天是耶稣受难节①，当时利物浦落后英超领头羊阿森纳25分，威胁着要改变将被阿森纳铭记的历史上最伟大的赛季之一——2012年是他们被选为“英超前20年最佳球队”的赛季——要让枪手窒息。华而不实的东西被醮进比温水酸性更强的东西里会很快溶解掉。如果说阿森纳通过了这一酸性测试，那完全归功于蒂埃里，顺便说一句，他还没有从数天前的背伤——这导致他在对阵切尔西一战中被替换下场——中彻底康复。阿森纳已经在一周之内被淘汰出足总杯和欧冠联赛，如果本场联赛再不全取3分，就很可能在还剩7轮的情况下给切尔西，甚至是曼联可乘之机。

第15分钟，史蒂文·杰拉德将哈里·科威尔（Harry Kewell）的角球头球顶向了门前，萨米·海皮亚（Sami Hyppia）冲顶破门，帮助热拉尔·霍利尔的球队取得了领先。皮雷和亨利（后者已经有一个因为越位被吹掉的“进球”）的配合帮助阿森纳扳平了比分，这碰巧是蒂埃里在英超的第105个进球，也是他为俱乐部创造的新纪录。但是迈克尔·欧文（Michael Owen）在半场结束前5分钟接到杰拉德直塞形成单刀，在6码外破门为客队将比分改写为2：1取得再次领先。这给海布里球场带来了短暂的安静。我记得如此清晰，就像我记得噪音几乎在瞬间开始席卷了时钟看台（Clock End），就像一条河的浪花拍打着河岸发出的声音，掠

① Good Friday，是纪念耶稣受难的节日，在复活节前的星期五。

过了整个球场。球员们有时候说，通过习惯或者专注的力量，他们可以培养出无视看台上球迷发出的一连串声音的能力。蒂埃里，作为一名成功的表演者，很少将自己表演的平台与前排观众——或者说上帝们孤立开来。“我从未感受过这样的海布里，前所未有。”他在6年半之后告诉我，我之所以把“感受”这个词加上斜体，也是希望哪怕粗糙点儿，但能够体现出他对这个词的强调语气。

阿森纳在下半场很快扳平了比分：亨利找到了永贝里，他第一时间传球给了皮雷，后者第一时间将球送进了球网。一分钟后，那个精彩的进球出现了，远远超过蒂埃里所有其他的进球，超过2000年对曼联的凌空抽射，2003年对热刺的长途奔袭，2006年在伯纳乌的障碍滑雪，当时皇家马德里的后卫们就像一根根柱子纷纷倒地，或者2004年2月对查尔顿的脚后跟破门（蒂埃里曾经称之为“我最优雅的一个进球”），一定会让犬儒主义者、批评者和质疑者灰头土脸地冲向最近的出口。亨利打进的那个球，从个人技术来看，是对于他足球艺术的更好展示；从思考和出脚的速度来看，以更明显的方式证明了他的机敏和爆发力；从甜美的射门和完美的时机把握来看，说得更通俗一些，通过自然天赋和不懈努力，他的足球水准更进一步了。这个进球拥有上述所有特点，确实如此，但它首先是一种意志力的展示，怒火为他身上每一块肌肉的抽动提供了动力。最终蒂埃里轻松地躲开了哈曼（Hamann）和卡拉格（Carragher）的防守，也让这个进球有些喜剧效果，但球进了。我想要进球，因此我将得分。我思故我在，是对于一位超级射手的总结。汤姆·瓦特[①]在2011年1月的FWA年度庆典晚宴上表彰亨利时提到了那个进球，正是这个进球有效地帮助阿森纳克服了之前连续失利的困境，重

① Tom Watt，演员、播音员、记者和终生阿森纳球迷。

拾失去的自信，最终夺得英超冠军，蒂埃里的脸上却没有显露出任何情绪。我也许之前提到过这点，但是不介意再提一遍：在晚宴结束后大约一个小时，我在萨沃伊酒店后门排队等候出租车时偶然遇到亨利，我们谈到了那个进球。蒂埃里的脸上露出了笑容。他知道，我也知道，就像所有那天下午在现场的球迷都知道的一样：在“无敌舰队”的一个赛季中，亨利向我们表明了，无敌并不仅仅是数字和数据统计，而是可以征服的一些东西，他做到了。

11

寂静之声。

从“球队一人”到“一人球队”

FROM TEAM–MAN TO ONE–MAN TEAM

2004—2005赛季的阿森纳被广泛寄予了厚望，原因很充分：“无敌舰队”的中轴线被完整地保留下来。尽管在那个夏天有不少球员转会离开海布里：一共22人，一个令人惊愕的数字，即便其中大多数人都是青年球员或者边缘球员，在此前赛季中几乎没有发挥过任何作用。而球队的引援是适度的，曼努埃尔·阿穆尼亚（Manuel Almunia）、马蒂厄·弗拉米尼（Mathieu Flamini）和埃马纽埃尔·埃布埃（Emmanuel Eboué）（1月加盟）一共花费了100多万英镑，看上去距离挑战一队位置还有很长的距离。当时，20岁的罗宾·范佩西（Robin van Persie）叛逆的性格和毋庸置疑的天赋同样闻名，并不是每一个人都认为他能够在英格兰“改邪归正”——这或许解释了为什么费耶诺德同意以275万英镑的打折价格放走他。当时还没有人完全意识到的是，尽管温格的最佳11人首发仍然可以与英格兰的任何球队竞争，但是伤病和停赛会对他的球队产生比此前更大的影响。马丁·基翁（已经在38岁的高龄退役）、卡努、西尔万·维尔托德、雷·帕洛尔和吉奥瓦尼·范布隆克霍斯特（Giovanni van Bronckhorst）的离去造成了巨大的损失，他们都具备丰富的经验，特别是基翁和帕洛尔，一直捍卫着俱乐部永不妥协的传统。失去这样一批良将对阿森纳所带来的影响，一定会在接下来这个赛季的某些时刻显现出来。其实，情况本来可能更糟糕——帕特里克·维埃拉本有可能成为一名皇家马德里球员，因此当这团乌云消散时，阿森纳球迷大大松了口气；本来有些人质疑温格不愿意或者没有能力加强阵容，随着维埃拉转会风波的结束，这样的声音也就迅速消失了。

8月8日，一支年轻的阿森纳队，在他们的队长因伤缺阵的情况下，于社区盾杯比赛中3：1击败了曼联。两天后，阿森纳副主席大卫·戴恩告诉维埃拉，阿森纳和皇家马德里两家俱乐部已经就他的转会达成了一致，但是他仍然有时间改变主意。与路易斯·菲戈和齐达内（齐达内鼓励维埃拉来西班牙）并肩作战，还是留在他热爱的俱乐部和城市？维埃拉左右为难。他去征询了他最信任的两位球员的意见：首先是丹尼斯·博格坎普，之后，在他做出最终决定数小时之前，他又找了蒂埃里·亨利。他知道亨利肯定会“说出自己的真实想法”。亨利对于维埃拉的打算一无所知，但是就像所有人一样，亨利已经看到了英国媒体过去一个月来的头条和封底报道。新当选的皇家马德里主席弗洛伦蒂诺·佩雷斯（Florentino Pérez）放出了他屡试不爽的大招，利用公开声明来吸引猎物上钩。之后阿森纳虽然对正在进行转会洽谈予以强烈否认，却收效甚微。维埃拉保持了沉默——不论是面对媒体还是他的队友们都一样——这在俱乐部缩短的季前训练期制造了一种不安的气氛。在此之前，维埃拉从未对蒂埃里敞开心扉，而在做出最终决定前的那个焦躁的夜晚，他终于倾吐了心声，蒂埃里的回应则非常机敏和圆滑。亨利当然希望维埃拉能够留下，他说，他感到俱乐部正处于上升轨道，如果失去他们的队长，球队实力会被削弱，但是他不会去建议他的朋友选择这条路或者另一条路，维埃拉必须聆听自己内心深处的声音来找到正确的答案。

跨赛季的动荡对于阿森纳球迷或者董事会成员来说并不是什么新鲜事了：1999年夏天尼古拉·阿内尔卡转会皇家马德里，依然是所有人的头脑中鲜活的记忆。但是围绕队长去留问题上的优柔寡断，甚至是解决这个问题的方式，都显示出俱乐部内部更深层次的问题，很长时间以来，他们都在试图解决俱乐部的财政问题。这家俱乐部以小心谨慎经营而著称，现在却遇到财政问题，部分原因正是因为温格率队取得的成功所造成的俱乐部投入的增加。三座英超冠军、三座足总杯和年复一年杀入欧冠联赛的回报，都被球员们通胀上升的工资抵消掉了，这同样影响着整个英格兰足坛。一些大俱乐部——利兹联是最臭名昭著的案例——不顾一切地举债，抵押未来的收入来满足眼前的开支，不久之后便因为入不敷出而沉没了。切尔西有富可敌国的老板罗曼·阿布拉莫维奇（Roman Abramovitch）为它输血。其他俱乐部，比如曼联则通过扩建球场来增加收入。从1995年6月到2000年1月，他们先后扩建了老特拉福德的北看台、东看台和西看台，短短5年时间将这座球场的容量从史上最低的44000人①，增加到了68000人②。而阿森纳，他们的海布里东看台因为采用了在两次世界大战期间广为流行的装饰派艺术风格，被英国政府列为文化遗产保护单位。在征询改造意见时，他们又和球场周围的居民、当地国会议员和规划局官员就老球场哪些能改、哪些不能改争执不下，所以俱乐部面临着两个选择，要么搬到温布利——他们在那里踢欧冠联赛的两个赛季，平均每场比赛能够吸引超过7万名观众——要么从头开始修建一座新球场。

阿森纳董事会内部的政治纷争，最终导致副主席大卫·戴恩2007年4月被赶出俱乐部。这是一本亨利的书，自然不宜对此深谈，但这并不意味着这个问题不重要，毕竟这些动荡注定将影响到那个在俱乐部历史上

---

① 老特拉福德球场原本能容纳约8万人，后由于全座席改造等原因，于上世纪90年代初期降到了史上最低的44000人容量。

② 如今老特拉福德已扩建至可容纳75635名观众。

的两个时代中起到承前启后作用的人[1]。此事可以非常笼统地概括为这样：大卫·戴恩明确意识到重建海布里不可行之后，便支持搬到温布利这个选项，而一些股东，包括从大卫·戴恩手中买了大笔阿森纳原始股的丹尼·菲什曼（Danny Fiszman），则认为应将俱乐部迁至阿什伯顿树林（Ashburton Grove），那是距离俱乐部历史悠久的老家不到半英里的一处棕色地带[2]。尽管温格和戴恩的私交甚好，当时戴恩在托特里奇的家距离温格的住所也不过几步之遥，但温格还是选择支持阿森纳大股东丹尼·菲什曼的这一选择。不过，这里还存在一个未解决的问题：阿森纳在俱乐部的商业潜力开发上，要远远落后于北伦敦邻居托特纳姆热刺，他们缺少将主场搬到后来的酋长球场（Emirates Stadium）所需要的巨额资金。

关于修建新球场的计划直到2001年12月才获得最终批文，这距离俱乐部董事会首次批准这一计划已经过去了4年时间。那个年代，阿森纳还远远未成为如今享誉世界足坛的自给自足的典范。2002年4月独立电视

---

① 原文注：亨利在戴恩出走一个月之后，决定加盟巴塞罗那，这与俱乐部高层动荡的背景密不可分。温格曾形容说，老戴恩是一名“血液里都流淌着红白两色的阿森纳人”。老戴恩一直以来都喜欢有天赋、风格华丽的球员（此处可以随便举3个例子，比如托尼·伍德科克、安德斯·林帕尔、伊恩·赖特）。他的一位老朋友说，这导致他有时对这类球员的不良行为“睁只眼闭只眼”。蒂埃里来到阿森纳之后，他立即将蒂埃里照顾得无微不至，尽最大努力让年轻的法国人在海布里宾至如归。这一关系在亨利和戴恩的长子达伦（也是蒂埃里和克莱尔·梅里婚礼上的伴郎）成为密友后更进了一步。亨利的经纪事务系由杰尔姆·安德森的SEM经纪公司打理，达伦是该公司的法律顾问，但他的角色远远超过这一职务。2007年6月22日亨利完成加盟巴塞罗那的转会后，达伦便在亨利的律师斯图尔特·彼得斯（Stuart Peters）辅助下，全权代理亨利的事务。

② brownfield，根据英国规划法，棕地是相对于绿地上的一种规划上的术语。绿地一般指不能用于开发和建设的，覆盖有绿色植物的土地。棕地则是指曾经用于开发建造，但是又被遗弃的荒地，无论受污染与否。因此，棕地不仅包括旧工业区，还包括旧商业区、加油站、港口、码头，机场等工业化过程中所遗留下来，已经不再使用的设备、建筑、工厂或整个地区。

台数码频道倒闭（这家公司的投资方之一Granada电视公司在2000年9月购买了俱乐部5%的股份），凸显了阿森纳资金链的脆弱：Granada电视公司原本为这个项目承诺投入3000万英镑，但如今这笔钱只能从其他地方去找了[①]。

事实上，从1996—2002年，阿森纳购买新球员的净投入[②]（2400万英镑）还不到热刺的一半（5300万英镑），不到曼联的1/4（9900万英镑），这不能完全归因于俱乐部董事们出了名的谨慎。2001—2002赛季也是温格第二次夺得双冠王的赛季，俱乐部在英国公司注册处提交的税前亏损为2230万英镑。阿森纳和他们的主教练非常清楚，因为要兴建6万人的新球场，俱乐部将进入一个更加艰苦的时期，这会影响他们吸引球员加盟的能力，同时，也加大了他们留住球队最出色球员的难度。如果你认为亨利对俱乐部产生的剧变会无动于衷，那就太愚蠢了。俱乐部在引援政策上的改变，也意味着亨利在球场上的位置和在俱乐部中的地位将会发生改变，就像我们在阿森纳2005—2006赛季欧冠征程中可以看到的那样。

2004年8月8日，亨利步入加的夫千年球场时，距离他的27岁生日只剩下数天时间了，一支年轻的、缺少维埃拉的阿森纳队在社区盾杯中3：1击败了曼联，蒂埃里即将进入作为一名前锋的巅峰岁月。但是，很多教练在评估一名球员的职业生涯曲线时，更看重的是其参加的正式比赛的数量，而不是指年龄。当时亨利已经代表俱乐部和国家队踢了478场比赛——如果算上他代表法国U19、U20和U21国家队踢过的比赛，出场

---

① 原文注：2004年2月工程开始良性运转之前曾经延误或中断过几次，因此球场比预期时间推迟了一年才投入使用，阿森纳原本希望在2005—2006赛季开始之前就搬入新球场。

② 转会净投入是指出售球员的收入与转会引援投入相抵之后俱乐部的转会实际投入。

总数将超过500场。而很多前锋整个职业生涯都未能达到这一数字。虽然天生身体素质好，生活方式很健康，但蒂埃里也一定会慢慢感觉到连续10个赛季马不停蹄地比赛，并且很难有假期所带来的压力。其实，法国队在2004年欧洲杯1/4决赛就被淘汰出局倒是给了他喘口气的时间。①

赛季刚开始时亨利非常疲劳，还在受上赛季末的老伤折磨，亨利认为他自己“只达到了正常能力的70%”。数月之后他吐露道：“我有种感觉，自从我成为职业球员以来，我只是一直在进行一个从未中断过的赛季。”他仍然在为自己受到挥之不去的伤痛困扰，因为无法发挥全部力量而郁闷。阿森纳在加的夫击败曼联的比赛中，亨利踢了上半场45分钟，这之前他只训练了几天，仅此而已。在阿森纳第一场联赛之后，他才能继续很难被称作“准备期”的训练。不过客场4：1击败埃弗顿，似乎表明英格兰冠军并未失去之前12个月的王者风范，直到10月24日，他们做客老特拉福德的日子到来之前，看上去他们甚至能超越黄金时期的成绩。比赛前9轮8胜1平，他们打进了29粒进球——大部分都是以令人眼花缭乱的方式打进的，比如蒂埃里在10月2日4：0大胜查尔顿一战中的脚后跟破门——温格的球队发现他们又一次傲居榜首，只有切尔西比较接近，落后2分（但切尔西多赛1场），曼联则落后9分。他们曾经是“无敌舰队”，如今看起来依然是无敌的——直到亚历克斯·弗格森的球队粗暴地挡住了他们的前进道路。“粗暴”（brutal）这个词并非随意挑选的，这一点何塞-安东尼奥·雷耶斯可以作证，毕竟他从比赛一开始就受到了曼联的“特殊对待”。

---

① 原文注：他接受了NBA法国球星托尼·帕克（Tony Parker）的邀请去美国拜访他，在圣安东尼奥马刺队球星的家里住了2周，在短暂的逗留期间两位法国球星之间建立了亲密的友谊。托尼·帕克是移居国外的美国篮球运动员老托尼·帕克的儿子，小帕克出生在比利时布鲁日，母亲是荷兰人，他才几周大就随父母搬到了法国北部。

在这本书中不需要花太多篇幅来描述那场声名狼藉的比赛。究竟是塞斯克·法布雷加斯还是其他球员在阿森纳0：2失利之后扔了块披萨，“直接打在了弗吉（弗格森）的头上”[①]，只有那些当时在更衣室的人才知道真相如何。重要的是，阿森纳不仅仅输掉了一场比赛，一年多来驱使着他们前进的动力也突然像战场上升起的薄雾一样消散了。接下来的5场联赛中，阿森纳获得3场平局、1场失利（做客利物浦）和1场胜利（在白鹿巷5：4疯狂地击败热刺）。到11月28日，若泽·穆里尼奥的切尔西突然开始发力甩开对手，蓝军最终拿到了半个世纪以来第一座英格兰顶级联赛冠军。温格的球队当时落后新的领头羊5分，看上去更有可能被拉大差距而不是缩小积分劣势。

蒂埃里仍然在为重新找回比赛体能苦苦挣扎，他在这种艰难的情况下已经拿出了尽可能好的表现，到2004年节礼日时依然保持着他的习惯性规律——9场联赛打入8球，包括在2：2战平切尔西一战中梅开二度，欧冠联赛中3场攻入3球——但是阿森纳愈加蹒跚的步伐已不再如以往那般强劲有力。过去3个赛季，亨利一直是这支高速前进的球队的先锋，如今他更像是一群过于在意自身缺陷的球员的救命稻草。1月和2月，阿森纳继续节节败退，而蒂埃里也遭遇了罕见的低谷状态，6场比赛不进球，最后一场是在海布里令人震惊地以2：4输给曼联，那场失利暂时将阿森纳推到了第3位，落后切尔西13分。仿佛是为了凸显这支往日的“无敌舰队”对他们最有价值球员的日益依赖，亨利一找回状态，阿森纳便立刻复活[②]，享受了一个不错的春天——至少在联赛中如此——他们也因

---

① 原文注：引用自阿什利·科尔的自传。

② 原文注：尽管亨利两次因伤缺阵，但从2月5日至4月2日，他在参加的5场英超比赛中攻入9球，包括对朴茨茅斯（3月5日3：0）和诺维奇（4月2日4：1）的帽子戏法。

此保住了第二名的位置，仅排在切尔西之后，最终积分（83分）足以与2002—2003赛季英超冠军曼联持平，而若在1999—2000赛季和2000—2001赛季，则足够赢得英超冠军。

蒂埃里在英超攻入25球，尽管因伤错过了6场比赛，仍然足以蝉联英超和欧洲金靴奖[①]。这并不是灾难，远远不是。考虑到俱乐部新的经济现实和修建一座新球场的因素，董事会和主教练都很清楚俱乐部已经进入转型期。对于他们的明星前锋来说，这个赛季就更加算不上灾难，尽管2003年5月他和兵工厂续约4年，但看上去他比以往任何时候都更加令欧洲豪门俱乐部垂涎三尺。

多年后回过头来看，那个赛季并非温格第三交响曲的又一乐章，而是一段令人失望的终曲，或者再打一个比方，可以说这是4年前开启的这段奏鸣曲的最后一章，也是最不令人信服的再现部[②]。和2003—2004赛季的情况一样，2004—2005赛季给我最深刻记忆的也是一场失利。也是在欧洲，如果说切尔西在海布里的胜利强调了温格时代创造的内在美，那么，2005年2月22日在慕尼黑的欧冠1/8决赛第一回合比赛阿森纳遭遇的1：3失利则告诉我们，我们见证的并不是短期的倒退，而是长期的衰败。比分的差距并未完全体现出拜仁当晚的绝对优势。在索尔·坎贝尔缺阵的情况下，阿什利·科尔因为未能从病毒性疾病中完全康复回到比赛中，而客队防线的问题其实早在国内赛事中就已经暴露出来了[③]，比德国亚军更弱小的球队也完全可以撕破他们这样一条防线。顺便说一

① 原文注：蒂埃里是与比利亚雷亚尔的乌拉圭前锋迭戈·弗兰并列欧洲金靴，这是历史上第一次有一位球员连续两年获得欧洲金靴奖。

② 再现部为奏鸣曲格式中的一部分，奏鸣曲格式一般分为三部分，呈示部，展开部，再现部。一般来讲再现部是呈示部的再现，一般为重复呈示部。再现部结束，奏鸣曲即结束。

③ 原文注：阿森纳在2004—2005赛季英超中丢掉了36球，比之前一个赛季多丢了10球。

句，这支拜仁也绝非历史上最强的拜仁。

阿森纳每一个环节都不如对手，令人难以想象的是他们竟很难走出本方半场。在比赛还剩两分钟结束时，阿森纳很幸运地在奥林匹克球场凭借科洛·图雷的进球获得了一线生机。之前阿森纳有过在异国他乡的土地上失魂落魄的时候，当然，那些比赛虽然令人恼火，但可以被解释为他们在一个陌生赛事的学徒期所必须经历的过程。而这次是完全不同的情况了。你根本无法从这场比赛中学习到任何东西，如果非要说从中明白了什么的话，那就是：这批阿森纳球员看上去无法在最高水平的比赛中参与竞争。阿森纳在第二回合的反应展现出了自尊和勇敢，这是事实。亨利第66分钟的进球，获得了我在海布里听过的最震耳欲聋的欢呼声，这粒进球带来了片刻的希望，只要再打进一球，阿森纳就可以打进欧冠八强了。

但是，即便真的完成这项几乎不可能的任务，也只能说，阿森纳是在尽处下风的情况下出线的，是侥幸战胜了一支明显优于自己的对手。拜仁通过这两场比赛已经向世人证明：2001—2004年那支作为王者之师的阿森纳，已经结束了3年的良性循环，光辉不再。亨利持续的出色表现无法掩盖这样一个事实：温格由于经济和竞技原因而被迫进行的更新换代的过程，必须是从衰退中起步，而且，这种衰退并不仅仅是从可以量化考核的成绩中体现出来的。

你无法想象，之前9年的任何一支阿森纳队会采用那么消极的战术，以求在2005年足总杯决赛中对曼联取得所谓的“胜利”，温格在那之后承诺再也不会使用如此消极的战术。帕特里克·维埃拉在点球大战的最后一击破门，是他将近9年阿森纳生涯的最后一脚触球，这为枪手的荣誉榜又添上了一笔，却让他们的主教练高兴不起来。这等于承认了球队的弱点：这支以华丽的足球风格享誉欧洲的球队，在缺少了头号前锋之后，便没有能力或没有意愿去尝试同样的足球风格了。“亨利依赖症”（Henry dependence）时代已经开始了。

“如果没有球队，我什么都不是。”蒂埃里很喜欢这么说。但他的球队如果失去他，又会怎样？如果只看数据的话，亨利的句式反过来说基本也可成立：如果没有亨利，阿森纳什么都不是。从2001年8月到2005年5月，阿森纳在英超打进的324球中，有155球与亨利直接相关，要么是他亲自打进，要么来自他的助攻。而在2005—2006赛季，这个比例略有上升，达到了50%（68球中的34球），那一阶段英格兰足坛几乎找不到第二人拥有这样的比例——甚至连2007—2008赛季曼联前锋克里斯蒂亚诺·罗纳尔多夺得金球奖的那一年也达不到这一标准。但是蒂埃里在2003—2004赛季做得更出色：阿森纳不败赛季中53%的进球都留下了他的印记。是的，2005—2006赛季可以视为亨利在海布里的地位和影响力的一个关键转折点，这是一个难以用数字来讲述的故事，至少仅凭进球数字是不行的。下文中将谈到的一些数字更能说明问题，那些数字勾勒出了这支动荡中的球队的困境：他们不仅因为失去了“角斗士”帕特里克·维埃拉而步履维艰，球风优雅且受到普遍爱戴的巴西中场组织者埃杜的离去也是一大损失，而丹尼斯·博格坎普曾经的光芒则愈发黯淡，他那年只在英超首发过8次。罗贝尔·皮雷也越来越高龄，弗雷迪·永贝里容易受伤，他们在2005—2006赛季各项赛事共打入13球，而之前一个赛季打进了31球。

2005—2006赛季，阿森纳只有4个非门将球员在英超首发25次以上：索尔·坎贝尔、吉尔伯托·席尔瓦、小将塞斯克·法布雷加斯和亨利自己。而2004—2005赛季则有7人；2003—2004赛季更是9人之多，包括4名后卫。温格一向很反对在赛季中途改变球队阵容，但在2006年冬季他一反常态地引入了4名球员：卡洛斯·贝拉（Carlos Vela）、阿布·迪亚比（Abou Diaby）、西奥·沃尔科特（Theo Walcott）和埃马纽埃尔·阿德巴约（Emmanuel Adebayor）。在之前的夏天温格已经引进了尼克拉斯·本特纳（Nicklas Bendtner）、维托·曼诺内（Vito Mannone）、阿尔芒·特劳雷（Armand Traore）和亚历山大·赫莱布（Aleksandr Hleb）。亨利如今是更衣室毫无争议的领袖，这里充满了新加盟的球员，并不是每一个新人都有足够强大的个性来主动发出自己的声音，体现自己的存在——当然，自信的本特纳不在此列。他们还太年轻，太缺乏经验，太脆弱。有几个人只能说最基本的英语或者法语。我记得一个前阿森纳球员告诉我，他担心“个性真空”将严重影响这支球队，我当时没有反驳他，现在也不会。

蒂埃里·亨利晋升为队长似乎是符合逻辑的。现在维埃拉已经走了，博格坎普很可能大多数比赛都在板凳上看球，亨利是现在的阿森纳球员中服役时间最长的，无可匹敌的领袖，温格雄心的活化身，他与温格的这层关系可以保证球队的链条牢不可破。但是，他不曾是、也未曾宣称自己是一群男人或者一群男孩的领袖，他更想当“以身作则的队长”，一个“技术型领袖”（technical leader）——热拉尔·霍利尔曾在法国U20国家队将队长袖标交给亨利时这样称呼过他。不要指望亨利半场时在更衣室里做激动人心的演讲，狠狠训斥队友，搂搂大家的肩膀——这些，与球场上的出色表现以及球场下无可挑剔的行为，都被认为是理想队长的标志。这支球队中两位不愿透露姓名的年轻球员告诉我，蒂埃里只有在观众众目睽睽之下，才会与他们单独或集体谈话，似乎队长的地位首先是要在公共场合表现的。他们没有一个人敢去问亨利的建议，“和蒂埃里说话……”其中一个人说，“不，不，他活在他自己的世界里，而我们活在我们的世界里。”

对亨利更苛刻的批评者，会将此视为亨利表里不一的自私本质的又一例证：他更看重的是自己的形象，而不是被他引导的年轻人①。对这个问题，我觉得可以从两方面来看：首先，你的确可以说这表现出了亨利的冷漠、胆怯、傲慢、自大——随便你用什么词好了——但这位集法国冠军、英格兰冠军、欧洲冠军和世界冠军头衔于一身的球员，仍在持续不断地用进球帮助垂死挣扎或者说起步阶段的阿森纳继续在国内赛场艰苦拼杀，在欧战则取得了超乎所有人意料的成绩。其次，年轻球员们对亨利的这种抱怨，也充分反映出了这群小将的怯懦。

虽然温格所付出的每一份关心，都是为了保证所有球员能够在近乎完美的环境中学习技艺，可能他的学校对外人来说像一个托儿所，与亨利所成长的“丛林”有着巨大差异。亨利在伦敦的最后两个赛季有时看上去确实像是沿着个人生涯的里程碑前进，而不是其他。海布里提供了背景，温格提供了其他部分。应该归咎于谁呢？有合适的理由来责怪谁吗？阿森纳的主教练兼改革者，受到了财政约束的限制，但同时也因其对年轻人的强烈信念而动力十足，他坚信自己可以充分开发利用年轻人的优势——渴望学习、无所畏惧，甚至缺乏尊重——温格必须平衡两种看上去矛盾的需求：一是阿森纳作为球队和俱乐部的激进变革；二是保证其在英格兰和欧洲的竞争力。他别无选择，但这就是他自己的选择。

当俱乐部唯一的全球性巨星的个人成就与他的球队举步维艰形成的

---

① 原文注：公平起见，我应该强调，亨利也能显示出对于他人的真正兴趣，包括青训营的小将，比如法布里斯·姆安巴（Fabrice Muamba），他在2005年和阿森纳签下了第一份职业合同。又一个“怎么做都是错，欲加之罪何患无辞”的例子：姆安巴后来成为一名博尔顿球员，2012年3月17日在白鹿巷比赛时遭遇心脏骤停，蒂埃里特地从纽约飞回来赶往伦敦胸腔医院探望这位渐渐康复的前队友。这件事得到了英国媒体的广泛报道，亨利的行为得到了称赞——然而也有人尖刻地批评他让所有人都知道了他在做“正确的事情”。但真相是：蒂埃里是小心翼翼地通过后门进入和离开医院：是博尔顿俱乐部告知了媒体他出现在伦敦，而并非亨利的公关顾问。

反差迅速扩大，人们也就不可避免地愈加认为亨利独处于比他自己的奥林匹斯山之巅更高的地方，神圣庄严，遥不可及。切尔西在8月的两周时间内两度击败阿森纳，第一次是在社区盾杯，之后是在联赛，而阿森纳在9月初做客米德尔斯堡输掉了新赛季第2场联赛——蒂埃里因为伤病只能作壁上观。到10月15日，当西布朗2：1击败依然缺少亨利的兵工厂，温格的球队只是位列积分榜第8位，落后所向披靡的切尔西14分，后者的记录是：9战9胜。看上去，“无敌舰队”从北伦敦搬到了西伦敦，如此迅速，如此残酷。就在阿森纳挑战英超冠军的希望彻底消失的时候，蒂埃里打破了他最渴望的纪录，似乎只有这样的巧合才能提醒我们阿森纳在不过一年多一点儿的时间里都失去了什么。我听到一些人议论说，亨利是如此渴望得到这项纪录，他沉迷于将自己写入阿森纳历史的渴望之中，他也正是因此才拒绝了听取来自其他俱乐部的报价，这些人似乎是要借此让亨利留在阿森纳的决定有所贬值，让他的忠诚背上污名。这个说法不断被炒作，我实在很难理解它怎么能够站得住脚，除非一个人的成就感是一种罪过。若真如此，那么请你告诉我，任何亨利这个级别的球员谁没有犯过这种罪过。

亨利当然希望这一天发生在他自己的封地——海布里，而不是在几乎空无一人的雷特斯加球场（LetnáStadium），但恰恰是在2005年10月18日的布拉格，亨利终于跨越了伊恩·赖特各项赛事代表阿森纳攻入185球的俱乐部进球纪录。“他甚至没想到自己会出现在球场上。”赛后温格微笑道。因为脚踝伤势休息了38天之后，亨利还在恢复之中，但是何塞-安东尼奥·雷耶斯在第15分钟就受伤下场，蒂埃里被迫登上了球场。不论他感到有多么不适，在外行人眼里都是看不出的。就像温格数次告诉我的，任何足球运动员对于自己身体的意识都不及亨利，没有人像他一样如此谙熟此道，以至于知道如何确保自己在不冒险造成更大伤害的情况下比赛。在90分钟内一个球员必须做出无数次决定，蒂埃里和以往一样，本能和智慧令他脱颖而出，温格这样告诉我："面对众多的选择，像蒂埃里这样一个真正伟大的运动员几乎每一次都会做出正确的决定，在如此短暂的时间间隔中'思考'，对此我们理解起来容易，但想做到很难。""他像一个棋手一样思考，"索尔·坎贝尔曾经这样评价过队友，"比对手能多算五六步棋。"

那一晚，亨利像是"握着手刹"在踢球，因为他亏欠他的球队和他自己。阿森纳在亨利缺阵时艰难地以2：1的相同比分击败了瑞士图恩（FC Thun）和阿贾克斯，在欧冠小组赛中保持了100%全胜纪录，如果他们的前锋旧伤复发，替补席上将无人可换。亨利知道何时才应该冲刺，他只冲了两次。首先是接科洛·图雷后场长传后用一个漂亮的脚后跟停球顺到身前，用右脚外脚背抽出了一记侧旋球，布拉格门将一定认为这个射门会偏出他的远门柱——但是这个球就像沙恩·沃恩[①]的好运球一样钻进了球门死角。他当晚的第2球，即便不如第一球那么壮观，也和他攻入过的任何进球一样出色地展现了前锋的破门艺术。罗贝尔·皮雷——还能是谁呢——发现亨利已经跑进了捷克队后卫线张开的巨大空当，于是给他送上了丰盛的菜肴。球急速向前滚动着，亨利先用右脚停下球，双脚快速交换控球后将球射进了门将亚罗米尔·布拉热克（Jaromír Blažek）身后的大门，当然，这球需要感谢打在后卫亚当·佩特罗什（Adam Petrouš）身上发生了折射。亨利立即转向了他的队友们，叫他们和自己一起来到右侧的角旗区庆祝他代表阿森纳打进的第186球。阿森纳新的进球纪录保持者快乐得像个孩子。"我欣喜若狂（I'm over the moon）！"他赛后说。至少这一次，陈词滥调确为真情实感。

① Shane Warne，澳大利亚板球明星。

亨利用了6个赛季多一点儿的时间，历经303场比赛，达到了这一里程碑，而他在这一时期代表俱乐部在所有赛事中的场均进球率是0.61球。任何一位顶级中锋如果能在单个赛季达到这样的效率，都非常可观，更何况是在这么长的时间跨度，这真是非常惊人的表现。到那时为止有哪位现代足球中的前锋能够展现如此的稳定性？三届欧洲金球奖得主马尔科·范巴斯滕，是公认的他那个年代的超级终结者，他在AC米兰的6年198场比赛中攻入了125球——场均进球0.63个，几乎和亨利的进球率相同，当然，意甲确实拥有更多擅长防守的球队。但是，如果数字有价值——在体育领域它们确实非常重要——亨利完全可以和巴斯滕这类巨星齐肩，尽管有如此多的人并不情愿将亨利算在足坛伟大人物的行列。他们会利用数据来给他们的观点提供证据——比如蒂埃里·亨利从未在杯赛决赛中进球——但是他们会选择性忽略其他数据，数量多得多、重要性也毫不逊色的大量数据。到底谁对谁错，我很愿意留给其他人来评判，因为我自己的观点是波动的，这要看我的判断是基于亨利这个球员还是亨利这个人而做出。我对亨利的矛盾心理读者们应该已经很清楚了。世界上存在着两种截然不同的判断：评价和结论。前者可以是公平的，至于后者，一本书如果做出结论，读者想“上诉”都没地方去。

所以？所以就让我们回到球场——一个说谎者很难不立即暴露的地方。阿森纳经过了布拉格胜利一夜之后被引回了正常生活之中，取得了8胜1平的战绩[①]，这确保阿森纳打进了欧冠16强，联赛中他们则利用对手

---

① 原文注：唯一的平局是做客托特纳姆的1∶1，也是亨利在这一阶段唯一错过的联赛或者欧冠比赛，他依然缺少比赛体能，他在6场比赛中攻入6球，包括做客威根的3∶2胜利中的著名任意球破门（阿森纳那个赛季第一场客场胜利）：这一次是在被主裁判要求重新主罚任意球之后，亨利连续第二次将任意球送进了门将约翰·菲兰（John Filan）的球门死角。镜头之后抓住了他转向主裁判问道：“够好了吗？”

的不稳定状态，在11月末的时候杀回了前三名。但是，复兴是短暂的。随之而来的是可怜的3连败，阿森纳接连输给博尔顿、纽卡斯尔和切尔西，让他们掉回到第8名，输给切尔西之后他们已落后穆里尼奥的球队20分之多。他们这个赛季的英超征程将遵循类似的模式：短暂的成功（你很难说清这种成功到底是往昔辉煌的闪回，还是美好未来的预示），然后便是愈发可以预见到的失败，如此循环往复。到赛季最后一天他们确保联赛第4的时候已经输掉了11场比赛，这已足够说明问题：你需要回溯到1994—1995赛季，才能找到一支单赛季联赛输球场次更多的阿森纳队。

与此同时，蒂埃里不断拿下更多阿森纳俱乐部纪录：2005年11月26日3：0击败布莱克本，他成为阿森纳历史上第一位在海布里打进100球的球员，也是英超历史上第一位在自己的主场打进100球的球员。2006年1月14日7：0血洗米德尔斯堡一战，亨利上演了帽子戏法，一举追平克利夫·巴斯廷（Cliff Bastin）代表阿森纳打进150个联赛进球的俱乐部联赛进球纪录。2月1日他越过了这一里程碑，在主场2：3不敌西汉姆联一战中将罗贝尔·皮雷的射门挡进了球门。3天之后对阵伯明翰，亨利接到了塞斯克·法布雷加斯一个光彩熠熠的传球将球打进，获得了代表阿森纳各项赛事的第200个进球，阿森纳2：0获胜。

不论他身边的人有着怎样的表现，不论他的身体语言如何出卖他对这些水平远逊自己的队友愈加强烈的不满——或者是看向天空，或者是“茶壶”的姿态，或者是下巴向下弯曲，对于所有观察亨利的人来说，这些动作都再熟悉不过——但是，蒂埃里在坚持，在一家已经不太确定什么才是真正成功的俱乐部坚持，他是成功的化身。①

是的，这是奇怪的一年，完全让人无法理解，不论以哪种方式来看待它。阿森纳球迷已经在悼念海布里球场了：请允许我代表所有人说几句，那感觉就像是，每一次我们走进球场，都不得不再读一章死亡预言纪事。几个月之后这里将变成一片废墟？这真是令人难以想象。那些看台从未像现在这样美丽。因此，我们在又一个90分钟里暂停了怀疑。只有现在才重要，我们告诉自己。但是，事实并非如此。或者，未来也许是现在的一部分，然而，当你知道未来你无法忘却过去，而只能逼迫自己努力淡忘，你会感到痛苦不已。我们踩着同样的台阶走下阿维内尔路，然后走上楼梯，走到我们曾经相信属于我们、只属于我们的座位上——是的，包括我，一个总是坐到西看台D42座位上的记者。我们会去同样的酒吧，在相同的意大利餐馆吃着披萨，在海布里山的时钟那里和朋友见面，但与此同时，我们都明白，很快，所有这些将一去不复返。“等一下，刽子手先生，只要一下子就好②。”但是刀片终将落下，我们都知道具体日期：2006年5月7日，威根成为最后一个来我们家中做客的客人。整个世界都记得，好吧，世界上的一些人还记得，蒂埃

---

① 原文注：蒂埃里4月22日在白鹿巷比赛还剩6分钟时扳平比分的进球是又一案例。塞斯克·法布雷加斯不知如何是好了，“我不知道他是怎么做到的。他只是为了这球去拼……然后进球了。”阿德巴约在与热刺加拿大右后卫保罗·斯塔尔特里（Paul Stalteri）50%对50%的对抗中赢得球权，当多哥前锋将球送进禁区的时候，似乎并没有进球即将到来的迹象，但亨利从右路杀入了禁区，一次出人意料的技术展现——当然——他看上去举重若轻。这个特别的进球在阿森纳球迷讨论亨利为球队所做的贡献时极少被提出来。唯一的原因是这个进球并未给兵工厂带来胜利。但是这不仅保住了阿森纳在联赛中对热刺值得自豪的不败纪录，也阻止了阿森纳的北伦敦死敌从他们手中抢走前四的位置，还剩2个主场比赛，阿尔塞纳·温格的球队又将像以前习惯的那样参加下赛季欧冠小组赛抽签仪式。

② Encore un moment，monsieur le bourreau，un petit moment.法国国王路易十五世最后一个情妇杜巴丽夫人，在断头台上对刽子手说的最后一句话。

里·亨利在那个下午上演了帽子戏法，通过点球攻入第3球后，亨利以亲吻草皮的方式写就了剧本的最后一页，这真的是完美之中的完美：托特纳姆的半数球员赛前食物中毒，最终1∶2输给西汉姆联，保送阿森纳又一年打入欧冠联赛，不仅如此，蒂埃里的嘴唇与海布里的一块草皮发生了亲密接触，以此来向这座即将成为历史的球场道别，多么甜蜜的一块草皮。

终场哨响后亨利停留良久，和阿什利·科尔坐在临时搭建在中圈弧的看台上聊天，享受着在他所称呼的“花园”（garden）的最后一次比赛。我们都待了很久很久。我对于那一晚的记忆十分混乱了。俱乐部买了成箱的啤酒，所有的门都没有上锁，在3个朋友的陪伴下，我开始探索球场，坐在彼得·希尔-伍德①在会议室的专座上，走进主队更衣室的浴池，加入球场上即兴踢上几脚的人群，遗失了我的手机，对，丢了，真的丢了。球场的灯还亮着，不会太久了。我们可以听到喊声，大笑声，只闻其声不见其人的球迷的哭泣声，就像是在参加一场守灵仪式——这的确是一场守灵仪式。当我最后坐大巴回到家的时候，我一定是十分古怪的样子，我累坏了，情绪激动。在夹克衫里面，我藏着一个红色的挂衣钩，它的钩子从我的衣领中伸出来。那是蒂埃里的挂衣钩，红色的塑料三角形，他就是把樱桃色的球衣最后一次挂到了这个钩子上。我永远不会把这个送回去。

---

① Peter Hill-Wood，希尔-伍德家族一直是阿森纳的主席，彼得是家族第三代，其父亲是丹尼斯·希尔-伍德（Denis Hill-Wood，任期由1962—1982年），其爷爷是塞缪尔·希尔-伍德（Samuel Hill-Wood，任期由1929—1936年和1946—1949年）。彼得在父亲于1982年逝世后不久继承阿森纳主席的职位，虽为主席，但由于在20世纪80年代及20世纪90年代把一部分家族的阿森纳股份卖给了阿森纳副主席大卫·戴恩，渐渐失去了实权成为俱乐部名义主席，日常球会事务并不是由他管理，大股东丹尼·菲什曼、副主席大卫·戴恩和主教练温格才是俱乐部真正管事的三巨头。

然而，这还不算结束。10天之后，我们将前往巴黎。这是所有人都没有料到的，真像是科幻小说中所谓的“平行宇宙”——阿森纳即将参加欧冠决赛，这是俱乐部历史上的第一次，也是蒂埃里的第一次。

12

爱到痛了：欧冠联赛决赛，巴黎，2006年。

变暗的光

THE DIMMING OF THE LIGHT

靠一帮孩子你什么都赢不了①。好吧，阿森纳差一点儿就做到了，2006年5月17日，他们成为第一家参加欧洲冠军杯或者欧冠联赛决赛的伦敦俱乐部。比赛还剩1/6的时间，法兰西大球场的大屏幕上仍然写着巴塞罗那0：1阿森纳。阿森纳门将延斯·莱曼开场仅18分钟就被红牌罚下，上半场第8分钟索尔·坎贝尔接角球头球破门，阿森纳坚持不懈地维持着这微弱的一球领先，他们处在创造奇迹的边缘，而他们也正是依靠某种奇迹才走到当下。

4个月之前，也就是2月份，该赛季欧冠前半阶段，阿森纳刚刚在主场战平博尔顿、客场输给利物浦，球员们饱受伤病摧残，对联赛已经彻底绝望，如果你认为这样一支球队能够从圣地亚哥·伯纳乌球场全身而退，那不仅仅是种幻想，更是一种侮辱。球场的另一侧是像罗伯托·卡洛斯（Roberto Carlos）、罗比尼奥（Robinho）、贝克汉姆（Beckham）、齐达内、劳尔（Raúl）和罗纳尔多这样的银河舰队（galácticos）巨星们。而面对他们的这一侧，是温格的青年军，4名后卫是：以嘴炮闻名的科特迪瓦右后卫埃马纽埃尔·埃布埃；21岁却并

① 1995—1996赛季前，曼联主帅弗格森连续卖出主力球员保罗·因斯、坎切尔斯基和马克·休斯，选择了开始重用以贝克汉姆、斯科尔斯、吉格斯为代表的92班弟子。曼联输掉第一场对阿斯顿维拉的联赛之后，前利物浦后卫、BBC足球评论员阿兰·汉森对于弗格森的选择做出如此评价，结果青年红魔最终以英超夺冠打脸。后来汉森也曾经这样评价过温格和他不断年轻化的阿森纳队。

不灵活的瑞士中后卫菲利普·森德罗斯（Philippe Senderos）；他的搭档——我们熟悉的科洛·图雷，图雷性格温和，但在场上完全可以变成一个凶猛的斗士，不过他不善于将球传出危险区；最后一位，便是还未曾证明自己的防守型中场——马蒂厄·弗拉米尼，4个月前阿什利·科尔严重受伤后，他被改造成了左后卫。他们看上去完全没有机会取胜，对吗?

温格非常清楚，如此缺乏经验的后卫线需要中场提供最大的保护，因此他的确做了一个重大决定。自从温格成为主教练后，他一直坚持进攻足球，这场比赛之后，他也将回归进攻足球的路线，考虑到这些，温格此役的战术安排是一种比信仰飞跃更巨大的转变。温格的选择，是基于对他球队实力的纯粹战术判断，而不是基于一种理想的（或者说理想化的）足球哲学。阿森纳在英超之中并无任何改变，坚持着他们传统的4-4-1-1或者4-4-2阵型，成绩起伏不定；而在欧战中，温格利用对阵阿贾克斯那场无足轻重的比赛[①]作为其实验的开始，采用了在余下欧冠赛事中都出人意料高效的4-5-1阵型，尤其在16强比赛第一回合对阵皇家马德里时，这套战术起到了绝佳效果。

为什么会在内战和外战采用不同的战术？亨利这样解释："在欧冠联赛中，我们面对的球队——尤文图斯也许是唯一例外——都想攻出本方半场踢出自己的风格。当两支球队都希望充分发挥自己的特点时，总会变成不同类型的比赛。"因此阿森纳变成了一支被动反应的球队，这并不是说他们浪费了自己的创造潜力，事实上，他们经常能够踢出流畅

---

① 原文注：2005年12月7日，阿森纳在欧冠小组赛最后一场比赛中主场0：0战平阿贾克斯，他们此前已经5战5胜确保了小组头名出线。"一场无聊的比赛"是亨利对此役的看法，他在比赛中罚丢了一粒点球。

的足球，实战证明，这套体系完全可以作为未来球队组织的模板，包括在英超赛场，只是温格拒绝了这一诱惑。在5名保护后防线的球员中，只有一位可以被形容为彻头彻尾的防守型中场，那就是吉尔伯托·席尔瓦，这位超凡的球员远不止是所谓的“破坏者”。另外4人会从以下5人中选择：何塞·安东尼奥·雷耶斯、弗雷迪·永贝里、塞斯克·法布雷加斯、亚历山大·赫莱布，以及该赛季欧战中出场最少的罗贝尔·皮雷。对他们而言，足球是好朋友，而不是带着愤怒去踢的玩意儿。

不过，这一战术体系对亨利的要求要超过其他任何球员。“我必须学会如何背对球门进行比赛，”12月份时他告诉《法国足球》杂志，“我不得不去适应一种并非我自己的风格。在4-5-1阵型中担任单中锋，意味着巨大的脑力工作：你得告诉自己，你也许只有一次得球的机会，你必须从中捞到点儿东西。这对于像我这样需要触球才会感觉好的球员尤其困难。我不是约翰·卡鲁[①]，或者卢卡·托尼[②]。这不是我最喜欢的比赛方式。”然而，最终亨利证明，这样的角色是他最拿手的，他比以往任何时候都更加孤独地顶在最前线。他孤立的前锋角色与他跟俱乐部身边的人日渐疏远恰相吻合，也许，他也展示了“为球队做出牺牲”并不是他嘴上的空洞声明。“牺牲”也被添加到了他个人的光环里，这无疑让这位阿森纳守护神显得更加深不可测。但是我认为，这是个良性循环而不是恶性循环。阿森纳越依赖他，他给予的就越多，得到的也越多。如果你希望将此称为交易，那么你可以看到，这笔交易令双方都受益匪浅。

我曾经在媒体席上出现两次情绪失控的情况，第一次是2006年2月

① John Carew，挪威著名高中锋。

② Luca Toni，意大利著名高中锋。

21日晚上的马德里[①]。所有当时在伯纳乌球场的英格兰同行也和我一样疯狂，而且他们当中很多人并不是阿森纳球迷。比赛开始前到整个上半场，马德里记者同行的那种傲慢令人难以忍受，他们会为皇家马德里所创造的每一次不算多好的机会而喝彩，手舞足蹈。我和英格兰同行后来的疯狂庆祝，与马德里记者的这种表现不无关系，而亨利的进球方式是另一个重要原因。比赛第47分钟，法布雷加斯从罗纳尔多的“荷包里”捡到皮球交给了亨利，后者长驱直入接连晃过几名后卫，好像他们是白色的灰尘一样，他那脚刁钻的射门穿过了门将卡西利亚斯（Casillas），帮助他的俱乐部将比分改写为1：0，那之后，他们就没再让人担心会葬送这个领先优势。

9个月之后再说起这个进球，蒂埃里告诉我：“我并不是靠自己打进了这球。上半场的45分钟里，球队让我处在一种我可以去尝试的心理状态上。如果我们率先丢球，我会考虑，‘蒂埃里，保持控球，不要丢球。’但是我感觉我们非常稳固。当你的球队给你传递出正确的信号，你会比无法干净利落地将球送到前场的防线队友更敢于尝试。如果你仔细看会发现，我在这个进球上并没有做什么非凡之事——每一次，我都是穿插到空当处，就是这么简单。”他是如此描述这个进球的方式。

我有机会和温格在不同场合聊到这场特别的比赛。每一次，他都用同样的表达：“比赛的意识”。那一时刻，一队年轻球员站在亨利身后，他们意识到了自己的潜力，他们的队长也同意这种观点：“这一结果对我们至关重要。之后的事情顺畅多了。事实是我们击败了在足坛不可一世的皇家马德里，这让很多人开始明白一些事情。我们也发现了自

---

① 原文注：如果你希望知道的话，第二次是2009—2010赛季欧联杯富勒姆主场4：1击败尤文图斯一战，克林特·登普西（Clint Dempsey）帮助富勒姆打进第4球淘汰对手的时候。

己的潜力。”当被要求解释“一些事情”是指什么的时候，亨利继续说：“有时候，改变比赛结果的因素是如此微小……知道你能够做到什么与真正做到之间，有一条非常细小的分界线。有时候，你可以拥有巨大的潜力，但是在职业生涯结束时却未能充分发挥自己的潜力。一个球员最重要的就是知道如何充分挖掘自己的潜力。当时（在1：0击败皇家马德里之前），我根本想不到我们会打进欧冠决赛。当然，如果你是个斗士，你永远都不会考虑缴械投降，但是你也需要现实一些。之后，突然之间，你击败了皇家马德里，你会觉得自己是天下无敌的。”

这就是阿森纳的真实想法，第二回合比赛中在海布里阿森纳0：0战平皇家马德里，1/4决赛中他们将迎战尤文图斯，阿森纳通过罗贝尔·皮雷一记教科书式的铲球（赛后皮雷说：“我13年职业生涯里的第一次”）从帕特里克·维埃拉脚下断走皮球，这展现了他们的优势——维埃拉如今身着尤文战袍——正是这次令人意外的断球，帮助塞斯克·法布雷加斯打进了阿森纳2：0获胜的第一球。4月5日在阿尔卑球场的0：0也许更加令人印象深刻。尽管大卫·特雷泽盖、金球奖得主帕维尔·内德维德（被红牌罚下）或者兹拉坦·伊布拉希莫维奇试图向客队施压，但坐在那座丑陋球场高层看台的上我，以及我周围的任何观众同样不曾感觉到阿森纳有任何会被对手击倒的可能。

阿森纳半决赛的对手是比利亚雷亚尔，他们能在欧冠走这么远同样令人感到意外。在这一关，阿森纳可就不像1/4决赛那么轻松了。本赛季在欧冠赛场上状态极其出色的延斯·莱曼，扑出了胡安·里克尔梅（Juan Riquelme）的一记点球，否则比利亚雷亚尔将扳平比分，那样的话结局可就很难预料了。不论怎样，引人注目的是，自从2005年9月27日马库斯·罗森贝里（Markus Rosenberg）为阿贾克斯将比分扳为1：2以来，阿森纳临时拼凑的防线保持了919分钟不丢球——一项新的欧冠纪录，至今无人能破。蒂埃里自己攻入了球队10球中的5球，将个人代表阿森纳在欧战中的进球总数增加到了41球。阿森纳的成功秘诀简单而又出人意料，要想在法兰西大球场击败罗纳尔迪尼奥（Ronaldinho）和塞缪尔·埃托奥（Samuel Eto'o）的巴塞罗那，他们需要像之前的比赛一样，做到那些听上去再普通不过的事情：后防线的顽强与纪律（索尔·坎贝尔和阿什利·科尔如今可以复出），锋线的精准（这显然需要蒂埃里尽可能表现得像在马德里做到的那样华丽）。尽管莱曼比赛刚开始就被罚下，但后卫们令人钦佩地顽强坚守着岗位，一直坚持到了第76分钟，巴塞罗那前锋亨里克·拉尔森（Henrik Larsson）替补登场，踢了代表加泰罗尼亚球队的最后一场比赛，正是他助攻埃托奥扳平比分。至于亨利——最好让他自己来谈谈，这很可能是他职业生涯最大的个人遗憾。

“我会第一个承认，我没能改变场上局面。我得到了两次绝佳机会。第二次——并不是我要替自己找借口——我们已经10人应战踢了50分钟，我已经精疲力尽了。但是第一个机会……本来我必须打进球门的。我总是在回想那个球，因为它所造成的后果令我困扰不已。我们拥有一个超级开局，这场比赛本来可以以不同的进程展开，即便我比谁都明白一个前锋是不能光以进球和助攻来评判的。我总有一种感觉，如果我没有改变局面，那么我就是辜负了我的球队。那就是我之后的感觉。”

再次读到这些话，我不由得回想起6个月之前我和蒂埃里的一次对话，当时他从《法国足球》的一个小型记者代表团那里接受了司空见惯的法国足球先生颁奖。他告诉我们他是如何被夺取欧冠联赛的这种渴望所激励的，这也是那时他唯一缺少的主要荣誉。“如果你和阿森纳一起夺得欧冠冠军会怎样，蒂埃里？”我问他。“哦，那……”（停顿其实比语言更能够说明问题）“那会……那会是非凡的成就。”他的语调，他低头向下看地板的方式，一直留在我的记忆之中——看上去阿森纳将在很长时间无力与英超最强的对手竞争，更遑论欧洲群雄。有人说，这种情况下亨利却依然选择留下，是因为在阿森纳没人可以挑战他的王者地位。每一次听到这种观点，我都会回想起亨利那次接受我采访时的情景。

亨利本来有机会填补他荣誉簿上缺少的部分，但他却放弃了。他很清楚，如果要再次打进欧冠决赛将需要更加不可思议的奇迹。然而，在法兰西大球场领取了输家奖牌后几分钟，他向温格走过去并告诉他：“我要留下。”很快他就签署了他所说的“我的最后一份合同”，那将让他——至少在纸面上——到2010年6月为止都一直为阿森纳效力，合同期满时距离他33岁生日将只剩2个月。

我可以坦白讲：我不知道如何看待蒂埃里在那一年所参加的另一场决赛，那是2006年7月9日，柏林的奥林匹克球场，法兰西大球场心碎之日后第52天。我之所以这么说，倒不是因为作为一个法国人，我无法接受齐达内头顶马尔科·马特拉齐（Marco Materazzi）和大卫·特雷泽盖在点球大战中击中横梁，导致蓝军没能在球衣上绣上第二颗星①，而是因为，不知怎么回事，整届世界杯，特别是它的最后一场比赛，似乎只是不声不响地从亨利身边溜走了。这届大赛前夕，法国国内对国家队的期待并没有那么高，而当法国队在G组气喘吁吁地位列瑞士队之后晋级16强时，就更没有人会看好他们。主教练雷蒙·多梅内克选择让亨利顶

---

① 世界足坛的传统，某支国家队夺得一次世界杯冠军，可以在胸前绣上一颗星，比如五星巴西和四星意大利，而法国队此前于1998年夺冠有了第一颗星。

在新近流行起来的4-5-1阵型的最前端[①]。亨利完成了他的任务，小组赛中，他打进了球队3个进球中的2个，法国队的表现要么让人提不起信心（精耕细作地以2：0击败多哥队以确保能够继续前进），要么极其平庸（0：0、1：1战平瑞士队和韩国队）。然而，“随着一场又一场比赛的推进，”12月份亨利说道，“（对我而言）事情变得越来越困难。但是，在一个特定的时间，对球队来说什么重要？你喜欢什么？不。如果球队里的11个球员都随心所欲，球队能取得什么成就？什么戏都没。在那届世界杯上，我咬紧了牙关，那是我必须做到的。你觉得对西班牙队一战越位75000次有趣吗[②]？但是在那场比赛中，我知道，只有这么踢才最能帮助球队——因为这是主教练的要求。”

这是主教练的要求？是，又不是。多梅内克是带着一份宏伟蓝图来到2006年世界杯的，但很快，这份蓝图看上去是由一个不懂装懂的人设计的拙劣策略，尤其要命的一点是，多梅内克不懂自己的球员。小组赛中面对平庸的对手都难以战胜，这令多梅内克队中的资深球员们深感恼火，他们当中不少人担心2002年世界杯的悲剧即将重演，因此决定把事情掌握在自己手中，法国队阵营内部开始进行自我管理——至少，这是法国国内对国家队从16强战开始重现活力所给出的普遍解释。齐达

---

① 原文注：蒂埃里的一些队友认为这一战术体系极大地削弱了他在场上的作用。路易斯·萨哈便持这种观点，作为2006年法国队世界杯阵容一员，他认为：“当你在4-4-2阵型中和他搭档锋线时，那感觉就像是在环法自行车赛中跟随着穿黄色领骑衫的运动员。”在萨哈这个比喻的基础上更进一步，可以说，这届大赛之前的赛季已经代表阿森纳踢了45场比赛的亨利，在4-5-1阵型中有时候看上去更像是一位副将（副将是车队中的工蜂，负责照顾好车队的主将和其他明星车手。副将为主将递水送食物，在主将遇到机械故障时将自己的车轮甚至整车让给主将使用），而不是穿黄色领骑衫（maillot jaune）的主将。

② 原文注：在对阵巴西队的1/4决赛之中，他在第57分钟凌空抽射打进了法国队唯一进球——那也是齐达内给他的唯一一次助攻——亨利的越位次数远远多于射门次数。

内的个人天才实现了最后的绽放，尽管他在这届大赛开始前刚度过34岁生日，但在对西班牙队（3：1）、1/4决赛对巴西队（1：0）和半决赛对葡萄牙队（又是1：0）这几场比赛的表现，堪称他身着蓝袍以来的最佳。亨利，以3粒进球和齐达内并驾齐驱，不能被称作是“过客”（passenger），但某种意义上，他又确实是一名“过客”，因为他肯定曾经满怀希望地认为，自己终于成为国家队的领袖了，然而，焦点最终却转移到了另一个人身上。亨利有充分理由认为自己已经成为法国队的领袖。尽管他不是法国队预选赛坎坷阶段的最佳射手①——贾布里勒·西塞才是，后者打进4球，亨利则只有2球——但在事关生死之际，是亨利为法国国家队做出了决定性的贡献。

让我们回到9个月之前——2005年9月7日，都柏林的英杰华球场，亨利在那里打进了被评论员们称作“魔法”般的进球，亨利精湛的技术促使评论员们用了这样的形容词，但亨利对这个词十分不爽。蒂埃里拥有美妙的运动天赋、令人不安的速度和流畅的跑动，因此，当因疲劳、伤病以及——坦率地说——缺乏兴致而导致他的身体“发动机”锁在第一档时，非专业的观察家便会觉得他在场上显得满不在乎。我们此前说过这个问题：亨利对于“不费吹灰之力”这样的词汇没有兴趣。多梅内克决定让他参加那场关键比赛，哪怕蒂埃里当时腹股沟有伤，而且这个伤病让他即将缺席2005—2006赛季阿森纳一个多月的比赛。亨利知道他很快会被替换下场。但是，踢了几十分钟却一脚射门都没有，令他愤怒了，也只有他会愤怒。维尔托德胸部卸下克洛德·马克莱莱的一个长传球，将球从爱尔兰的后卫人缝中交给了亨利，那一瞬间，亨利注意到爱

① 原文注：法国队10战5胜5平，在第4小组拿到20分，位列第一，瑞士队和以色列队都只落后2分，爱尔兰队落后3分。

尔兰门将谢伊·吉文（Shay Given）稍微离开了门线，随即用右脚推出了一记弧线球打入球门。魔法？绝对不是。“这样的一个进球来自于多年前打下的基础，”亨利解释道，“来自于苦练。”就这个球来说，应该追溯到摩纳哥的训练场。在亨利不随一线队奔赴客场的时候，温格的教练组成员之一克洛德·皮埃尔（Claude Puel），会让十几岁的亨利重复同样的训练，直练到他恶心为止。全速跑动、接球、内切，带球突破一些障碍物，远射，用大脚趾外侧射门。之后重新开始，一次又一次，直到这项技术变成走路一样的本能。亨利将都柏林的进球献给了皮埃尔。健忘并不是他的一个缺点。

这是个华丽的射门。更重要的，它是决定性的，就像亨利到那时为止代表蓝军打进的28个进球中的6个一样，这些决定比赛结果的进球——比如将平局变成胜利，或者将失败变成平局——都是在欧足联和国际足联正式比赛中打入的[①]，那些进球都是了不起的壮举，但没有一个的重要性能够与这个进球相比，因为它为法国队打入2006年世界杯扫清了道路，不过当时人们谈论的并不是亨利能够带来什么，而是那些本已退出国家队却又决定复出的老队员们能做出怎样的贡献——克洛德·马克莱莱、利利安·图拉姆，当然还有齐达内。2007年10月13日对阵法罗群岛的比赛中，亨利追平了米歇尔·普拉蒂尼为法国队打进41球的进球纪录，赛后亨利说：“漂亮的进球，应该是那种有意义的进球。”

从都柏林的那一晚开始，亨利代表法国队的进球记录有了极大好转，这不单纯是从数据统计而言，更是从进球的重要性而言。有点儿奇怪的是，如果单纯从数字来看，亨利在法国队的表现从未比雅克·桑蒂

---

① 原文注：这些决定性的进球是在2000年欧洲杯对捷克队和葡萄牙队、2003联合会杯对土耳其队和喀麦隆队、2004年欧洲杯对瑞士队攻入的。

尼时代更成功过，那个时期他25场比赛攻入15球（场均进球0.60个），而在雅凯时代的场均进球是0.33个（9场3球），勒梅尔时代0.31个（29场9球），多梅内克时代0.45个（52场24球，就在2010年世界杯预选赛附加赛法国队次回合对爱尔兰队那场声名狼藉的比赛之前）。但是在这脚弧线球帮助法国队取得在爱尔兰宝贵的1：0胜利之后，他从2005—2009年的进球中，有11个改变了比赛的进程。有些人认为，在球队需要他力挽狂澜时，蒂埃里总是会失败，但这样实打实的统计数据凸显出了这种观点的苍白无力。然而，当2006年世界杯决赛法国队在柏林对阵意大利队时，有多少人记得法国队是多亏亨利的出色表现才能出现在世界杯决赛的？几乎没有人。

亨利在2006年世界杯上的队友之一维卡什·多拉索（Vikash Dhorasoo），保留了这届大赛期间的法国队视频日记，它后来被编辑成了一部艺术电影纪录片①。多拉索在这届世界杯预选赛上是多梅内克的常规首发球员，但在正赛中多梅内克却出于从未明确向他解释过的动机将其推到了替补席上。相比与大多数队友相处时的感觉，还是在书籍陪伴自己时多拉索更加舒坦，他从未试图反驳作为一个局外人的名声；现在，他发现自己被进一步推向了球队的边缘，他从远处用充满深情的、超然的眼睛，观察着法国队的日常生活。他和蒂埃里的关系并不是特别亲近，必须说明的是，他和足球圈其他人的关系也是如此。但是当很久以后我们相遇时，他的一句评论令我印象深刻：在他看来，亨利当时和其他任何人的关系都不亲近。似乎，亨利后退了一步，低调地完成自己的职责，干自己的事情，与那个2004年欧洲杯之后被报道甚多造成球队

① 原文注：《替补》（*Substitute*），弗雷德·普莱（Fred Poulet）担任合作导演，2007年2月正式发行。

分裂的权力狂大相径庭。他退避三舍得如此之多，以至于法国电台评论员迪迪埃·德尚，公开鼓励他“将自己更多投身于球队的生活之中，开怀大笑，将这支球队掌握于手中”。“他是对的，”蒂埃里承认，“但我就是我，我有时候会花太多时间待在我自己的角落里。”

蒂埃里并非与其他球员相处得不好，他有一个天然的同盟帕特里克·维埃拉；路易斯·萨哈，一位足球界的天使，也喜欢与他为伍；大卫·特雷泽盖也与亨利走得很近。只不过，由于齐达内重新点燃火焰，追随者们会盲目跟从这股火焰，蒂埃里必须接受生活在它的阴影下。必须称赞亨利的是，他以优雅、无私的方式做着分内之事，尽管他坚信，如果在一个不像多梅内克那样对身体要求那么高的战术体系中，他可以提供更多帮助。一些人可以在法国队3：1击败西班牙队之后明显读到亨利脸上的不快，他又一次展现出他无法从其他人的成就中获得愉悦——他所做的一切是重温自己的比赛，找到其中的错误，就像父亲托尼过去所做的。托尼已经不在他身边了——至少不再是他身边的导师了——蒂埃里必须接过父亲的角色。

对意大利队的决赛，亨利的腿不听使唤了，在加时赛第17分钟被西尔万·维尔托德替换下场。回忆起那场比赛，亨利说：“我付出了一切，也许那天我做得依然不够，但是我已经全力以赴了。我踢过那种我并没有使出全力、甚至没有跑动一英寸就已经上演帽子戏法的比赛。”所以？“所以，是的，没有赢得决赛有些遗憾。但是我不会为自己没有尽全力而后悔。”亨利再一次强调，“因为我付出了全部努力。”事实的确如此。但是，本应该成为骄傲的资本却最终成了失望。蒂埃里参加了那个赛季最重要的两项决赛，他是唯一一位做到这一点的球员，但在那两场比赛中他没能打进一球，没能获得一个冠军，也没能获得认可。欧洲金球奖——亨利认为应该颁给意大利队中场核心安德烈·皮尔洛

（Andrea Pirlo）——又一次与他擦肩而过，意大利队的文身队长法比奥·卡纳瓦罗（Fabio Cannavaro）夺得了这一荣誉。在操纵比赛和贿赂裁判的“电话门”丑闻曝光后，卡纳瓦罗的尤文图斯在2005—2006赛季夺得的意甲冠军荣誉刚刚在7月被剥夺掉，卡纳瓦罗自己没有做错任何事情，但或许金球奖评委团还可以做出更明智的选择。

又一次，在和阿森纳开启又一个国内赛季之前，亨利几乎没有喘息的时间。他与球队合练备战的时间非常有限，而球队则又一次失去了数名成功年代的元老：阿什利·科尔、索尔·坎贝尔、罗贝尔·皮雷都走了，这三位“无敌舰队”成员在海布里一共夺得过15座冠军头衔，坎贝尔和皮雷分别加盟了新俱乐部——朴茨茅斯和比利亚雷亚尔——阿森纳没有索要转会费。思乡的何塞·安东尼奥·雷耶斯被租借到了皇家马德里，传闻亨利对他不太尊重，但雷耶斯还是奉献了一些决定战局、为阿森纳赢得胜利的表现。雷耶斯在队中的位置被“野兽”（la Bestia）——巴西大块头儒利奥·巴普蒂斯塔（Júlio Baptista）取代了，但后者却很难与轻量级、快速思维的队友保持节奏同步，也很少出现在阿森纳的首发阵容之中。至于当时处于巅峰期、被视为这个国家最佳左后卫的阿什利·科尔，通过温格与切尔西最后一刻转会交易的成功运作，和切尔西经验丰富的后卫威廉·加拉（William Gallas）完成了从酋长球场到斯坦福桥的交换。

如我们所知，加拉是蒂埃里在克莱枫丹足球学校和法国国家队的队友，他们的出生日期都一模一样[①]，还有着同样的瓜德罗普血统。但是他们之间的共同记忆却并未让他们培养出蒂埃里和维埃拉之间——特

---

① 1977年8月17日。

别是蒂埃里和皮雷之间那种亲密的关系①。在更衣室或者球场上环顾四周，29岁的亨利会发现球队经验太少，这里有太多没有经验的年轻人，让亨利很难对俱乐部的前景满怀信心。亚历山大·宋（Alexandre Song）、弗朗西斯科·梅里达（Francisco Merida）和巴西U19国家队队长德尼尔森（Denilson）都进入了温格的学校；新的引援中，除了加拉之外，只有一个人的加盟，可以被看成是对在前一个赛季为欧冠资格苦苦挣扎的球队的真正强化——那就是捷克创造型中场托马斯·罗西基（Tomas Rosicky），他在德国世界杯上有着光芒四射的表现。蒂埃里说过他希望“带领阿森纳搬入新球场”，但是搬进去做什么？什么时候去做？“某种意义上，”当新赛季刚开始几个月时，亨利告诉《法国足球》，“你永远没有时间去等待，”他接着说：

在我17岁、18岁、19岁的时候，我已经这样告诉过自己。（这支）球队（的球员们）有着非常强大的实力，但还没有被完全开发出来。这需要花上一些时间——但是我总是有这样的心态，“你永远不能等待。”我承认从一开始我就是这样，我希望这些年轻球员也能够尽快成熟起来。

听到这些，必须问的问题是：他到底为什么会在欧冠决赛中输给巴塞罗那之后迅速决定和俱乐部续约？当时不论对他还是对其他任何人来说，事情都明摆着：阿森纳对未来的设计已经选择了一条未知的道

① 原文注：他俩经常恶作剧，最佳案例是2005年10月22日阿森纳1：0击败曼城一战中出现的罚丢点球事件。当时，这对好友希望模仿1982年约翰·克鲁伊夫（Johan Cruyff）和耶斯佩尔·奥尔森（Jesper Olsen）在阿贾克斯使用的配合踢点球。皮雷在点球点主罚时将球推给后插上的亨利，结果失误了，导致点球罚丢。

路，这样一条道路，需要巨大的决心，也需要十足的耐心才能够取得成功。

当时已经有报价摆在了他和俱乐部面前。前阿森纳副主席大卫·戴恩证实，在欧冠决赛之前就已经收到了两家西班牙俱乐部5000万英镑的报价（如果达成，很可能创造新的转会费世界纪录，齐达内2001年从尤文图斯转会皇家马德里的转会费是4700万英镑）。“你不需要是火箭专家也能猜出他们是谁。”一位住在马德里的朋友有机会接触到了皇家马德里主席弗洛伦蒂诺，2月他就告诉我，皇家马德里“准备不惜一切代价”将蒂埃里带到伯纳乌。而巴塞罗那，他们的主教练弗兰克·里杰卡尔德是亨利所崇敬的荷兰名宿之一。虽然巴萨曾经是某些蒂埃里相当熟悉的法国球员的“墓地”——洛朗·布兰科、菲利普·克里斯坦瓦尔、埃马纽埃尔·佩蒂特——但是披上红蓝战袍依然是他公开的野心之一。“这是世界上最佳的球队……诺坎普有着出类拔萃的球员……毫无疑问，当这样的豪门对你感兴趣时，你真的很难不动心。”一个词就足以让美梦成真，但这个词——“yes”——蒂埃里留给了阿森纳。

阿森纳没有改变他们在2006年1月第一次提供给亨利的任何合同细节：一份为期4年据说年薪600万英镑的合同，加上奖金和一笔签字费（据说数额为500万英镑），俱乐部和亨利对此都谨言慎行。当时在整个英超，只有切尔西的米夏埃尔·巴拉克（Michael Ballcak）——这位从拜仁慕尼黑自由转会加盟的球员，才能够挣得比这个数目更多。

“如果你是一位足球运动员，人们（这个词他用得越来越多，经常是指那些在他的内部圈子之外发声的人）就希望在你的背后贴上一个标签，”亨利说，“钱，钱，钱。当然，金钱能够让你拥有某种美好的生活，但总有一天会到头，而生活中还有爱，感情，真正的爱，真正的感情。有时候，你会想离开，因为你想去其他地方生活。你的去留并不总是由金钱决定的。我是一个跟着自己的心走的人，对我而言诚挚的心才是最重要的。”

亨利为什么决定留在阿森纳？也许，他不想让他组建不久的家庭被迫迁离，他喜爱这座城市，他将这里称为“家”；也许，俱乐部为了留住他而不惜在财政上付出巨大牺牲的做法打动了他；也许，是因为他和球迷之间“极深的感情”，那些球迷“永远不会给我施加哪怕最小的压力来要求我留下”；也许，是大卫·戴恩的那句话说到了他的心坎里：“我相信他也知道，如果他去了一家像巴塞罗那或者皇家马德里这样的大俱乐部，他仅仅是一个王子，而在这里，他知道他是一个国王”；也许，他太希望人们永远将他铭记为连接阿森纳队史两个时代的人物，这份渴望超过了去外面闯荡的愿望，而且，反过来说，他也害怕被看作是在俱乐部最需要他时却选择背弃的人。最有可能的解释是，所有这些因素都发挥了作用，至于哪一种因素最具有决定性，只有蒂埃里自己知道。

因此在5月19日，温格可以高兴地宣布：“这个星期开始的时候，我们有两个目标：赢得欧洲冠军杯，然后，让蒂埃里留下。我只办到了一点，但是对俱乐部的未来而言，我实现了最重要的那个目标。”大多数阿森纳球迷，在亨利打进海布里最后一球的那一天高唱着“续约4年！续约4年！”他们也有着同样的想法。甚至连若泽·穆里尼奥也加入了合唱：“太棒了！阿森纳拥有他会更加强大，我们希望英超成为世界上最棒的联赛。”

然而，阿森纳却并未因为亨利的存在而变得更强大——主要原因在于这种存在是断断续续的。亨利的赛季开局是高质量的，各项赛事前10场比赛攻入6球，之后他却遭遇了伤病洗礼——并不是那种休养几周之后就能找回正常状态的伤病，而是一系列的拉伤、疼痛，这令他无法重新找到比赛状态，也让他的赛季在2007年3月便结束了，看上去这都是他长期的背伤所造成，而足球界的“路边社”也对亨利的背伤议论纷纷。2006年11月29日做客1：2输给富勒姆一战，我至今仍记忆犹新。那场比赛结束之后，阿森纳在联赛中排名第6，落后领头羊曼联16分之多。

那是不是蒂埃里穿上阿森纳球衣以来最糟糕的一场比赛？有可能——至少肯定是我所亲眼见到的他最糟糕的表现。他的控球能力完全抛弃了他。他通常能够轻松控下来的球，那一天却在碰到他的脚、小腿和大腿之后弹开了，就像在老旧电子游戏中屏幕变成黑白像素一团模糊一样。他显然不在状态，他也让周围所有人都意识到了这一事实，他抬头望向天空，双手放在髋部，变成了一个问号：“我在这儿干嘛呢？”如果我在媒体席的木椅子上才坐了几分钟就能够感觉到，那么球场上他的年轻队友们一定更能觉察到。他们中的一些人彻底崩溃了，亚历山大·宋尤其如此，尽管两年之内他就将成为阿森纳最稳定的球员之一。富勒姆也感觉到了亨利的混乱，他们抓住机会在欧洲亚军身上取得了一场当之无愧的胜利。

当时并未广泛知晓的是，蒂埃里正受到坐骨神经炎的困扰，这种伤痛可远不止是妨碍他在球场上的跑动。每一个运动医生都会告诉你，这种情况（通常被记者简称为“背部问题”或者“背部痉挛”）会导致患者持续疼痛，继而导致他们“矫枉过正”。每一个优秀运动员都要付出巨大努力，为此肌肉就要承受额外的负担，而对运动员来说，最细微的不适便会让他们的肌肉做出反应。重复的撕裂、拉伤和扭伤必然接踵而至，特别是当这名运动员已经过了身体状态巅峰期的时候，蒂埃里便是一个明显的例子。

“我憎恨受伤，”数周之后亨利告诉《法国足球》，“但是总会到一定时候，你不得不接受身体的警告停下来。”做客克拉文农场的比赛之前就是这样的情况，但亨利没有听话。和往常一样，一方面他真诚地想帮助他的球队，另一方面，他对别人怎么看待自己的贡献非常敏感。那时候我感觉到，蒂埃里参加比赛是为了证明，他不能也不该参赛却依然拼尽了全力。当富勒姆球迷看到这位超级球星又一次失误时，发出了嘲笑的声音，这让亨利非常受伤。他试图为自己寻找借口。“所有那些上赛季在联赛、欧冠和世界杯等多项赛事连轴转的球员，现在没几个处在最佳状态的。”亨利的说法并非完全没有依据。“美好的一年，应该是你赢得一些奖杯的时候。但另一方面，当你没有赢得任何东西的时候，是不是就应该忘掉一切呢？忽略掉你在阿森纳和法国队所做的一切？我不这么认为，因此，是的，即便没有一项冠军，这也是出色的一年。”

那一年在7月9日之前的确可以算是美好，但那之后就不然了。蒂埃里没有欺骗任何人，尤其没有欺骗巨大椭圆形的酋长球场[①]的60000名球迷，然而，尽管球场容量增大了许多，却极少充满那种曾令所谓的海布里“图书馆”摇晃的震耳欲聋的欢呼声。亨利在阿森纳搬入新球场后的27场比赛中只首发了13场，在阿森纳表现优异的联赛杯赛事中则始终未出场。枪手最终在联赛杯决赛1：2输给了切尔西[②]。亨利仍然有值得回忆的瞬间，比如2007年1月21日在最后一刻头球破门帮助阿森纳2：1绝杀了曼联——奇怪的是，蒂埃里从未以他的滞空能力闻名，却在那个赛季打进了3个头球，统统来自于埃马纽埃尔·埃布埃的右路传中。[③]

2007年1月6日足总杯第3轮阿森纳做客安菲尔德3：1击败利物浦

---

① the Emirates Stadium，阿森纳新球场，因为阿联酋航空赞助多年得名，本名为阿什伯顿球场。

② 原文注：阿森纳在欧冠16强被淘汰出局，埃因霍温两回合2：1过关。足总杯第5轮，阿森纳通过重赛被布莱克本1：0淘汰，亨利参加了所有3场比赛却没有任何进球。

③ 原文注：除了对曼联这场之外，另外两个头球是在英超对谢菲尔德联队（3：0，2006年9月23日）和欧冠对波尔图（2：0，亨利在欧战中的第50球）攻入的。

一战，我们又见到那个经常受亨利折磨的牺牲品之一、利物浦后卫杰米·卡拉格（Jamie Carragher），亨利为球队打进了第3球："亨利！传给亨利！传给亨利就会进球！"这是我的一位朋友对那次激动人心的长途奔袭的描述。亨利还没有失去那种罕见的将速度和"重量"施加于皮球的能力，就像玩板球的人会利用动作幅度，他的射门摆腿幅度很小但爆发力惊人——11月18日对纽卡斯尔攻入的一粒任意球，以及1月13日第一时间射门惊人的打进布莱克本球门死角，是最壮观的两个例子。每一次出现这样的场景时——幕布被拉开，展现出过往亨利帝国的一道风景——每一次，它又会重新合上。他真的希望在阿森纳踢球吗?

之后，在4月17日星期三，阿森纳俱乐部发布了这样一份声明："大卫·戴恩先生因为与董事会其他成员存在不可调和的分歧，经过协商已经同意他离开俱乐部。"

这一消息公布两天后，我在训练场的停车场和温格聊天，虽然被这个消息弄得心烦意乱，但他还是决意熬过去并且留下。亨利的态度却不一样，"俱乐部总是会有人到来，有人离开。"他说，"但不论未来会发生什么，已经发生的本都可以避免。他（大卫·戴恩）的离开是一个错误。我现在这么说，再过20年我也还是这么说。如果说俱乐部有一个人最不应该走，那就是他。"另一个人也准备要走了，因为巴塞罗那仍在等着他。

13

放逐，凯旋，心痛。

巴塞罗那：插曲

BARCELONA: THE PARENTHESIS

《法国足球》还在等待着亨利经纪公司的召唤，2007年6月12日，该杂志披露，在达伦·戴恩[①]与巴塞罗那体育总监特希基·贝吉里斯坦（Txiki Beguiristain）会面之后，亨利已经和巴塞罗那就转会达成了一致。“绝对的垃圾报道，”SEM公司的杰夫·威斯顿（Jeff Weston）十分生气，“下赛季亨利没有任何可能不在阿森纳。”一周之后，蒂埃里自己也加入了这场争论，他参加了偶像、法国前锋索尼·安德森在热尔兰球场举行的告别纪念赛，之后他对《队报》记者贝尔纳·利翁（Bernard Lions）说：“所有人都在谈论我？那很棒啊。这种麻烦不会影响到我。8月份我就将年满30岁了。这不是第一次，也不会是最后一次别人替我发言。同时，我仍然是一名阿森纳球员。”

他很快就不是阿森纳球员了。到6月22日星期五，巴萨向记者们介绍，一份协议已经达成，数天之内这桩转会终将敲定[②]。星期六，亨利的长期密友、记者皮埃尔·梅内斯（Pierre Menès）对亨利的转会予以确认，他表示大卫·戴恩被逐出阿森纳董事会是亨利做出这一决定的关键（其原话是“如果戴恩当初留下，蒂埃里也会留下”）。根据梅内斯

① 原文注：如前文所提过的，达伦·戴恩在蒂埃里转会巴塞罗那之后变成了他的独家代理。

② 原文注：这份合同最终于6月25日签署。亨利签约4年，每个赛季预计能够拿到460万英镑的年薪（也有不同消息来源说收入可达550万英镑，造成差异的原因可能是后者将奖金包含在内）。

的说法，“阿森纳不能再让人看到竞技上获得成功的机会”。转会巴塞罗那是“他最后一次去一家大俱乐部的机会”，亨利希望为顶级球队效力，而阿森纳显然不再是这样的球队了，至少未来几年内不可能是了。

亨利的转会并不令人意外，然而阿森纳球迷知道消息后还是感到震惊。虽然这3年不断听到亨利要走的传言，但传言到最后都被证明是缺乏事实依据的，所以球迷觉得留住他们所热爱的队长的希望越来越大；但即使是这样，亨利的转会来得也并不算突然。更令人困惑的，是转会费数目的低廉——2400万欧元，相当于1600万英镑——虽然考虑到亨利的年纪，他的再出售价值可以忽略不计，但作为前锋，如果亨利保持健康，至少可以保证每个赛季进20球，而他在场外的价值还没有得到充分开发。2007年5月，美国《时代》杂志将亨利列为世界上“最具影响力的100人”之一。作为一名阿森纳球员，他最后一次任务是和巴西超级模特吉赛尔·邦臣（Gisele Bündchen）拍摄一组特写。如今他已经步入了世界一线明星的行列，是广告客户的宠儿，是如今已成为他前东家的阿森纳最值钱的商品。但是阿森纳居然以从波尔多买下西尔万·维尔托德的同样价格将他送走。

对于他健康的长期疑虑无疑是一个原因，接下来几个月所发生的事情将显示，这样的考量是对的。但这并非阿森纳，或者更确切地说是阿尔塞纳·温格之前竭尽全力希望留下蒂埃里、如今却轻轻松松放他走的唯一原因。一种忠诚感发挥了作用，对前8个赛季为俱乐部付出如此之多的球员的忠诚。在现代足球中，8年几乎等同于一辈子，对这样一位球员，你无法吝惜尊重，他用他的杰出表现赢得了这样的尊重。这也意味着尊重一个他不准备重新考虑的决定。温格也知道蒂埃里的婚姻问题，知道他即将分居和离婚，知道伦敦不再像以前那样是亨利的“家”。不过，如果只看到这些，那就错了。温格在2011年底说，像这样的情况，

“你的智慧必须来掌控你的心”，这指的就是他在帕特里克·维埃拉和蒂埃里·亨利去留问题上所做的选择。

“我们是在他们29岁或者30岁时将他们出售的，”温格告诉一群阿森纳球迷和小股东，“为什么？因为我们需要钱，不能让他们自由转会。足球圈有一个现象是，即使一个球员已经度过了巅峰期，你仍然得给他支付最高的工资。一个球员的报酬优厚和他的表现之间总是存在着时间差——总会有些延迟。当你和一名30岁左右的球员续约时，明知道他作为前锋的最佳状态只能保持两年了，也还是得给他很高的薪资。”

正如埃尔维斯·科斯特洛[①]的歌中所唱：“金钱万能/它最管用。”

两万名巴塞罗那球迷参加了6月26日在诺坎普球场举行的亨利的正式亮相仪式，在这个精心策划的场合之中有一个瞬间脱颖而出——蒂埃里走出球员通道，身穿着曾经属于自己的偶像约翰·克鲁伊夫的14号球衣，即将登上球场之时停了下来，在所有摄像机的镜头之下开始系他的锐步Sprintfits战靴的鞋带。这看上去不像是我们在阿森纳所认识的蒂埃里。他在加泰罗尼亚的第一个公开姿态可以很容易被视为向他的主赞助商之一致意，植入式广告的对象显然是消费者，而不是他的新球迷。不过，他告诉俱乐部官方网站，对他而言，这将是“毕生难忘”的一天，他之前的足球生涯从未体验过这样的场面，这是个“巨大的震撼”，球迷的欢迎太“疯狂”了，他将“永远满怀感激”。这个不一样的亨利，大家以前或许有过惊鸿一瞥，可他表现得却从未像现在这样露骨：他穿上的新球衣，就好像是一件公司定制的西装，他喋喋不休，言语之夸张像一个加利福尼亚的人生导师。一方面，对于成为“世上唯一一支从未

① Elvis Costello，1954年8月25日出生在伦敦，是从朋克和新浪狂潮中涌现的英国一流摇滚乐天才。自1977年第一次登上舞台，他已经成长为一位伟大的歌手和歌曲创作者。

改变过比赛风格的球队”的一员，他的自豪溢于言表、毫无虚伪，这是他从小怀着敬畏之心关注的球队，“一支你的记忆永远比对其他球队更生动的球队”。而在另一方面，他滔滔不绝地赞美巴萨的一切，语气却并不令人信服。的确，蒂埃里说了人们想听的话，但他用力过猛，犯了一个是人就容易犯的错误：太急于取悦他人[①]，随着他年龄的增长，这在他的性格中变得越来越明显。

很明显，巴塞罗那不可能踢4前锋，将梅西、罗纳尔迪尼奥、埃托奥和亨利都囊括在内；一到两名球员必须接受被安排在并不熟悉的位置，或者甚至被放在替补席。蒂埃里能接受吗？没问题。“教练让我踢什么位置我都会照做，因为他总是会做对球队最有利的事情。”他说，“当你为巴塞罗那这样的俱乐部效力，没有人可以确定他们是否想踢这个位置或者那个位置……”我们在伦敦可从未习惯听到亨利这样冠冕堂皇的说辞。还有一件令人不安的小事情。他曾经说过：“足球不是蒂埃里·亨利秀。”（当时也是真心的）如今亨利对曾经在伦敦时小心逃避的名人社交圈少了很多顾虑。2007年7月，他出现在巴黎一家名叫“碍事的杂物”（Le Bataclan）的夜总会的舞台上，有人为他献唱一曲，歌者是美国说唱歌手斯诺普·道格（Snoop Dogg，穿着一件印着亨利名字的巴塞罗那14号球衣）。一个月之后，还是在巴黎，另一位拥有白金唱片销量的美国说唱歌手——50美分[②]——获赠那件球衣，而他的“朋友”、好莱坞著名黑人导演斯派克·李（Spike Lee）也穿过亨利的这件

---

① 原文注：亨利的做法容易导致误解：2008年12月半岛电视台对他进行采访，由于翻译不当，很多人坚信蒂埃里已经皈依伊斯兰教。其实他只是说对那个宗教“感兴趣”，并与一些已经皈依伊斯兰教的队友讨论过这个问题，比如尼古拉·阿内尔卡、埃里克·阿比达尔（Éric Abidal）和弗兰克·里贝里（Franck Ribéry）。虽然他并没有皈依真主，但他还是屈服于想取悦他人的本能，给观众提供了他们想听的答案。

② 50 Cent，原名柯蒂斯·杰克逊（Curtis Jackson）。

球衣。遗憾的是，在球场上，蒂埃里将迎接的并不全是拥抱和击掌，他在西班牙的第一个赛季，以他在阿森纳树立的标准来看，只有失望。

我渐渐认为，亨利流放巴塞罗那的这3年（的确可以称得上是流放）是他职业生涯的一段插曲，尽管无可争议的事实是他赢得了很多主要荣誉——7项冠军——在此短短时间里的收获和之前在海布里和酋长球场的8年一样多[①]。“插曲”（parenthesis）这个词也许会被认为不太恰当，但我会坚持用它：因为看上去他从未属于过那里，即便他在2008—2009赛季重新找到了状态。也许他在巴萨也不可能有归属感，因为非常、非常少的球员体验过蒂埃里在阿森纳所享受的队友间的亲密关系。

从数据角度来看，他在诺坎普的第一年并不是十足的灾难：在各项赛事中总共攻入19球[②]，在队内射手榜高居头名，2008年9月29日巴萨4：1客场击败莱万特一战中，他第一次上演帽子戏法，10天前，他则在巴萨主场3：0完胜里昂一役中打开了欧冠进球账户。但是亨利原本期待着更多，可惜弗兰克·里杰卡尔德很快就认定，亨利的最佳位置在左翼，这是一个他并不习惯的必须承担防守职责的位置，亨利认为，参与防守削弱了他的体能，令他无法像过去那样对进攻有足够贡献——无疑，大多数时候，巴萨都在进攻。但是谁又能够顶替进球数惊人的塞缪尔·埃托奥的中锋位置呢？亨利承认，他的朋友“萨姆”，也是当初转会巴塞罗那之前他征求过意见的人，是“比我更出色的中锋”。数字也可以作证：尽管因伤一直休战到12月中旬，喀麦隆前锋在回归之后的19轮西甲中共攻入18粒进球。正如大卫·戴恩所预言的，蒂埃里不可能成

---

① 原文注：两座西甲冠军（2008—2009，2009—2010赛季）、一座西班牙国王杯（2008—2009赛季）、一座西班牙超级杯（2009年）、一座欧冠联赛奖杯（2008—2009赛季）、一座欧洲超级杯（2009年）、一座世界俱乐部杯（2009年）。

② 原文注：亨利在联赛中有10次助攻，仅次于利昂内尔·梅西。

为巴塞罗那的国王，顶多是一个王子。也许连王子都算不上，至少那时候还不是。

与此同时，让亨利有苦说不出的是，阿森纳似乎战绩不错，这很尴尬，不免令人怀疑，蒂埃里前一个赛季作为球员和队长，对“他的”球队究竟做出了多大贡献。到10月中旬，阿森纳在英超之中7胜1平，所谓的“枪手宝贝”在少赛1场的情况下领先曼联2分，这让不少观察家们指出，温格再一次在一位明星球员变成球队前进的障碍时选择了正确的时机“摆脱”他。有些人甚至认为阿森纳如果提前12个月就卖掉这位俱乐部历史上的头号射手，而不是同意一份破坏性的续约，会更好一些。亨利阻挡了阿森纳的前进？这是一个在每一级别的比赛中都对无数球队产生过消极影响的悖论，很多不如温格无情的主教练都吃过这种苦头：一个球员的光环有时反而会随着他能力的下降而增长。球员能力的下降，在最开始几乎是察觉不到的，而且，球员能力衰退对球队表现造成的影响，会凸显这名球员过去为球队所做的贡献，继而加剧球队的疑虑：是不是我们做得不够好，以至于无法让他放出光芒？球员待在聚光灯下越久，对整个球队的影响也越深，而亨利是阿森纳最耀眼的明星。

当温格发现马克·奥维马斯、埃马纽埃尔·佩蒂特和帕特里克·维埃拉的表现水准与他们的地位和工资不再相称时，很快就将他们送走了。每一次，温格出自直觉的判断都有数据作为支撑，他认定，那些身体素质开始走下坡路的核心球员可能会堵住他的年轻队伍有机发展的道路。他以非常优雅、狡猾、犬儒主义的措施处理此事。我记得帕特里克·维埃拉吐露过心声，他还没有完全理解自己究竟是怎样去的尤文图斯。这是他的决定？是他主教练的决定？他是不是被算计了？我可以看到他对温格没有任何怨恨，但这些问题却无法找到现成的答案。

蒂埃里的例子是完全不同的。温格跟他的关系不比跟以前任何一位球员差，包括乔治·维阿[①]和德拉甘·斯托伊科维奇[②]。我记得有一次和温格聊起他在日本名古屋鲸八的执教（那是充分表明温格执教性格的一段时期），他曾经饱含深情地提及后者的名字。埃马纽埃尔·佩蒂特也是其中之一，如果不是他俩之间的年龄差距（大约21岁），温格甚至可以骄傲地将他视作一个朋友。阿尔塞纳送走了佩蒂特，但他慰留了蒂埃里，也许是因为他感觉自己亏欠这位被他从尤文图斯拯救出来的球员——当时亨利在尤文图斯已从前锋被转型为中场。“所有人都在说亨利欠温格多少多少，”克里斯蒂安·达米亚诺[③]告诉我，“没有人意识到温格欠了亨利多少。”

大概也是在那时候，我得到一个可以和塞斯克·法布雷加斯坐下聊聊的机会，我问他球队是怎样填补队长离去留下的空白。“当世界上最好的球员离开了，你就必须想想出路。比赛不顺的时候，再没有他的梦幻进球了，你就必须思考别的出路。蒂埃里在这里赢得了一切，我们没有权利去说：因为他走了所以我们变得更棒，在我们还没有赢得任何荣誉的时候，这样说绝对是对为我们赢得一切的人缺乏基本的尊重。怎么可以说没有了他我们反而更出色呢？人们总是太容易忘掉一些事。如果我们赢得一些奖杯——那么我们也许能够说出一些话，也许。但我们还没有做到呢。”

“但是有一点是事实，我们所有人——所有人——都进步了。”

“我完全同意他的话，”蒂埃里评论道，“因为我资格老，是队长，又有向队友呼喊着要球的习惯，有时候即便我并不处于最佳位置，

---

① George Weah，利比里亚前锋，欧洲金球奖得主，温格在摩纳哥时的弟子。

② Dragan Stojković，前南斯拉夫前锋，温格在摩纳哥和名古屋鲸八的弟子。

③ 亨利在克莱枫丹时的第一位教练。

他们也会把球给我。因此从这一点来看，我离开对球队是好事。”但这是否对他是好事呢？冬去春来，从不以耐心而闻名的加泰罗尼亚球迷和媒体开始公开质疑，他们的主席霍安·拉波尔塔（Joan Laporta）为什么要在一位尚未从之前赛季伤病中痊愈的球员身上“花一大笔钱”。2008年3月，在诺坎普1：2输给罗贝尔·皮雷的比利亚雷亚尔之后，加泰罗尼亚媒体《每日体育报》“解剖”了亨利对那场比赛中的贡献，他在第66分钟被小将博扬（Bojan）换下。“解剖”这个词都不恰当，“屠杀”或许才更加贴切。根据同一家报纸公布的民意调查，亨利如今在巴萨球迷心中是巴萨进攻球员的第三选择。当时还有一种声音，认为里杰卡尔德的球队内部受到“派系”的影响，其中一派是“法语帮”，由埃托奥和亨利领导，而罗纳尔迪尼奥和梅西则是另一帮派的领军人物。那年春天在接受BBC的《足球焦点》节目专访时，蒂埃里明显已经受够了：

他们从阿森纳签下了一名球员，因此他们希望看到这名球员在阿森纳时的那种表现。我有时候试着向一些人解释：“不要指望看到阿森纳时的亨利。”——情况不一样了！如果你让一名前锋去踢边锋，他固然会全力以赴，但他能否和踢中锋时一样高效？我不这么认为……我在这里（巴塞罗那）很开心……但是……怎么说呢，我在这里很开心……我在训练中也很开心，我在生活中也很开心。我没办法演戏。这种性格对我来说，有时是好事，有时不是好事。我没办法去伪装。如果我不高兴，我就是不高兴……在6个月不曾训练、不曾做任何事之后，我直接进入了团队，情况不好。我的腹股沟依然疼痛，我的背部，我的大腿，我真的有点儿……不在状态……我在这里的表现比不上在阿森纳那种每赛季30个进球和20多个助攻的水平，但我依然打进了14球，助攻了10次……这并不是一个糟糕的数据……从我来到这里的第一天开始就有着

很多猜测。对我而言只有一支球队是我的真爱（阿森纳）。我花了一段时间才理解了那家俱乐部的意义。那就是为什么我有时候如此疯狂，因为我太投入其中了。我变成了一个球迷。我不后悔离开阿森纳，我不后悔我生活中的任何事情，我的生活中发生的每件事都有它的原因，我的个人生活也是这样。我不后悔……海布里就是我的花园。

但是海布里如今是一片废墟，那里留下了很多遗憾。在另一次专访中，面对《泰晤士报》记者阿利森·拉德（Allyson Rudd），亨利表示他怀念英格兰的"一切"——看台上的歌曲，星期六比赛日的流程，球迷——甚至是媒体。他的女儿泰雅（Téa）远离了他，在他转战西班牙的最初8个月里他只见过女儿5次。"如果你了解有一个女儿的感受，你就可以想象情况如何了。"他说。

以往，遇到艰难的时刻，他总有信心可以找到一处避难所：法国国家队。现在情况变了。他仍然深得多梅内克信任，也以队内头号射手作为回报——6个进球——法国队2008年欧洲杯预选赛打得相当艰苦[①]。但是法国公众如今已经转而反对他，不久之前，他们还称他为"法国最受欢迎的运动员"。2008年6月3日，法国队在法兰西大球场8万名观众面前，以1∶0击败了哥伦比亚队，蒂埃里成为法国队历史上第6位突破百场大关的球员。这6位球员分别是亨利、德尚、齐达内、维埃拉、德塞利和图拉姆（那一晚的队长），他们都是1998年黄金一代的成员。

但是，当比赛还剩15分钟结束时，多梅内克让阿内尔卡替下这位新的百场元老，偌大的体育场响起了嘘声和口哨声。我想，在其他任何一

① 原文注：法国在B组中位列第二，排在世界杯冠军意大利队之后，在预选赛首轮法国队主场3∶1击败意大利队一战中，亨利攻入了球队第2个进球。

个国家，都会在赛前准备一个纪念仪式，给这位国家队百场大将送上一束鲜花、一件纪念版球衣，或者任何形式的纪念品。但这里没有，巴黎没有。观众给他喝倒彩，这种声音令人震惊，即便对于已经习惯法国球迷浮躁性格的法兰西大球场常客来说也是如此。这一人群的显著特点之一是同质性：中产阶级的巴黎白人，基本上是去看六国橄榄球赛的同一群人，很少有南方人。而那一天在球场上，身穿蓝色国家队球衣列队歌唱《马赛曲》（或者其实没唱，这是常有的事）的11名球员，大部分是黑人；在看台上，衣冠楚楚的男人和女人大多数是白人，他们把脸颊如此漂亮地涂抹成三色旗，期待着前世界冠军给他们带来娱乐。这些观众与这些球员有何共同之处吗？完全没有。成千上万只知道唱着“加油，蓝色军团！”的观众，永远不会去造访场上大多数球员出身的郊区。他们嘘亨利是一种耻辱，即便除了蒂埃里之外，多梅内克也是他们的攻击目标。然而，虽然此事很不光彩，却与之后发生的混乱一脉相承。

法国队战胜哥伦比亚队10天后就开始了欧洲杯之旅。齐达内已经彻底退役了，他的继任者帕特里克·维埃拉参加了这届比赛，却因受伤被迫坐上了替补席，所有人都知道他无法上场。36岁的利利安·图拉姆和蒂埃里·亨利——多梅内克机能失调的大家庭中的两位长者，接过了重担，但前者从未热衷于担起责任，后者则没有为此做好准备。法国队在那届大赛上的表现，提得越少越好。蓝军刷新了无能的下限。防线，他们很糟糕；进攻，更不用说了。在苏黎世的列特齐格伦球场（Letzigrund），6月9日的揭幕战中，罗马尼亚队被认为是可以轻松拿下的对手，哪怕由于蒂埃里尚未从一次轻伤中恢复过来没有上场，但法国队面对一支组织有序的罗马尼亚队只拿到了0：0的平局。看上去，罗马尼亚队只是专注于他们的消极打法——至少多梅内克是这么说的，只不过，多梅内克没有看到，或者说拒绝承认，法国队也并未显示出他们的冒险精神。这场平局，意味着多梅内克的球队必须在最后两场小组赛中至少赢下一场，而他们的对手将是历届大赛都是夺冠热门的荷兰队和意大利队。

法国队在伯尔尼对阵荷兰队，可没有出现什么“伯尔尼奇迹”①。法国队遭受了记忆中最为耻辱性的失利之一。最终比分是法国队1：4惨败，其实，比起他们场上糟糕的表现，这个比分他们应该感到挺幸运的了。亨利距离完全恢复仍有时日，但还是回到了球场上，作为多梅内克4-4-1-1阵型的箭头，他已经竭尽所能去弥补球队近乎愚蠢的前后场脱节，却依然眼睁睁地看着本队被对手屠杀。库伊特（Kuyt）和范佩西（van Persie）的进球帮助荷兰队在比赛未到一小时就取得了两球领先。当蒂埃里极其冷静地小角度射门攻破范德萨（van der Sar）的城池，帮助蓝军将比分扳成1：2时，希望曾短暂闪烁过——如果这能够称为“希望”的话。但是重新开球1分钟，斯内德（Sneijder）和罗本（Robben）就联手恢复了橙衣军团的两球优势。补时阶段，斯内德又从助攻手摇身变为终结者，完成了最后一击。

回到苏黎世，法国队走投无路。引人注目的是，法国队仍有机会杀入第二轮。对手意大利队是世界冠军，但法国队曾在不到一年之前如此

---

① miracle of Bern，1954年瑞士世界杯的夺冠最大热门是匈牙利队，几乎没有人怀疑他们将夺取冠军。1954年7月4日，瑞士伯尔尼，世界杯决赛上演，站在匈牙利人面前的是小组赛8：3狂胜过的对手联邦德国队。赛前人们一致看好匈牙利队，联邦德国队主帅也借机表示不奢望夺冠以麻痹对手。开场仅8分钟，匈牙利队就连进两球，普斯卡什首开纪录，齐博尔打进第二球。当所有人都认为双方小组赛之战将要重演时，奇迹发生了，从第10分钟开始，联邦德国队发动了绝地反击，他们先是连进两球将比分扳平，接着在第84分钟由拉恩打进致胜球超出。最后时刻，普斯卡什曾打进一球，但威尔士边裁格里菲斯示意越位无效，匈牙利最终2：3输掉了比赛。从0：2到3：2、从3：8到3：2，联邦德国队不可思议地翻身而起打倒了匈牙利巨人，创造了世界杯历史上最神奇的决赛。这场被载入史册的决赛至今被人津津乐道，被世人称为“伯尔尼奇迹”。

令人信服地在法兰西大球场击败过他们。意大利队在前两场比赛也只拿到了1分，同样有可能耻辱地被淘汰出欧洲杯。多梅内克又一次改变了策略，撤下图拉姆，换上弗朗索瓦·克莱尔（François Clerc），埃里克·阿比达尔从左后卫移镇中路，而在图拉姆不在场的情况下，蒂埃里晋升为场上队长。多梅内克的战术遭到了惨败。运气抛弃了法国队，里贝里是他们在前场最具威胁的球员，却在比赛刚开始10分钟时受伤被迫离开球场。然而，为了阻止卢卡·托尼单刀面对门将格雷戈里·库佩（Grégory Coupet），阿比达尔不顾一切的犯规可就不能怪运气不好了。这位巴萨球员被裁判红牌罚下，安德烈·皮尔洛随后将点球罚入。10人应战且落后一球，法国队基本上就等于被淘汰出欧洲杯了。66分钟之后，这一结果正式确认。

法国队丢脸地从2008年欧洲杯早早出局，让蒂埃里在初夏有充足的时间休息，这也是他整个职业生涯罕见的奢侈享受，因为通常在漫长的国内赛季结束后，他紧接着就要参加国际大赛。和往常一样，他选择了去美国度假，当地的狗仔队发现他在纽约城的小镇格林维奇漫步。“他身穿一件白色运动T恤衫，上面印着一条红色领带，一条颜色暗淡的牛仔裤和一对复古红色的高帮鞋。”一家英国媒体这样描述道。狗仔队又跟着亨利来到了SoHo区，亨利在那里的一家时尚意大利餐厅用午餐，还有……等等。蒂埃里的到访不仅对名人追踪者而言是一个可以满足读者花边需求的机会；看上去，亨利对巴塞罗那的梦想有些幻灭，他还公开表达对离开阿森纳的悲伤①。亨利已经开始筹划另一个未来。美国对他

---

① 原文注：那时候，也就是2008年7月中旬，亨利在阿森纳官方网站用户评选的“阿森纳史上50名最伟大球星”中位列第一。6个月后，他又被投票选为“英超史上最受欢迎球员”——领先于史蒂文·杰拉德——那是2008年巴克莱“全球球迷报告”中32000名球迷评选产生的。

颇有吸引力。他的前法国队队友尤里·德约卡夫，正在美国职业大联盟足球联赛给自己漫长的职业生涯增添意想不到却精彩纷呈的最后一章，亨利对此同样有着浓厚兴趣，就像他当年6月向记者们所承认的：“我是如此热爱美国，我热爱这里。不论何时来到这里，我都感到很自由。希望有一天我能来美国踢球。你永远不知道接下来一天会发生什么。”但蒂埃里最终决定留在巴萨，看上去他是被巴塞罗那新上任的主教练佩普·瓜迪奥拉（Pep Guardiola）说服了。这是一段插曲中的插曲的开始，当亨利终于追上了他追逐了10年的彩虹，可以称呼自己为欧洲冠军时，这段插曲中的插曲戛然而止。

他为什么留下了？首先，弗兰克·里杰卡尔德走了，他或许是亨利曾经崇拜过的AC米兰球员、荷兰队1988年欧洲杯冠军队的一员，但是他的执教风格与阿尔塞纳·温格相对温和的风格形成了鲜明对比，里杰卡尔德对明星球员情绪波动的容忍能力肯定不如阿森纳主教练。此外，蒂埃里的私生活也已经找到了新的平衡，2008年夏天他遇到了波斯尼亚出生的模特安德烈娅·拉亚奇克（Andrea Rajacic）①，也就是他的现任女友。

瓜迪奥拉虽然在训练场上是一位严厉的监工，但也希望他的队员能在比赛中充分发挥即兴创作的本能和天赋：虽然只有短短一个赛季，但亨利重新找到了对他来说弥足珍贵的踢球乐趣。耀眼的巴塞罗那队如今经常被列为足球史上最伟大的球队之一，虽然那支球队当时还没有成为后来那支无可匹敌的巴萨，但那个赛季的确是一个起点。亨利是其中一

---

① 原文注：这对恋人利用传统圣诞节的间歇期以独特的方式来庆祝即将到来的新年。亨利包了一架私人飞机从巴塞罗那前往马尔代夫首都马累，这架飞机又将他接回加泰罗尼亚，以赶上2010年巴萨的第一堂训练课。显然，关于他的离婚协议对其个人财富产生巨大影响的传言是夸大其词了：法国日报《巴黎人报》估算，他这次度假开支超过了16万英镑。

员，这不应该被忘记，他和哈维（Xavi）、伊涅斯塔（Iniesta）、梅西（Messi）一样。梅西、亨利和塞缪尔·埃托奥一起贡献了巴萨征服西甲的105个进球中的72球，他们最终领先皇家马德里9分。72球的成绩，比西班牙联赛历史上三前锋最高进球纪录高出了6球，原纪录是阿尔弗雷多·迪斯蒂法诺（Alfredo Di Stefano）、费伦茨·普斯卡什（Ferenc Puskás）和路易斯·德尔索尔（Luis Del So）1960—1961赛季共同在皇家马德里创造的。蒂埃里自己的收成可以与他在阿森纳的最佳时期相媲美：西甲29场联赛攻入19粒进球，欧冠联赛12场攻入6球，各项赛事42场比赛打入26球。更重要的是，他的不少进球——还有助攻，那个赛季他一共助攻12次——都对巴萨夺取西甲-国王杯-欧冠联赛三冠王这一西班牙足球史上史无前例的成就发挥了关键的作用。2009年2月24日在里昂，亨利头槌攻入关键的扳平一球，在第二回合比赛他梅开二度，为巴萨打入欧冠八强扫清了道路；在4：0横扫拜仁慕尼黑一战中，他一脚华丽的传球助攻梅西攻入第3球，那场比赛亨利也有进球，帮助球队将晋级半决赛变成了例行公事。

在西甲联赛中，蒂埃里也重新回到了他的阿森纳光辉岁月，特别是在赛季最关键的阶段。4月12日，身边的队友都在对阵拜仁一战中体力耗尽，是他助攻安德烈斯·伊涅斯塔为球队打破了僵局，艰难地以2：0击败了韦尔瓦。4月26日，他在联赛中阻击了瓦伦西亚的6连胜，替补出场后在比赛还剩4分钟时扳平了比分，要知道，如果输掉那场比赛，将会成为巴塞罗那那个赛季的第4场失利，也将让皇家马德里在联赛积分榜上爬到他们头上。接下来，亨利将最好的自己留到了5月3日决定冠军的世纪大战，一场在巴塞罗那欧冠半决赛与切尔西的两回合对决之间举行的硬碰硬的较量。

巴萨那一晚彻底摧毁了皇家马德里，让伊克尔·卡西利亚斯6次从球门中捡球，这也是加泰罗尼亚球队在死敌的主场取得的最大胜利。首先，冈萨洛·伊瓜因（Gonzalo Higuain）为皇家马德里取得领先后，是蒂埃里·亨利的进球扳平了比分。普约尔（Puyol）和梅西将比分改写为3：1后，塞尔吉奥·拉莫斯（Sergio Ramos）的进球给了皇家马德里新的希望。两分钟之内，亨利又一次抓住了机会，利用皇家马德里的高位防守重新确立了两球领先。不幸的是，他在那场比赛之中膝盖受到碰撞，无缘参加数天后的斯坦福桥之战，那场比赛巴萨艰苦地与切尔西战成1：1，无疑是巴萨在整个欧冠赛季最富戏剧性的一战。我常常在想，是否正是因为他缺席了那场比赛，导致很多人低估了他在那一年为瓜迪奥拉的球队做出的杰出贡献，让人觉得他不过是偶露峥嵘，好像那个赛季跟他并没有多大关系。这么说或许不公平，但可能不无道理①。

蒂埃里赶上了2009年5月27日在罗马奥林匹克球场举行的欧冠决赛，尽管赛前他没能和瓜迪奥拉的球队进行完整的合练，但还是在那场比赛首发踢了71分钟。巴萨抵挡住了曼联的前三板斧，最终轻松地拿下了比赛，埃托奥和梅西成为这场2：0胜利之中的进球者，亨利在他体能

---

① 原文注：亨利受伤后，没有参加巴塞罗那国王杯决赛4：1击败毕尔巴鄂竞技一战，这场比赛于他们和曼联的欧冠决赛之前两周举行（也是加泰罗尼亚俱乐部第25次夺得西班牙国王杯冠军）。但是，他对巴萨的晋级发挥了至关重要的作用，在半决赛对马洛卡的主场比赛中攻入了球队第一球。

状态允许的范围内，尽力进行了协助[①]。

终场哨响之后，依然上气不接下气的亨利以沙哑的声音说："太不可思议了。我无法用任何言语来形容我们所做到的一切，我们今年所取得的成就。没有球队拿到过三冠王[②]，我们会永远被铭记为第一支实现这一壮举的球队。因此……这是非常神奇的事情。我们不仅整个赛季都展现出漂亮的足球，还一直在拼搏战斗。我是带着伤病来参加这场比赛……伊涅斯塔也是带着伤病上阵。（2006年的欧冠决赛失利）一直是我职业生涯的失望记忆，但今晚，我很高兴，为我的家人，也为我从事足球这份职业以来所遭受过的一切……你知道吗？那个赛季，有很多流言蜚语，但我依然活着。今天对我来说是双喜临门，因为……现在几点了？（他笑着看了看手表）……现在依然是我女儿的生日，因此……我会一直记得5月27日。我把这座冠军献给我的女儿。这是个非常、非常美好的夜晚。"

---

① 原文注：花边：亨利在欧冠决赛前给锐步拍摄了一个广告，广告里他和锐步的曼联"品牌大使"瑞安·吉格斯交换了"有趣的"电子邮件和礼物。蒂埃里很放松地独自一人待在一个光亮、温和、超级"酷炫"的房子里，所有背景都是白色和高雅的米色，当打开吉格斯最新送来的"厚颜无耻的"礼物时，亨利不敢置信地笑着摇摇头。这个广告不算糟糕，但又确实有些糟糕。我的脑海中不禁浮现出这样的景象：一群助手（所有人都配备了无线电和电话耳机）像工蜂一样忙碌，拍着沙发垫子，检查着屏幕上游泳池的蓝色够不够美。塑料，硅胶，像素，这些是造就一个现代感十足的广告元素。这并不是蒂埃里拍过的最糟的广告。还有一个惨不忍睹的视频是在2007年拍摄的，也是为锐步，他和十分上镜的西班牙女演员帕斯·维加（Paz Vega）在诺坎普的球场上游荡，假装互射点球。猜都不用猜，卢西亚的性感明星最终得分了，而蒂埃里在整个拍摄过程中都是超酷的（对，又是超酷）面部表情。这副既松弛又装酷装到尴尬的模样，他是怎么同时做到的？

② 三冠王是指一支球队在一个赛季夺得本国顶级联赛冠军、国内最高水平杯赛冠军和本大洲最高级别洲际联赛冠军。世界足球历史上的三冠王其实有很多，1967年苏格兰凯尔特人、1972年荷兰阿贾克斯、1988年荷兰埃因霍温、1999年英格兰曼联、2009年巴塞罗那、2010年国际米兰、2013年拜仁慕尼黑。巴塞罗那只能说是西班牙第一支三冠王球队。

他岂会料到，正是这家让他最终成为一名欧洲冠军的俱乐部，令他今后再也无法在这里享受这样的夜晚了。塞缪尔·埃托奥转会去了国际米兰，兹拉坦·伊布拉希莫维奇则与之互换东家，来到诺坎普，蒂埃里发现自己被排挤成了边缘人物。为什么这样的事会发生，并且来得如此迅速，我会在后文详细说说。球队内部发生了一些变化，更衣室政治发挥了作用，佩德罗的出现以及亨利的伤病也是重要因素，伤病毁掉了亨利新赛季的开局——那时巴塞罗那已经在高速行驶了，而蒂埃里被落在了上一个加油站，插曲中的插曲结束了。接下来是数月的失望，在他作为嘉宾回到阿森纳、观看他的前队友在10月4日6：2痛击布莱克本的时候，达伦·戴恩坐在他身边，女儿泰雅坐在他的膝盖上，空着一半的球场给了他热烈的鼓掌欢迎；这种热情，即使亨利在巴萨曾经感受过，以后也不再可能重现了。“老实说，我有些不好意思，”在被介绍给观众之后，亨利说，“我不知道自己该做什么，只是不断地鼓着掌。”

他还得再等一个多月才会打入新赛季代表巴萨的第一球，那是4：2击败马洛卡一战。瓜迪奥拉说：“我对于蒂蒂的表现非常满意——他为我们做出了如此之大的贡献。”亨利习惯性地说：“最重要的是巴萨，而不是亨利或者佩德罗，或者梅西。”但所有人都透过温和的外表看到了真相。亨利已经被西班牙媒体不断的中伤激怒了，他进球后狠狠地踢了一脚球门立柱。他受够了。

在少见地穿上巴塞罗那球衣出场比赛5天之后，蒂埃里出现在都柏林。法国队未能获得2010年世界杯的直接晋级名额①，他们将在附加赛

---

① 原文注：塞尔维亚队在第7小组中以1分优势力压法国队。蒂埃里，又一次成为法国队预选赛阶段的头号射手，打进了4球，尽管安德烈-皮埃尔·吉尼亚克（André-Pierre Gignac）也打进了4球。

两回合比赛中面对爱尔兰队，胜者将获得世界杯决赛圈的门票。下面这段文字，是我在听到他比赛前夜对记者们的发言后立刻写下的：

他在赛前新闻发布会的表现反映了他对媒体的态度……他的面部表情显示出厌烦的敌意，或者说充满敌意的厌烦。他似乎是想说：“你们为什么要浪费我的时间？”他显得有些慵懒，手肘放在桌上，眉毛微微扬起，就像给人办护照的公务员。在不太遥远的过去去过东欧旅行的人（或者在巴黎警察局排过队的人）对于他这种带着侵略性的怨气会很熟悉。直到最后一秒，你都不知道他们是否会告诉你，你遗忘了一个微不足道（但是不可或缺）的文件。你会想：“他态度就不能好点儿吗？”很遗憾，亨利不会有更好的态度。记者们不安地坐在板凳上。围观的公众也感到微微的不适。亨利不停地重复着几句话：“就像我之前说过的”“就像我被不断问及的”。摄像机在运转，记者们在涂改、打字，采访的文字稿已经在网上流传，而法国足协的公关人员在挑选适合发布到足协官网上的照片。什么也没问成，什么也没答出。他是世界上最著名和工资最高的运动员之一，他的生命中又度过了一个无聊的15分钟。你抛给自己的问题是：“这是真正的蒂埃里·亨利吗？”

或者，这是4天之后，我们将在法兰西大球场里看到的亨利吗？

14

“告诉我，那不是真的，蒂埃里。”

上帝之手

THE HAND OF GAUL

“骗子”——*《每日快报》（Daily Express）*

“上帝之手”——*《太阳报》（Sun）*

“亨利残忍之手抢劫爱尔兰”——*《卫报》（Guardian）*

“法国盗贼”——*《每日镜报》（Daily Mirror）*

“亨利之手击碎爱尔兰”——*《泰晤士报》（Times）*

“上帝之手II”——*《每日邮报》（Daily Mail）*

“高卢之手！”——*《独立报》（Independent）*

“亨利之手欺骗爱尔兰”——*《每日电讯报》（Telegraph）*

2009年11月18日，这些标题问世的前一天。世界杯预选赛法国队与爱尔兰队的次回合附加赛进行到了第103分钟，法兰西大球场79145名观众忍受着痛苦的煎熬。4天前，尼古拉斯·阿内尔卡的进球帮助法国队客场1∶0取胜，为次回合主场比赛打下了不错的基础。然而，亨利第18次出任队长的这场比赛中，法国队看上去杂乱无章，充满恐惧。罗比·基恩第33分钟为爱尔兰队破门后，法国队始终没有缓过劲儿来。两回合总比分一直维持在1∶1，这支主要由英超和英冠球员组成的爱尔兰队的表现令人钦佩、富有激情，保持着严明的战术纪律，还有一些颇具技术含量的灵光闪现，这些无疑都是法国队所缺乏的。然后……

亨利在接应弗洛朗·马卢达（Florent Malouda）任意球长传时，两次用手触球，但都没有被瑞典主裁判马丁·汉松（Martin Hansson）发现。随后，亨利的传中被远门柱的威廉·加拉顶入大门。法国队扳平了比分，也几乎等于获得了出线资格。爱尔兰人的抗议以无效告终，他们瘫倒在了草皮上。

不久后，国际足联裁判部门官员休·达拉斯（Hugh Dallas）拜访了汉松。达拉斯曾执法过1998年世界杯法国队与意大利队的1/4决赛，那场比赛中，亨利在点球大战中主罚命中，帮助球队最终跻身四强。达拉斯只说了几句话便足够汉松认识到他所犯错误的严重性，尽管是人就会犯错，是裁判就难免出现个把误判。在漏判手球之前，汉松本场比赛的执法无可挑剔，表现出了一名世界杯裁判的水准。然而，汉松不会去世界杯了。爱尔兰队也不会去了。

接下来，亨利将经历狂风骤雨，他永远也不会真正走出这次事件的阴影。和英国以及爱尔兰的同行一样，法国电视一台循环播放着亨利那技术纯熟的手球动作，原始镜头、慢镜头、超级慢镜头，各个角度，不厌其烦。1150万法国观众看到了这个“足球犯罪行为”，他们感到愤怒、反胃、难以置信。而进球后的加拉被狂喜的队友们包围时，亨利也在其中。法国前国脚占据的包厢中传出一声怒吼：“丢人！”但雷蒙·多梅内克的字典中没有这个词汇。这位法国队主教练赛后很快便出现在镜头面前。“我赛前就预测比分会是1∶1”，他的话一点儿都没包含自嘲的成分，“我原本就相信我们会出线，有些事情是注定的……”

法国队球员们鱼贯进入混合区，没有理睬伸向他们的话筒。而法国队队长本人，在赛后与温格简单聊了几句之后，对媒体认罪：“是的，我手球了，但裁判没有看到，而我并不是裁判。”亨利还补充说，他对主裁判汉松先生承认了手球。但，是什么时候承认的呢？

“如果我伤害了什么人，我很抱歉。”亨利这句话很快又原封不动出现在了他的推特上。一些知名的足球评论员很难抑制他们的愤怒。我在RMC电台的同事让-米歇尔·拉尔凯（Jean-Michel Larqué）是一名法国前国脚，曾在20世纪70年代那支红极一时的圣埃蒂安担任队长，现在则在西南部家乡的几家青训营担任主管。这场比赛后，愤怒让他几乎失语，咬着牙蹦出了这么几个字：“可耻……欺骗……耻辱……”24小时后，他的愤怒转变成了无助，“我该对参加我青训营的孩子们怎么说？告诉他们你可以靠欺骗出线？”

那些1998年以来消费法国队出色表现的政客，则没有这样微妙的感觉。在镜头里总是以光鲜形象示人的体育部长拉玛·亚德（Rama Yade）对记者表示，她“很自豪，非常自豪”。萨科齐总统则谈到，他一度“很担心”法国队的英雄们无法出线。不过，萨科齐很快便陷入了诡异的沉默，因为他发现，他的选民们对国家队出线并不感到欣慰和喜悦。法国队还是组织了庆祝派对，但亨利没有参加，他钻进哥哥维利的四驱座驾离开了现场并关掉了手机。父亲托尼当时身在瓜德罗普，他无法联系上亨利。

法国队阵营出现了一些流言。两场附加赛中，多梅内克都选择了图卢兹前锋安德烈-皮埃尔·吉尼亚克（André-Pierre Gignac）首发，将皇马前锋卡里姆·本泽马（Karim Benzéma）摁在了板凳上。比赛过程中，本泽马看到队友卢瓦克·雷米（Loic Rémy）起来热身的时候，为自己庆幸道：“至少，我依然可以昂首离开这里。”看上去，这个夜晚如果充当替补，并且一直枯坐板凳，才是更好的选择。而在法国足协的网站，以及欧足联和国际足联的网站上，则一律没有提到这次被阿根廷《奥莱报》（*Olé*）称为“黑手”的事件。当然，“黑手”这个说法格调实在太低了。

周四上午，更多的政客开始登上道义讲坛。其中之一是未来会成为国际货币基金组织总裁的克里斯蒂娜·拉加德（Christine Lagarde），这位时任财政部长是萨科齐最具影响力的阁僚之一，她第一个提出了应该重赛的观点。每个人都有自己的见解，包括原马赛主席塔皮这样曾经因为假球案被定罪量刑的人物，也发出了自己的声音，假球案的历史让他的发言在上流圈子里反而颇具影响力。

亨利已经离开巴黎，于11月19日上午飞回巴塞罗那，与俱乐部队友们团聚。不过，他并没有参加当天下午的训练，与爱尔兰队一役的上半场，他跟对方门将谢伊·吉文（Shay Given）撞在一起，膝盖疼痛依然未消。而在他离开巴塞罗那训练场的时候，爱尔兰小报《星期日世界报》（*Sunday World*）派来的一名女记者打开了一条横幅，上书："我很抱歉。我，蒂埃里·亨利，向爱尔兰人民道歉。我是用手将爱尔兰队淘汰出世界杯的。"座驾经过这里时，亨利一脸铁青。

埃里克·坎通纳正在马赛和他的弟弟若埃尔（Joël）一起为一项沙滩足球赛事做宣传。他表示："最让我震惊的不是手球，而是他（亨利）在比赛结束后，与一名爱尔兰球员（理查德·邓恩Richard Dunne）坐在一起，要知道，他几分钟前才用伎俩坑骗了他。如果我是那个爱尔兰球员，3秒钟之内就会杀死那个家伙（亨利）。"原爱尔兰队主帅米克·麦卡锡（Mick McCarthy）也表达了相同的观点。坎通纳还就多梅内克发表了评论："这是路易十六的年代以来最糟糕的教练。"

尽管多梅内克四面楚歌，但他并没有被推上"断头台"。不论你的敌人数量有多么庞大，只要拥有足够分量的盟友，你就可平安无事。就多梅内克的个案来说，他得到了法国足协高层的支持。比赛结束两天后，在法甲俱乐部主席大会上，大多数与会者都认为这场比赛已成为法国足球的污点，但法国足协主席让-皮埃尔·埃斯科莱特（Jean-Pierre Escalettes）仍为多梅内克进行了辩护。法甲联盟CEO弗雷德里克·蒂里耶（Frédéric Thiriez）对多梅内克是否应该留任表示质疑，但埃斯科莱特愤怒地回应道："他完成了任务！这个问题根本不该问！一周之后，大家就都会忘记这段小插曲，走着瞧吧。”

事情并非如此。比赛结束12小时之内，“我们爱尔兰人憎恨蒂埃里·亨利（骗子）”（We Irish hate Thierry Henry [the cheat]）的脸书页面就已经有了3.4万粉丝。一天后，粉丝人数达到8万。爱尔兰零售企业柯里斯（Currys）对每一位以亨利球衣或T恤折价购物的顾客，提供了50欧元的返现。博彩公司帕迪鲍尔（Paddy Power）则在都柏林机场的迎客厅张贴了宣传海报，上面写道：“欢迎来到爱尔兰，但名叫蒂埃里的除外。”而作为亨利的主赞助商之一，吉列修改了网站欢迎页面上亨利的照片：泰格·伍兹依然手持高尔夫球杆（不过好景不长了），费德勒也还拿着网球拍，而原本在亨利手上的足球却不翼而飞，亨利的手则插到口袋里去了。

更要命的是，一周后的星期五，《法国足球》杂志的一篇调查报告披露，那位80%的法国球迷希望其下课的主教练，在月薪4.5万英镑的基础上，将因为法国队进军世界杯决赛圈，而获得接近80万英镑的报酬（是1998年世界杯得主的4倍）。要知道，法国足协的财政状况并不理想，而多梅内克从教25年来，除了带领里昂拿到了法乙冠军，从未获得过任何有分量的奖杯，80万英镑对他而言真是极其可观的数目。而且，这还没有算上他可以从法国队赞助商那里得到的奖金：参与过预选赛的教练组、队医等整套班子以及全体球员总计将得到900万英镑奖金，亨利本人将入账超过20万英镑。

和灾难性的2002年世界杯之后发生的故事类似，法国足协的一些工作人员对法国国家队深感不满，甚至感到恶心，他们向媒体爆了不少猛料。记者们得知，在法国国家队还没有确保出线资格的情况下，多梅内克就已经两次率领14人的代表团赴南非“踩点”。法国足协为此支出了超过10万英镑的费用。

多梅内克向来很有政治手腕，面对1998年冠军队成员的批评，他做出的反应是让他们当中的一些人加盟他的教练组。他找到原波尔多主帅埃利·鲍普（Elie Baup），让他牵线搭桥邀请原世界冠军门将法比安·巴特斯（Fabien Barthez）成为国家队的“第三门将教练”。事实证明，这是一个非常模糊不清的职位，职责包括督管一堂上午的训练课以及午餐，还有跟球员们进行简短交流之类的琐事，报酬为一天6300英镑。巴特斯不出所料接受了这份邀约。有一次，他乘坐计程车来到克莱枫丹基地，然后让司机原地等候，待其收工后再送他返回巴黎。后来，他拿着620英镑的计程车票据找足协报销，但并未如愿。

类似这样的事情我还可以写很多，但我们还是继续聊亨利的事情吧。终于，一些人开始站出来为亨利辩护，有些人一点儿都不让人意外，但有些还是颇让人吃惊。包括加里·内维尔（Gary Neville）在内的一批球员都在声援亨利，在他们眼中，亨利不过是做了多数职业球员都会做的事情。加里·内维尔身为曼联队长，曾与亨利多次在球场上剑拔弩张，不会有人质疑他是由于与亨利私交甚笃才发表这样的言论。内维尔表示：“给亨利贴上‘骗子’的标签是不对的。任何踢过球的人都知道，当皮球飞到你腰部附近时，你很可能会本能地伸出手来。在球场上，我们都曾一时头脑发热做出让自己后悔的事情，裁判必须明察秋毫发现这样的事情才行。”

伊普斯维奇主教练、原曼联队长罗伊·基恩（Roy Keane），则在本队与谢周三比赛前，对自己的国家，尤其是爱尔兰足总发表了一系列尖锐的批评，在总结陈词部分，他说：“亨利是否违反了规则？也许。你每时每刻都能看到球场上的欺诈，没人喜欢看到骗子，但我不能赞同亨利是个骗子的说法。他是非常非常优秀的球员，在那个瞬间，他只是利用了场上形势，获取了利益。”

齐达内也是这样的观点，“他不过是做出了一个手球动作，仅此而已。这种事在足球比赛中时有发生，没必要闹出这么大动静。”包括吉尼亚克等很多人也都发表了类似的观点——这种事，你可以说成是对规则的利用，如果是英国人做出了类似违反体育精神的行为，他们或许就会称之为“聪明”（clever）或者“机灵”（cute）。这样的例子肯定不难找，加里·内维尔和罗伊·基恩都耍过这样的小聪明，每个人都有过这样的时刻，但，亨利本人或许是个例外。

不该忘记，当英国报纸试图在亨利的职业生涯中寻找“前科”的时候，任凭他们如何尝试，最终却一无所获。亨利愈发冷漠的行为举止或许激怒了很多人，但他此前从未被贴上“骗子”的标签。他没有过假摔，他在遭到侵犯后从不会对裁判做出“掏牌”的手势，尽管他遭到的犯规要比多数人都多，在后卫追得上他的时候，他们往往就会对亨利使出规则之外的招数。

亨利也会有个别失去冷静的时刻，我亲眼见过一次。那是2001年12月18日，阿森纳在海布里1：3不敌纽卡斯尔。那个夜晚，亨利出奇地愤怒，他确实有愤怒的理由：索尔·坎贝尔（Sol Campbell）对洛朗·罗贝尔（Laurent Robert）的铲球无可挑剔，但主裁判格拉汉姆·波尔（Graham Poll）依然判了点球：裁判的糟糕判罚成为那场关键比赛的转折点。尽管亨利的谩骂被一些专栏作家当成他性情无常的证据，但那不该被贴上“骗子”的标签，那是一个球员、一个热爱足球的人的性情流露，他无法容忍不公平的行为获得利益。罗贝尔有没有提出抗议，有没有告诉裁判，坎贝尔的铲球其实是干净地将球破坏？（就像罗比·福勒在与阿森纳的比赛中做过的那样）当然没有。

那是一个奇怪的夜晚。纽卡斯尔队长阿兰·希勒曾试图阻止主裁判波尔向阿森纳中场帕洛尔掏出第二张黄牌——帕洛尔对希勒的铲球动作最终还是没能逃过红牌，但球场上的希勒显然不是纽卡斯尔主席弗雷迪·谢泼德（Freddie Shepherd）所说的玛丽·波平斯[①]式人物。而亨利向裁判所说的也不过是："裁判，这不公平。"他的样子就像是一个被冤枉了的孩子。但是，"骗子"？亨利从不是"骗子"。法兰西大球场之夜，亨利的欺骗行为或许是他职业生涯中的第一次。

说到底，问题的关键在于比赛的背景。在一场普通的联赛中，将一次微不足道的身体接触演变为夸张的倒地，与在一场至关重要的世界杯预选赛中故意手球两次是截然不同的。据英国经济学家估算，这是一场对法国价值10亿英镑的比赛，而多数的法国分析师则认为，进军世界杯决赛圈能够带来的价值，其实还远不止这个数字。同样，一个球员的行为记录也是必须考虑的背景。就像《每日电讯报》的亨利·温特在其专栏中开篇所问的那样："蒂埃里，为什么会是你？"

为什么？当时在罗马辅佐克劳迪奥·拉涅利（Claudio Ranieri）的克里斯蒂安·达米亚诺（Christian Damiano）是亨利在克莱枫丹最早的启蒙教练之一，他说："这不是我所认识的亨利，我认识的亨利是一个谦恭而忠诚的孩子。我担心，他是被多梅内克带坏了。我觉得，如果是在伊达尔戈（Hidalgo）、雅凯（Jacquet）或勒梅尔（Lemerre）手下，亨利是不会这么做的。如果当时他的'本能'战胜了理智，他会立即承认自己的过失。然而，对体育一无所知（利扎拉祖做出过的评价）的多梅内克建设了一支跟他自己一个模样的球队：机能失调、丑陋、可憎，完全就是这几十年来以勇气、想象力和公平竞赛精神而著称的法国

① Mary Poppins，20世纪60年代美国电影《欢乐满人间》（*Mary Poppins*）中的仙女保姆，她来到人间帮助两个孩子重拾欢乐，并让忙于工作的夫妻体认到亲子温情的可贵。1998年，谢泼德被媒体爆料在妓院中嘲笑希勒是个玛丽·波平斯式的无聊之人。

队的对立面。2009年的这支法国队，不会抹去我们对1998年、1982年和1986年法国队的记忆。不过，如果帅位上坐着的还是多梅内克，倒也没有什么不可能。”

达米亚诺继续说道："很长时间以来，我们法国队都是受害者。某种程度上，哈拉尔德·舒马赫（Harald Schumacher）在1982年世界杯上对帕特里克·巴蒂斯通（Patrick Battiston）的那记飞腿制造了一个纯粹主义者的梦想，让法国队更加理解'踢球'这个词的含义。在蒂埃里·亨利的少年时代，法国人都对国家队的这个理念坚信不疑，而且理应如此：足球不应该有欺诈行为的存在。和我们的橄榄球运动员、自行车运动员、击剑运动员以及帆船运动员一样，我们的足球运动员都秉承着这样的竞技理念：以奖杯为标准的成功，是一种奖赏，而不是一个绝对至高无上的目标。这是一个非常符合天主教救赎论的观点。这个理念不会被宿命论玷污，这个理念允许不完美的存在，允许我们在追求真理和美好事物的过程中出现挫折。英国人或许会觉得这样的理念有些做作，但是，相信我，剥开我们的皮肤，你会发现这样的精神渗透在我们的血肉之中。这就能够解释，为什么一个刚刚获得世界杯出线资格的国家会如此充满负罪感。在世界其他任何地方，你都不会看到一个主流电视台发起这样的讨论：'世界杯，我们应该弃权吗？'"

友情提示，很多人对这个问题给出的答案是"是的"。

法国队和爱尔兰队战成1：1平局的那个夜晚，成千上万的民众来到香榭丽舍大道，庆祝他们的国家取得了地球上最盛大足球宴会的入场券。这些民众都是法国人，但他们为之欢呼的球队并不是法国队，而是阿尔及利亚队。几个小时前，阿尔及利亚队刚刚取得了世界杯参赛资格。这些民众开车或乘坐电车、火车从郊区赶到世界上最著名的大道，挥舞着绿色和白色为底、镶嵌着五角星和一弯新月的阿尔及利亚国旗。

他们的父亲也许在1998年7月12日也来到过这里，那一晚，齐达内的照片曾被高挂在凯旋门上。此一时彼一时。晚上11点左右，当那些带着困惑离开法兰西大球场的法国队和爱尔兰队球迷依然在乘坐巴黎地铁返程的路上时，我的一位为RMC电台工作的朋友卷入了一场几乎成为暴动的骚乱。兴奋过头的阿尔及利亚球迷——尽管他们当中绝大部分人从不曾踏上祖先的土地——点燃了汽车，洗劫了奢侈品商店。警察赶到后，人群向他们投掷各种杂物。现场有不少人受伤，部分人伤势危急。骚乱持续到了午夜之后，但法国媒体对此少有提及。

你能说些什么呢？这不是一次庆祝，而是一次示威，它显示出了法国社会的分裂，千百万人遭到忽视，因为他们生活在大都市的壁垒之外。蒂埃里·亨利便出生在那个世界，但他依靠足球从那里逃了出来。而那一夜，在那些郊区民众因为与法国队毫无关系的胜利而狂欢时，他正在蒙受羞辱。可以打这样一个比方：对爱尔兰、苏格兰或威尔士的球迷来说，他们会支持英格兰队的任何对手，只不过，那些“阿尔及利亚人”不仅是因为殖民历史而闹事，也是因为看得见摸得到的现实，因为主流社会与他们之间相互的隔膜和隔绝。在这样一个族群之间欠缺沟通和交往的社会，位于金字塔顶部的法国国家队一直在踉跄地寻找平衡，在这里，“国家”二字已经从一个与“团结”同义的词汇变成一个被拷问的对象。亨利的两次手球不仅造成了在法国之外难以被理解的争论，也成为打破假想和平的第一步，成为法国队南非世界杯罢训风波的导火索之一，这是大碰撞前的一次微震。

亨利本人不止是感到孤独，还有一种被抛弃的感觉。他被那些因为他才会在转年夏天前往南非的人抛弃了。亨利说，如果不是因为家人的支持，他或许会立即退役。亨利计较的并不是他的队友或主教练，队友们表达了对他糟糕处境的同情，而主教练则对记者们声称，他的队长所遭到的围攻让他深感不安，已经“两日未眠”。亨利计较的是法国足协的领导者们，比如副主席勒诺埃尔·格拉埃（Noel Le Graet）。比赛次日，亨利曾与他进行了半小时的电话交谈。勒格拉埃否认足协采用了弃子战术，任由亨利成为靶子、承担一切指责。可惜，他是在西印度群岛的法属领地发表这番言论的，他赛后第一时间便前往那里度假了。如果他是在法国本土发出这样的声音，或许才会更有分量。亨利在自我辩白（“球打到了我的手上……主裁判没有鸣哨”）与负罪感（“我不该庆祝加拉的进球，但坦白说，当时已经控制不住自己……不管怎样，我们出线了……是的，我感到后悔”）之间挣扎。最终，他于11月20日通过律师斯图尔特·彼得斯[①]发表了如下声明：

我当时便说，在此我还要再说一遍，是的，我手球了。我不是骗子，从来都不是。作为球员，你没有电视台那么走运，无法将球速放慢100倍，以做出理智的决定。

人们在观看的是事情的慢动作版本，而不是我或者其他任何球员在场上要面对的情形。如果人们观看正常速度的画面，会发现那是我出于本能而做出的反应，除此之外，再无其他。我从未否认我是用手控制住了皮球。我在比赛结束后，便将这个情况告诉了爱尔兰球员、裁判和媒体。

我当然为我们获得胜利的方式感到尴尬，为爱尔兰队感到万分遗憾，他们绝对配得上参加南非世界杯。毫无疑问，最公平的解决方案就是重赛，但此事的决定权不在我手。

我承认，是我手球在先才带来了我们扳平比分的进球，我为爱尔兰

---

① Stuart Peters，曾供职于SEM经纪公司，已经充当亨利的法律顾问十余年。

队感到十分遗憾。除了坦白这一点，我能做的事情非常有限。

爱尔兰人以亨利这番表态作为依据，提出了重赛要求。爱尔兰队长罗比·基恩赞扬了亨利坦白认错的“勇气”。阿尔塞纳·温格也支持这样的想法：“法国足球和法国整个国家有责任保护蒂埃里，不能让他一个人面对整个世界。法国队应该站出来说：‘是的，那是一个手球，我们提议进行重赛。’”

然而，重赛并没有出现，其实恐怕很少有人真的认为可以进行重赛。而且，事情很快就回到了一种奇怪的常态，事态平息的速度或许比有些人想象中要快。亨利回到了巴塞罗那，伊涅斯塔表示，他的队友“没问题”，“正集中注意力为俱乐部好好踢球”。亨利接受《队报》采访时表示：“我会战斗到最后，尽管发生的这些事情我永远也不会忘记。你总是可以被原谅，但有些事情你无法忘记。”

亨利下一场比赛中将面对的观众同样没有忘记。11月21日，巴塞罗那客场与毕尔巴鄂竞技的比赛中，亨利在完场前替换哈维出场，这支巴斯克球队的4万球迷无情地对他爆发出嘘声。3天后，梅西和兹拉坦·伊布拉希莫维奇（Zlatan Ibrahimovi'c）的伤病意味着亨利将在与国际米兰的一场至关重要的欧冠小组赛中承担起领衔巴萨进攻线的重任。那一天的早些时候，喀山红宝石和基辅迪纳摩战成0：0，使巴萨的形势比起初担心的要好一些，不过F组的最终结果依然悬而未决，如果若泽·穆里尼奥（José Mourinho）的球队取得胜利，加泰罗尼亚人就要面对12月初出征乌克兰的决战，这是他们不希望出现的局面。最终，尽管巴萨缺兵少将，依然轻松地将怯懦的国际米兰完全压制。亨利的好友埃托奥百感交集地回战诺坎普，但没有取得理想的结果。

对于亨利的表现，英国媒体相对慷慨地给出了比较积极的评价。法国媒体则不然，他们似乎对于国家队队长达成了某种共识。一方面，亨利是罪人同时也是受害者的观点，在足球圈内部得到了越来越多人的认同，法国多数全国性报纸和电视台对此也予以接受，毕竟他们很清楚法国队参加世界杯会给他们带来多少利益。另一方面，我在RMC电台的一位同事公开表示："亨利的比赛没什么好说的"，他在巴萨已经成了边缘化的人物。这种观点得到了绝大多数评论员、球员等业界人士的赞同。

亨利做了不光彩的事情，并为此遭受了谩骂。接下来应该怎么做？为亨利辩护？根据当时的一份民意调查，80%的法国人认为，替亨利说话是可耻的。继续指责亨利？对亨利的控诉者来说，这其实是有悖他们既得利益的。就拿我所供职的《法国足球》杂志（值得赞扬的是，《法国足球》一直坚守着自己的原则，那就是保护对足球有益的东西，这仅仅是对法国队而言的）来说，法国队出线与否，意味着至少500万欧元的营收差距。人们不得已找到了某种不自在的平衡。尽管我们感到空虚、恶心、愤怒，但不得不接受一个事实：亨利的手球帮助我们保住了饭碗。亨利说，他遭到了不公正的待遇，此话不假。不过，最不公正的一点，是人们对于亨利作为球员的价值故意表现出的一种不屑，这比他所遭受的攻击更加不公。看上去，他水平的下滑似乎已是公认的事实，他的两次手球便是证据。这种观点很大程度上是被道德审判所左右，而亨利在场上的表现还击了这样的论调。

比如与国际米兰的那场比赛，事实上，亨利的表现相当不错。巴萨的胜利让人们更加相信，卫冕冠军依然是夺冠大热门，他们有能力连续两年捧起欧冠奖杯。比赛第10分钟，是亨利接到哈维角球后的头球后蹭，帮助皮克首开纪录。15分钟后，又是亨利颇具威胁的射门，考验了儒利奥·塞萨尔（Julio Cesar）。之后的比赛中，他沉寂了一些。佩德罗的凌空抽射为巴萨锁定了胜局，并抢占了本小组的主动权。但佩德罗进球后，我没法不注意到亨利的反应。哈维精准的传球找到了边路前插的阿尔维斯，站在点球点附近的亨利呼喊阿尔维斯传给自己，然而，巴西人的传中选择了站位更远一些的佩德罗，皮球刚好越过万分沮丧的亨利的头顶。加泰罗尼亚小将凌空攻破国际米兰城池后，亨利站在原地没动，他的表情依然流露着对阿尔维斯落点选择的惊讶和失望。没有微笑，没有高扬手臂，没有一丁点儿的喜悦。佩德罗和其他巴萨队友都冲向阿尔维斯，感谢他精准的传球，亨利等了很久才缓步跑向欢快庆祝的队友们。

亨利从不是情感最外露的球员，但从他这一刻过于冷静的肢体语言中，你还是很容易看到又一个表明他在瓜迪奥拉球队中愈发孤立的例子。而这个时期，正是利昂内尔·梅西在诺坎普正在取得神一般地位的时期，巴塞罗那则正在发明一种史无前例的足球，巴萨自称不是一家普通的俱乐部，确非妄言。

尽管巴萨与其历史仍有着显而易见的关联——比如他们曾受到荷兰足球深刻的影响——但是，亨利加盟的这支巴萨，确实正在转变为与他小时候梦想为之效力的巴萨截然不同的俱乐部。在这个环境中，个体依然可以闪光，但不再是以克鲁伊夫或者罗纳尔迪尼奥的那种方式。这支巴萨的超级巨星队更加谦逊、低调，在某些时候甚至显得无趣。瓜迪奥拉的训练方式只有在这样的环境中才能获得成功，他依靠训练场上日复一日的打磨，将这支球队变成了11个细胞组成的有机体。他的球员必须挑战他们头脑和身体的极限，从而让他们在场上表现出一种接近于本能的思维运转模式。没有球员可以指望受到优待，也正是因为这样，不安分的伊布拉希莫维奇才会对瓜迪奥拉说：“我是一台法拉利，而你却把我当成菲亚特来开！”没有球员可以受到优待，但据这家加泰罗尼亚俱乐部多位内部人士爆料，梅西是个例外。

当然，梅西并没有特权可以被允许训练迟到，更大程度上，他那真正、绝对、完全的独一无二的天赋是需要一种独一无二的调教方式的。瓜迪奥拉有着诗人般的情怀，但同时也是一个实用主义者，他乐意给予梅西这样的优待。他调整了，或者更准确地说，再次调整了梅西的位置，梅西从右边锋变为攻击线上的自由人，这成为瓜迪奥拉战术思想的关键环节之一，最终导致这个战术体系不再需要9号中锋的存在。由此产生的后果，便是亨利、伊布拉希莫维奇以及后来的大卫·比利亚（David Villa）这些更传统的中锋，都要被推向边路。

伊布拉希莫维奇透露，2009年某一天的训练中，亨利问他："嗨，兹拉坦，他（瓜迪奥拉）今天看过你一眼吗？""没有，但我看到了他的后背。"伊布拉希莫维奇答道。

"祝你好运，"亨利回应道："有进步！"

15

“耻辱大巴”。司机：雷蒙·多梅内克

奈斯纳破碎之镜

THE SHATTERED MIRROR OF KNYSNA

2010年3月3日，法国队在法兰西大球场迎战西班牙队时，事情依然没有好转。这是亨利在国家队的最后一个主场比赛，而现场的法国球迷已不再是他的坚强后盾。在比赛次日的报纸上，“被西班牙队上了一课”这样的说法都算是客气的。比赛开始才不到5分钟，主场球迷便残酷地开始给西班牙队的每一脚传球叫好。亨利的表现平淡无奇，当多梅内克第65分钟将法国队队长换下场时，现场球迷的嘘声和倒彩声无疑刺痛着亨利的神经。

亨利赛后表示：“我们有一种感觉，西班牙队有些时候是不可战胜的，他们就像是来自另一个星球。”亨利把姿态放得很低，他说他可以“理解”球迷为何以如此令人震惊的方式冲他喝倒彩。没错，他对西班牙队的第一粒进球负有责任，是他在关键位置丢掉了球权。而且，他从不曾考验过西班牙门将伊克尔·卡西利亚斯（Iker Casillas），但是，他的队友们同样无所作为，而他们当中的大部分人都是带着比亨利更出色的体能状况投入到这场比赛的。亨利承认：“我找不到节奏，我的体能状况不太理想，在这种情况下面对西班牙这样的强敌需要追着球跑的时候，便更加艰难。”语调中带着一种投降的意味，似乎他已经接受这样一个现实：人们已不只是把他当作一名球员来评判，而是一个符号——不堪回首的多梅内克时代的符号。

多梅内克本人依然一副不为所动的样子，而且带着一份高傲。他轻描淡写地谈论着这场完败，令人惊讶地表示，他在这场比赛中看到了一些可取之处，但他并未道明他所指的是什么。他向台下那些充满不信任感的记者表示，法国队不是一艘沉船，而是一艘平稳前行的航船，几个月后大家就会明白。然而，不止我一个人注意到，他在谈到亨利时言语中暗藏着警告，尽管亨利已经是他在更衣室屈指可数的盟友之一。

出于自身利益和多年师徒情谊的考量，亨利是为数不多真正试图力挺多梅内克的球员之一。多梅内克表示："大家都见过亨利更好的表现。不过，他最近一段时间打的比赛较少，这种情况下，参加这样的高水平较量是有难度的。现在有一些问题是我需要思考的，但眼下我并没有什么忧虑。"多梅内克对亨利的耐心接近极限了？他所说的"问题"是什么？和以往一样，多梅内克并未细说。在执教这支1998年世界杯王者之师的6年里，说话含混不清是多梅内克学会的为数不多的技巧之一。

那场比赛的最终比分是0：2，那不过是因为欧洲冠军不想耗费太多不必要的精力，他们当中的大部分球员都即将面临欧冠和联赛的关键赛事。尽管加拉、阿比达尔等主力球员因伤缺席，但在法兰西大球场那个凄冷的夜晚，法国队再次展露出了那副可悲的形象：六神无主，斗志不足，创意匮乏。同样的问题已经说过多次：多梅内克死板的4-2-3-1阵型，使约安·古尔库夫（Yoann Gourcuff）在场上无法得到必要的空间，无从施展其才华。古尔库夫是可以成为一名真正的10号球员的，这不止是记者们的观点，也是很多专业人士的看法。由于亨利坚持自己必须出任左路（这是他和多梅内克的君子协定），弗兰克·里贝里（Franck Ribéry）便只能被孤立在右路，里贝里的历任俱乐部教练都不认为这是适合他的位置。这真的是一团混乱。多梅内克坚持着他圆凿方枘的用人方式，他就像是一个已经没人再敢去骂的疯孩子。就像已经遭到放逐的帕特里克·维埃拉（Patrick Vieira）所说："多梅内克的问题在于，他认为自己就是世界的中心。"

在多梅内克的脑海中，方榫头一定可以插进圆榫眼，因为他就是想这么做。如果需要，他会不惜一切代价来实现这个目标，因为在他看来，一切都必须按照自己的想法来。多梅内克同时扮演着学生、老师和校长的角色。如果可以，他会自己出考卷，自己打分。很不幸，在那个令人绝望的夜晚，西班牙队给他打了一个0分。

那个周末的西甲赛场，是梅西的力挽狂澜让巴萨避免了败走弱旅阿尔梅里亚的尴尬。瓜迪奥拉继续着对亨利的颂扬（亨利也一直在称赞瓜迪奥拉）。只要有麦克风伸到他的嘴边，瓜迪奥拉总是对亨利不吝溢美之词，在西班牙那个媒体与球员、教练频繁接触的环境中，瓜迪奥拉几乎每天都在歌颂亨利。而亨利则利用伊布拉希莫维奇停赛的机会，在1月14日[①]与瓦伦西亚以及4天后与斯图加特的比赛中奉上了精彩的个人表演。亨利并没有成为巴萨可有可无的人。他的无球跑动十分出色，他的比赛态度无可挑剔，他的一些技术动作和以往一样精妙而富有想象力。然而，亨利失去了速度，失去了启动前几米的爆发力，不再拥有短跑选手的风采，而阿尔维斯、佩德罗以及不可阻挡的梅西，则能够在每场比赛90分钟的时间里始终保持跑动。亨利在球场上占据的空间发生了改变，但这位“昔日国王”对新君保持着友好的态度。他会鼓励队友；个别时候没能接到队友给他的传球，他会报以掌声；他阅读比赛的能力丝毫未减，他会尽职尽责地跑到他认为应该占据的位置。但是，他已经不再是一年前那个能够决定比赛走向的球员了。

有迹象显示，瓜迪奥拉对阵型打法调整的目的之一就是让巅峰不再的亨利能够发挥出更大能量，当然，亨利的个人福祉并非这位主教练关心的重点。帮助巴塞罗那成就“六冠王”空前伟业的4-3-3阵型正在演变

---

① 原文1月14日是错的，应为3月14日。

为一个更灵活、更具活力的阵型。如果站在诺坎普最上层的看台，你会发现这很像是1958年巴西队4-2-4阵型的升级版。对手偶尔有幸控球在脚，巴萨阵型又会以迅雷之势变为4-2-3-1甚至4-5-1。但这不会持久，一旦巴萨重获球权，边后卫便会插上，后场只留2个后卫保护门将巴尔德斯。

瓜迪奥拉对4-2-4经典阵型的改造，主要目的就是最大限度地发挥梅西的能量。这个时候的梅西，已经被球迷、记者和对手自然而然地与约翰·克鲁伊夫（Johan Cruyff）和迭戈·马拉多纳（Diego Maradona）相提并论。截止到3月21日，他已经在那个赛季的24场西甲联赛中攻入25球（国王杯和欧冠还有12球），而在最近5场巴萨的比赛中更是狂入11球。梅西对萨拉戈萨新近上演的帽子戏法中，包括一个球王马拉多纳本人也会为之骄傲的单骑闯关神作。巴萨主席拉波尔塔说话总是爱用感叹句，如今，他向全世界宣称，梅西已经是足球历史上最伟大的球员（潜台词是，“由于我的功劳，他才如此出色”）。

无疑，矮小的梅西确实是那时的巴萨最具威胁的球员：瓜迪奥拉将梅西从他习惯的右路解放出来，于是他可以自由内切，为阿尔维斯的套边创造空间。这位22岁的阿根廷人拥有充分的自由，可以按照自己的本能跑到任何想去的位置。这也就意味着，突然之间，瓜迪奥拉的首发11人中，不再只有3个位置可以留给纯粹的进攻球员，而是4个。佩德罗可以固定在右路，伊布相对而言算是一个老式中锋，他可以占据中路，亨利或伊涅斯塔则司职左路。或者，亨利也可以站在中路，这是多数人，至少是多数法国人认为最适合其技术特点以及身体状态的位置。梅西则可以从右路内切，出现在任何一个可以给对手制造最大麻烦的位置。

瓜迪奥拉的战术进化并不是他个人的发明，路易斯·范加尔（Louis van Gaal）在拜仁慕尼黑也在使用这种战术［阿尔延·罗本（Arjen Robben）扮演梅西的角色］，若泽·穆里尼奥在国际米兰也在试验类似的战术，至少在与切尔西至关重要的欧冠次回合比赛中，韦斯利·斯内德（Wesley Sneijder）在潘德夫（Pandev）、米利托（Milito）和埃托奥三人身后扮演“自由人”角色便大获成功。而在阿森纳，通常司职左边锋的安德烈·阿尔沙文（Andrei Arshavin），在温格手下有时也会扮演类似角色——前提是法布雷加斯的站位不要过于靠前，变成一个实质上的二前锋。还有皇家马德里的克里斯蒂亚诺·罗纳尔多，他大概是最具破坏力的假边锋。他的“位置”实在是难以描述，你不可能用一个“位置”去定义球场上的C罗。实际上，当初法国足球正式成为国际足坛一股重要力量的时候，这样的灵活战术正是米歇尔·伊达尔戈（Michel Hidalgo）等教练的重要武器。法国谚语有云：“所谓新事物，无非是被遗忘的旧事物罢了。”没有什么比回忆更能创造新的发明。

3月18日，星期五，接近正午时分。欧冠1/4决赛抽签中，阿森纳和巴塞罗那狭路相逢的消息传到了亨利耳中。很快，在媒体、推特和博客上，充斥着“国王回归”的消息。根据亨利几天前对媒体所说的话，这对他而言，实在是最残酷的抽签结果。当时，亨利是这样说的：“我至死都会是一名阿森纳球迷。如果你问我，假如阿森纳和巴塞罗那双双晋级，然后在下轮欧冠中两队抽在一起，我会有何感想，我只能说，我觉得这是不可想象的。每一个欧冠抽签日，对我都是一次煎熬。在看到阿森纳将与另一支球队交锋之前，我都会感到窒息。我为自己是一名巴塞罗那球员感到自豪，但我根本不敢去想与阿森纳成为对手是什么感觉。我非常不希望这样。我要祈祷这不会发生。”然而，这确实发生了。

他的老东家，则将亨利这个名字设置为头号禁忌话题。阿森纳2：1击败西汉姆联后，俱乐部一位表情严肃的新闻官提醒那些可以简短采访塞斯克·法布雷加斯（Cesc Fábregas）的记者，任何与亨利或巴塞罗那相关的问题都不得涉及，否则采访立即结束。

我在多次尝试后，终于通过电话联系上了温格，他也选择淡化与亨利交手的意义。阿森纳正在冲击6年来的第一座英超奖杯，还在为连续第2年杀入欧冠四强而努力，温格已经受够了英国媒体对话题人物的过分关注。不论回忆多么美好，现在都不是沉湎于回忆的时候，不是百感交集的时候，阿森纳现在只是为欧洲最具观赏性的两支球队直接交锋感到兴奋。这是阿森纳在球场上和更衣室中都更加成熟的标志。尽管没人敢公开说出口，但是，与巴塞罗那交锋并战而胜之，对阿森纳而言将是一种复仇，将是给亨利时代彻底划上一个句号。

比赛前夜，我参加了瓜迪奥拉在酋长球场的新闻发布会。瓜迪奥拉没有用他流利的英语作答，而是跟平时一样说着加泰罗尼亚语，在现场进行同声传译的那位西班牙语翻译对此头疼不已。和很多人一样，我摘掉了耳机，心思已经游离到了大约50码之外的客队更衣室。亨利正在那里准备一堂简短的训练课，他上一次在酋长球场比赛，已是3年零27天之前的事情：埃因霍温后卫阿莱士（Alex）完场前的进球，让阿森纳从欧冠中出局。

重游故地，亨利却出现在了客队更衣室之中，他是怎样的感觉？他在那间更衣室里没有留下过任何回忆。但在通道之外的那块草皮上，发生过太多与他有关的故事。终于，亨利在大雨中进入了内场，大批摄影记者紧随其后。我跟着一家电视台摄制组混到了场边，瓢泼大雨中，我一度辨别不出亨利的身影。他戴上了网帽，遮住了大部分脸庞，似乎就是为了让自己尽可能不被辨认出来。

巴塞罗那教练组将球员们分成两个小组，开始进行抢圈练习。这种训练再普通不过，你可以在这里看到梅西、伊布和阿尔维斯嬉戏欢闹。亨利身边的人都在相互呼喊、嬉笑，尝试着他们能想到的各种技巧，但双手插在口袋里的亨利，没有心思展现什么控球技巧。或许，这种为媒体作秀性质的训练让他感到厌倦：除了给电视台前瞻节目提供背景画面、为摄影记者提供一些拍照机会，这样的抢圈练习再无其他意义。或许，他与我赛前采访的那些阿森纳拥趸感到了同样的困惑。小说家尼克·霍恩比（Nick Hornby）是著名的枪手球迷，他对我说："在我们的球队完场前15分钟0：1落后的时候，我真希望能看到亨利身穿阿森纳球衣在场边热身。"谁能想到，2012年1月，这一幕真的发生了。

那天训练结束时，我没有获得在场边简短采访亨利的机会。我们的目光有几秒钟的交汇，亨利的表情依然很难让人读懂。某种意义上，他不想参加这场比赛，他也确实这么说过。但另一方面，他又非常渴望登场亮相，特别是伊涅斯塔的伤病增大了他重新进入瓜迪奥拉首发阵容的机会。最终，他还是获得了替补上场的机会，但他在场上几乎什么也没做。"诡异"（Bizarre）在这里是个很恰当的词汇。赛前热身时，当亨利走向中圈向看台上的阿森纳球迷挥手致意时，你不难猜到他是怎样的心情。场地另一端，他的前队友们正在热身，亨利盯着看了很久。他注意到索尔·坎贝尔正在大约30码外进行拉伸练习，亨利瞄准坎贝尔双腿之间来了一脚"射门"，皮球击中了这名高大后卫的左腿。从亨利的微笑中你就能看出，当初在阿森纳训练场上，他一定玩过同样的伎俩。

这是酋长球场历史上最激动人心的比赛之一。完场前13分钟（巴萨一度2：0领先，但8分钟前，沃尔科特扳回一城），"国王"终于替换伊布拉希莫维奇出场，占据前场左路的位置。他听到了阿森纳球迷献给他的歌声，他以为，这将是最后一次。

亨利得到了最热烈的欢迎，甚至比大卫·贝克汉姆（David Beckham）几周前代表AC米兰回访老特拉福德时所得到的礼遇还更高。那场比赛中，尽管米兰最终告负，贝克汉姆上场后还是立刻起到了作用。而亨利，则在一场看上去即将获胜的比赛中消失了。他在场上待了16分56

秒，完成了4次传球，其中失误1次。亨利的每一次触球，看台上都会响起一阵嘘声。你不得不用“诡异”这个词来形容这样的场景，酋长球场把欢呼声和嘘声送给了同一名球员。渐趋疲劳的巴萨和被愤怒激发出无穷能量的阿森纳正在为全世界献上一场激动人心的演出，亨利则似乎是在与阿森纳球迷进行着私人对话，终场哨响后，他得到了长久而热烈的欢呼，显然，亨利是最后一个离开球场的。这让我想起了狄昂·华薇克①在某一场复出巡演中，曾一次次向观众鞠躬致敬，那时的她早已无法达到御用作曲家伯特·巴卡拉克（Burt Bacharach）专为她设计的超级音程。但她退化的嗓音仍能通过细微的变调让人依稀看到她往日的风采。这是一个感人的时刻，但昔日荣光终究已成过去。

返回霍洛韦路（Holloway Road）地铁站的路上，一位同行的记者表达了对这场“精心安排的告别”的不安：“瓜迪奥拉看到这样的情况，会怎么想？”我没有回答，但我心里给出的答案是：“下周二瓜迪奥拉不会用亨利了。”事情果然如此。自此，亨利几乎从巴萨阵容中消失，几周后，球队连续第2年获得了西甲冠军，亨利在赛季最后一场比赛中得到了一次12分钟短暂出场的机会，但是当时巴萨已经4：0领先巴拉多利德了。

在瓜迪奥拉启用亨利时，他能做出的贡献并不逊于佩德罗或者状态很不稳定的博扬。不过，亨利2009—2010赛季的技术统计很不好看。他在西甲只攻入了4粒进球，其中两个是头球，他总计出场时间达到24小时，射门却只有35次。梅西的出场时间不过是亨利的两倍，但做出了158次射门，斩获了34粒进球。将亨利的表现与金球奖卫冕冠军相比，是否不太公平？也许是的。但是，不要忘记，巴萨当初签入亨利可不是

---

① Dionne Warwick，1940年出生，美国传奇R&B黑人女歌手，有R&B鼻祖美誉，曾荣获5座格莱美奖。

让他给任何人当副手的，但到头来，他甚至连第三选择都算不上了。

加泰罗尼亚人和西班牙人对他们在酋长球场看到的事情很不开心。我的一位身为皇马球迷的朋友给我打电话说，甚至就连皇马球迷也为亨利在北伦敦如此公开地重温旧情感到震惊——当时，还没人料到，神勇的梅西会将1/4决赛的次回合变成一场表演赛。这让我想起了几个月前，贝克汉姆在温布利替补登场，又赚取了一次廉价的国家队出场记录。终场哨响后，贝克汉姆享受球迷顶礼膜拜的方式让我深感不安。向观众席断断续续地拍拍巴掌，几乎成了足球运动员的专利。“我爱你们”，这就是贝克汉姆向温布利几万球迷传递的信息。而这群球迷如果出现在AC米兰训练场，是会被保安拒之门外的。这究竟是一种什么样的爱?

人们没有理由质疑贝克汉姆或亨利对球迷的感情是否真挚。他们在乎球迷，这是毋庸置疑的事实。否则，他们的冷漠、自我中心主义以及对财富和权力的追逐——拥趸和追星族的追捧让他们更加如此——将与一个疯子在空房子里的吼叫一样没有意义。只不过，他们失去了判断主次的能力。

想象一下，当麦迪逊大街某座摩天大楼的一侧被你的巨幅照片覆盖，当你回到家后发现你的助手正在整理将近两米高的球迷来信（C罗效力曼联期间，我在他家看到过他的姐夫做这件事情），你会是怎样的感觉。再想象一下，当你知道属于你的演出即将结束，最后一次登台的时候，你会是怎样的心情。亨利在酋长球场便是如此。乔治·贝斯特曾对我说，亨利是一个娱悦大众的表演者。和所有这样的表演者一样，亨利在努力利用一切机会，他做出的努力甚至比常人更多。

我和《法国足球》的同事早就确信，合同还剩1年的亨利，在2009—2010赛季结束后便会离开巴塞罗那。早在2009年12月，我们就不断听到这样的传言：亨利已经和纽约红牛达成了君子协议。那是美国职业大联盟最为光彩夺目的球队之一，亨利的法国同胞德约卡夫曾于2005—2006年在那里有过出众的表现。德国队1990年世界杯冠军队长马特乌斯也曾短暂效力该队，但没有留下什么值得回忆的东西。事实上，德约卡夫曾于2010年5月对《队报》杂志透露，2009年初秋，野心勃勃的纽约红牛俱乐部曾委派他与亨利的一名顾问（很可能是达伦·戴恩）建立起联系。后来，这就成为了世界足坛最公开的秘密。只要巴塞罗那同意放弃转会费，继而免去再付亨利一年工资，亨利就会成为美国职业大联盟第二号真正的世界级巨星（时间顺序上是第二，地位上也是第二），排在他之前的当然就是大卫·贝克汉姆。

巴塞罗那的财政状况并不像他们在球场上的表现那么出色，他们背负着沉重的结构性债务。临近6月份俱乐部大选的时候，主席候选人罗塞尔声称负债额已经达到了4.89亿欧元。不过，巴萨一直在转会市场上大手笔投入，而且没有停下来的意思。一年前，他们刚以4900万欧元的价格买入伊布（还附送一个埃托奥，这绝对是“史上最差转会运作”的有力候选），如今，他们又斥资4000万欧元签下了大卫·比利亚，据说法布雷加斯会以更高的价格紧随其后。据加泰罗尼亚杂志《体育》（*Sport*）透露，亨利向纽约红牛提出了年薪680万英镑外加奖金的要求，这是一个仅逊于梅西和伊布的薪金数字。而在经济大环境下，免费放走亨利，也是一个合理的抉择。

美国媒体——至少是那些愿意给足球留点儿空间的美国媒体——已经将这笔交易当成了板上钉钉的事情。当年5月，亚历克斯·弗格森爵士（Sir Alex Ferguson）为即将到来的曼联夏季巡演做宣传时，美国媒体询问了他对亨利的看法。一定程度上，弗格森的回答非常礼貌：“他也许已经不具备5年前闪电般的速度，但他在这里会成功的。”弗格森所说的“这里”，当然指的是美国。美国之外的地方是否可行？重返英格兰在不久前还是一个备选方案，但此时已经可以排除，至少我们是这样认为。西汉姆联联合老板之一的大卫·沙利文（David Sullivan）已经不是第一次自取其辱，2009—2010赛季尾声，他宣称对亨利做出了报价。这份"报价"不过是大卫·沙利文为了重新获得球迷支持而做出的举动罢了。几周前，他解雇了主教练詹弗兰科·佐拉（Gianfranco Zola），激怒了球迷。而对亨利的"报价"则理所当然地遭到了耻笑。亨利对大卫·沙利文的邀请没有公开做出回应，他没有必要这样做。

纽约红牛的邀请，就是另一回事了。奥地利亿万富翁迪特里希·梅特舒兹（Dietrich Mateschitz）可不是像大卫·沙利文那样靠着向英国蓝领阶层兜售色情出版物（比如他的《每日体育报》[①]）发财的。梅特舒兹与他的泰国合作伙伴许书标（Chaleo Yoovidhya）一道，建立起了全世界最大的软饮料公司之一。他为纽约红牛的新球场建设投资逾2亿英镑，当然希望这座球场能够爆满，然而，如果你的头号球星只是原阿斯顿维拉的哥伦比亚前锋胡安·巴勃罗·安赫尔（Juan Pablo Angel）这样一个接近35岁的球员，这肯定不是一个轻松的任务。

如我们所看到的那样，亨利热爱纽约，很早便爱上了这座城市。2000年6月，他就说过这样一段话："我喜欢钢筋混凝土的味道，我喜欢不夜城的概念，我喜欢在纽约市中心的感觉，哪怕是无事可做。因为大城市肯定不会让你闷得慌……一些很简单的事情都会让我感到惬意，比如坐在咖啡厅，看着外面的人群走过……我去年夏天去了纽约，那里没有白天和黑夜之分，从早到晚都充满活力。"

甚至，他在纽约还有自己的好友。2003年，他去那里拜访了NBA球

---

① *Daily Sport*，英国小报，并非体育报纸，内容以名人八卦和软色情为主。该报已于2011年停刊，但网站仍在运营。

星托尼·帕克。回来之后，他对《GQ》杂志说："美国的一切都非常吸引我……我知道我最终会去那里踢球。"2004年，亨利还在麦迪逊广场花园认识了好莱坞导演斯派克·李以及说唱歌手Jay-Z，他们也是亨利的"朋友"。那个时候的纽约漫天飞雪，但亨利"在摩天大楼的包围中感觉很好"。

陶醉于纽约梦境之前，这位巴塞罗那弃儿还有更紧要的事情需要处理，首先便是改变他在法国国家队中岌岌可危的位置。南非世界杯前与哥斯达黎加和突尼斯的热身赛中，多梅内克均未安排亨利进入首发阵容，亨利在这两场比赛中都只是扮演了匆匆过客的角色。第一场比赛中，法国队其实表现出了令人惊讶的进取心和创造力，队长袖标戴在了埃夫拉的手臂上，亨利下半时出场后也依然如此。多梅内克否认这是亨利在球队中地位下滑的证据。不过，一家法国电视台爆料说，就在这场比赛前几天，多梅内克曾专程去巴塞罗那找亨利谈话，达成了一项能让他们二人都维系尊严并保持雄心的协议。多梅内克继续着神秘的作风，否认了这件事，但亨利在世界杯开赛一周前证实："是的，教练去巴塞罗那看了我，他告诉我，世界杯期间我将不会进入首发阵容。"

这项协议，使亨利有机会以尽可能体面的方式结束他的国脚生涯。多梅内克已经决定，要用他之前几乎从未试验过的4-3-3阵型重新构建阵容①。理论上，这个大胆的阵型本该完美地适合亨利，所以人们普遍

---

① 原文注：执教法国U21国青队期间，多梅内克偏爱3-5-2阵型。而2010年世界杯之前，多梅内克在法国国家队的76场比赛中，使用各种阵型取得的成绩如下（按使用多寡排列）：4-2-3-1（31场）：17胜（55%）/10平（32%）/4负（13%），1.97分/场；4-4-2（28场）：14胜（50%）/8平（29%）/6负（21%），1.79分/场；4-3-1-2（9场）：7胜（78%）/1平（11%）/1负（11%），2.45分/场；4-3-3（6场）：3胜（50%）/2平（33%）/1负（17%），1.83分/场；3-5-2（2场）：0胜（0%）/2平（100%）/0负（0%），1分/场。

相信，法国队教练组是在亨利的劝说下才做出这样的战术调整。出任进攻三叉戟的突前位置，亨利将会比在4-2-3-1阵型偏安左翼更好地发挥他强大如昔的技术能力。在4-2-3-1左边锋的位置上，亨利退化的体能要过多地用于给热爱助攻的埃夫拉补位。然而，当法国队在2：1击败哥斯达黎加一役真的采取这套新阵型时，出现在9号位置的却不是亨利，而是阿内尔卡。

不少人都对亨利遭到冷落感到惊讶，但已经得到多梅内克预警的亨利本人并不意外。多梅内克告诉亨利，他将扮演法国队的超级替补，如果他拒绝这个角色，他的名字就会从出征名单中画掉。到目前为止，多梅内克掌握着主动，因为他有一张好牌可打：此前从没有法国球员参加过4届世界杯，而亨利只要参赛，就能取得这个他非常渴望的历史地位。事实上，全世界只有1名球员参加过5届世界杯：德国人洛塔尔·马特乌斯（Lothar Matthäus），他在职业生涯尾声已经蜕变为清道夫。至于4次参加世界杯，则只有4名都可以归类为前锋的球员做到过：贝利（Pelé）、乌韦·席勒（Uwe Seeler）、马拉多纳，以及可以用作足球知识小测验题目的沙特中锋萨米·贾巴尔（Sami Al-Jaber）[①]。我相信，亨利一定可以背出这串名字，我同样相信，他不可能放弃将自己列入这个名单的机会。

多梅内克是出于自身利益、政治考量以及竞技逻辑而做出了这项决定，我想补充一句的就是，亨利同样如此。1998年以来，这两个人的命运就紧紧缠绕在一起。当年，这名地位日趋重要的教练，曾为亨利在法国队的作用进行了激烈而颇富技巧性的辩护，这是亨利永远不会忘记

---

① 原文注：巴西人罗纳尔多本来也可以进入这个行列，但1994年世界杯他虽然出征却从未出场。

的。浑浑噩噩的多梅内克时代与亨利的国脚生涯同时画上句号，会是个非常恰当的巧合。而且，亨利打替补，从纯竞技角度而言是个完全说得通的安排。毫无疑问，亨利的体能状况不甚理想，这也不是他的错，但他在门前依然能给对手带来巨大威胁，他还拥有丰富的经验，对世界杯对手的了解在整个法国队无人能及。如果将亨利排除在大名单之外，无疑会引发巨大争议，但即便不考虑这层因素，仅从竞技层面而言，这也是多梅内克不愿意去冒的风险。

亨利颇具风度地接受了被贬为替补的现实，至少在公开场合是这样。“Je me mets minable pour l'équipe.”这句话大致可以翻译为“我愿意为球队牺牲自己”，甚至“为了球队，我不惜粉身碎骨”。长期观察亨利的人士对这番表态是否真诚存有疑虑，他们觉得这不过是这个“善于操纵别人的两面派”想在公众面前展示最好的形象罢了。在我看来，这样的怀疑过于苛刻。当然，亨利表达的立场应该是经过深思熟虑的，但是，正如雅克·克勒瓦西耶和吉勒·格里曼迪提醒我的那样，亨利具有一项非常稀缺的品质：他能够对自己的表现和身体状态进行非常客观的评估，甚至不逊于他的任何一位教练。他失去了速度？他不能再像以前那样频繁地发起冲刺？这是他早就知道的。如果是阿内尔卡获得首发，他在背对球门时或许能更好地与队友配合？亨利同样很清楚这一点，他还知道，一支成功的球队往往是一个新老结合的集体。亨利自己说，1998年世界杯与意大利队的点球大战，当轮到他和特雷泽盖占据舞台中心的时候，他们都没有感到什么压力。12年过去了，法国队需要新鲜的血液，需要无所畏惧的球员，而如果能得到参加过3届世界杯的老将指导，对这些年轻人将大有裨益。亨利是这个导师角色的合适人选，他也接受了这样的角色。

在法国队成为替补，其实不管从哪方面来说，对亨利都是好事。这能使他与成为千夫所指的多梅内克拉开距离，他表现出的谦逊也是对很多批评者有力的回击。法国队与哥斯达黎加队的比赛中，费利克斯·博拉尔体育场（Felix Bollaert Stadium）的观众饱含真情地高歌着亨利的名字。南非世界杯上，当年轻队友们正在场上苦战墨西哥队和乌拉圭队时，亨利在场边热身的镜头，则令很多人质疑自己是否错怪了亨利。绝大部分法国人平时并不怎么看球，只有在法国国家队征战大赛时，他们才会关注足球。尽管"上帝之手"事件曾经引发群情激愤，但对这些人来说，亨利依然是他们非常喜欢的球员。2010年1月，凯度公司①针对球员受欢迎度进行的调查显示，亨利的指数高达47.3%，不仅领先里贝里，还令人意外地力压特雷泽盖。该公司负责人布鲁诺·拉朗德（Bruno Lalande）表示，这样的调查结果，或许可以归因为亨利在媒体上的高曝光率，这使他成为了真正的偶像级名人。

参加世界杯，可以确保亨利继续享有高曝光率，哪怕只是一个边缘化的角色。然而，当法国最知名的电台之一RTL向听众征集世界杯法国队"梦幻11人"的时候，他们完全忽略了亨利，而是将卡里姆·本泽马（Karim Benzema）列为法国队的进攻箭头。可惜，本泽马甚至没能入选多梅内克的30人大名单。对于这种情况，诸位自然可以有见仁见智的分析。

法国队进驻了印度洋沿岸的五星级酒店——位于奈斯纳的佩卢扎（Peluza）酒店。警方在通向这座豪华大本营的唯一陆路上设置了关卡，如果你想进入这里，要么，你需要向警察出示相应的证明文件，要么，你就弄一艘船偷偷混进去。亨利尽可能保持着低调，考虑到很少有

① Kantar Sport，英国著名咨询公司，该机构与国际足联、欧足联、亚足联是深度合作关系，擅长进行足坛调查研究并发布权威数据报告。

媒体能够获准探营，亨利几乎消失在了公众视野之中。

一种未经证实的流言不断地从法国队传出：作为球队新的进攻组织者，性格内向的约安·古尔库夫（Yoann Gourcuff）与心存不满的老队员之间的关系破裂了，而亨利便是传言中的老队员之一，里贝里也在其列。其实，这还算不了什么：与哥斯达黎加队一役，埃夫拉被授予了队长袖标，《法国足球》在头版打出标题：终于有了一位真正的队长。亨利，这位历史上最成功的法国球员（看上去，这个头衔你必须反复念叨才有价值）在一年时间里，已经从一个在全世界打破各种纪录的超级大拿，退化成了游手好闲的老大爷。但这并不意味着他接受了这样的命运。

尽管多梅内克用尽浑身解数给媒体制造难题，他使出的某些招数几乎到了荒谬的程度[①]，但每一天，《队报》和其他媒体都会对法国队堡垒内部正在发生的事情进行令人不安的报道。

亨利已经不能把自己当作法国队的领袖，但他依然可以对那些承担起领袖角色的人施加影响，比如里贝里、埃夫拉、阿比达尔、加拉，一定程度上还有阿内尔卡。亨利确实是这么做的。与2002年和2006年一样，一个自我任命的小型委员会，会在私下里开会，讨论球队的表现以及他们可能的选择。他们游说多梅内克在中场右路用更偏向于防守的迪亚比（Diaby）取代古尔库夫。从战术层面来说，这项提议有一定道理，但在这支球队中，西印度群岛和非洲后裔的数量是白人的两倍，队内不可避免会有种族矛盾。1998年那支融合了黑人、白人、阿拉伯人等不同种族、不同民族、不同信仰的“神圣同盟”（sacred union）俘获了

---

① 原文注：大批记者被安排乘坐窗户全被遮黑的面包车进出酒店，身边还有持枪保安相随。摄影记者偶尔被允许进入营地，还只能在离训练场50码以外的地方止步。当地居民则被完全禁止与球员有任何接触，这与同样在奈斯纳驻扎的丹麦队轻松的态度形成强烈反差，他们的训练课有时会有超过8000人围观。

法国人的想象力，但那支球队已经成为历史，或者，对于更加愤世嫉俗的人来说，那支球队已经成为一种幻想。其他球员则希望亨利重回首发阵容，把阿内尔卡放到右路去，后者在切尔西所踢的便是与此类似的位置。事实上，这些讨论本身不是重点，重要的是它们暴露出的法国队不健康的氛围，以及首战乌拉圭队一旦有所闪失将可能产生的严重后果：不少人恐怕将就此按下自毁电钮。

亨利在那场比赛中打了不到20分钟（当时乌拉圭队已被罚下1人），他的凌空射门击中禁区内一名乌拉圭球员的手臂，本有希望获得一个法国队完全配不上的点球（点球未判，对爱尔兰人来说真是大快人心）。最终，法国队获得了非常令人失望的平局，0：0的比分与2002年世界杯两队交手的结果完全相同，但这已经让法国人备感欣慰。至少，我们没有输。

法国国内被阴郁甚至失败主义的气氛所笼罩。60%的《队报》读者相信，乌拉圭队、墨西哥队和南非队将比法国队更有希望从小组突围。同样为法国队蒙上一层阴影的，还有之前在蒂涅①、突尼斯和留尼旺岛（the island of the Réunion）备战期间所发生的一系列诡异事件：拉萨纳·迪亚拉（Lassana Diarra）患上的怪病引起足坛议论纷纷，他最终退出世界杯是大家始料不及的；加拉在沙丘汽车比赛中发生了滑稽的撞车事故；骑山地车是多梅内克加强球队团结的古怪招数之一，阿内尔卡骑车时却不幸摔倒。

球队抵达奈斯纳后也不见转运。法国足协将球队和代表团安排进了南非最豪华、最昂贵的酒店之一，体育部长拉玛·亚德对此提出了严厉批评。首战乌拉圭队前夜，传出一条消息说，为了让球员们的太太和女

---

① Tignes，阿尔卑斯山的滑雪胜地。

友6月11日在绿点球场（Green Point Stadium）现场观战，法国足协斥资22万英镑包了一架私人飞机。类似的负面故事还有不少。

法国队的多家赞助商竭尽所能地鼓动法国公众的热情，可惜徒劳无功。正如温格发现的那样，在伦敦，差不多一半的白色面包车和黑色出租车都插上了圣乔治旗，但在巴黎街头，却完全找不到法国三色旗的存在。这再一次表明，法兰西大球场那个耻辱之夜后，法国民众已经不再爱恋他们的国家队，用欺骗手段将爱尔兰队踢出世界杯后，法国队的任何挫折都会被视作报应。对包括我在内的很多人来说，为爱尔兰人报仇的球队如果同样身披绿色战袍，那真是再合适不过：在波罗克瓦尼（Polokwane）那个凄冷的夜晚，墨西哥队历史上第一次击败了法国队，这基本确认了法国队将和2002年世界杯以及2008年欧洲杯一样，以耻辱的方式遭到淘汰。这支球队让人完全看不到能够称之为勇气、技术和组织性的东西。

6月18日，《队报》的大标题是：冒名顶替者（*LES IMPOSTEURS*）。一张里贝里与墨西哥前锋吉勒尔莫·弗朗哥（Guillermo Franco）纠缠一处的图片，配发了一篇尖刻的社论，《队报》总编辑法布里斯·茹奥（Fabrice Jouhaud）呼吁读者尽情嘲笑多梅内克这支可悲的球队。他说，人们不应感到悲伤，不该流下泪水。这支冒名顶替的球队不配。既然他们不在乎，那么我们为什么要在乎他们？在英格兰，一名《泰晤士报》记者为一个老掉牙的俗语赋予了全新的解释，他评论道：都说球队（team）当中没有“小我”（I）的存在，但法国人的球队（équipe）中有！在法国，人们认为这支球队有11个或者说13个个体，因为吉尼亚克和瓦尔比埃纳（Valbuena）换下了可怜的阿内尔卡和戈武（Govou）。马卢达、门将雨果·洛里斯（Hugo Lloris），或许还有埃夫拉可以排除在耻辱名单之外，后者由于得到了队长袖标，情绪十分激动，《马赛曲》的歌声在球场内力压呜呜塞拉[①]时，他甚至泪流满面。除了这几名球员，其他人都在为自己而战。里贝里被很多人怀疑是密谋将古尔库夫排挤出首发阵容的元凶之一，但比赛中，他一次次痴迷于无脑盘带，墨西哥队那条虽然不够强壮但组织有序的防线一次次让他无功而返，里贝里似乎是觉得，球队的成功只能靠他自己。而阿内尔卡令人震惊的糟糕表现，应该足够帮助亨利以替补身份第123次为法国队出场，然而，亨利整场未获亮相。法国队的历史射手王几乎没有兴趣起来热身，他只是无动于衷地看着吉尼亚克[②]在中场休息后便替换切尔西前锋登场。而且，我们很快还得知，中场休息时，阿内尔卡对他的主教练使用了你可以想象的最粗俗的语言。摄像机镜头不时地切向亨利，他的膝盖铺了一层毯子，双臂交叉置于膝盖之上，毛帽子几乎把脸全部遮住，他坐着的板凳还真不如一个向荒芜沙滩前进的轮椅。从他脸上的表情，你看不到困惑，而只是一种几乎不加掩饰的厌倦。他已经什么都见过了，我们也是。

球员们都被笼罩在了他们自己和对他们有求必应的足协政客吹起的泡泡之中。得知队中有“内鬼”将阿内尔卡的言论爆料给《队报》之后，法国队上下的受迫害妄想症变得更加严重。6月19日的早餐上，主要的话题就是揪出潜伏在队伍中的叛徒。是教练组或后勤班子成员？经纪人？球员？队内的大佬们传达了指令，不要再给朋友、家人和私人顾问打电话或发短信。当天晚些时候，慌乱失措的法国队管理层组织的那次没能激发任何正能量的新闻发布会上，埃夫拉所说的话就明确无误地传递了这样的信息：阿内尔卡事件本身远不是球员们最关注的，他们最关

① Vuvuzela，是南非球迷用于助威的大喇叭，可以发出超过一百分贝的噪音，有可能导致永久性听觉丧失。南非世界杯期间的呜呜塞拉刺耳之声引起了广泛争议。

② 原文注：在法国队17场比赛攻入4球；2009—2010赛季在图卢兹31场法甲打进8球。

注的是那个至今没有答案的问题：内鬼是谁？你能够信任谁？谁都信任不了。

此时，法国RTL电台[1]已经爆料说，拒绝向主教练道歉的阿内尔卡，将被开除出队，只要给他订到他想去之处的商务舱机票，他就立刻卷铺盖走人。这名切尔西前锋最终于周一凌晨抵达了伦敦希思罗机场，他戴着墨镜，身着帽衫，见到狗仔队时笑得就像个淘气的学生。离队前，阿内尔卡一反常态地与队友们进行了长达1个多小时的告别，这引起了法国足协的高度警惕，他们感到球员们正在酝酿着某些事情。什么事情？他们不知道。尽管周六下午球队管理层与球员们进行了谈话，但队内的资深球员们还是在律师的帮助下发表了一份冗长的声明，明确表示全体球员"一致支持"这位遭贬黜的前锋。法国足协官员于贝尔·蒙泰伊（Hubert Monteil）在读过声明文本后表示："我认为这不是球员们自己写的，这是一份电脑打印的版本，里面一个拼写错误都没有。"别多想，蒙泰伊这不是在玩诙谐。在奈斯纳，值得嘲笑的事情很多，但值得欢笑的事情少之又少。就是在这份声明出台之时，球员们做出了第二天罢训的决定。对此深感悔意的马卢达后来对我说："我们想表达的意思就是我们受够了……我们没有将这一决定事先通知教练组，因为我们想让我们的罢工制造足够震惊的效果。"从这一点来说，罢工确实达到了效果。

所谓的"罢工"（strike），实质上只是球员们抵制了周日上午的训练，以此表达一种姿态。不过，偏巧这一天，摄影记者们得到了进场许可，用镜头记录下了"梦幻之地"（Field of Dreams）空无一人的场景，而场外则聚集着几百个孩子。里贝里和埃夫拉满足了几个孩子签名

---

① 德国最大的私营电视台，在法国、英国等10多个欧盟国家设有分台。

的要求，然后开始认真地进入罢训状态。在球员们的罢训意图明确传达给教练组之后，就是在这块名为“梦幻之地”的场地上，埃夫拉和体能教练罗贝尔·迪韦纳（Robert Duverne）险些拳脚相向。对于这次冲突，这位新任队长强烈否认是因为迪韦纳（此君曾在里昂辅佐霍利尔，后来又追随霍利尔前往阿斯顿维拉任教）已被认定为球员们苦苦找寻的“叛徒”（traitor）。事实上，这个“叛徒”究竟是谁最终也没有找出答案，人们只是在心里留下了怀疑的对象，而且不止一个。场外的人看到，迪韦纳当时将手中的东西狠狠摔在地上（有人说是秒表，也有人说是哨子），更大的可能性只是迪韦纳为球员们的罢训决定深感震惊，向埃夫拉明确无误地表达了他的愤怒。后来有人看到，迪韦纳和守门员教练布鲁诺·马丁尼（Bruno Martini）躲在一辆货车后面流下了眼泪，而离这辆货车几步之遥便是球队大巴，球员们在大巴里不肯出来。讽刺的是，车身上打着一条励志标语："团结向前，为新的蓝色之梦。"（*All together towards a new blue dream.*）

这丑陋的一幕继续朝着超现实主义的方向发展。75岁的法国足协主席让–皮埃尔·埃斯科莱特穿着一身滑稽的训练服登上了大巴，球员们面色冷酷，任他的目光盯着自己也不为所动，一言不发。多梅内克也登上了大巴，人们听到他在大喊："等一等！等一等！"然而，坐在他面前的，已不再是“他的球员”，早就不再是了。多梅内克没能组织起与球员之间的对话。不久后，人们便听到大巴里传出怒吼和呼喊。一些球员用拳头敲打着车窗，命令司机立即开车。闹剧持续了半个小时，终于，这辆“耻辱大巴”在四辆警车的护送下离开了佩卢扎度假村的“梦幻之地”。脸色苍白的多梅内克留了下来。他后来解释说，他是出于责任感——信不信由你——而同意充当反叛球员的发言人，因为法国队新闻官弗朗索瓦·马纳尔多（François Manardo）拒绝了这一角色。多梅内克拿着一张褶皱的A4纸，向媒体宣读了球员的声明：

法国队全体球员无一例外地反对法国足协仅仅基于媒体报道而对阿内尔卡做出的处罚决定。为了表明对最高管理层态度的坚决反对，球员们决定不参加今天的训练。

“无一例外”（Without exception）？大多数法国队的观察者们听到这个词都会皱一下眉头。多梅内克耻辱地为那群对他无尽鄙夷的球员充当了扩音器，在全世界人们的眼中，这是一桩令法国整个国家蒙羞的丑闻。几个小时之内，足球界的“路边社”们便忙碌起来。以早已公开与新近披露的事实为基础，各种传言散播开来。就在那天上午，眼泪汪汪的里贝里主动参加了法国影响力最大的足球节目《电视足球》（*Telefoot*）。在这档从南非传回信号独家直播的电视节目上，里贝里否认他算计了古尔库夫。在谈到对古尔库夫的推崇和喜爱时，里贝里几乎失声痛哭。足球圈每个人都知道，自打他俩进入国家队的那一天起，里贝里便将古尔库夫视作自己最危险的竞争对手，还将他作为自己恶作剧的对象。在这次被最肮脏的自相残杀和政治斗争玷污的世界杯之旅上，里贝里做出这份自我宣言的时机令人作呕到极致。世界杯前，亨利语带轻蔑地将古尔库夫描述为“新星”（la nouvelle star），古尔库夫相貌俊朗又性格内向，这两个特点结合起来，在猛汉横行的足球界非常危险。

“无一例外”？真的吗？有很多年轻球员是受到老队员的压力，不得不在声明上签字。他们无法预见这样做的后果，他们职业生涯阅历尚浅，不知道应该如何应对这样的事情。作为年轻球员，你只需要跟着前辈混，就知道你在队里的斤两，然后你再努力让自己混得更好，绝对没问题。然而，你终究只是凡人，当你眼中神一般的人物疯掉了，在你必须自己保护自己时，你该怎么做?

贾布里勒·西塞（Djibril Cissé）在很多方面都是一个典型的暴发户类型的球员，但有人看到，他在佩卢扎酒店的休息室里转来转去，带着发自内心的悲痛向心烦意乱的法国足协官员道歉。还有其他一些球员，比如洛里斯、盖尔·克利希（Gaël Clichy）（点出他们的名字有何不可？），他们很快被认定是这次叛乱的“胁从犯”（malgrémoi），他们之所以留在这辆向地狱疾驰的列车上，只是因为他们没有胆量跳下去。

法国队的这群“小丑、懦夫、伪君子、骗子”①对他们的行为在法国民众当中产生的影响浑然不知。他们不仅是在奈斯纳的训练场上发出罢工威胁，还通过电视将之公诸于众，但他们不知道，这样做，会让很多人愈加相信，这不可思议的一幕不仅表明一支曾经伟大的球队已经堕落至此，同时也说明了一个时代的败坏，在这样一个时代，现实是任人演绎的，人类已经退化为一种符号，人之所以为人的东西正在丧失殆尽，人变成了破旧线绳牵引的木偶。

国家队公开的灾难成为了法国的国家事务，评论员们本该意识到，这已不止是足球的事情，事实上，这已经与足球本身没有太大关系，甚至与阿内尔卡令人震惊的语言，与多梅内克可笑的自尊和无能，与一些所谓“老队员”（senior players）将国家队变成实现个人利益的工具，与那些阴谋诡计以及假装是在对抗“体制”（system）的可耻行为都没有太大关系。这场灾难关乎一个破裂的社会，它承载着后殖民时代的负罪感和内心的脆弱，这个社会非常渴望相信1998年种族团结的理想

① 原文注：clowns，cowards，hypocrites，bullshitters，这4个诨号只是从我的编辑德尼·肖米耶（Denis Chaumier）6月22日专栏中的78个词汇里随机抽取的。那一天，南非队终于正式将法国队踢出了世界杯，为法国人的噩梦画上了句号。

国是真实的，现在则被迫要去嗅闻它自身的排泄物。当时，乃至现在，人们都在说：我们法国人，被一群来自郊区、嘴上不断谈论着“尊重”（respect），但其实只把“尊重”留给自己的年轻人欺骗了。在他们眼中，只有钻石耳环、显要人物、能够轻易搞定的女人才是重要的。他们连《马赛曲》都不会去唱，他们只会用身体的两个部位思考：脚和生殖器。

南非队在布隆方丹击败法国队后，一个朋友给我打来电话，我对他说，这或许是最好的结果。洛朗·布兰科即将接过帅印。是的，他会接过一支废墟中的球队。但是，他会得到必要的时间，去建设全新的东西，去寻找正确的球员以及下一任领袖，还有……

“别傻了，”他打断了我的话，“下一代球员甚至更糟，他们是痞子一代（la racaille）。”痞子，前法国总统萨科齐曾用这个可怕的词汇去描述年轻的一代，这是一个比“乌合之众”（riff-raff）更夸张的说法，这位时任内政部长曾说，这些社会渣滓应该“用吸尘器打扫干净”（washed away with a Kärcher）。令我感到恶心的是，我发现某种程度上我是赞同他的。

恶心。为那些领着过高薪水的球星、跳梁小丑般的多梅内克、脑满肠肥的足协官员而感到恶心。为我们自己忍耐纵容了这些家伙如此之久、明知他们与“我们”并非同路人却还继续支持他们而感到恶心。此处“我们”的含义很难解释。我们的近代史好像一团乱麻。为什么齐达内这样一个阿尔及利亚移民的儿子会成为民族英雄？那是我们为在阿尔及利亚独立战争中的暴行进行的赎罪？某种程度上，是的。一个英国读者会很难理解，我们对奈斯纳的悲喜剧为何做出如此强烈的反应，就像他们会很难理解，我们庞大却又很大程度上贫瘠的帝国的垂死挣扎，是内战导致的“抽搐”，而不是一个试图摆脱病毒的躯体的干呕。曾经，齐祖象征的不是赎罪，而是希望，亨利也是如此。如今，这份希望展现出了它真实的色彩，那肯定不是蓝白红三色，除非我们接受我们的国旗已被玷污并被撕成碎片。

在“民族”（nation）的定义经常如此含混不清的情况下，“民族认同”（national identity）又该包括哪些东西？丹麦人或许会说，他们的民族认同在于语言，走出他们的国境，便几乎再没有人会说他们的语言；当然，丹麦人的民族认同还在于他们憎恶一切与瑞典有关的东西。英国人对民族认同的要素则很难给出答案，英国人更认同的是英格兰人、苏格兰人、威尔士人、北爱尔兰人甚至纽卡斯尔人、约克夏人、利物浦人这样的身份。而西班牙人则恐怕会说，他们是一个多民族的联合。

但是，法国与多数欧洲国家不同。法国是最早接受民族这个概念的国家，甚至可以说是现代意义上民族概念的发明者，尽管法国本身是一个典型的多民族国家。

当年希腊人的马西利亚①与今天的马赛，同样汇集了整个地中海盆地的移民，那个时候还没有人想出“多元文化论”（muticulturalism）这样的词汇，在古代社会谈论这样的概念本身也不会有任何意义。1790年是法国大革命的黄金时期，那个时候，不仅是社会或政治体制，看上去，生命本身都可以彻底重塑，“民族”这个概念则成为了法国本身的同义词。不过，如当时很多外国旅行者所说，三色旗并非共和国的世俗圣坛上唯一的旗帜，他们注意到，美国的星条旗也被用作爱国主义的宣

① Massilia，是公元前600年古希腊人在今日的马赛建立的定居点，是法国历史最悠久的城市。

示。这不仅是对福克斯[1]和富兰克林[2]等英美杰出人士的致敬，也彰显着四海皆兄弟的信念。法国的民族概念，从一开始就有一种超民族理念的元素，君主立宪政府以及后来的共和政府均对此予以支持。

在瓦尔密战役[3]与热马普战役[4]的战场上，“外国”志愿军与“法国”志愿军并肩战斗。热马普战役上表现最出色的军官之一，正是未来的法国元帅雅克·麦克唐纳（Jacques Macdonald），他的父母是詹姆斯党人[5]，来自苏格兰西部赫布里底群岛的南尤伊斯特岛。让-保罗·马拉（Jean-Paul Marat），那个时期巴黎公社最知名的思想家之一，他是意大利后裔，出生在当时的普鲁士地区诺夏特[6]。让-雅克·卢梭（Jean-Jacques Rousseau），法国大革命期间普通百姓的偶像，他是一个瑞士人。

我自己的家庭，向上追溯四代会发现，我的祖先来自诺曼底、奥弗涅、普罗旺斯和苏格兰等多个地方，他们当中的很多人后来四散在法国

---

① 查尔斯·詹姆士·福克斯（Charles James Fox，1749—1806），英国辉格党资深政治家，自18世纪后期—19世纪初年任下议院议员长达38年之久。他在美国独立战争期间曾大力谴责策划派兵镇压革命的首相诺斯勋爵及英王乔治三世；他对法国大革命亦予以支持和肯定，并极力反对英国政府对法作战。

② 本杰明·富兰克林（Benjamin Franklin，1706—1790），美国著名政治家、科学家。他是美国独立战争重要领导人之一，参与起草美国《独立宣言》和宪法，并曾出任美国驻法国大使，成功取得法国对美国独立的支持。

③ 1792年9月20日，法兰西革命军队为一方，奥普联军及入侵法国企图扑灭革命力量恢复君主制度的法侨保皇党分子支队为另一方，在瓦尔密（法国马恩省的村庄）地域进行的一次交战。10天后，联军因后勤问题自动撤退。

④ 1792年11月6日，在法兰西共和国革命战争期间，法国和奥地利两国军队在热马普（比利时蒙斯西南的村镇）发生的一场交战。最终法军攻占了热马普和屈埃姆，11月14日开进布鲁塞尔，尔后占领整个比利时。

⑤ 指支持斯图亚特王朝君主詹姆斯二世及其后代夺回英国王位的一个政治、军事团体，成员多为天主教教徒。

⑥ Neufchâtel，今瑞士西部城市，法语区。

的殖民地，在那些地方，他们自然而然地与当地人结姻，这样高的民族融合程度是其他任何帝国都没有的。从这层意义来说，我是一个典型的法国人。换句话说，谈到法国的民族认同，所谓民族纯洁性的概念是没有立足之处的，任凭让-马里·勒庞[①]白费口舌好了。

法国足球早已摒弃了排外情绪和种族主义，这个过程一点儿都不复杂，没有经过什么灵魂深处的反思，这只是反映了法国充满包容性的民族认同观念，与共和国奠基者们的思想一脉相承。从这个角度来说，奈斯纳发生的事情是一种犯罪，是对法国足球自从拉乌尔·迪亚涅[②]时代以来就一直秉承的理念的否定。在这里，我们有必要讲一讲迪亚涅的故事，在法国之外很少有人知道他，在法国国内也几乎已被遗忘。南非世界杯的灾难为这则故事添加了一篇充满讽刺的附言，也使亨利的形象在他的出生国受损到不可挽回的地步。

迪亚涅共代表法国队参加过18场比赛，第一场是1931年2月15日与捷克斯洛伐克的友谊赛，是役法国队完场前被对手罚入一粒点球，以1：2败北。迪亚涅在离21岁生日还有8个月的时候便被选入国家队，这一点儿都不令人吃惊。他的外号是“蜘蛛”（The Spider，因为他有两条大长腿），他当时已经被认为是法国最让人放心也最善于助攻的边后卫之一。在他所效力的巴黎竞技俱乐部，他经常在那些胶着比赛的尾声与左边锋或右边锋交换位置，他强悍的身体素质（1.85米的身高在那个年代称得上巨人了）会搅得对方腹地风声鹤唳。事实上，在那个寒冷的

---

① Jean-Marie Le Pen，1928年出生的法国政治家，极右党派国民阵线领导人，曾数次参加法国总统选举。他强烈反对移民、尤其是非洲移民进入法国，声扬保持“民族纯洁性”。

② Raoul Diagne，1910—2002，法国后卫，出生于法属圭亚那，塞内加尔后裔，1931年成为首位入选法国国家队的黑人球员。

冬日，迪亚涅出现在法国队首发阵容最不可思议的一点在于，很少有人对此发表评论。

迪亚涅是黑人，他是历史上第一个代表殖民国家的国家队出场的非洲后裔。球迷和媒体对他几乎没有敌意，这一点恐怕会让学习法国历史的学生感到惊讶。要知道，20世纪二三十年代，正是极右翼组织登上历史舞台的时期，很多老兵对民意代表的严重腐败深恶痛绝，渴望政治强人的出现，于是就将墨索里尼当成了英雄。不过，这倒是能帮助我们理解当时所发生的事情，或者更准确地说，能帮助我们理解当时没有发生而今天却在发生的事情。那个时候，没有人往球场里扔香蕉，没有专栏作家哀叹优秀的法国血统不再纯洁。偏见与种族主义并不是一码事。偏见是基于陌生和无知，是可以通过共同相处以及时间的推移解决的。种族主义则是基于本能的非理性恐惧和不可改变的憎恨。那个时期的法国毫无疑问充满偏见，但种族主义？我认为是不存在的。

迪亚涅首次获得法国队征召的3年前，杰克·莱斯利①这位出生于伦敦、在普利茅斯俱乐部司职左内锋的球员，得到了入选英格兰队的通知。然而，当英足总选拔委员会意识到这位相貌俊朗的黑皮肤年轻人的父亲是牙买加人时，便立即撤回了征调令。英格兰队又等了足足半个世纪才于1978年出现了第一位黑人国脚，我们也都知道维夫·安德森上演处子秀时引发了怎样的轰动。形成强烈对比的是，1986年，《队报》刊登了一个我相信在欧洲独一无二的统计数字：自从法国队1904年首场比赛3：3战平比利时以来，穿上过国家队战袍的600人中，有200人是外裔

① Viv Anderson，出生于1956年的英格兰后卫，效力过诺丁汉森林、阿森纳、曼联等多家豪门。1978—1988年代表英格兰队出场30次，攻入2球。2000年，他被授予大英帝国员佐勋章（MBE，5级帝国勋章中最低的一级）；2004年入选英格兰足球名人堂。

球员。他们当中的大多数都是来自殖民地或者是政治避难者，比如西班牙共和党人、意大利反法西斯主义者以及奥利地和德国的犹太人。法国足球从不以肤色和血统取人。

正因此，法国足球因臭名昭著的种族配额事件[①]而招致的一片骂声，才会让那么多的人感到如此伤心。法国队对民族和种族的包容性，正是它能从起初的逆境最终攀向顶峰的原因所在。1938年世界杯1/4决赛，法国队只是以微弱的劣势1：3输给卫冕冠军意大利队。迪亚涅便在那支球队当中，除此之外还有大量外裔球员：阿尔及利亚后裔本·布阿利（Ben Bouali）；曾于1999年被评为法国世纪门将的卢森堡人达鲁伊（Darui）；从乌拉圭归化过来的后卫埃科托尔·卡塞纳韦（Héctor Cazenave）；效力于红星俱乐部[②]、父亲是英格兰人的边锋阿尔弗雷德·阿斯顿（Alfred Aston）；意大利移民之子迪洛托（Di Lorto）；波兰后裔科瓦尔奇克（Kowalczyk）；出生于德国的波沃尔尼（Povolny）；奥利地难民约尔丹（Jordan）；还有扎泰利（Zatelli），他也是一位意大利后裔，他的家庭定居于北非，而1972年时，他还作为主教练率领马赛赢得了联赛、杯赛双冠王。

20年后，参加1958年世界杯的法国队是一支非常具有观赏性的球队，这方面只有美妙绝伦的巴西队在其之上。那支法国队中，包括3名波兰后裔、2名意大利后裔、乌克兰和西班牙后裔各1名，还有2名来自北非的球员，其中之一是出生于摩洛哥西部城市马拉喀什的朱斯特·方丹，

---

① 2011年4月，媒体爆料称，法国足协在2010年11月一次会议上提出，要在国家训练计划中，控制非洲裔和阿拉伯球员的比例。据称此提议得到了时任国家队主帅布兰克以及足协多名要员的赞同，但当事人对此予以否认。

② 1897年成立的一家巴黎俱乐部，现参加法国第三级联赛。

他单届世界杯攻入13球的纪录至今无人打破。社群主义者[①]会把他们描述为外国人或外裔，但对我们来说，他们都是法国人。他们是“法国性”（Frenchness）充满生机的活证据。正如普拉蒂尼、路易斯·费尔南德斯、蒂加纳、图拉姆、维埃拉以及今天的阿卢·迪亚拉（Alou Diarra）、纳斯里那样，也正如蒂埃里·亨利——我们的史上最佳射手那样。

“彩虹国家”的梦想诞生于1998年的法兰西大球场，它不像今天一些愤世嫉俗者所描述的那样空洞。不应忘记的一点是，若非法国足球早早学会向各种族各民族的球员敞开大门，人们根本不会拥有“彩虹国家”这样的梦想。直到前几年，法甲六强中有两支球队的主教练为黑人[②]，这在全世界的主流联赛中独此一家。和其他昔日帝国一样，法国也在探索新的民族认同感。就这一点来说，和1931年一个高个子黑人走进球场引吭高歌《马赛曲》一样，2012年，足球依然扮演着引领者的角色。

迪亚涅的故事有着不同寻常的结局。在父亲的祖国获得独立后，迪亚涅成为了塞内加尔国家队主教练。1963年4月18日，他的球队在“友谊杯”决赛中，击败了一支法国业余球队。迪亚涅足够长寿，他看到了塞内加尔队在2002年世界杯这个更大的舞台上复制了击败法国的壮举。几个月后，迪亚涅在法国去世，享年92岁。对塞内加尔足球而言，迪亚涅有着教父般的地位。而对我来说，他是一个以代表我的国家出战为傲的法国人。法国，是我的国家，也是他的国家，是我们的国家。奈斯纳的罢工，是否是一种背叛行为？是的。迪亚涅就是他们背叛的人之一。

---

① communautarists，是20世纪80年代后产生的当代最有影响的西方政治思潮之一。其哲学基础是新集体主义，认为个人及其自我最终是其所在的社群决定的。

② 原文注：马里出生的蒂加纳执教波尔多，来自新喀里多尼亚的卡纳克人安托万·孔布阿雷（Antoine Kombouaré）执掌巴黎圣日耳曼。

以上这几页一直没怎么提到蒂埃里·亨利这个名字。这也正是他所做的事情，特别是他没有做的事情永远不会得到原谅的原因。队友们的愚蠢给了他成为真正英雄的机会。他只需要说出几句话，就能让那些犹豫不定的队友做出正确的决定。他为之奉献了近13年精彩足球的球队，正需要一个领袖人物挺身而出，就像前队长维埃拉、德尚、布兰克甚至齐达内那样，这支球队需要一个揪住反叛者衣领，告诉他们这种可耻行径会对他们的职业生涯造成何种后果的领袖——显然，这群叛军已经丧失了代表国家的责任感，希望这只是暂时的。

然而，整个过程中，亨利几乎隐形，始终保持沉默。法国足协主席埃斯科莱特看到亨利坐在“耻辱大巴”（bus of shame）的后面，好像只是一个乘客而已。埃斯科莱特非常想走到亨利面前，但他停住了脚步，因为他担心（至少他自己是这么说的）这会让队长埃夫拉“看上去像个废物”。4个月后，这位古稀老人承认：“我没用，我一点儿办法都没有。”

直到这支耻辱之队的航班降落在布尔热机场（Le Bourget airport）的时候，我们才终于听到亨利的声音。和之前里贝里的做法一样，亨利在6月25日这一天主动安排了法国国家电视台的采访，采访他的是巴黎圣日耳曼前主席米歇尔·德尼佐（Michel Denisot），德尼佐如今是Canal+电视台最著名的主持人之一。亨利辩护词的开场白是指责“一些人的空穴来风”，他谈到法国队的灾难时是如此轻描淡写，好像这不过是连续几场比赛没踢好而已，是媒体把事情搞得过于严重了。

尽管德尼佐的提问十分温和，但亨利的回答既老套又富有侵略性，听上去他似乎无法理解他这个队中老臣为什么会跟法国队队史上的最大丑闻扯上关系。某些时候，他的言语透着沮丧：“我本可以成为这支球队的老大哥，但我不再拥有这个身份了，我感觉自己被边缘化了。”是谁、是什么使他沦落至这样的地位？“人们不再征询我的意见。每个人都有他们自己的理由，我不想谈那些细节的东西。”然而，那些细节，正是人们想听的。是法国民众，而不是那些亨利认为长时间以来一直在针对他的人，希望了解这些细节。他再次强调：“我感觉自己被边缘化了。这种情况下，一个男人的自尊会受到伤害。”

当亨利试图否认法国队内存在“帮派”时，他听上去便更加欠缺说服力。“只是有一些人关系更近而已。”是啊，总是这套说法。

当德尼佐措辞温和地试图询问古尔库夫和里贝里的关系时，亨利的目光立刻在寻找演播室的出口。“我也不是什么都能看到，我总得有回屋睡觉的时候……”接下来，他以非常不友好的目光盯着德尼佐，继续说道：“我没有看到任何争斗。我没有看到任何人给别人施加压力。”谈起古尔库夫，亨利会称呼他的昵称“Yo”，我实在忍不住怀疑，这样亲切的称呼是故意做出来的姿态。

接下来，话题终于转移到了大巴事件。亨利重复着这样的说辞：“我没有看到任何人给别人施加压力。”此时，画面转回了演播室，而这场公关行动已经变成了又一场灾难。我见过的每一个人都为亨利无比尴尬的表现感到震惊。听上去，他是在权衡了自己的选择之后，决定应该接受这次采访说点儿什么。然而，他是为了谁而这么做？他自己？只为了他自己？

在这次毫无说服力的专访之前，亨利进行了一次滑稽的爱丽舍宫之行，与萨科齐总统进行了会面。萨科齐对南非发生的事情“深感关切”，早先，他甚至从与俄罗斯总理普京的峰会中抽出时间，关心了国家队事务，让大家都知道法国国家元首很不开心。亨利是从布尔热机场的停机坪被总统专车直接拉到了香榭丽舍大道，在此之前，亨利在南非时便已给萨科齐打过电话，至少他们放出的消息是这么说的。真是不同寻常：一个足球运动员，能够打通法国核武库掌管者的电话。这次会面是怎样促成的？是亨利（或者他的顾问）觉得与总统会面是个好主意？抑或是痴迷于形象公关的萨科齐觉得，为了讨好那些对他已经不抱幻想的选民，他有必要将法国队的明星球员请进自己的办公室？

来自多家非政府组织的几百名代表，本该在6月24日上午11点这个时间与总统会面，但他们都被送出门外，只能按照政府的要求，退而求其次，与外交部长会面就可以了，总统要忙着会见法国队前队长。这种情况下，理查德·汤普森（Richard Thompson）所说的“只能跟别人做生意了”，也就一点儿都不意外。

萨科齐和亨利谈了什么，外界不曾知晓，但他们危机会谈这件事本身还是广为人知。现场没有准许摄影记者进入，这次一定非常有趣的谈话的内容从未向媒体透露。而议会则专门成立了一个委员会来调查法国队耻辱性的世界杯失利。这个调查进行了一段时间，议会的出面着实荒谬，但不难看出，法国队的溃败实在令法国上下都大为震惊。

我并没有去前方报道世界杯，因为我想在这个我所见过的最漫长赛季之后得到一些休息。那么世界杯期间我所经历的事情便是，作为英国媒体能在伦敦找到的为数不多可以获取法国队消息的人之一，6月份下半月的大部分时间，我都在回答着同样的问题——到底发生了什么？为什么会这样？然而，没有人能够确切知道究竟发生了什么，奈斯纳事件的5个月之后，切尔西边锋马卢达与我和7位《法国足球》读者在伦敦会面时，也赞同了这样的观点。这起可悲的“罗生门”事件有多少个参与者，就会有多少个版本的真实故事，而且故事的主人公并非只有3个，而是法国队全体球员、教练组和后勤班子以及足协官员……而且，我们不妨把数百名记者以及通过电视直播观看了这部训练场哑剧的千百万球迷，也都算作故事的主人公。

马卢达从这起耻辱性事件中走了出来，看到他的表态，即便你感受不到玫瑰的芳香，至少也不会捏着鼻子感到臭不可闻，这跟里贝里的那番言论是两码事。马卢达刚一离开南非，甚至是在他离开南非之前，便开始深刻反省，意识到自己每一步都没有走对。他从未试图替自己辩解，他公开表示了忏悔，以自愿、坦率、诚恳的态度回答了每一个摆在他面前的问题（包括母亲对他的责问，马卢达母亲为儿子的行为深感羞耻），这与亨利坚持自我辩护的奇异立场形成了鲜明对比。当布兰克接替多梅内克出任法国队主帅后，马卢达理所应当地被视为领袖人物的候选，在国家队的重建工作中，这样一个有着正直品格的人值得信赖。亨利？亨利已被钉在了十字架上。

这里，我要从法国杂志《非常足球》（*So Foot*）2010年10月号卷首社论中节选一段文字。奈斯纳没有被忘记，没有被原谅。

蒂埃里·亨利的国家队生涯以可悲的方式结束了（犹大之手，耻辱大巴，对萨科齐的“家访”），他认为，自我放逐到纽约，可以帮助他获得新的开始。对他来说，与托尼·帕克和斯派克·李去夜店寻欢，并在美国“足球历史”中占据一个特殊地位，是那么重要——与在他之前的乔治·贝斯特、克鲁伊夫和贝利一样，亨利也要去为美国人踢球了。但目前为止，亨利的所有行动是一场彻头彻尾的惨败，甚至更糟！亨利在纽约SOHO区购置了一套三层公寓——看！这就是那个暴发户，糜烂腐坏的暴发户，可惜他的炫富技巧还真是比不上踢球的能耐。现在他拥有的，只有那套价值70亿非洲法郎①的小公寓，仅此而已。有一点毫无疑问，蒂蒂处在媒体的包围圈之中。这就是其过度营销的职业生涯的代

① 1欧元=655.957非洲法郎。70亿非洲法郎约合1067万欧元。

价吧？亨利，这个精于算计、愤世嫉俗的足坛政客，会成为欺骗性诅咒的受害者吗？现在，他就住在已故演员希斯·莱杰[①]生前住过的那个街区。

此处特别说明一下，《非常足球》杂志的出版方可不是什么亨利仇家俱乐部，这是一家发行量冠绝法国足球月刊的精装杂志。这篇文章里对法国队历史上的头号射手不积口德的抨击，是该刊足球文章一贯的异端风格，他们信奉的就是这种新潮写作风格，玩的就是偏激，语不惊人死不休，对涉嫌讨好当局的人坚决批判。不过，这篇文章虽然下笔太狠，但还是充分说明，亨利的形象已经像“深水地平线”漏油事故后英国石油公司的股价那样暴跌。人们当初爱上亨利有多难，现在恨上他就有多容易。《非常足球》杂志的目的与其说是要挑起仇恨、博人眼球，倒不如说是为了迎合读者们的愤恨心态。他们以如此出格的方式彰显个性，将自己摆在了“意见领袖”（opinion leaders）的位置上，但其实，他们不过是在迎合大众而已。

《非常足球》终究只是异类，媒体中占据绝对主流的还是那些更客观的记者。此前，他们一直隐忍不发，为的是保护国家队以及他们对一名伟大球员的美好记忆。但现在，他们觉得是时候了，他们已经无法再为无可辩护之人辩护。另一方面，亨利与外界隔绝的程度超过了以往任何时候，除了对他那个小圈子里的几个马屁精发声，他拒绝接受任何人的采访，而且，他已毫不掩饰对那些追踪报道他一举一动的记者的鄙夷，这些做法得罪了很多原本对他寄予良好祝愿的媒体。

---

① Heath Ledger，1979—2008，澳大利亚演员，2005年凭借《断背山》中的表演获奥斯卡奖最佳男主角提名，2008年因出演《蝙蝠侠：黑暗骑士》中小丑一角获奥斯卡奖最佳男配角。2008年1月22日，28岁的希斯·莱吉被发现自杀死于纽约的公寓内。

亨利对媒体统一使用“有些人”（*People*）这样的称呼，听上去这些人有如池塘里的鱼虾那般不足挂齿。亨利自绝于大众的做法，得罪的不仅是媒体，也包括很多球迷。你需要先明白这一点，才能理解法国媒体和很多普通球迷为何会对亨利展开歇斯底里的围攻。很多平素非常理性客观的评论员，多年来一直提醒自己，亨利在球场上的成就理应得到尊重，但现在，他们感觉自己已不必对亨利保持什么客观公正的态度了。很长时间以来，记者们在私下场合一直表达着对亨利的不满，如今，咒骂亨利的大合唱终于爆发。如果你仔细回味这些发泄式的评论，它们不见得有什么建设性意义，但它们的出现完全合情合理。

世界杯惨败后不久，我所供职的《法国足球》杂志于6月29日刊登了一张亨利的蒙太奇图片，那张图片上，亨利的脸被影射到了一面破碎的镜子上，这隐喻着亨利的真实形象。我的一些非常值得信赖的同事，在亨利火箭式上升、进入法国青年队的时候，便与之相识。如今，他们谈论着这个“令人无法忍受的人”，这个“早就注定有这一天的人”，这个通过自己的两面派举止得罪了所有人的人。我的一位同事对我说：“亨利会跟你聊起另一个球员，把他说得一钱不值——速度太慢、身体太笨重等。然后，当你打开录音设备，他又会把同一个球员说成是世界级高手。你离开房间时心里就会纳闷，‘我该相信他说的哪个版本？’”

无疑，亨利很早或者说过早地懂得了一个道理，那就是在足球圈他几乎谁也不能相信。自从其他人试图将他卖给皇马的那一天起，他就开始拒绝向外界敞开心扉。这样一种自我保护机制，或许是亨利在这个“游戏”中拯救自己的唯一方式，尽管亨利热爱足球，也非常善于谈论足球，但当年的他对这个“游戏”的水有多深知之甚少。从这一点来说，亨利值得理解和同情，因为他曾经饱尝受人操纵之苦。

然而，随着亨利的成熟，随着他获得了以前在梦中才敢去想的巨大成功，形势已然逆转。他拥有足够的本钱卸下伪装。他本该拥有足够的智慧和洞察力意识到，朋友不是你选出来的，你必须敢于冒险，做好有时被刺痛的准备，但你也一定会得到回报。我深信，这个问题肯定曾让他十分苦恼：在很长时间里，蒂埃里·亨利一定活得十分孤独，他在本该向前看的时候，却总是盯着背后。这种情况下，阿森纳球迷的顶礼膜拜对亨利便更加重要。接受球迷的爱要容易得多，这不仅是因为这会将你的自尊心满足到让你晕头转向的地步，而且，这种顶礼膜拜是来自于一个非个性化的群体。李·迪克逊回忆起自己某个罕见的进球时曾说，从球场上向看台望去，那万千观众并不是由一个个个体组成，每个人之间的区别就像每一滴水之间的区别那样可以忽略不计——就像汪洋大海，你无法分辨出任何组成部分，而只会把它视作一个整体。你只管享受这样的气氛，那是一种心醉神迷的感觉。想象一下吧，如果你是亨利，每一个工作日都在这样的气氛中度过，你会是什么感觉。

然而，在南非，欢呼的看台成为遥远的回忆。在那场亨利出场前法国队便已经输掉的比赛中，他在第55分钟终于得到召唤，去做他最擅长的事情——球场上的他依然强大，比他的批评者认为的要强大得多。法国队士气极端低迷，他们已经接受了失败的命运，亨利用尽了浑身解数去冲破这种氛围，但收效甚微。6月22日这一天，法国队球迷在为南非队的进球欢呼，这样的局面深深刺痛了人们的神经，以至于直到今天，法国RMC电台仍会播放他们的解说员让·雷塞吉（Jean Rességuié）对马卢达完场前无关大局的进球的评论，以提醒听众，我们曾经堕落到了什么地步。法国队那场比赛以1：2失利，而他们原本是需要一场大胜，才有可能反超墨西哥队或乌拉圭队进入16强。

阿卢·迪亚拉赛前是从经纪人而不是多梅内克那里听说了自己将在

这场比赛中担任队长的消息。比赛还剩不到10分钟结束时，被替换下场的迪亚拉将袖标交给了亨利。这倒是为亨利在国家队的第123次出场送上了一份不错的礼物。123场，比法国队这项纪录的保持者图拉姆少19场，但已足够确保亨利进入世界足坛国家队出场次数的TOP50榜单，实际上这份榜单中大部分都是足球弱国的球员。在球场上，包括那一天，亨利从不曾辜负他的国家。

但在场外，就完全是另一码事了。亨利越来越少的鼓吹手们早就准备好了一个说辞："他的头脑在想别的事情。"的确，自从多梅内克告诉他，想参加个人第4届世界杯，就必须接受替补的角色，亨利便一直在想别的事情。同时，亨利也清楚，在巴塞罗那打不上主力的窘况，影响了他的身体状态，而对这位更多是依靠"爆发力"（explosiveness）而不是技术突破后卫的球员来说，身体状态有着更加突出的重要性。亨利从不是一个"更衣室球员"（dressing-room player），他不具备与生俱来的为一群人充当导师的能力，而对于防线的老队员来说，担任这样的角色就会容易得多①。当然，亨利也试过向国家队的年轻球员提供帮助，就像皮雷加盟阿森纳的最初几个月，他对这位比自己年长4岁的同胞伸出过热情的援手。而另一位从于利斯走出来的孩子埃夫拉，则在世界杯开幕前不久饱含感情地说出了下面这段话，这段话在不久之后让他付出了高昂的代价。

蒂蒂是我的室友，他会跟我讲很多他自己的事，我对他也是如此。我们就像是兄弟一样，会将自己的想法告诉对方。如果我们有什么事不

---

① 原文注：阿森纳球迷或许会想到马丁·基翁，他在海布里的最后两个赛季出场机会非常有限，但在队中依然有着很大的影响力。

得不争吵，我们就会痛快地吵上一架。朋友之间需要的就是坦诚，一向如此。我们是在同一条街上成长起来的，小时候我们并不认识。我们是在意大利认识的，那时他在尤文图斯，我则在一家小球会（意大利丙级球队马尔萨拉）挣扎。我们在米兰见面时，他对我说：“啊，你就是那个人们总对我谈起的来自于利斯的家伙吧？”自那之后，我们就一直是好朋友。我在摩纳哥时，相对而言还没什么名气，他邀请我去伦敦看球，那是我第一次在他家睡觉。他对我那么热情真是让我吃惊。我没想到，一个像他这样的大牌球星会对我、对我的太太这么友好……蒂蒂不是一个轻易对他人敞开心扉的人，我不知道我们是怎样走得这么近的，但是，没错，他是我的朋友。

亨利年轻的时候，也曾因一位“老大哥”的保护和激励受益匪浅，那真的是他的“老大哥”——维利一直在努力确保小兄弟诸事顺利。亨利和所有人一样清楚，当他承担起老大哥这个角色时，他完全可以对一批非常需要领袖人物引导的球员产生深刻影响。他是1998年那支世界冠军队硕果仅存的现役国脚，或许，他也是法国队重拾团队精神的最后希望，高卢雄鸡正是依靠这种精神才会在8年时间里3次杀入世界杯或欧洲杯决赛。

然而，2010年世界杯前与多梅内克达成的君子协定，令亨利深感屈辱。而且，扮演一个无法上场却又乐善好施的榜样角色，不符合亨利的自我定位。如果亨利能够将受伤的自尊放到一边，他本可以以英雄的地位结束国脚生涯，他在法国队取得的成就也配得上这样的地位。而且，这还可以让那些怀疑他能否算作真正伟大球员的人闭上嘴巴。

队友们依旧重视亨利的意见，他当时需要做的只是走出那辆大巴。然而，他留在了里面，看上去漠不关心。他坚持着两个月前便制定的行事原则：让你做什么，你就做什么，仅此而已，闭上嘴巴，如果他们希望自我毁灭，那就由他们去吧，这样一来你就与那一团糟的局面没有关系，你不会为其承担责任。只不过，这样一种行事态度，恰恰使亨利之外的每个人都认定：他是有罪的。

跋

褪下面具，疯狂，美丽。

重返童年

A CHILD AGAIN

如果以上一章的末尾作为本书的完结，想必会显得有些唐突，不过我确实想过到此为止。我原本希望，那样的结语已经足够表达出我对我所描绘出的亨利形象的纠结：一个无私而又自我中心主义的人，一个可爱而又令人无法忍受的人，一个活着的矛盾体。那么，为什么不让本书在一个问号中结束？如果你认为我满足于这样的局面，那么你错了。无疑，亨利的成就配得上一篇积极的后记，但添加这样一篇后记，曾令我无比纠结，以至于我考虑过将奈斯纳一章完全重写——亨利会以更讨人喜爱的形象出现，他在南非的行为也不会让人感觉足够抵消他之前的辉煌经历。他在美国职业大联盟的成功，由于其抵达纽约之前经历的事情，而显得无足轻重。从任何角度来看，亨利作为顶尖球员的乐章，都伴随着南非那个灾难性的音符而结束了。2011年，他在纽约红牛奉献的15粒进球和5次助攻[1]用一个脚注就足够交代，最多也不过是证明他依然非常珍惜自己的职业，以至于能在一个平庸的联赛中竭尽全力。说到底，他职业生涯最后的、苦涩的演出，已经在南非结束了。

感谢上帝，我们错了。2011年11月起，亨利一直在跟随阿森纳训

---

① 原文注：亨利的第一球，出现在2011年4月16日3：0击败圣何塞地震队的比赛中，在此之前，他已经在大联盟忍受了690分钟进球荒，遭到了俱乐部球迷和美国媒体的批评。亨利在2012年那个赛季中有着更大的收获，一度有过9场比赛斩获9球的小高潮，其中2012年3月31日5：2击败蒙特利尔冲击队的比赛中，他还上演了加盟纽约红牛之后的第一个帽子戏法。

练，以使自己在大联盟休战期间保持好状态，同时也可以利用这个机会与他深深思念的女儿团聚。包括贝克汉姆在内的很多其他球员，都曾受惠于温格的好客，得到在伦敦科尔尼基地训练的机会，但并没有真正和阿森纳这家俱乐部扯上关系。所以，亨利重返阿森纳训练场起初并未得到外界的重视。

然而，流言仍很快从阿森纳基地传出。温格对他的密友表示，亨利训练中的表现给他留下了深刻印象。如果温格只是因为亨利的全情投入而发出赞叹，并不会令人吃惊，但是，亨利的体能状态以及犀利的门前感觉，同样令温格大喜过望。考虑到亨利已经超过34岁的年纪，以及久违高水平赛事的背景，他能够打动温格，无疑让很多人感到意外。

还有一个因素便是，虽然罗宾・范佩西火力全开，但他的备胎马鲁万・沙马赫（Marouane Chamakh）和朴主永（Park-Choo-Young）自赛季开始以来几乎无所作为，而且没有改观的迹象。流言持续数周之后，阿森纳终于在2012年1月6日宣布，他们的队史最佳射手以短期租借的方式重返球队，租借期2月17日结束，那之后，亨利便将重返美国开始新赛季大联盟赛事的备战。

“我回到这里，不是为了成为英雄，也不是为了证明什么。”亨利说道，“我只是来这里帮忙的，人们必须明白这一点。大部分时间，我会坐在板凳上，如果我能坐上板凳的话。”由于沃尔科特早已接过了他的14号球衣，亨利得到的号码是12号，这是他在国家队生涯中一直穿的号码。

亨利与阿森纳再次联姻，背后的动机引起了人们的猜测。这是一个商业行为？一个公关妙笔？是安抚那些心怀不满的球迷的手段？要知道，12月，亨利的塑像在酋长球场揭幕时，球迷们都在高歌：“签下他！签下他！”在阿森纳再一次常态性陷入低谷的情况下，这是为了重新点燃往昔激情而进行的有诚意的尝试？那个时候，阿森纳在英超积分榜位列第五，他们已经从糟糕的赛季开局中缓过劲儿来，但看上去依然缺少能够让他们彻底振作起来的东西，枪手过于依靠他们的荷兰队长，而且总是遭受莫名其妙的伤病打击。亨利回归得到官宣的3天之前，阿森纳刚刚在先进一球的情况下，完场前5分钟连丢2球，客场惨遭富勒姆逆转，那已是他们20轮联赛中的第6场败仗。

然而，没过多久，我们便得到了上述所有问题的答案，那是亨利在1月9日亲自给出的答案。那是酋长球场在其尚且短暂的历史上，第一个真正令人难忘的夜晚。那一晚，这座新球场和当年的海布里一样，变成了亨利的花园。

那是一场重要的比赛，但对手“不过是”利兹联，一支英超球队。那也“不过是”足总杯的第3轮赛事。在此之前，阿森纳2010—2011赛季欧冠主场2：1击败巴塞罗那一战，是酋长球场唯一一次让人产生梦回海布里的感觉。然而，亨利的这场足总杯，注定将比那场比赛更久地驻留在现场阿森纳球迷的记忆中。

那之后，亨利在他短暂的最后演出中又参加了6场比赛，大部分场次都有出色的发挥，客场对桑德兰一役曾攻入关键的致胜球。而2月15日客场0：4惨败AC米兰的比赛中，亨利又表现出了其他任何队友都不具备的拼搏精神。那，是他在阿森纳的最后一场比赛。

出场160分钟攻入2球①，这与沙马赫和朴主永总计25次出场的收成

---

① 原文注：2012年2月4日，亨利在阿森纳7：1狂屠布莱克本的比赛中曾攻入一球，然而，英足总“可疑进球委员会”在很晚的时候突然冒出来，将此球算作了对方后卫斯科特·丹恩（Scott Dann）的乌龙。实际上，这名布莱克本后卫所做的，不过是给一次本就命中目标的射门助了把力，将球碰入自家大门。这或许是“可疑进球委员会”做出的最糊涂的决定之一，而且毫无疑问是最不受欢迎的决定。这样一来，亨利在阿森纳的最终记录，应为376场比赛攻入228球，而不是229球。

相同。换句话说，亨利取得了巨大的成功。亨利看上去壮实了很多，他已经失去了启动前5码致命的加速度，也失去了接下来50码保持速度的能力。温格的一位助手对我说，亨利现在是以上肢力量见长，然而，他的杀手本能没有丝毫损失，他作为射手的出色技术也没有任何减损。

亨利在比赛的第68分钟替补登场，利兹联正在顽强防守，进攻上威胁寥寥。亨利在场上闲庭信步，专注于打出自己的风格，控球非常小心谨慎，同时也不会进行无谓跑动浪费体力。随后，那个决定性的时刻出现了，那不仅是那场比赛的决定性时刻，也是定义了他阿森纳生涯、定义了他足球人生的时刻。利兹联之前送出了几个角球，但相对从容地扛住了阿森纳施加的压力。年轻的加泰罗尼亚左后卫伊格纳西·米克尔（Ignaci Miquel）在离左侧角旗15码的地方快速掷出界外球，经过与亨利的相互传递后，找到了前方的亚历山大·宋（Alex Song）。宋所处的位置不是不可以尝试直接起脚射门，但他从不以这样的远射见长，不过，他发现了左肋空当处的亨利，亨利心领神会开始跑位，他摆脱盯防他的后卫冲入了利兹联防线疏于保护的禁区。喀麦隆人的传球恰到好处，亨利的右脚停球同样出类拔萃。他一脚触球便将球舒服地停到身前，随即调整好平衡，将球送入远角。这不是一粒普通的亨利进球，这是一粒标志性的亨利式进球，临门一脚和时机的把握完美无瑕。

从亨利接到皮球的那一刻起，场内的分贝便开始上升，我永远不会忘记那一瞬间突然爆发的巨大声响，当亨利将皮球准确地送入球网死角——他在训练中肯定已经千百次这样做过——场内的沸腾已无法用语言形容。那是属于蒂埃里·亨利的进球，我们所有人都被蒂埃里·亨利征服。他是我们的蒂埃里·亨利，他象征着至高的荣耀。这是何其美妙的球员，这是何其动人的故事。谱写属于自己的故事，是伟大运动员的特权。当时，一些英格兰同行说，伊恩·鲍塔姆①1986年8月重返板球场时也有过同样的壮举，他第一次出手便封杀了一名击球员。我不能同意这样的说法。没错，亨利的进球与当年博塔姆所做的一样，展示了将集体运动转变为个人表演的能力，但是，它有着板球所不具备的维度，在板球运动中，比赛是由一系列斗智斗勇所决定，而庆祝只是比赛的“后记”，而不是不可分割的一部分。

亨利冲向替补席，拥抱了温格。阿森纳门将沃伊切赫·什琴斯尼（Wojcech Szczesn）从自己镇守的城池飞奔过来拥抱了亨利。我从座位上一跃而起，拥抱了身边的每一个人，这一幕在球场内的每一个角落上演，甚至商务包厢中，贝克汉姆也喜笑颜开。蒂埃里拍打着前胸，拳头敲打着球衣上的枪手队徽，他怒吼着，放纵着内心的情感，我们从未见过一个如此快乐的亨利。那是一个球迷的进球，他，就是一个球迷。那个瞬间，一切都被遗忘，一切都被忆起。

亨利，这个将他可以赢得的荣誉一网打尽的男人，这个无需向任何人——包括他的父亲和他自己——证明什么的男人，取得了梦境中的终极成就。多年的时光从他身边掠过，在没有人认为他会得到召唤的情况下，他为他深爱的球队攻入了制胜一球，如果你愿意，你可以将之称为救赎。对我们这些支持阿森纳的男人和女人来说，这是真相还原的一刻。蒂埃里摘掉了在追逐成功的道路上一直佩戴的面具。终于，我们基于完全相同的理由露出了微笑。

12天后，足总杯第4轮3：2击败阿斯顿维拉后，佩蒂特进入了阿森纳的更衣室。多数年轻球员已经离开，只打了几分钟比赛的亨利则尚未冲凉。他的球靴还沾着草叶，他的身体仍浸着汗水。比赛已经结束1个半

---

① Ian Botham，1955年出生的英格兰板球传奇人物。

小时，但阿森纳最伟大的前锋仍在回味这晚的比赛，不愿走出对比赛点点滴滴的记忆。他哪里都不想去。佩蒂特为更衣室里剩下的最后一个人竟是他的老队友深感震惊，他的这句话向我咕哝了两遍："他们以为自己是谁？"他指的是亨利那些已经离开更衣室的队友们。也许他们太年轻，太富有，涉世太浅，无法理解蒂埃里·亨利为何如此珍视他职业生涯最后的时光。

一切回到了原点。他又变成了一个孩子。这是一个不再孤独在上的男人。

致谢

首先，我要感谢从亨利迈出足球生涯第一步到其攀向顶峰全过程的所有见证人和亲历者，以及那些愿意与我分享对这名球员、这个男人回忆的朋友。这些退役球员、主教练、助理教练和同事对本书的巨大帮助，我无以为报。而提供了更大帮助的，是在本书3年写作过程中，一直鼓励我、支持我的那些人，首先是麦克米伦出版社（Macmillan）的娜塔莎·马丁（Natasha Martin）和乔恩·巴特勒（Jon Butler），然后是我的朋友乔纳森·哈里斯（Jonathan Harris），他们对我的热心和耐心我永难忘怀。还要感谢《暴雪》杂志的乔纳森·威尔逊（Jonathan Wilson）和《冠军》杂志的保罗·辛普森，他们慷慨地同意，我可以节选使用我为他们的杂志撰写的文章。

从一开始，蒂埃里·亨利本人便知道我要撰写这本未经授权的传记，他没有试图干涉本书的写作或者干扰我的调查走访工作，这不是每一个公众人物都能做到的。我对亨利的豁达充满感激，同时，和所有阿森纳球迷一样，我对亨利那些年给我们带来的巨大快乐充满感激。这是一份应该而且必将被铭记的快乐。

译者后记

这是我和《体坛周报》国际足球资深编辑严俊、郭磊合作翻译的第二本书，上一本也是由新世界出版社负责出版的《西班牙：斗牛士军团的三冠王朝》。正是那本书令我们这个小团队走进了翻译与出版的新世界。

本书中，严俊翻译第2—6章，我负责翻译第7—13章，郭磊翻译第1、14、15章及序、跋、致谢。全书由我负责统稿、校对。

整个成书过程中，卓文天语的邓东文老师提供了鼎力支持，在此我们表示衷心的感谢。

由于时间仓促，加之译者水平有限，书中难免会有疏漏，希望读者指正、包涵，不胜感激。如果您对于本书内容有任何问题，请与我联系，邮箱：zhang_yuqiang@hotmail.com。

一路走来，给过我们指导、帮助的朋友很多，就不一一点名了，向你们表达衷心的感谢！

最后，感谢赋予我们生命、养育我们成长的父母，感谢支持我们工作的另一半！这世界有你们真好！

网易体育主编　张玉强